Xpert.press

Die Reihe **Xpert.press** vermittelt Professionals
in den Bereichen Softwareentwicklung,
Internettechnologie und IT-Management aktuell
und kompetent relevantes Fachwissen über
Technologien und Produkte zur Entwicklung
und Anwendung moderner Informationstechnologien.

Gerhard Weiß · Ralf Jakob

Agentenorientierte Softwareentwicklung

Methoden und Tools

Mit 93 Abbildungen und 78 Tabellen

Gerhard Weiß
e-mail: *weissg@in.tum.de*

Ralf Jakob
e-mail: *jakob@in.tum.de*

Institut für Informatik
Technische Universität München
Boltzmannstr. 3
85748 Garching

Bibliografische Information der Deutschen Bibliothek
Die Deutsche Bibliothek verzeichnet diese Publikation in der Deutschen Nationalbibliografie; detaillierte bibliografische Daten sind im Internet über http://dnb.ddb.de abrufbar.

ISSN 1439-5428
ISBN 3-540-00062-3 Springer Berlin Heidelberg New York

Dieses Werk ist urheberrechtlich geschützt. Die dadurch begründeten Rechte, insbesondere die der Übersetzung, des Nachdrucks, des Vortrags, der Entnahme von Abbildungen und Tabellen, der Funksendung, der Mikroverfilmung oder der Vervielfältigung auf anderen Wegen und der Speicherung in Datenverarbeitungsanlagen bleiben, auch bei nur auszugsweiser Verwertung, vorbehalten. Eine Vervielfältigung dieses Werkes oder von Teilen dieses Werkes ist auch im Einzelfall nur in den Grenzen der gesetzlichen Bestimmungen des Urheberrechtsgesetzes der Bundesrepublik Deutschland vom 9. September 1965 in der jeweils geltenden Fassung zulässig. Sie ist grundsätzlich vergütungspflichtig. Zuwiderhandlungen unterliegen den Strafbestimmungen des Urheberrechtsgesetzes.

Springer ist ein Unternehmen von Springer Science+Business Media
springer.de

© Springer-Verlag Berlin Heidelberg 2005
Printed in Germany

Die Wiedergabe von Gebrauchsnamen, Handelsnamen, Warenbezeichnungen usw. in diesem Werk berechtigt auch ohne besondere Kennzeichnung nicht zu der Annahme, dass solche Namen im Sinne der Warenzeichen- und Markenschutzgesetzgebung als frei zu betrachten wären und daher von jedermann benutzt werden dürften. Text und Abbildungen wurden mit größter Sorgfalt erarbeitet. Verlag und Autor können jedoch für eventuell verbliebene fehlerhafte Angaben und deren Folgen weder eine juristische Verantwortung noch irgendeine Haftung übernehmen.

Umschlaggestaltung: KünkelLopka Werbeagentur, Heidelberg
Satz: durch die Autoren unter Benutzung eines Springer LaTeX-Makropakets
Herstellung: LE-TeX Jelonek, Schmidt & Vöckler GbR, Leipzig
Gedruckt auf säurefreiem Papier 33/3142/YL - 5 4 3 2 1 0

Vorwort

> *Softwareentwicklung wird zwar immer
> komplexer – aber auch immer faszinierender.*
> B. Oestereich

Gegenstand dieses Buches

Agentenorientierte Softwareentwicklung findet aufgrund ihres Potentials seit einigen Jahren wachsende Aufmerksamkeit in Forschung und Praxis. Charakteristisch für diese junge Art der Softwareentwicklung ist es, dass die Struktur und Funktionalität von Softwaresystemen unter dem Blickwinkel einer Menge von Agenten entworfen, implementiert und analysiert wird. Unter einem Agent wird dabei eine abgrenzbare Einheit verstanden, die in der Lage ist, die ihr zugewiesenen Aufgaben autonom, flexibel und bei Bedarf in kooperativer und kompetitiver Interaktion mit anderen Agenten und menschlichen Benutzern zu bewältigen. Agentenorientierung ist kompatibel mit anderen Ansätzen wie beispielsweise Objekt- und Komponentenorientierung, bietet jedoch auf einer qualitativ unterschiedlichen Abstraktionsebene – nämlich der Ebene von Organisation, Sozialität und Wissen – eine neue, intuitiv klare und innovative Systemsicht, die sich in besonderem Maß eignet für die Handhabung von Systemkomplexität und die Realisierung von verteilten, offenen und eingebetteten Anwendungen. Solchen Anwendungen kommt mit zunehmender Rechnervernetzung und Plattforminteroperabilität in den verschiedensten industriellen, kommerziellen und wissenschaftlichen Bereichen, und generell im Rahmen von zukunftsträchtigen Informationsverarbeitungsparadigmen wie Grid Computing, Pervasive Computing und Mobile Computing, eine zentrale Bedeutung bei. Ein Schwerpunkt im Bereich der agentenorientierten Softwareentwicklung liegt auf Entwicklungsmethoden und -tools, die eine softwaretechnische Umsetzung der agentenorientierten Systemsicht unterstützen. Eine sorgfältige Auswahl solcher Methoden und Tools bildet den Gegenstand dieses Buches.

Ziele des Buches

Das vorliegende Buch will eine methoden- und toolzentrierte Einführung in die agentenorientierte Softwareentwicklung bieten, die in anschaulicher Weise zweierlei vermittelt:

- ▶ den Aufbau, die Verwendung und die Leistungsmerkmale von derzeit verfügbaren agentenorientierter Methoden und Tools; und
- ▶ die Systemsichtweise und die grundlegenden Konzepte, die für die agentenorientierte Softwareentwicklung charakteristisch sind.

Mit dieser inhaltlichen Konzeption zielt das dieses Buch vor allem darauf ab, seinen Leserinnen und Lesern bei ihren Einstieg in den Bereich der agentenorientierten Software, bei ihrer kritischen Einordnung von Agentenorientierung als Softwareentwicklungsansatz, und bei ihrer Entscheidung über den Einsatz dieses Ansatzes im Rahmen eigener Entwicklungsarbeiten – seien dies studienbegleitende Softwarepraktika oder kommerzielle Softwareprojekte – behilflich zu sein. Last but not least will dieses Buch Neugier wecken und zur weiteren Exploration dieses jungen und vielversprechenden Ansatzes ermuntern.

Angesprochener Leserkreis

Das Buch richtet sich grundsätzlich an alle, die sich für agentenorientierte Softwareentwicklung interessieren. Besonders eignet es sich für

- ▶ Studierende, als Ergänzungstext für Veranstaltungen zu Themenkomplexen wie „Softwareentwicklung", „(Multi-)Agententechnologie" und „Künstliche Intelligenz".
- ▶ Dozenten, als Materialquelle für ihre Veranstaltungen zu diesen Themenkomplexen; und
- ▶ Softwareentwickler, als Entscheidungshilfe bei der Auswahl von agentenorientierten Methoden oder Tools.

Webseite zum Buch

Unter http://www7.in.tum.de/~weissg/AOSE-MT sind die in diesem Buch enthaltenen Abbildungen und Tabellen sowie Verweise auf weiterführendes Material rund um „agentenorientierte Softwareentwicklung" verfügbar.

Danksagung

Wir danken allen Kollegen, die sich die mühevolle Arbeit des Korrektur- und Probelesens gemacht haben. Die Fertigstellung dieses Buches hat weitaus mehr Wochenenden und Freizeit beansprucht, als wir ursprünglich vorgesehen hatten; für das dafür entgegengebrachte Verständnis bedanken wir uns ganz herzlich bei unseren Freunden und Familien. Schließlich möchten wir uns verlagsseitig bei Herrn Dr. Hermann Engesser, Frau Pannewig-Vogt und Herrn Holzwarth bedanken für die hervorragende (und auch überaus geduldige!) Zusammenarbeit.

Garching, *Gerhard Weiß*
Juli 2004 *Ralf Jakob*

Inhaltsverzeichnis

Teil I Einführung

1 Agentenorientierung in der Softwaretechnik 3
   1.1 Das Agentenkonzept 3
   1.2 Merkmale und Potential 7
   1.3 Schwerpunkte in Forschung und Anwendung 15
   1.4 Weitere Verweise auf Literatur und Web-Ressourcen 22

2 Auswahl und Evaluierung der vorgestellten Methoden und Tools 23
   2.1 Auswahlkriterien 23
   2.2 Evaluierungskriterien 24
      2.2.1 Vorbemerkungen 24
      2.2.2 Liste der Kriterien 25
   2.3 Agentenspezifische Softwareattribute 28
      2.3.1 Vorbemerkungen 28
      2.3.2 Individualistische Attribute 28
      2.3.3 Interaktionistische Attribute 29
   2.4 Evaluierungsschema und -tabellen 30

3 *Howdini* – Ein gemeinsames Anwendungsszenario 33
   3.1 Zur Wahl dieses Szenarios 33
   3.2 Problemstellung 33
   3.3 Zum Zweck der Anwendungsstudien 36

Teil II Methoden

4 *Gaia* 41
   4.1 Beschreibung 41
      4.1.1 Analysephase 43

		4.1.2	Entwurfsphase	45
		4.1.3	Verwandte Methoden	47
	4.2	Anwendungsstudie		50
		4.2.1	Analysephase	51
		4.2.2	Entwurfsphase	66
	4.3	Evaluierungsergebnisse		72
5	**MASSIVE**			81
	5.1	Beschreibung		81
		5.1.1	Das Produktmodell	82
		5.1.2	Prozessmodell	89
		5.1.3	Erfahrungswerstatt	90
	5.2	Anwendungsstudie		92
	5.3	Evaluierungsergebnisse		99
6	*Zeus*-Methode			105
	6.1	Beschreibung		105
		6.1.1	Analyse	105
		6.1.2	Entwurf	109
		6.1.3	Realisierung	111
		6.1.4	Test	113
	6.2	Anwendungsstudie		114
		6.2.1	Analyse	114
		6.2.2	Entwurf	120
	6.3	Evaluierungsergebnisse		132
7	*MaSE*			137
	7.1	Beschreibung		137
		7.1.1	Analyse	137
		7.1.2	Entwurf	141
	7.2	Anwendungsstudie		144
		7.2.1	Analyse	144
		7.2.2	Entwurf	151
	7.3	Evaluierungsergebnisse		163
8	*Aalaadin*			169
	8.1	Beschreibung		169
		8.1.1	Konkrete Ebene	170
		8.1.2	Abstrakte Ebene	172
	8.2	Anwendungsstudie		173
		8.2.1	Konkrete Ebene	173
		8.2.2	Abstrakte Ebene	174
	8.3	Evaluierungsergebnisse		175

9 Zusammenfassung der Methoden 181
9.1 Eigenschaften im Überblick 181
9.2 Bewertungen im Überblick 182

Teil III Tools

10 *FIPA-OS Toolkit* 189
10.1 Beschreibung 189
    10.1.1 Agentenplattform 189
    10.1.2 Tools 191
    10.1.3 Weitere Funktionalitäten und Merkmale... 195
10.2 Evaluierungsergebnisse 196

11 *JADE* 201
11.1 Beschreibung 201
    11.1.1 Agentenplattform 201
    11.1.2 Tools 203
    11.1.3 Weitere Funktionalitäten und Merkmale... 204
    11.1.4 *LEAP* 208
11.2 Evaluierungsergebnisse 208

12 *Zeus*-Toolkit 213
12.1 Beschreibung 213
    12.1.1 Entwicklungswerkzeuge 213
    12.1.2 Visualisierungswerkzeuge 222
    12.1.3 Weitere Funktionalitäten und Merkmale... 225
12.2 Evaluierungsergebnisse 226

13 *MadKit* 231
13.1 Beschreibung 231
    13.1.1 Agentenplattform 232
    13.1.2 Tool-Agenten 234
    13.1.3 Skript-Agenten 239
    13.1.4 Synchronous Engine 239
    13.1.5 Weitere Funktionalitäten und Merkmale... 240
13.2 Evaluierungsergebnisse 240

14 *agentTool* 245
14.1 Beschreibung 245
    14.1.1 Panels für die Analyse 246
    14.1.2 Panels für den Entwurf 248
    14.1.3 Weitere Funktionalitäten und Merkmale... 251
14.2 Evaluierungsergebnisse 254

15 JACK 261
   15.1 Beschreibung 261
      15.1.1 Kernkomponenten 261
      15.1.2 Tools 266
      15.1.3 Weitere Funktionalitäten und Merkmale ... 269
   15.2 Evaluierungsergebnisse 273

16 Zusammenfassung der Tools 279
   16.1 Eigenschaften im Überblick 279
   16.2 Bewertungen im Überblick 281

A Der FIPA Standard 285

Literatur 289

Index 309

Teil I

Einführung

1
Agentenorientierung in der Softwaretechnik

> *The important thing in science is not so much to obtain new facts as to discover new ways of thinking about them.*
>
> W. Bragg

Gegenstand dieses Buches sind Methoden und Tools für die agentenorientierte Softwareentwicklung, also für den Entwurf, die Analyse und die Implementierung von Softwaresystemen unter dem Blickwinkel einer Menge von Agenten. Zur besseren Einordnung dieser Methoden und Tools gibt dieses Kapitel einen einführenden Überblick über Agentenorientierung in der Softwaretechnik. Der Überblick fokussiert auf die drei Fragen

▶ Was ist unter „Agent" zu verstehen?

▶ Wodurch zeichnet sich die Agentenorientierung aus?

▶ Wie sieht die aktuelle Forschungs- und Anwendungslandschaft aus?

und gibt zahlreiche Verweise auf weiterführende Literatur und Web-Ressourcen.

1.1 Das Agentenkonzept

Das Agentenkonzept, welches der agentenorientierten Softwareentwicklung zugrunde liegt, stammt aus der (Verteilten) Künstlichen Intelligenz. Damit reichen die Wurzeln dieses Konzepts zurück bis in die fünfziger Jahre des vergangenen Jahrhunderts. In der vergangenen Dekade hat sich das Agentenkonzept überaus erfolgreich in verschiedenen Bereichen der Informatik etabliert und die Agenten- und Multiagententechnologie gilt heute als außerordentlich vielversprechende Zukunftstechnologie im IT-Bereich. Erste Überlegungen zu agentenorientierter Softwareentwicklung finden sich Anfang der neunziger Jahre [126, 134]. Das wachsende Interesse an diesem Softwareentwicklungsansatz führte schließlich im Jahre 2000 zur Gründung der internationalen Workshop-Reihe

Geschichtliche Anmerkungen

"Agent-oriented software engineering" (AOSE) [67, 128, 129, 302]. (Weiterführende geschichtliche Betrachtungen zur Entwicklung des Agentenkonzepts in der verteilten und nicht-verteilten Künstlichen Intelligenz finden sich in [305, Appendix A].)

"Schwache" Charakterisierung
Der Agentenbegriff war und ist Gegenstand intensiver Diskussionen und Präzisierungsbemühungen (z.B. [122, 142, 222]). Bislang gibt es keine standardisierte Definition des Agentenkonzeptes, aber in den vergangenen Jahren zeichnete sich ein breite Akzeptanz der folgenden Charakterisierung – in der Literatur häufig als "schwache" Charakterisierung oder "schwache" Bedeutung (weak notion) des Agentenbegriffs bezeichnet – ab [307]:

Ein Agent ist eine abgrenzbare (Software/Hardware-)Einheit, die in der Lage ist, die ihr vorgegebenen Aufgaben flexibel, interaktiv und autonom zu verfolgen.

Dabei liegt den Schlüsselmerkmalen eines Agenten, die in dieser Charakterisierung genannt werden, folgende Vorstellung zugrunde:

▶ *Flexibilität.* Ein Agent ist in der Lage, sowohl reaktiv als auch proaktiv zu handeln. Reaktiv bedeutet, dass er in angemessener Zeit und auf geeignete Weise auf Änderungen in der Umgebung, in der er agiert, und auf Änderungen in den Anforderungen, die an ihn gestellt werden, reagiert. Proaktiv bedeutet, dass er vorausschauend, planend und ausgerichtet auf ein oder mehrere Ziele handelt. Flexibilität, zusammengesetzt aus Reaktivität und Proaktivität, ist also die Fähigkeit, möglicherweise unerwartete Ereignisse handhaben und zugleich plan- und zielorientiert handeln zu können.

▶ *Interaktivität.* Ein Agent ist in der Lage, mit seiner Umwelt – insbesondere also mit menschlichen Akteuren und mit anderen Agenten – zu interagieren. Die Interaktionen selbst können dabei auf sehr hohem Niveau stattfinden, d.h. sie können ausgesprochen kommunikations- und wissensintensiv sein, und sie dienen der Koordination mit Dritten, also der Aktivitätsabstimmung und Handhabung wechselseitiger Abhängigkeiten [199]. Koordination wird dabei sowohl im Sinne von Kooperation (gemeinsame Verfolgung von möglicherweise gemeinsamen Plänen und Zielen) als auch im Sinn von Kompetition (Verfolgung von sich teilweise oder sogar ganz ausschließenden Zielen) verstanden. Beispiele für Interaktionsformen, die für Agenten als typisch erachtet werden, sind Verhandlung und Konfliktlösung im Rahmen kooperativer Planungsaktivitäten und kompetitiver Verkaufsprozesse. Interaktivität erfordert eine präzise Schnittstelle und diese verschattet üblicherweise sämtliche Agenten-Interna. Generell bezeichnet also Interaktivität alle (höheren) sozialen – kommunikativen, kooperativen und kompetitiven – Fähigkeiten, die ein Agent besitzt.

➤ *Autonomie.* Ein Agent ist in der Lage, im Rahmen seiner Aufgabenbearbeitung weitgehend selbständig und ohne Rücksprache und Abstimmung mit Dritten (menschlichen Benutzern oder anderen Agenten) zu entscheiden, welche Aktivitäten er ausführt. Häufig wird dabei gefordert oder implizit angenommen, dass die vom Agenten zu treffenden Entscheidungen nichttrivial sind, also beispielsweise umfangreiche Wissensverarbeitung erfordern oder in ihren Auswirkungen signifikant sind. Ein Agent besitzt damit in gewissem Umfang Entscheidungsbefugnis und Handlungsfreiheit und unterliegt insofern nur in eingeschränktem Maß der Kontrolle durch Dritte. In letzter Konsequenz impliziert Autonomie die Fähigkeit eines Agenten, seine Komplexität und die Komplexität seiner Anwendung selbstständig handzuhaben und damit vor allem auch seine Benutzer unter Wahrung ihrer Interessen zu entlasten.

Zu beachten ist, dass jedes dieser drei Schlüsselmerkmale in unterschiedlicher Ausprägung und Intensität vorliegen kann und damit der Übergang von „Agent" zu „Nicht-Agent" fließend ist.

Einen alternativen und weit verbreiteten Zugang zum Agentenkonzept bietet die so genannte starke Charakterisierung oder starke Bedeutung (strong notion), gemäß der ein Agent eine (Hardware/Software-)Einheit ist, die – in Analogie zum Menschen – mentale Haltungen beziehungsweise Zustände (mental attitudes) besitzt. Drei Arten von mentalen Zuständen spielen im Bereich der agentenorientierten Softwareentwicklung eine herausragende Rolle:

„Starke" Charakterisierung

➤ *informationsbezogene Zustände* wie beispielsweise Wissen, Vermutungen und Annahmen;

➤ *konative Zustände* wie beispielsweise Intentionen, Pläne und Verpflichtungen (anderen oder sich selbst gegenüber); und

➤ *affektive Zustände* wie beispielsweise Ziele, Präferenzen und Wünsche.

Eine weitere Art von mentalen Zuständen, die unterschieden werden kann, sind emotionale Zustände. Agenten, die künstliche Emotion – Freude, Erstaunen, Angst, usw. – zeigen können (z.B. in Mimik und Gestik), werden seit einigen Jahren verstärkt insbesondere im Kontext von multimedialen Mensch-Maschine-Schnittstellen thematisiert (z.B. [52, 66]).

1 Agentenorientierung in der Softwaretechnik

Verhältnis der beiden Charakterisierungen

Während die schwache Charakterisierung primär generische funktionale Merkmale eines Agenten erfasst, betrifft die starke Charakterisierung primär die Architektur und interne (Kontroll-) Struktur und damit generische strukturelle Merkmale eines Agenten. Beispielsweise kann aus der Feststellung, ein Agent besitzt Wissen, unmittelbar abgeleitet werden, dass er eine Strukturkomponente besitzt (eine „Wissensbasis"), in der all sein Wissen abgelegt ist, und aus der Feststellung, ein Agent verfolgt Pläne, lässt sich ableiten, dass er eine „Planbasis" sowie eine plankonforme Ablaufsteuerung benötigt. Die schwache und die starke Charakterisierung überlappen sich zumindest teilweise und sind als sich ergänzende Perspektiven des Agentenkonzepts zu verstehen – tatsächlich liegen den allermeisten Arbeiten in Forschung und Anwendung beide Charakterisierungsansätze zugrunde, d.h. die beiden Ansätze werden in aller Regel in Kombination statt in Reinform angewendet.

Weitere agentenspezifische Merkmale

Sehr häufig werden die obigen Charakterisierungen – insbesondere die schwache Charakterisierung – erweitert und konkretisiert, indem zusätzliche Merkmale mit „Agent-Sein" assoziiert werden. Zu den prominentesten dieser Merkmale gehören:

➤ *Situiertheit/Eingebettetheit.* Ein Agent ist sensorisch und/oder aktorisch eng mit seiner Umwelt gekoppelt, er agiert und interagiert also unmittelbar in einem konkreten sozio-technischen Umfeld und nicht etwa nur in einem abstrakten Modell dieses Umfelds.

➤ *Lernfähigkeit/Adaptivität.* Ein Agent optimiert selbständig seine Funktionalität in Hinblick auf die an ihn gestellten und sich im Laufe der Zeit möglicherweise ändernden Anforderungen.

Sonstige Merkmale, die in der Literatur häufig als elementar für „Agent-Sein" bezeichnet werden und die aus softwaretechnischer Sicht bemerkenswert sind, sind beispielsweise *Persistenz* (ein Agent realisiert nicht nur eine einmalige Berechnung sondern agiert über einen längeren Zeitraum); *Rationalität* (ein Agent agiert im Rahmen seiner Fähigkeiten und Kenntnisse und in Hinblick auf die Erfüllung seiner Aufgaben und Ziele bestmöglich, er maximiert also „so gut er kann seine Erfolgsaussichten"); *Gutartigkeit* (ein Agent handelt nicht absichtlich entgegen der Interessen seiner menschlichen Benutzer); und *Abgeschlossenheit* (ein Agent ist eine funktional abgeschlossene und ausführbare Entität).

Anmerkung zum Sprachgebrauch

Im Bereich der agentenorientierten Softwareentwicklung und Agententechnologie wird das Wort „Agent" häufig in attributierter Form verwendet. Da die Vielfalt dieser attributierten Formen auf den ersten Blick durchaus sehr verwirrend wirken kann, werden im Folgenden die gebräuchlichsten Attributierungen vorgestellt.

Die Bedeutung, die den einzelnen agentenspezifischen Merkmalen zukommt, ist abhängig vom konkreten Forschungs- beziehungsweise Anwendungsfokus. Aus diesem Grund werden Merkmale, denen besondere Bedeutung zukommt, häufig explizit attributiv benannt; Beispiele für solche Attributierungen sind „autonomer Agent", „kooperierender Agent", „reaktiver Agent", „adaptiver Agent" und „rationaler Agent". Üblich ist auch die Bezeichnung *„intelligenter Agent"*, mit der dem Umstand Rechnung getragen wird, dass einem Agent aufgrund seiner Flexibilität, Interaktivität, Autonomie, Lernfähigkeit, Rationalität, usw. durchaus eine gewisse Intelligenz im umgangssprachlichen Sinn zugesprochen werden kann. (Ein eindeutiger und allgemein anerkannter Intelligenzbegriff existiert nicht. In der Intelligenz-Forschung herrscht weitgehend Übereinstimmung darüber, dass sich menschliche Intelligenz aus verschiedenen „Teil-Intelligenzen" wie beispielsweise logisch-mathematische Intelligenz, emotionale Intelligenz, soziale Intelligenz und kollektive Intelligenz zusammensetzt.)

Neben der Betonung einzelner Merkmale ist es auch üblich, den Begriff „Agent" dadurch zu präzisieren, dass er mit dem Einsatzbereich oder -zweck oder einer sonstigen herausragenden (nicht-agentenspezifischen) Eigenschaft des jeweiligen konkreten Agenten attributiert wird. Bekannte Beispiele hierfür sind: Informationsagent, Interface-Agent, Wrapper-Agent, Transaktionsagent, Verkaufsagent, Assistenzagent, virtueller Agent und mobiler Agent.

Mit der Bezeichnung „agentenorientierte Software" wird üblicherweise Software bezeichnet, die agentenorientiert – also unter dem Blickwinkel einer Menge von Agenten – entwickelt wurde. (Ein einzelner Softwareagent ist demnach ein Spezialfall von agentenorientierter Software.) Dieser Sprachgebrauch wird auch für dieses Buch übernommen.

1.2 Merkmale und Potential

Zu den großen Fortschritten, die in der Softwaretechnik erzielt wurden, zählt die Herausbildung und softwaretechnische Umsetzung von grundlegenden Systembetrachtungsweisen, die eine erfolgreiche, systematische und effiziente Entwicklung von Softwaresystemen unterstützen. Beispiele für diese Betrachtungsweisen sind Strukturorientierung [87, 238], Objektorientierung (z.B. [51,

61], Komponentenorientierung (z.B. [258, 280]), Aspektorientierung (z.B. [166, 191]), Modellorientierung (z.B. [205, 273]), Architekturorientierung (z.B. [263]), Patternorientierung (z.B. [64, 124]), Aufgabenorientierung [237] und – meist im Kontext von betrieblichen Informationssystemen – Prozessorientierung (z.B. [28]). In diese Liste ist Agentenorientierung als eine neue, im Entstehen begriffene Systembetrachtungsweise einzuordnen. Welchen Nutzen eine Betrachtungsweise bringt, ist eine Frage, die abschließend nur in der Praxis und basierend auf langjähriger Erfahrung zu beantworten ist. Agentenorientierung ist, wie beispielsweise auch Komponenten- und Architekturorientierung, zu jung, um eine solche empirisch gestützte Antwort geben zu können. Im Folgenden werden grundlegende qualitative Merkmale von Agentenorientierung beschrieben, die es nahelegen, dieser Betrachtungsweise ein sehr hohes Nutzen- und Akzeptanzpotential in der Softwaretechnik zu bescheinigen. Im Wesentlichen sind diese Merkmale auch der Grund für das rasch wachsende Interesse, das die agentenorientierte Softwareentwicklung seit einigen Jahren erfährt.

Systemsicht und Abstraktionsebene
Agentenorientierung legt die Metapher eines Softwaresystems als eine menschliche Organisation nahe und eröffnet damit eine innovative, qualitativ anspruchsvolle und zugleich intuitiv verständliche Sicht auf Software. Innovativ und qualitativ anspruchsvoll ist diese Sicht, weil sie es erlaubt, Softwaredesign als Organisationsdesign zu verstehen. Damit erschließt sich dem Softwareentwickler ein breiter Fundus an organisationstheoretischen Konzepten und Techniken (z.B. [81, 123]), die softwaretechnisch eingesetzt werden können. Intuitiv verständlich ist diese Sicht, weil der Umgang mit organisationalen Begrifflichkeiten zu unserem Alltag gehört. Es bereitet deshalb keine Schwierigkeit, sich ein Softwaresystem als Organisation (oder auch als Zusammenschluss von mehreren Organisationen) vorzustellen, in der Softwareeinheiten (Agenten) unter Berücksichtigung von vorgegebenen Berechnungs- und Verhaltensvorschriften (Regeln, Normen, Gesetzen, usw.) Aufgaben erledigen und zu diesem Zweck beispielsweise autonom verhandeln, (Ressourcen-)Konflikte lösen, dynamisch übergeordnete organisationale Einheiten (z.B. Teams) bilden und auflösen, innerhalb dieser übergeordneten Einheiten bestimmte Rollen (z.B. „Ressourcenverwalter" und „Serviceanbieter") spielen und als Rolleninhaber bestimmte Verpflichtungen wahrnehmen.

Charakteristisch für die agentenorientierte Systemsicht ist vor allem auch, dass sie eine neue, von anderen Betrachtungsweisen verschiedene Abstraktionsebene bietet (weitere Ausführungen hierzu finden sich z.B. in [153, 318]). Der Schritt hin zu dieser Abstraktionsebene ist konform mit einer Entwicklung, die sich in höheren Programmiersprachen widerspiegelt und die für die Programmierung im Großen eine notwendige Voraussetzung ist: die Zunahme des Abstrahierungsgrades, weg von der Maschinenebene hin zur Problemebene.

Software gilt als inhärent komplex und ihre Komplexität wird, wie schon in der Vergangenheit, auch weiterhin dramatisch zunehmen (siehe z.B. [62]). Ein entscheidendes Kriterium für die Beurteilung eines Sofwareentwicklungsansatzes ist damit seine Eignung zur Handhabung von Komplexität. Vier elementare Techniken zur Komplexitätshandhabung, denen in der Softwaretechnik sehr große Bedeutung zukommt [51, 203], sind:

Komplexitätshandhabung

➤ *Dekomposition*, also die Zerlegung in kleinere und damit übersichtlichere Teile, die in hohem Maß unabhängig voneinander entwickelt werden können.

➤ *Abstrahierung*, also die Erstellung eines Modells, welches die unwichtige Aspekte ausblendet und die wesentliche Aspekte erfasst.

➤ *Strukturierung*, also die Bestimmung der (geordneten) Beziehungen und (gewünschten) Wechselwirkungen zwischen den Teilen des Gesamtsystems.

➤ *Wiederverwendung*, also die systematische Verwendung von Ergebnissen (Dokumenten und Prozessen), die in einem Softwareprojekt erzielt wurden, in zukünftigen Projekten.

Agentenorientierung unterstützt jede diese vier Techniken auf sehr natürliche Weise (weitere Betrachtungen hierzu finden sich z.B. in [153]). Erstens, sie ermöglicht eine gerichtete Zerlegung eines Softwaresystems in atomare Teile (Agenten) und aus ihnen zusammengesetzte Konstrukte (Agentengruppen). „Gerichtet" bedeutet dabei, dass aufgrund der Semantik des Agentenkonzepts eine willkürliche und in Hinblick auf die Anwendung möglicherweise völlig ungeeignete Systemzerlegung unwahrscheinlich ist. Anders gesagt, das Agentenkonzept ist semantisch reichhaltig genug, um konkrete Hilfestellung and Anleitung bei der Systemzerlegung zu geben (vgl. diesbezüglich die Konzepte „Objekt" und „Komponente"). Zweitens, sie erlaubt die Modellierung von Systemen und Anwendungen auf der Ebene von „Wissen" (knowledge level [217]) und „Sozialität" (social level [154]) und bietet damit vielfältige Möglichkeiten zur systematischen Abstraktion von Implementierungs- und Anforderungsdetails. Drittens, Beziehungen und Abhängigkeiten zwischen den einzelnen Teilen (Agenten) lassen sich unmittelbar aus den Interaktionen ableiten, die zwischen den Teilen im Rahmen ihrer Aufgabenbearbeitung erforderlich oder erlaubt sind. Das Spektrum möglicher Beziehungen reicht dabei von der klassischen Client/Server-Strukturen über marktbasierten Strukturen bis hin zu Peer-to-Peer-Strukturen. Schließlich viertens, es gibt eine Reihe von agentenspezifischen Artifakten, die bei agentenorientierter Softwareentwicklung üblicherweise generiert werden und die sich für eine Wiederverwendung hervorragend eignen. Beispiele für solche Artefakte sind: ein einzelner Softwareagent (d.h. Programmcode, der einen Agenten realisiert); eine Menge (Team) von Softwareagenten, die gemeinsam eine bestimmte Aufgabe bearbeiten; ageninterne Bestandteile (z.B. die Wissensbasis oder Planungskomponente eines Agenten); Architekturen von einzelnen Agenten und von Agententeams; Interaktionsstrukturen und -protokolle; und vollständige Agentenplattformen.

Anwendungsbreite Agentenorientierung eignet sich in besonderem Maß zur Realisierung von Anwendungen, die durch folgende Merkmale ausgezeichnet sind:

➤ *Verteiltheit*, d.h. Daten, Information und Wissen liegen räumlich und/oder logisch verteilt vor und werden verteilt verarbeitet;

➤ *Offenheit*, d.h. die Anzahl und der Typ der Hardware- und Software-Komponenten, die in die Anwendung involviert sind, ist variabel und möglicherweise a priori (zur Designzeit) nicht genau bekannt; und

➤ *Einbettung* in komplexe – dynamische, schwer vorhersagbare, nur beschränkt einsehbare, heterogene, usw. – sozio-technische Umgebungen („situierte Anwendung").

Mit zunehmenden technologischen Fortschritt, etwa in Rechnervernetzung und Plattforminteroperabilität, kommt solchen Anwendungen in den verschiedensten kommerziellen, industriellen und wissenschaftlichen Bereichen – von E-Commerce und E-Business über Fertigungslogistik und Telekommunikation bis hin zu Wissensmanagement und Simulation von sozialen und biologischen Prozessen – eine zentrale Bedeutung bei (siehe auch [319]). Generell sind diese drei Merkmale kennzeichnend für eine Vielzahl von Anwendungen, die auf neuen Modellen und Ansätzen zur Informationsverarbeitung wie beispielsweise Grid Computing (z.B. [120]), Peer-to-Peer Computing (z.B. [234, 260, 286]), Web Computing (z.B. [121]), Pervasive und Ubiquitous Computing [108, 202], Autonomic Computing [146] und Mobile Computing (z.B. [252]) basieren. Die Eignung für solche Anwendungen resultiert daraus, dass ihre Merkmale mit den drei Schlüsselmerkmalen eines Agenten – Flexibilität, Interaktivität und Autonomie – korrespondieren. Zum einen implizieren Verteiltheit und Offenheit eine verteilte und offene Kontrollstruktur (die eine parallele und nebenläufige Verarbeitung ermöglicht) und damit insbesondere die Notwendigkeit, zur Realisierung der Anwendung Softwareeinheiten zu verwenden, die *autonom* (ohne zentrale Kontrolle) agieren können. Zum anderen implizieren die Merkmale Offenheit und Einbettung die Notwendigkeit, möglichst *flexible* Softwareeinheiten einzusetzen, also Softwareeinheiten, die beispielsweise in der Lage sind, trotz unerwarteter Änderungen in der technologischen Infrastruktur oder in den Benutzeranforderungen geeignet zu agieren. Und zum Dritten implizieren Verteiltheit, Offenheit und Einbettung gleichermaßen die Notwendigkeit, Softwareeinheiten einzusetzen, die in der Lage sind, zu *interagieren* (und zwar auf möglichst flexible und autonome Weise) , sei es beispielsweise zum Zweck des einfachen Datenaustausches oder zum Zweck der wissensbasierten Verhandlung über die Kosten für die Nutzung einer bestimmten Resource.

Aus softwaretechnischer Sicht stellt Autonomie das markanteste und in seinen Auswirkungen weitreichendste Merkmal des Agentenkonzeptes und damit der Agentenorientierung dar [218]. Dieses Merkmal, wenngleich es auf den ersten Blick „radikal" und „revolutionär" erscheinen mag, kann als ein natürlicher nächster Schritt in der Evolution generischer Softwareprinzipien verstanden werden [153]. Elementare Softwareeinheiten, die sich im Laufe dieser Evolution herausgebildet haben – monolithische Programme, Module, Prozeduren, Objekte und Komponenten –, weisen einen wachsenden Grad an Lokalität und Kapselung von Daten und von Zustandskontrolle auf. All diesen Softwareeinheiten ist gemeinsam, dass ihre Aktivierung über externe Ereignisse (z.B. dem Startbefehl durch einen Benutzer oder dem Empfang einer Nachricht von einer anderen Softwareeinheit) erzwungen werden kann – die Einheiten entscheiden also nicht selbständig, ob sie z.B. auf eine Nachricht hin tatsächlich aktiv werden (eine Berechnung ausführen, Daten zur Verfügung stellen, usw.). Agentenorientierung überwindet diese Einschränkung, indem sie mit der Autonomieeigenschaft zusätzlich die Kapselung der Kontrolle über die Aktivierung einer Softwareeinheit vorsieht („Selbst- statt Fremdaktivierung", Selbst- statt Fremdbestimmung" und „Selbst- statt Fremdverantwortung"). In der Literatur wird diese erweiterte Kapselung häufig durch eine vergleichende Gegenüberstellung des Agentenkonzepts mit dem Objektkonzept im Sinne des derzeit marktdominanten objektorientierten Paradigmas erläutert (z.B. [153, 225, 305], Analoges gilt für das Verhältnis von Agenten- und Komponentenkonzept): während Objekte neben ihrer Identität („Wer?") und ihren Zustand („Was?") ihr *passives* Verhalten

Autonomie als Systemeigenschaft

("Was, falls aktiviert"?) kapseln, kapseln Agenten zusätzlich Freiheitsgrade in ihrer (Inter-)Aktivität und damit *aktives* Verhalten ("Wie, wann und mit wem, falls überhaupt?"). Zwei bekannte Slogans, in denen dieser Unterschied zum Ausdruck kommt, sind: "objects do it for free, agents do it because they want to" und "objects do it for free, agents do it for money".

Der Schritt hin zu Softwareautonomie lässt sich nicht nur historisch motivieren, sondern spiegelt auch praktischen Bedarf wider. Zum einen implizieren, wie oben dargestellt, eine Reihe von Anwendungen indirekt die Notwendigkeit, Software mit Autonomie auszustatten. Zum anderen wird Autonomie als Systemeigenschaft immer häufiger auch direkt, gleichsam "per Definition", gefordert. So ist es beispielsweise üblich, ein Peer-to-Peer System als ein sich selbstorganisierendes System von gleichberechtigten autonomen Einheiten [234] zu verstehen und in [179] wird Autonomie als wichtige Eigenschaft von Web Services genannt (zusätzlich zu den in der W3C Definition von Web Services genannten Eigenschaften). Autonomie als gewollte beziehungsweise notwendige Eigenschaft von IT Systemen steht – in unterschiedlichen Nuancen und Ausprägungen ("self-governing", "self-structuring", "self-healing", "self-repairing", u.ä.) – auch im Mittelpunkt von verschiedenen Initiativen, die in den vergangenen Jahren von führenden Vertretern der IT Branche lanciert wurden. Zu nennen ist hier insbesondere IBM's Autonomic Computing Initiative [146], aber auch Sun's N1 Initiative [276], HP's Adaptive Enterprise Initiative [138] und Microsoft's Dynamic Systems Initiative [204] (wobei die Schwerpunkte der drei letztgenannten Initiativen fast ausschließlich im Server- und Infrastrukturbereich liegen). Gemeinsam ist diesen Initiativen die Vision von autonomen IT Systemen, die ihre Komplexität und die Komplexität ihrer Umgebung von ihren menschlichen Benutzern abschirmen.

Verträglichkeit   Mitentscheidend für das Potential eines neuen Ansatzes – einer Betrachtungsweise, einer Technik, einer Methode, usw. – ist auch seine Verträglichkeit mit bereits bestehenden und in der Praxis etablierten Ansätzen. Agentenorientierung ist in hohem Maß verträglich mit anderen Ansätzen. Insbesondere erhebt die agentenorientierte Betrachtungsweise *nicht* den Anspruch, andere Betrachtungsweisen zu ersetzen oder auszuschließen. Beispielsweise

➤ ergänzen sich die Abstraktionsniveaus von Agenten- und Objektorientierung auf sinnvolle Weise [224, 266];

➤ haben Agenten und Komponenten das Merkmal der Abgeschlossenheit und den Fokus auf ihre Schnittstelle gemeinsam und das Agentenkonzept kann durchaus als Spezialisie-

1.2 Merkmale und Potential

rung oder Generalisierung (je nach Sicht) des Komponentenkonzepts verstanden werden;

▶ hat Agentenorientierung durch ihren Fokus auf organisationale Strukturen (auf der Ebene der individuellen Agenten) einen engen Bezug zur Architekturorientierung;

▶ hat die Agentenorientierung mit ihren Fokus auf Interaktivität und damit auf Folgen von aufeinander abgestimmten Aktionen einen grundlegende Gemeinsamkeit mit der Prozessorientierung; und

▶ betont die Agentenorientierung ähnlich wie die Aufgabenorientierung die Bedeutung der Erfassung von übergreifenden Aufgaben (also von Aufgaben auf Akteurs- statt z.B. Objektebene) und ihrer Abhängigkeiten.

Damit integriert Agentenorientierung verschiedene Kernaspekte anderer Ansätze und bietet grundsätzlich auch die Möglichkeit, in Kombination mit anderen Ansätzen angewandt zu werden. Weitere Betrachtungen zum Verhältnis von agentenorientierter Softwaretechnologie und Mainstream-Softwaretechnologie finden sich in [215].

In den vergangenen Jahren entwickelten sich

▶ die Methoden- und Toolunterstützung und

▶ die *Standardisierung* von agentenspezifischen Konzepten, Konstrukten und Techniken

zu Schwerpunktthemen im Bereich der agentenorientierten Softwareentwicklung. Dies ist deshalb besonders betonenswert, da ein Ansatz, der nicht von leistungsfähigen Standards, Methoden und Tools getragen wird, in der Softwarepraxis nur sehr schwer Fuß fassen kann.

Weitere Akzeptanzfaktoren

Softwareentwicklung ist viel zu facettenreich und komplex als dass es ein „Allheilmittel" – eine silver bullet [59] – geben könnte, welches immer (oder wenigstens meistens) unter Einhaltung des verfügbaren Zeit- und Kostenrahmens zu einem optimalen Softwaresystem führt. So ist bekanntermaßen die Objektorientierung kein solches Allheilmittel (z.B. [27, 60, 117]) und es wäre natürlich auch unrealistisch, anzunehmen, Agentenorientierung oder ein anderer Entwicklungsansatz sei ein solches. Wo die kritischen Schwachstellen des agentenorientierten Ansatzes im Detail liegen, wird sich in der Praxis zeigen. Im Folgenden wird auf drei grundsätzliche Herausforderungen, die Agentenorientierung mit sich bringt, hingewiesen.

Silver Bullet?

Herausforderungen

Eine leicht zu unterschätzende Herausforderung ist der sachliche Umgang mit dem Agentenkonzept. Aufgrund seiner intuitiven Verständlichkeit kann dieses Konzept schnell dazu verleiten (vor allem im Falle fehlender Vorkenntnisse und Erfahrungen mit agentenorientierter Entwicklung und Agententechnologie), den Bezug zur softwaretechnischen Relevanz und Machbarkeit und nicht zuletzt zu den eigentlichen Anforderungen an das zu bauende System zu verlieren. Mindestens zwei der in [308] genannten Fallstricke der agentenorientierten Softwareentwicklung stehen in unmittelbaren Zusammenhang mit dieser Herausforderung:

▶ „You confuse buzzwords with concepts" und

▶ „You see agents everywhere".

Der zweitgenannte Fallstrick führt häufig dazu, dass auch solche Systemeinheiten als „Agenten" bezeichnet werden, die dieser Bezeichnung schlichtweg nicht gerecht werden – ein solcher oberflächlicher Umgang mit dem Agentenkonzept kann eine geeignete und sinnvolle agentenorientierte Systemrealisierung ganz erheblich erschweren oder sogar unmöglich machen.

Eine zweite zentrale Herausforderung ist die korrekte und präzise Erfassung und Spezifikation von Autonomie als Softwareeigenschaft. Diese Herausforderung, die mit wachsenden Bedarf an autonomen Informationssystemen über den agentenorientierten Ansatz hinaus von zentraler Bedeutung ist, wirft auch wichtige Fragen der Systemsicherheit und des Datenschutzes auf. Dies folgt daraus, dass ein Softwareagent als autonome Einheit im Rahmen der ihm übertragenen Verantwortlichkeiten möglicherweise Entscheidungen treffen kann, die beispielsweise signifikante Konsequenzen finanzieller oder rechtlicher Art für seine menschlichen Benutzer haben. Als Entwickler steht man also vor der Aufgabe, Autonomie weder zu restriktiv noch zu großzügig zu fassen, da sonst erwünschte Effekte (z.B. Benutzerentlastung) nicht erzielt beziehungsweise unerwünschte Effekte (z.B. emergente Instabilität des Gesamtsystems) nicht ausgeschlossen werden können.

Eine dritte und die herausragendste Herausforderung ist die Anbindung des agentenorientierten Softwareansatzes an praxisrelevante Qualitäts- und Entwicklungsstandards. Zwar wurden, wie oben bereits angemerkt, diesbezüglich in den vergangenen Jahren enorme Fortschritte erzielt, jedoch reichen diese noch nicht aus, um einen breiten und umfassenden industriellen und kommerziellen Einsatz von agentenorientierter Softwaresystemen zu ermöglichen. Konkrete Vorschläge und Anregungen zur Realisierung dieser Anbindung werden beispielsweise in [194, 215, 222] und [196, Abschnitte 4 und 7] gemacht.

1.3 Schwerpunkte in Forschung und Anwendung

Aufgrund seines großen Potentials erfährt der agentenorientierte Ansatz zur Softwareentwicklung seit einigen Jahren ein rasch wachsendes Interesse in Forschung und Praxis. Ausdruck findet dieses Interesse in einer inzwischen kaum mehr überschaubaren Anzahl von Arbeiten, in denen die unterschiedlichsten Aspekte dieses Ansatzes thematisiert werden. Im Folgenden wird, nach Schwerpunkten geordnet, ein Überblick über die aktuelle Forschungs- und Anwendungslandschaft der agentenorientierten Software(entwicklung) gegeben.

Mit dem Interesse an agentenorientierter Software wuchs vor allem auch das Interesse an agentenorientierten Entwicklungsmethoden. Eine Vielzahl solcher Methoden sind inzwischen verfügbar, die sich nach ihrer disziplinären Verwurzelung in vier Gruppen unterteilen lassen:

Entwicklungsmethoden

▶ *Agententechnologie* als Ausgangspunkt. Der Fokus dieser Methoden liegt auf agentenspezifischen Abstraktionen (Gruppe, Organisation, Rolle, usw.) und Verfahren (z.B. zur wissensgestützten Koordination). Typische Vertreter dieser Gruppe sind *Gaia* [310], *Aalaadin* [105, 135], *SODA* [229], *EXPAND* [54] und *ADELFE* [49].

▶ *Objektorientierung* als Ausgangspunkt. Diese Methoden resultieren aus agentenspezifischen Erweiterungen von bestehenden objektorientierten methodischen Verfahren und Prinzipien. Typische Vertreter dieser Gruppe sind MASSIVE [189], *KGR* [169], *MaSE* [86], *Prometheus* [236], *ODAC* [127], *PASSI* [242], *AOAD* [63] und *MASB* [210].

▶ *Requirements Engineering* als Ausgangspunkt. Eine Methode, die eng an Techniken und Formalismen angelehnt ist, die aus dem Bereich des Requirements Engineering stammen, ist *Tropos* [57]. Agentenorientiertes Requirements Engineering [314] weist interessante Parallelen zum zielorientierten Requirements Engineering [216, 317] auf. Diese Parallelen sind zum Teil darin begründet, dass der Modellierung von (menschlichen) Agenten im Requirements Engineering eine große Bedeutung beigemessen wird [288]; Betrachtungen zum Agentenkonzept im Requirements Engineering finden sich z.B. in [315, 316].

▶ *Knowledge Engineering* als Ausgangspunkt. Der Fokus dieser Methoden liegt auf der Identifikation und Modellierung des Wissens, welches die einzelnen Softwareagenten besitzen. Die zwei bekanntesten Vertreter sind *CoMoMAS* [130] und *MAS-CommonKADS* [147].

Die Einteilung in diese Gruppen spiegelt die Vielfalt der methodischen Ansätze wider. Eine Kombination von methodischen Elementen über diese Gruppen hinweg ist durchaus möglich, wie beispielsweise die Methode *MESSAGE* [103] zeigt. Einen guten Überblick über agentenorientierte Methoden kann man sich mit [48, 195, 295] verschaffen; einen weiteren hilfreichen, wenn auch nicht mehr ganz aktuellen Überblick bietet [32].

Entwicklungstools und Plattformen   Inzwischen ist eine kaum überschaubare Anzahl von Tools verfügbar, die eine agentenorientierte Softwareentwicklung unterstützen. Die meisten dieser Tools sind frei erhältliche Prototypen, wobei seit einigen Jahren auch kommerzielle Tools angeboten werden. Einen guten Eindruck von der Vielfalt der derzeit verfügbaren Tools kann man sich auf den Webseiten [21, 200] verschaffen; Kurzbeschreibungen ausgewählter Tools finden sich auch in [195]. Zu den bekanntesten Entwicklungstools zählen u.a. das *FIPA-OS* Toolkit (z.B. [219, 220]), *JADE* [80]; *Zeus*-Toolkit [271], *MadKit* [197], *agentTool* [24, 25], *JAFMAS* [152], *JACK* [3] und *AGENTBUILDER* [16]. *JACK* und *AGENTBUILDER* werden kommerziell vertrieben. Neben diesen „general purpose" Tools gibt es noch eine Reihe von Entwicklungstools, die auf spezielle Belange ausgerichtet sind, wie beispielsweise *SWARM* [278] auf die Entwicklung von agentenbasierten Simulationen, *Bee-gent* [43] auf die agentengestützte Integration existierender Anwendungen und *CRNS* [296] auf die agentenorientierte Spezifikation von autonomen Softwareverhalten.

Die meisten der oben genannten Entwicklungstools implizieren die Verwendung einer bestimmten Agentenplattform, die den Anwendungen zugrundegelegt wird. Diese Plattformen legen beispielsweise Details zur Identifikation von Agenten, zur Kommunikation zwischen Agenten und zu Services, die den Agenten zur Verfügung stehen, fest. Darüber hinaus gibt es eine Reihe von methoden- und toolunabhängigen Plattformen, die bei der Realisierung von agentenorientierten Anwendungen hilfreich sein können. Zu den prominentesten Beispielen hierfür gehören *RETSINA* [279] und *IMPACT* [149, 275], weitere Beispiele sind *OPAL* [247], *Comtec* [76] und *AAP* [1]. Verfügbar sind auch spezielle Plattformen für mobile agentenbasierte Anwendungen; hier sind insbesondere *LEAP* [209], *MicroFIPA-OS* [270] und *GRASSHOPPER* [148] zu nennen. Ein Entwickler, der auf bestehende Plattformen zurückgreifen will, hat also die Qual der Wahl, zumal zur Zeit keine vergleichende Evaluierung dieser Plattformen vorliegt.

1.3 Schwerpunkte in Forschung und Anwendung

Die wichtigste Standardisierungsinstanz im Agentenbereich ist die Foundation for Intelligent Physical Agents, kurz FIPA. Im Anhang A werden die FIPA-Standardisierungsbemühungen zu Agentenplattformen vorgestellt (eine Liste von FIPA-konformen Plattformen ist auf der Webseite [115] verfügbar). Weitere FIPA-Standardisierungsbemühungen zielen zum einen auf eine als FIPA *AgentUML* (kurz *AUML*) [15, 42] bezeichnete agentenbasierte Erweiterung von Standard-UML (diese Erweiterungen betreffen beispielsweise die Modellierung von Agentenklassen, Interaktionsprotokollen und Sozialstrukturen) und zum anderen auf ein SPEM-basiertes Meta-Modell für den agentenorientierten Softwareentwicklungsprozess [116] ab. FIPA-Konformität gilt zunehmend als Voraussetzung für industrielle und kommerzielle agentenorientierte Software, weshalb dieser Standard auch von nahezu allen neueren Tools und Plattformen unterstützt wird.

<small>Standards und Standardisierungsbemühungen</small>

Die Beschreibung und das Kommunizieren von Wissen spielt bei der Agentenorientierung eine wichtige Rolle. Als Quasi-Standard für die Beschreibung von Wissen und Metawissen gilt die logikbasierte Sprache KIF [167], für die auch ein ANSI-Standardisierungsvorschlag vorliegt [31]. Von KIF liegen verschiedene Varianten vor: neben Ontolingua [232], einer KIF-Erweiterung zur Beschreibung von Ontologien, sind dies insbesondere FIPA-KIF [114] und SUO-KIF [277], die beide eine geringere Mächtigkeit als KIF besitzen und als Kandidaten für zukünftige Standardisierungen gelten. Zwei Agenten-Kommunikationssprachen, die sich als Quasi-Standard etabliert haben, sind die „Knowledge Query and Manipulation Language" KQML [109, 182] und die „FIPA Agent Communication Language" FIPA-ACL [112]. Beide Sprachen sind angelehnt an die Sprechakttheorie, wobei KQML einen etwas größeren Sprachumfang (gemessen an der Zahl der verwendbaren Performative) besitzt. Problematisch mit beiden Sprachen ist, dass sie keine völlig eindeutige Semantik besitzen und damit unterschiedliche Dialekte zulassen [267].

Seitens der Object Management Group (OMG) gibt es zwei weitere wichtige Standardisierungsbemühungen: zum einen die Integration agentenspezifischer Konzepte in UML (Version 2.0) durch die „Agent Platform Special Interest Group" (Agent PSIG) [227] und zum anderen die unter der Bezeichnung MASIF bekannte Standardisierung der Interoperabilität zwischen mobilen Agenten [228]. (Mobilität als Agenteneigenschaft ist auch Gegenstand der FIPA-Standardisierungsbemühungen.)

Weitere (Quasi-)Standards, Standardtechnologien und Standardisierungsbestrebungen, die generell für verteilte und offene Anwendungen und damit für den agentenorientierten Ansatz von Bedeutung sind (vgl. Seite 10), sind beispielsweise XML [313],

CORBA [77], Jini [159], UDDI [284], JXTA [161], SOAP [268], WSDL [312], WSCL [311], ebXML [99] und RosettaNet [255].

Sprachen   Für agentenorientierte Anwendungen sind folgende vier Sprachklassen von besonderer Bedeutung:

- ▶ Kommunikationssprachen;
- ▶ Koordinationssprachen;
- ▶ Programmiersprachen; und
- ▶ Ontologiesprachen.

Im Folgenden wird auf wichtige Vertreter dieser Klassen verwiesen.

Die gebräuchlichsten Kommunikationssprachen für Agentensysteme sind KQML und FIPA-ACL (siehe Seite 17). Eine gute Einführung in diese Sprachklasse gibt [178].

Koordinationssprachen dienen der Festlegung der Koordinationsabläufe und des Koordinationsmanagements in einem agentenorientierten Softwaresystem. Zu den bekanntesten agentenspezifischen Koordinationssprachen zählen *COOL* [36], *STL++* [261] und *SDML* [208]. *COOL* zeichnet sich durch die explizite Repräsentation von Koordinationswissen und ein integriertes regelbasiertes Konversationsmanagement aus; der Fokus von *STL++* und *SDML* liegt auf der expliziten Beschreibung von organisationalen Strukturen.

Als Standardprogrammiersprache für agentenorientierte Softwaresysteme hat sich Java etabliert. Nicht nur wünschenswert sondern für die Programmierung im Großen unverzichtbar ist es allerdings, dass agentenspezifische Konzepte (wie z.B. „Agent" oder „Team") auf Programmiersprachenebene als vorgegebene, atomare Sprachkonstrukte zur Verfügung stehen, analog etwa dem Objekt- oder Klassenkonstrukt in objektorientierten Sprachen. Hier herrscht großer Forschungsbedarf, auch wenn erste Vorschläge für eine solche „agentenorientierte Programmiersprache" bereits vorliegen. Zu nennen ist hier beispielsweise die auf Java aufsetzende *JACK Agent Language* (Seite 261), *PLACA* [283], *AgentSpeak(L)* [248] und *ConcurrentMetateM* [118]. Die erste kommerziell verfügbare Programmiersprache zur plattformunabhängigen Implementierung von mobilen Softwareagenten ist *Telescript* [298]. Verwiesen sei noch auf *ConGolog* [83] und *FLUX* [282], zwei agentenorientierte Sprachen aus dem Umfeld der Roboterprogrammierung.

Ontologiesprachen, also Sprachen zur Spezifikation von Ontologien, sind von wachsender Bedeutung für die agentenorientierte Softwareentwicklung, stellen in diesem Bereich aber keinen Forschungsschwerpunkt dar. Geeignet für agentenorientierte Anwendungen sind traditionelle Ontologiesprachen wie *Ontolingua* und *LOOM* und mit zunehmender Web-Anbindung solcher Anwendungen vor allem die neueren Web-basierten Ontologiesprachen *DAML+OIL* und *OWL*. Einen sehr guten Überblick über diese und andere Ontologiesprachen gibt [131].

Mit wachsender Praxisakzeptanz von agentenorientierter Software gewinnen formale Methoden der Spezifikation (d.h. der Festlegung der Funktionalität bei gegebenen Kundenanforderungen) und der Verifikation (d.h. des Nachweises der Korrektheit der Software bei gegebener Spezifikation) enorm an Bedeutung, und umgekehrt ist die Verfügbarkeit solcher formalen Methoden von großer Bedeutung für die Praxisakzeptanz [94]. Auch wenn erste formale Ansätze vorliegen (einen Überblick gibt [306]), besteht hier ein deutlicher Forschungsbedarf. Die drei bekanntesten formalen Spezifikationsansätze sind der belief-desire-intention (BDI) [250] Ansatz, *LORA* [304] und *DESIRE* [55]. Pionierarbeit zur automatischen Kompilierung von Agentenspezifikationen ist in [254] beschrieben. Gute Beispiele für formale Verifikationsansätze sind [119] und [46]; der erstgenannte Ansatz ist axiomatisch, der zweite basiert auf Model Checking.

Formale Spezifikation und Verifikation

Neben den obigen Ansätzen, die logikbasiert sind, gibt es eine Reihe von Ansätzen, die auf anderen Standardformalismen aufsetzen. Beispielsweise basiert der in [95] beschriebene Spezifikationsansatz auf Z und der in [206] beschriebene Ansatz auf Petrinetzen. Umfangreiche Verwendung findet vor allem auch Standard-UML (einen guten Überblick gibt [41]) und agentenspezifische UML-Erweiterungen wie (siehe Seite 17).

Die explizite Spezifikation von Autonomie als Systemeigenschaft wird in [297] thematisiert; vorgeschlagen wird hier ein Formalismus namens *RNS*, der die explizite Angabe von Rechten und Pflichten eines Agenten vorsieht. Weitere formale Ansätze zur expliziten Autonomiespezifikation sind [37, 91, 192, 235].

Aus agentenorientierter Sicht ist es üblich, zwei Architekturebenen zu unterscheiden: die Mirco-Ebene der individuellen Agenten, auf der das „Innenleben" eines Agenten erfasst wird, und die Macro-Ebene von „Agentengemeinschaften", auf der die Interaktionen und die Wechselwirkungen zwischen Agenten erfasst werden. Die Vielfalt der in der Literatur beschriebenen Architekturen ist nur schwer überschaubar. Einen ersten, einführenden Überblick über vorgeschlagene Micro-Architekturen kann man sich mit [212, 303] verschaffen; generelle Überlegungen zu diesen Architekturen finden sich in [186, 294]. Zu den bekannteren Micro-Architekturen zählen beispielsweise *INTERRAP* [213],

Architekturen und Designpatterns

dMars [96], *ARCHON* [68], OAA^{TM} [233], *COUGAAR* [79] und *SOAR* [269]. Deutlicher Forschungsbedarf besteht zur Frage, nach welchen generellen Kriterien die Auswahl einer geeigneten Micro-Architektur erfolgen soll; Richtlinien für diese Auswahl gibt [214]. Beispiele für oft zitierte Macro-Architekturen sind *GPGP/TAEMS* [187], *RETSINA* [279], *IMPACT* [149, 275] und – für mobile agentenorientierte Systeme – *TuCSoN* [230]. Eine objektorientierte Makro-Architektur für Agentensysteme wird in [140, 141] vorgestellt. Da der Fokus der Makro-Architekturen meist auf Agent-Agent-Koordination liegt, werden sie auch als *Koordinations-Frameworks* bezeichnet. Eine abstrakte Klassifikation von Makro-Architekturen wird in [92] vorgestellt; unterschieden wird dabei in Anlehnung an die Organisationstheorie zwischen „Markt", „Hierarchie" und „Netzwerk". Beschreibungen von (Software-)Infrastrukturen für agentenorientierte Systeme und ihren Mikro/Makro-Architekturen finden sich in [290, 291].

Die Notwendigkeit zu Wiederverwendung hat im Bereich der agentenorientierten Software zur Identifkation verschiedenster Patterns für Agentenverhalten, -koordination und -organisation geführt. Beispiele hierfür sind [19, 78, 89, 93, 97, 98, 163, 176, 177, 190, 281, 265] und, speziell für mobile Agenten, [34, 88]. In Hinblick auf die Formalisierung der Wiederverwendbarkeit von Agenten sei noch auf [47] verwiesen.

Anwendungen   Agentenorientierte Software ist gerade dabei, die Forschungsstätten in Richtung kommerzieller und industrieller Anwendungspraxis zu verlassen. Dies zeigt sich beispielsweise auch daran, dass Firmen wie Siemens, IBM, Sun, Apple, Microsoft und SAP das Thema „Softwareagenten und Agententechnologie" in eigenen Produkten und/oder Projekten aufgegriffen haben und dass es eine wachsende Zahlen von Firmen gibt, die auf agentenorientierte Software und ihre Entwicklung spezialisiert sind. Zu diesen Firmen zählen u.a. WHITESTEIN Technologies [299], agentscape [23], IKV++ Technologies AG [148], Agent Oriented Software Pty. Ltd. [3], Acklin [2], AGENTBUILDER [16], Agentis [20], emorphia [100], Lost Wax [193] und BNN Technologies [50].

Ein großer Anteil der Forschung zu agentenorientierter Software ist anwendungsnah ausgelegt und es gibt eine Vielzahl von prototypischen agentenbasierten Anwendungssystemen. Zu den Anwendungsdomänen und -typen zählen beispielsweise (die angegebenen Referenzen verweisen auf Überblicksartikel und -bücher, sofern verfügbar, andernfalls auf ein typisches Beispielsystem):

➤ E-Commerce [136];

➤ Geschäftsprozessmanagement [155];

1.3 Schwerpunkte in Forschung und Anwendung

- Fertigungssteuerung und -logistik [223];
- Gesundheitswesen [171];
- Telekommunikation [292];
- Verteilte Sensor-Netzwerke [185];
- Entertainment [133];
- Persönliche digitale Assistenten [207, 243];
- Wissensmanagement [287];
- Simulation von komplexen Systemen [172];
- Multimodale Mensch-Maschine-Interaktion [244];
- Informationsfilterung und -auswahl im Web [175].

Einen sehr guten Überblick über agentenorientierte Anwendungen geben [156] und [173]. Weitere empfehlenswerte Publikationen, die auf Anwendungen fokussieren, sind [137, 158, 239]; Anmerkungen aus Praxissicht geben [241, 240]. In [196, Abschnitt 3] findet sich eine eine Abschätzung der zukünftigen Entwicklung von agentenorientierten Anwendungen.

Zur Abrundung dieses Anwendungsquerschnitts sei noch verwiesen auf das DFG-Schwerpunktprogramm „Intelligente Softwareagenten und betriebswirtschaftliche Anwendungsszenarien" [90] und die beiden derzeit wohl größten offenen agentenbasierten Anwendungsprojekte *Agentcities* [17, 18] und *DARPA coABS* [82]. Ziel der Agentcities-Initiative ist es, zu Forschungs- und Evaluierungszwecken ein offenes, globales, Internet-gestütztes Netzwerk von Agentenplattformen, auf denen Services angeboten werden, aufzubauen. Zur Zeit (Stand Juli 2004) umfasst dieses Netzwerk 200 registrierte Plattformen weltweit und verteilt über 20 Länder. Zu den Standards und Standardtechnologien, die zum Einsatz kommen, gehören insbesondere die FIPA-Standards, XML und DAML-OIL. Das DARPA coABS Agility Projekt hat zum Ziel, unter Verwendung und Ausnutzung von verfügbaren und emergierenden Standards (z.B. Java, Jini und XML) eine umfassende agentenbasierte Grid-Architektur zu entwickeln.

1.4 Weitere Verweise auf Literatur und Web-Ressourcen

Abschließend noch einige Verweise auf weiteres empfehlenswertes Material zum Thema „Agenten":

▶ Grundlegende Betrachtungen zur agentenorientierten Softwareentwicklung finden sich auch in [153, 157]. Einen umfangreichen Überblick über Agentenorientierung in der Softwaretechnik bietet [295]. [195] gibt eine sehr gute und breit ausgelegte Einführung und [48] ist eine empfehlenswerte Sammlung von Arbeiten, die den aktuellen Forschungsstand in der agentenorientierten Softwareentwicklung wiedergibt. Die beachtliche thematische Forschungsbreite und -fielfalt ist in den Proceedings zum Workshop „Agent-oriented software engineering" [67, 128, 129, 302] dokumentiert. Eine nützliche Informationsbroschüre ist [196].

▶ Grundlagen und Anwendungen von Softwareagenten und Agententechnologie wurden auch in mehreren deutschsprachigen Büchern (z.B. [56, 104, 184]) und Schwerpunktheften von Zeitschriften [30, 137, 170, 211] thematisiert.

▶ Empfehlenswerte Einführungen in die Agenten- und Multiagententechnologie sind [293, 305]. Sammelbände, die einen sehr guten Einblick in den Entwicklungsstand dieser Technologie geben, sind [53, 143, 174, 231]. Die führende einschlägige Zeitschrift ist „Autonomous Agents and Multi-Agent Systems" [151], und zwei Buchreihen zur Agenten- und Multiagententechnologie sind [150, 272].

▶ Eine Fülle von Links auf Tools, Literatur, Veranstaltungen, Firmen, usw. sind über die MultiAgentSystems Webseiten [201], das Agents Portal [22], die Webseiten von AGENTLINK-III (European Co-ordination Action for Agent Based Computing) [285] und – zum Teil jedoch nicht auf den neuesten Stand – die Webseiten des UMBC AgentWeb [285].

Manche der obigen Verweise sind auch auf der Webseite zu diesem Buch enthalten.

2
Auswahl und Evaluierung der vorgestellten Methoden und Tools

> *Der Intellekt hat ein scharfes Auge für Methoden und Werkzeuge, aber er ist blind gegen Ziele und Werte.*
>
> A. Einstein

2.1 Auswahlkriterien

Die Auswahl der in diesem Buch besprochenen Methoden und Tools erfolgte nach folgenden Kriterien:

Kriterien und Wahl

▶ Die Methoden/Tools müssen explizit auf die Entwicklung von agentenorientierter Software ausgerichtet sein.

▶ Die Methoden/Tools müssen in Hinblick auf ihre Verwendung ausreichend detailliert dokumentiert sein.

▶ Die Tools – oder funktional vollständige Testversionen davon – müssen, zumindest zeitlich begrenzt und/oder für die Verwendung im akademischen Umfeld (z.B. für Ausbildungszwecke), kostenlos verfügbar sein.

▶ Die gewählten Methoden und Tools sollen in ihrer Gesamtheit die wesentlichen Eigenschaften und Leistungsmerkmale von möglichst vielen derzeit verfügbaren agentenorientierten Methoden und Tools widerspiegeln.

Unter Anwendung der genannten Kriterien wurde folgende Auswahl getroffen:

▶ Methoden: *Gaia*, MASSIVE, *Zeus*-Methode, *MaSE* und *Aalaadin*;

▶ Tools: *FIPA-OS*, *JADE*, *Zeus*-Toolkit, *MadKit*, *agentTool* und *JACK*.

Mit dieser Auswahl ist es vor allem auch möglich, über die individuellen Methoden und Tools hinaus generell das Prinzip der agentenorientierten Softwareentwicklung – also die grundlegenden Konzepte der Agentenorientierung und die von ihnen implizierte System(entwicklungs)sicht – zu vermitteln.

2 Auswahl und Evaluierung der Methoden und Tools

„Aber fehlt da nicht ...?"

Der eine oder andere Leser mag vielleicht bedauern oder geneigt sein zu kritisieren, dass nicht zusätzlich (oder statt dessen) die Methode **X** und das Tool **Y** ausgewählt wurden. In der Tat gibt es weitere agentenorientierte Methoden und Tools, die sich beispielsweise durch ihren Innovationsgehalt oder ihre softwaretechnische Fundierung auszeichnen. Zu bedenken ist hierbei jedoch, dass dieses Buch – wie im Vorwort erwähnt – in erster Linie ein grundlegendes Verständnis für agentenorientierte Methoden und Tools anschaulich vermitteln will. Das Buch zielt also *nicht* darauf ab, möglichst viele oder gar alle verfügbaren Methoden und Tools in der vorgenommenen Ausführlichkeit zu erfassen – aufgrund der hohen Dynamik dieses Gebietes und aufgrund der Fülle der in den letzten Jahren publizierten agentenorientierten Methoden und Tools wäre dies ohnehin nicht möglich. Ausdrücklich wird betont, dass die Nicht-Behandlung einer Methode/eines Tools im Rahmen dieses Buches *keine* Aussage über ihre/seine Qualität darstellt.

2.2 Evaluierungskriterien

2.2.1 Vorbemerkungen

Zweck der Evaluierung

Die Evaluierung der in diesem Buch vorgestellten Methoden und Tools dient dreierlei Zwecken. Zum einen soll sie in Kombination mit den Anwendungsstudien ein tiefergehendes Verständnis der betrachteten Methoden und Tools vermitteln. Zum anderen soll mit dieser Evaluierung potentiellen Anwendern von agentenorientierten Methoden und Tools eine Orientierungs- und Auswahlhilfe geboten werden. Die Wahl einer geeigneten Methode oder eines geeigneten Tools ist mitentscheidend für den Erfolg eines Softwareprojekts; zugleich ist diese Wahl aber keineswegs trivial, da die Eignung einer Methode oder eines Tools in aller Regel sowohl von den individuellen Anforderungen eines Anwenders als auch von anwendungsspezifischen Anforderungen abhängt. Zum Dritten stellt diese Evaluierung einen Beitrag dar zur Klärung der grundsätzlichen Frage, anhand welcher Basiskriterien festgestellt werden kann, ob und inwieweit eine Methode oder ein Tool das Prinzip der Agentenorientierung erfasst und umsetzt. Mit zunehmender Akzeptanz von agentenorientierter Software im industriellen und kommerziellen Umfeld kommt dieser Frage eine zentrale Bedeutung bei.

Rückgriff auf etablierte Kriterien

In der Literatur finden sich zahlreiche Arbeiten zur Evaluierung der Qualität – Effizienz und Effektivität – von Entwicklungsmethoden und -tools (siehe z.B. [144, 145, 274, 300] und auch [33]).

Auch wenn der Fokus der meisten dieser Arbeiten auf Objektorientierung und objektorientierter Software liegt, sind die dort vorgeschlagenen und im Software Engineering etablierten Qualitätskriterien auch in Hinblick auf Agentenorientierung relevant. Bei der Evaluierung der hier vorgestellten agentenorientierter Methoden und Tools wurde deshalb auf diese Kriterien zurückgegriffen, wobei jedoch manche von ihnen zugunsten einer fokusierten Evaluierung in ihrer Allgemeinheit beschränkt und auf agentenspezifische Belange zugeschnitten wurden.

Die hier beschriebene Evaluierung geht in ihrem Umfang und ihrer Detaillierung deutlich über die – wenigen – Ansätze hinaus, die bislang speziell zur Bewertung von agentenorientierten Methoden und Tools vorgestellt wurden; siehe [226, 253, 264, 301] und die fragebogengestützte Toolevaluierung in [262]. *Andere Evaluierungsansätze*

2.2.2 Liste der Kriterien

Nachfolgend werden die verwendeten Kriterien aufgelistet und durch typische Fragestellungen, die sie induzieren, charakterisiert. Anzumerken ist, dass diese Kriterien nicht alle disjunkt voneinander sind, sondern teilweise sogar in enger Wechselwirkung stehen.

Kriterium „*Anwendungsbreite*". Ist die Methode/das Tool auf bestimmte Anwendungen beziehungsweise Anwendungsdomänen zugeschnitten (etwa "electronic commerce" oder "Logistik"), oder gibt es keine prinzipiellen anwendungsspezifischen Einschränkungen? *Anwendungsbreite*

Kriterium „*Implementierbarkeit*". Welcher Aufwand ist erforderlich, um die mit Hilfe der Methode/des Tools generierten Modelle und Spezifikationen programmtechnisch umzusetzen? Wie implementierungsnah sind die generierten Modelle und Spezifikationen? *Implementierbarkeit*

Kriterium „*Wiederverwendbarkeit*". Unterstützt die Methode/das Tool die Generierung von Modellen, Spezifikationen, Programmteilen, Datenstrukturen und/oder Daten (einschließlich Protokolle, Ontologien, usw.), die in weiteren Anwendungen wiederverwendet werden können? Wird eine Vermischung von problemunabhängiger und -abhängiger Information vermieden? *Wiederverwendbarkeit*

Kriterium „*Modularität*". Unterstützt die Methode/das Tool einen modularen Systemaufbau? Sind lokale Änderungen in Teilen der generierten Modelle und Spezifikationen möglich, ohne dass dadurch aufwendige Änderungen in anderen Teilen erforderlich werden? Modularität betrifft dabei zwei Systemebenen, nämlich *Modularität*

- die Ebene der *individuellen (Software-)Agenten* und ihres "Innenlebens" und

- die Ebene des *Gesamtsystems* und der darin vorkommenden Interaktionsstrukturen (z.B. Kontrollpfade, Kommunikationsverbindungen, usw.).

Verständlichkeit Kriterium „*Verständlichkeit*". Wie verständlich und zugänglich ist die Methode/das Tool? Wie groß ist der Aufwand für die Einarbeitung und für das Erlernen der methoden-/toolspezifischen Konzepte und Sichtweisen? Ist die Methode/das Tool nur für einen sehr engen oder bestimmten Anwenderkreis geeignet (z.B. für Entwickler mit umfassender Programmiererfahrung) oder ist der Anwenderkreis offen und grundsätzlich unbeschränkt (z.B. auch für Neulinge geeignet)? Zentrale Aspekte, die hierbei einfließen sind:

- Umfang und Qualität der verfügbaren *Dokumentation* (einschließlich technischer Details, Anwendungsstudien und Sekundärliteratur).

- Umfang und Tiefe der *Vorkenntnisse und Erfahrungen* in Softwareentwicklung und Agententechnologie, die für ein grundlegendes Verständnis der Methode/des Tools erforderlich sind.

Genauigkeit Kriterium „*Genauigkeit*". Wie genau sind die Entwicklungsschritte, die der Methode/dem Tool zugrundeliegen? Ist die Beschreibung präzise genug, um kritische Unklarheiten, Missverständnisse und Fehlinterpretationen seitens der Entwickler und daraus resultierende Mängel in den Zielsystemen zu vermeiden?

Vollständigkeit Kriterium „*Vollständigkeit*". Deckt die Methode/das Tool alle Phasen des Entwicklungszyklus ("Zyklus-Vollständigkeit") und alle wesentlichen Aspekte des Zielsystems ("System-Vollständigkeit") ab? Ist die Methode nur in Kombination mit weiteren Methoden sinnvoll?

Variabilität Kriterium „*Variabilität*". Wie leicht lassen sich während der Entwicklung Änderungen an den generierten (Teil-)Modellen beziehungsweise Spezifikationen des Zielsystems vornehmen? Wie frei kann sich ein Entwickler zwischen den einzelnen methodischen Entwicklungsschritten bewegen? Erfordert eine Änderung grundsätzlich die Wiederholung aller bis dahin durchgeführten Schritte?

Komplexitäts- Kriterium „*Komplexitätshandhabung*". Bietet die Methode/
handhabung das Tool konkrete Unterstützung – etwa in Form von dedizierten Arbeitsschritten oder Heuristiken – bei der Realisierung von agentenspezifischer *Dekomposition*, *Abstrahierung*, *Strukturierung* und *Wiederverwendung* (vgl. Seite 9)?

Kriterium *„Granularität"*. Unterstützt die Methode/das Tool die Entwicklung und Betrachtung des Zielsystems auf unterschiedlichen Granularitätsebenen? Wird eine "zoom in/out"-Betrachtungsweise ermöglicht oder ist ein Entwickler gezwungen, das Zielsystem stets in seiner Gesamtheit und in all seinen Details zu betrachten?

Granularität

Kriterium *„Sicherheit"*. Berücksichtigt die Methode/das Tool sicherheitsrelevante Systemaspekte (z.B. Registrierung, Authentifizierung, Zugriffsrechte und Denial-of-Service-Funktionalität)? Diesem Kriterium kommt in Hinblick auf die Autonomieeigenschaft von Agenten ganz besondere Bedeutung zu. Generell kann in Hinblick auf Sicherheit unterschieden werden zwischen *externen Gefahren* (z.B. unbefugtes Eindringen von Agenten in das System) und *internen Gefahren* (unbefugte Aktivitäten von Agenten innerhalb des Systems).

Sicherheit

Kriterium *„Überprüfbarkeit"*. Unterstützt die Methode/das Tool eine Überprüfung der entwickelten Modelle, Spezifikationen und Implementationen auf Korrektheit? Werden Hilfestellungen für eine solche Überprüfung gegeben (z.B. konkrete Anleitungen oder Heuristiken)? Unterschieden werden dabei zwei Arten von Überprüfbarkeit, nämlich

Überprüfbarkeit

➤ *Validierbarkeit.* Sind die Modelle usw. von einem Domänenexperten leicht nachvollziehbar? Ist das spezifizierte Systemverhalten identisch mit dem tatsächlich gewünschten Verhalten? ("Am I building the right software?")

➤ *Verifizierbarkeit.* Wird die Erkennung und Beseitigung von Mehrdeutigkeiten, Inkonsistenzen etc. in den Modellen und Spezifikationen unterstützt? ("Am I building the software right?")

Kriterium *„Laufzeitdynamik"*. Unterstützt die Methode/das Tool eine Erfassung von Änderungen in der agentenspezifischen Systemstruktur und -funktionalität (z.B. Änderungen in der Agentenzahl, der verfügbaren Rollen- und Gruppenmenge, den Ordnungen auf den Rollen oder generell den verfügbaren Koordinationsstrukturen)?

Laufzeitdynamik

Kriterium *„Installation"* (toolpezifisch). Ist das Tool problemlos zu installieren ("auto-install") oder erfordert die Installation eine zeitaufwendige Einarbeitung in die Struktur des Tools (bis hin zu Rekonfigurationen, Verzeichnisanpassungen, o.ä.)?

Installation

Kriterium *„Zuverlässigkeit"* (toolspezifisch). Hat sich das Tool während seiner Verwendung als robust und stabil erwiesen? Neigt das Tool zu Abstürzen und Datenverlust?

Zuverlässigkeit

Ergonomie   Kriterium „*Ergonomie*" (toolspezifisch). Ist die Benutzeroberfläche intuitiv verständlich und gut durchdacht? Ist sie umständlich konzipiert oder in wichtigen Teilen sogar irreführend?

Expressivität   Kriterium „*Expressivität*". Inwieweit unterstützt die Methode/das Tool die Erfassung und programmiertechnische Realisierung von agentenspezifischen Softwareattributen (siehe Abschnitt 2.3)? Inwieweit wird eine agentenspezifische System- und Entwicklungssicht gefördert?

2.3 Agentenspezifische Softwareattribute

2.3.1 Vorbemerkungen

Agentenattribute und Attributklassen   Im Rahmen der vorgenommenen Evaluierung wurde das Kriterium der Expressivität, also die Erfassung von agentenspezifischen Softwareattributen, besonders berücksichtigt. Die Frage, welches die zentralen "Agentenattribute" sind, ist aufgrund des Fehlens eines normierten Agentenbegriffs nicht ohne Weiteres zu beantworten. (Damit gilt Ähnliches wie für den programmiersprachlichen Objektbegriff, denn auch dieser besitzt keine eindeutige Semantik und a priori bekannte Attributmenge.) Ausgehend von der Verwendung des Agentenbegriffs, die sich im Laufe der letzten Jahre im Bereich der Agententechnologie herausgebildet und durchgesetzt hat, wurden für die Bewertung der Expressivität der betrachteten Methoden und Tools die beiden Attributklassen „Individualistische Attribute" und „Interaktionistische Attribute" unterschieden. Die zu diesen Klassen gehörigen Kernattribute werden im Folgenden aufgelistet und ebenfalls durch die von ihnen induzierten Fragestellungen charakterisiert.

2.3.2 Individualistische Attribute

Architektur   Attribut „*Architektur*". Wird von der Methode/dem Tool eine bestimmte Agentenarchitektur favorisiert oder vorgeschrieben? Kann der Entwickler die Architektur eines Agenten in wesentichen Teilen selbst festlegen?

Autonomie   Attribut „*Autonomie*". Unterstützt die Methode/das Tool eine explizite Erfassung (Modellierung, Spezifikation) von autonomen Verhalten? Kann ein Entwickler explizit beschreiben, inwieweit und unter welchen Umständen ein Agent berechtigt ist, ohne weitere Rückfragen selbständig Entscheidungen zu treffen? Können verschiedene Autonomiegrade festgelegt werden?

2.3 Agentenspezifische Softwareattribute

Attribut „*Flexibilität*". Unterstützt die Methode/das Tool einen Entwickler in der Beschreibung und Realisierung von flexiblem – reaktivem und proaktivem – Agentenverhalten? Wird die Flexibilität eines Agenten explizit erfasst oder wird sie nur implizit behandelt (z.B. im Kontext anderer Attribute)? — Flexibilität

Attribut „*Wissensbasis*". Unterstützt die Methode/das Tool die Erfassung – Modellierung, Spezifikation, Eingrenzung – des Wissens, das ein Agent besitzt beziehungsweise zur Erreichung seines Ziels besitzen muss? Kann dabei z.B. sicheres Wissen (Faktenwissen) und unsicheres Wissen (Vermutungen und Hypothesen) unterschieden werden? Wird auf bekannte Formalismen zur Erfassung von unsicherem Wissen zurückgegriffen (z.B. mehrwertige Logiken, Fuzzy Set Theorie, Bayessche Netze)? Allgemeiner gefragt, wird ein Entwickler im weitesten Sinne beim Knowledge Engineering unterstützt? — Wissensbasis

Attribut „*Mentale Einstellungen*". Unterstützt die Methode/ das Tool einen Entwickler in der Beschreibung und Festlegung von mentalen Einstellungen oder Zuständen eines Agenten? Beispiele für solche Einstellungen sind Intentionen, Verpflichtungen (sich selbst oder anderen gegenüber), Ziele, Wünsche und Präferenzen. — Mentale Einstellungen

Attribut „*Sonstiges/Besonderheiten*". Unterstützt die Methode/das Tool sonstige Attribute, die häufig mit dem Agentenkonzept assoziiert werden wie z.B. Lernfähigkeit, Mobilität und Interaktion mit menschlichen Benutzern? — Sonstiges/ Besonderheiten

2.3.3 Interaktionistische Attribute

Attribut „*Kommunikation*". Unterstützt die Methode/das Tool eine Erfassung der zwischen den Agenten stattfindenden Kommunikation? Eine solche Unterstützung betrifft mindestens zwei zentrale Aspekte von Agent-Agent-Kommunikation, nämlich die zu verwendenden — Kommunikation

▶ *Kommunikationsprotokolle* und

▶ *Kommunikationssprachen* beziehungsweise *-primitive*.

Damit lässt sich die vorausgehende Frage verfeinern: Wird die Spezifikation von Kommunikationsprotokollen ermöglicht? Wird die Verwendung einer existierenden Kommunikationssprache (insbesondere der Quasi-Standardsprachen KQML, ARCOL und FIPA-ACL) ermöglicht oder können zumindest Kommunikationsprimitive spezifiziert werden?

Koordination Attribut *„Koordination"*. Unterstützt die Methode/das Tool eine Erfassung der zwischen den Agenten stattfindenden Koordinationsvorgänge? Koordination betrifft dabei sowohl *kooperative* als auch *kompetitive* Interaktion. Zentrale Aspekte von Agent-Agent-Koordination sind

➤ *Koordinationsmechanismen* beziehungsweise die ihnen entsprechenden *Koordinationsprotokolle* und

➤ *Koordinationsformalismen* beziehungsweise *-sprachen*.

Detaillierter kann also gefragt werden: Ist es möglich, die von den Agenten zu verwendenden Koordinationsmechanismen präzise festzulegen? Kann der jeweilige Koordinationsablauf in Protokollen fixiert werden? Wird im Rahmen der Methode/des Tools ein Formalismus oder eine Sprache zur Beschreibung von Koordinationabläufen und -zuständen angeboten?

Interaktionsmuster Attribut *„Interaktionsmuster"*. Unterstützt die Methode/das Tool die Verwendung von agententypischen Interaktionsmustern?

Ontologien Attribut *„Ontologien"*. Wird die Spezifikation von Ontologien (also von konzeptuellen Formalisierungen von Wissensbereichen), die für eine anspruchsvolle Kommunikation und Koordination zwischen den im Zielsystem enthaltenen Softwareagenten erforderlich sind, unterstützt? Besteht generell die Möglichkeit der Einbindung von Ontologien, die mit anderen Tools generiert werden oder bereits existieren, in das Zielsystem?

Die drei Attribute "Kommunikation", "Koordination" und "Interaktionsmuster" betreffen primär die *Organisation(sstruktur)* des Zielsystems und damit den Informations- und Kontrollfluss zwischen den Agenten. Ergänzend dazu betrifft das Attribut "Ontologie" die semantische Grundlage und notwendige Voraussetzung für ein Funktionieren dieses Flusses.

2.4 Evaluierungsschema und -tabellen

Evaluierungsschema Die betrachteten Methoden und Tools werden nach folgendem einheitlichen Schema evaluiert:

➤ Jedes Evaluierungskriterium wird separat betrachtet.

➤ Die Gesamtbewertung bezüglich eines Evaluierungskriteriums wird unter Verwendung einer fünfstufigen Skala – von ① bis ⑤ – angegeben. Dabei zeigen die einzelnen Stufen an, wie gut eine Methode beziehungsweise ein Tool das Kriterium erfüllt:

① = „sehr gut";
② = „gut";
③ = „befriedigend";
④ = „schlecht";
⑤ = „sehr schlecht".

➤ Bei der Bestimmung der Gesamtbewertung werden alle Merkmale einer Methode beziehungsweise eines Tools berücksichtigt, die in Hinblick auf das jeweilige Evaluierungskriterium von Bedeutung sind. (Beispiele für solche Merkmale sind „UML-basierte Spezifikation", „iterative Vorgehensweise" und „Verhandlungsprotokolle werden bereitgestellt".)

Die Evaluierungsergebnisse, die mit Hilfe dieses Evaluierungsschemas für die einzelnen Methoden und Tools gewonnen wurden, sind in den jeweiligen Kapiteln in Tabellenform aufgelistet. Diese Tabellen enthalten *zu jedem Evaluierungskriterium* folgende Informationen:

Evaluierungstabellen

➤ Eine kompakte Liste von zentralen positiven und negativen Merkmalen, welche die Methode beziehungsweise das Tool in Hinblick auf das Kriterium aufweist. Die Unterscheidung zwischen positiven und negativen Merkmalen wird durch folgende Symbole kenntlich gemacht:

⊕ = „besonders positives Merkmal"
⊖ = „besonders negatives Merkmal"
„Neutrale" Merkmale werden nur in sehr wenigen Ausnahmefällen (z.B. um Missverständnisse zu vermeiden) aufgeführt; sie sind mit ⊙ kenntlich gemacht.

➤ Eine Gesamtbewertung (① bis ⑤).

Zu beachten ist, dass die Menge der Merkmale, die in die Gesamtbewertung bezüglich eines Evaluierungskriteriums eingefließen, nicht „normiert" ist; das heißt, bei verschiedenen Methoden beziehungsweise Tools können unterschiedliche positive und negative Merkmale für eine Gesamtbewertung maßgeblich sein. (Beispielsweise kann sowohl die Methode **X** wegen ihres positiven Merkmals x als auch die Methode **Y** wegen ihres positiven Merkmals y mit $y \neq x$ als „sehr flexibel" eingestuft sein.) Dies hat den großen Vorteil, dass damit den unterschiedlichen Schwerpunktlegungen und Ausrichtungen der Methoden und Tools gezielt Rechnung getragen wird. Diese individualisierte Evaluierung hat jedoch auch einen Nachteil, der hier nicht unerwähnt bleiben darf: sie schließt einen direkten Vergleich auf der Ebene der *Merkmale*

Individualisierte Evaluierung

häufig aus (ein solcher Vergleich würde eine geeignete Abbildung der unterschiedlichen Merkmale aufeinander erfordern).

3
Howdini – Ein gemeinsames Anwendungsszenario

> *Lang ist der Weg durch Belehren, kurz und wirksam durch Beispiele.*
>
> Seneca

3.1 Zur Wahl dieses Szenarios

Die in Teil II dieses Buches vorgestellten agentenorientierten Entwicklungsmethoden werden auch im Rahmen von Anwendungsstudien illustriert. In diesen Studien wird ein gemeinsames Anwendungsszenario verwendet, für dessen Auswahl insbesondere folgende Kriterien maßgeblich waren:

- ► Das Szenario muss grundsätzlich eine agentenorientierte Herangehensweise nahelegen, also Merkmale aufweisen, die aus agentenorientierter Sicht besonders relevant sind. — Agentenorientierte Eignung

- ► Das Szenario muss sich dafür eignen, wesentliche Merkmale *aller* hier betrachteten Methoden zu erfassen, um einen direkten Quervergleich der Methoden über die Anwendungsstudien zu ermöglichen. — Methodische Eignung

- ► Das Szenario muss anschaulich und intuitiv zugänglich sein, ohne dabei besonders tiefgehende Vorkenntnisse in einer bestimmten Anwendungsdomäne vorauszusetzen. Damit wird gewährleistet, dass die Anwendungsstudien für eine breite Leserschaft von Interesse und Nutzen sind. — Verständlichkeit

Im nächsten Abschnitt wird ein Szenario vorgestellt, welches diese drei Kriterien in besonderem Maß erfüllt.

3.2 Problemstellung

Ein alltägliches Problem im Umgang mit dem Computer ist das Auffinden von Programmen, die für die Lösung einer bestimmten Aufgabe nützlich sind. Folgendes Szenario ist durchaus üblich: ein Benutzer weiß zwar, dass auf seinem Rechner oder innerhalb des — „Aufgaben *hier* – Programme *dort*" von ihm zugreifbaren Rechnernetzwerks sehr viele Programme installiert sind, aber er weiß nicht, um welche Programme es sich dabei genau handelt, welche Funktionalität sie besitzen, mit welchen Parametersätzen sie aufzurufen sind und wo sie lokalisiert sind. Betrachten wir, um dieses Szenario mit einem einfachem Beispiel zu illustrieren, einen Benutzer, dessen Rechner unter Linux läuft und der eine Graphikdatei in GIF-Format umwandeln möchte in eine Graphikdatei in EPS-Format. Falls dieser Benutzer – nennen wir ihn Bill – zumindest ein wenig Erfahrung mit Linux hat, dann wird ihm diese Dateiformat-Konvertierung keine Schwierigkeit bereiten. Falls Bill jedoch mit Linux nicht vertraut ist, dann kann die gewünschte Konvertierung durchaus eine Herausforderung für ihn darstellen. Der Grund hierfür ist, dass bereits eine gewöhnliche Linux-Installation mehr als tausend einfache und komplexere Programme (genauer: Kommandos, Tools und Utilities) bietet kann – ein Benutzer wie Bill hat also bei der Suche nach geeigneten Programmen die Qual der Wahl.

Automatisierte Programmsuche und -ausführung

Offensichtlich wäre es für den Linux-unerfahrenen Bill von großem Nutzen, wenn er ein Programm zur Verfügung hätte, das ihn bei der Suche nach geeigneten Programmen unterstützt. Idealerweise müsste Bill diesem Programm lediglich die Aufgabe „Umwandeln der Datei *bild.gif* von GIF nach EPS" mitteilen und das Programm würde sich dann selbständig um die Konvertierung kümmern und ein sinnvolles Ergebnis (also die umgewandelte Datei oder die Antwort „nicht möglich") liefern. Eine Vorstellung von den potentiellen Leistungsmerkmalen und der Komplexität eines solchen Such- und Ausführungsprogramms – nachfolgend kurz als *SuA-Programm* bezeichnet – läßt sich bereits mit Hilfe dieser einfachen „GIF nach EPS"-Konvertierungsaufgabe gewinnen. Beispielsweise ist der folgende Bearbeitungsverlauf beziehungsweise das folgende Anforderungsprofil denkbar:

➤ Das SuA-Programm verwaltet eine Liste mit Verweisen auf alle ihm bekannten und verfügbaren Programme und Programmbeschreibungen (z.B. Online-Manuale).

➤ Zur Lösung der Umwandlungsaufgabe wird zunächst in dieser Liste nach einem Programm gesucht, welches die Umwandlung in einem Schritt vornehmen kann. Hierzu werden auch diverse Programmbeschreibungen analysiert. Falls dabei bisher unbekannte Programme und Beschreibungen gefunden werden, dann aktualisiert das SuA-Programm seine Verweisliste entsprechend.

➤ Da dieser Suchvorgang erfolglos ist, startet das SuA-Programm eine Suche nach einer geeigneten Sequenz von Programmen.

Diese Sequenzsuche führt zur Identifikation der beiden Tools *gif2ps* (Umwandlung von GIF- in PS-Format) und *ps2epsi* (Umwandlung von PS- in EPS-Format).

▶ Falls auch diese Sequenzsuche erfolglos gewesen wäre, dann hätte das SuA-Programm – das Einverständnis von Bill vorausgesetzt – die Unterstützung eines weiteren SuA-Programms, welches auf einem benachbarten Rechner oder Rechnerpool läuft, angefordert. Gegebenenfalls hätten die beiden Programme vorab über mögliche Gebühren verhandelt, die Bill für die Konvertierung entrichten muss. Zu diesem Zweck führt das SuA-Programm auch eine Adressliste der ihm bekannten SuA-Programme (einschließlich Information über deren Leistungsfähigkeit, Kosten, usw.). Eine weitere Möglichkeit wäre es, im World Wide Web nach geeigneten Konvertierungsprogrammen zu suchen und die Installation von gefundenen Programmen auf dem eigenen Rechner zu initiieren.

▶ Das SuA-Programm stellt an Bill Rückfragen, die sich aus den Optionen der beiden gefundenen Tools ergeben. Beispielsweise wird nachgefragt, ob die Konvertierung im Landscape- oder im Portrait-Modus erfolgen und eine bestimmte Zielbildgröße erzwungen werden soll. Weiterhin wird von Bill erfragt, in welches Verzeichnis und unter welchem Namen das Ergebnis abzulegen ist.

▶ Das SuA-Programm wendet die beiden Tools an, legt die generierte EPS-Datei im gewünschten Verzeichnis ab und informiert Bill über den erfolgreichen Abschluss der Konvertierung.

Das oben skizzierte Szenario einer automatisierten Suche und Ausführung von Programmen weist verschiedene Merkmale auf, die eine agentenorientierte Entwicklungssicht nahelegen: es erfordert ein flexibles Verhalten des SuA-Programms aufgrund der inhärenten Umgebungsdynamik (z.B. kann sich die Menge der verfügbaren Programme und die Struktur des Dateisystems jederzeit ändern); es erfordert möglicherweise eine offene und verteilte Architektur des SuA-Programms (z.B. falls dieses Programm mehrere, über ein Rechnernetz verteilte Benutzer bedienen soll); es erfordert „intelligente" Leistungen (z.B. die semantische Analyse von Programmbeschreibungen und eine effiziente Suche im Dateisystem); und es kann eine anspruchsvolle Interaktion zwischen mehreren SuA-Programmen (z.B. zum Zwecke des Aushandelns von Gebühren für bereitgestellte Dienstleistungen) sowie zwischen einem SuA-Programm und seinen Benutzern (z.B. zur Klärung von Optionen) erfordern.

Agentenorientierte Entwicklungssicht

3 Howdini – Ein gemeinsames Anwendungsszenario

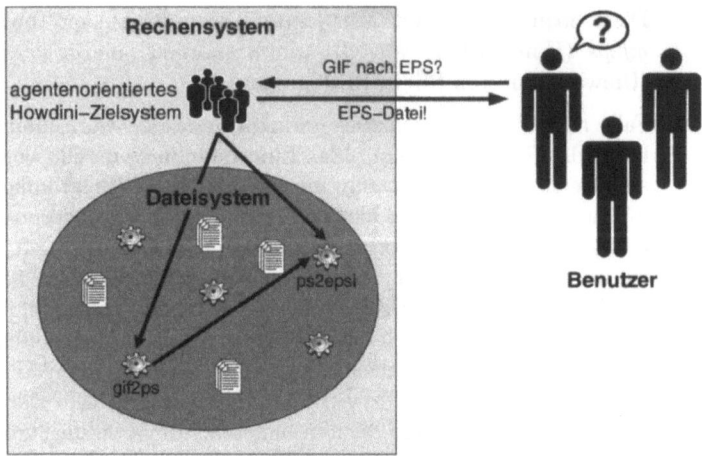

Abb. 3.1. Das *Howdini*-Szenario

Howdini Die automatisierte Suche und Ausführung von Programmen dient als gemeinsames Szenario für die Anwendungsstudien zu den im Teil II dieses Buches vorgestellten Methoden für agentenorientierte Softwareentwicklung. Um im Rahmen dieses Buches eindeutig Bezug auf dieses Szenario nehmen zu können, bekommt es einen eigenen Namen: das *Howdini*-Szenario. Dabei ist *Howdini* ein Kunstwort, gebildet aus „*How* to solve it" und dem Nachnamen des legendären Zauberkünstlers Harry Hou*dini* (1874–1926). Entsprechend wird im Folgenden das zu entwickelnde SuA-Programm – beziehungsweise das System aus kooperierenden SuA-Programmen – auch als *Howdini*-(Ziel-)System bezeichnet. Die Abbildung 3.1 illustriert die agentenorientierte Sicht des *Howdini*-Szenarios und zeigt die involvierten zentralen Komponenten: Programme und Programmbeschreibungen (symbolisiert durch Zahnräder und Papierstapel); das *Howdini*-System, bestehend aus mindestens einem Softwareagenten (symbolisiert durch eine Personengruppe); und ein oder mehrere Benutzer, die dem *Howdini*-System Aufträge erteilen.

3.3 Zum Zweck der Anwendungsstudien

Das Ziel dieses Buches und der methodischen Anwendungsstudien ist es *nicht*, das *Howdini*-Szenario in all seinen Möglichkeiten und implementierungsrelevanten Details zu erfassen. Vielmehr sollen anhand dieses Szenarios wesentliche Merkmale der agentenorientierten Softwarentwicklungssicht im Allgemeinen und der vorgestellten agentenorientierten Entwicklungsmethoden im Speziellen in einer verständlichen und nachvollziehbaren Art und Weise vermittelt werden.

Teil II

Methoden

4
Gaia

> *There are two ways of constructing a software design: One way is to make it so simple that there are obviously no deficiencies, and the other way is to make it so complicated that there are no obvious deficiencies. The first method is far more difficult.*
>
> C.A.R. Hoare

4.1 Beschreibung

Gaia („Generic Architecture for Information Availability") ist eine von Michael Wooldridge, Nick Jennings und David Kinny entwickelte Methode für die Analyse und den Entwurf von agentenorientierten Softwaresystemen [310]. *Gaia* ist darauf ausgelegt, für die Entwicklung eines breiten Spektrums solcher Systeme geeignet und zugleich leicht verständlich und einfach handhabbar zu sein. Die breite Eignung resultiert daraus, dass beispielsweise weder an die Architekturen der einzelnen, in eine Anwendung involvierten Softwareagenten noch an die von diesen Softwareagenten zu verwendende Kommunikationssprache einschränkende Forderungen gestellt werden. Die Entwickler von *Gaia* charakterisieren agentenorientierte Softwaresysteme, für deren Analyse und Entwurf die Verwendung dieser Methode empfohlen wird, durch folgende allgemeine Systemmerkmale:

Intentierte Eignung

► Von den beteiligten Softwareagenten kann angenommen werden, dass sie sich kooperativ verhalten und beispielsweise ihre individuellen Ziele stets vorhandenen gemeinsamen Zielen unterordnen.

► Die Organisation und Beziehungsstruktur zwischen den Softwareagenten ist statischer Natur (d.h. keine Änderungen während der Laufzeit).

► Die einzelnen Softwareagenten können heterogen sein, d.h. ihnen können unterschiedliche Architekturkonzepte zugrunde liegen und sie werden mit unterschiedlichen Programmiersprachen implementiert.

- Die Fähigkeiten der Softwareagenten und die von ihnen bereitgestellten Dienste sind statischer Natur, ändern sich also nicht während der Laufzeit.
- Die Zahl von verschiedenen Agententypen ist relativ klein (weniger als 100).
- Die einzelnen Softwareagenten sind „schwergewichtig" in dem Sinn, dass sie auf dem sie ausführenden Rechner spürbar Systemressourcen verbrauchen.

Nicht zu den Zielsystemen von *Gaia* zählen damit beispielsweise: Systeme, in denen *kompetitive* Beziehungen zwischen Softwareagenten eine signifikante Rolle spielen (vgl. elektronische Märkte); Systeme, die aus sehr vielen (mehr als hundert) einfachen und „leichtgewichtigen" Softwareagenten bestehen (wie dies häufig bei multiagentenbasierter Simulation der Fall ist); und offene Systeme, bei denen die Anzahl der Softwareagenten und/oder ihrer Organisationsstruktur laufzeitvariabel ist.

Abstraktionsebenen

Gaia unterscheidet zwei Abstraktionsebenen:
- die *Makro-Ebene*, auf der „soziale Zusammenhänge", insbesondere die kommunikativen Beziehungen zwischen den Agenten, im Mittelpunkt stehen; und
- die *Mikro-Ebene*, deren Fokus auf internen Details der individuellen Agenten liegt.

Sowohl in der Analyse- als auch in der Entwurfsphase werden diese beiden Ebenen berücksichtigt. Grundidee von *Gaia* ist es, im Laufe der Analyse und des Entwurfs aus abstrakten Modellen möglichst konkrete Modelle zu erarbeiten, wobei die Modelle verschiedene Aspekte des Gesamtsystems erfassen. Abbildung 4.1 gibt einen ersten Überblick über die in diesen beiden Phasen betrachteten Modelle und deren Beziehungen.

Organisationaler Entwurf via Rollen

Generell will *Gaia* dazu ermutigen, den Prozess der Entwicklung von agentenorientierten Systemen als „process of organisational design" zu verstehen. Als organisationale Einheit dient dabei das Konzept der sozialen *Rolle*. In Analogie zu Rollen in der menschlichen Gesellschaft (z.B. „Geschäftsführer" oder „Präsident") wird dieses Konzept verwendet, um bestimmte Aufgabenbereiche unabhängig von individuellen Agenten festzulegen. Von den Agenten selbst wird lediglich angenommen, dass sie Rollen instantiieren und als Rolleninhaber agieren. Das Rollenkonzept erlaubt es also einem Entwickler, von der Agentenebene zu abstrahieren und das Zielsystem als eine Organisation oder „künstliche Gesellschaft" bestehend aus miteinander in Beziehung stehenden Rollen zu betrachten.

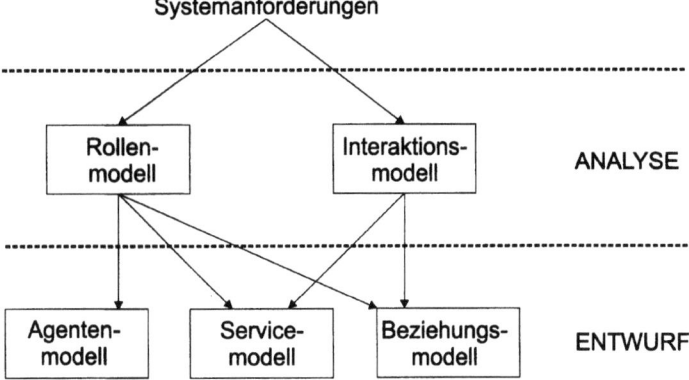

Abb. 4.1. Die Modelle von *Gaia* im Überblick

4.1.1 Analysephase

Ziel der Analysephase ist es, durch eine abstrakte, implementierungsunabhängige Sichtweise ein grundlegendes Verständnis der Struktur des zu realisierenden Systems zu gewinnen. Nachdem ein Entwickler eine initiale Menge von Rollen innerhalb des Zielsystems aus den allgemeinen Systemanforderungen abgeleitet hat (diese Rollenableitung und -identifikation wird von *Gaia* nicht explizit unterstützt), beginnt die eigentliche Analyse.

Analyseziel

Interaktionsmodell

Das Interaktionsmodell dient der Definition von Interaktionen, die zwischen Rolleninhabern – genauer: zwischen Agenten als Inhaber von Rollen – stattfinden können. Die Definition erfolgt in Form von Kommunikationsprotokollen, d.h. für jede Interaktion, die zwischen zwei Rollen stattfinden kann, ist ein entsprechendes Protokoll anzugeben. Dabei beschreibt ein solches Protokoll nicht die konkreten Nachrichten, die zwischen zwei Rolleninhabern ausgetauscht werden können, sondern nur folgende, als *Interaktionsattribute* bezeichneten Eckdaten:

Kommunikationsprotokolle

➤ Zweck der Interaktion;

➤ Initiator- und Empfängerrolle;

➤ die von den Teilnehmern während der Interaktion benötigte und bereitzustellende Information („Eingaben");

➤ vom Initiator auszuführende interaktionsrelevante Tätigkeiten („Ausgaben").

Rollenmodell

Eigenschaften einer Rolle

Nach der Fertigstellung des Interaktionsmodells müssen die Eigenschaften aller Rollen weiter ausgearbeitet und verfeinert werden, denn bisher steht ja nur fest, dass sie existieren und wie sie miteinander interagieren. Die Eigenschaften jeder Rolle werden jeweils in einer eigenen Tabelle – *Rollenschema* genannt – eingetragen. Die Gesamtheit dieser Tabellen stellt das Rollenmodell dar. Die Eigenschaften einer Rolle werden hierbei immer durch folgende *Rollenattribute* beschrieben:

➤ eine kurze natürlichsprachliche Beschreibung;

➤ Protokolle und Aktivitäten;

➤ Rechte („rights, permissions"); und

➤ Verantwortlichkeiten („responsibilities").

Das Attribut „Protokolle"

Das Attribut „Protokolle" erfordert die Auflistung der Namen aller Interaktionsprotokolle, die einem Inhaber der Rolle zur Verfügung stehen.

Das Attribut „Aktivitäten"

Das Attribut „Aktivitäten" erfordert die Auflistung der Namen aller internen Aktivitäten (in Abgrenzung zu möglichen Interaktionen), die ein Rolleninhaber ausführen kann. Eine genaue Definition der Aktivitäten erfolgt erst in der Entwurfsphase. Zur Vermeidung von Missverständnissen werden in den Rollenschemata die Aktivitätsnamen, nicht aber die Protokollnamen, unterstrichen.

Das Attribut „Rechte"

Mit dem Attribut „Rechte" wird festgelegt, welche Befugnisse ein Rolleninhaber zum Zugriff auf Ressourcen besitzt. Dabei wird angenommen, dass es sich bei den Ressourcen in der Regel um Information und Wissen handelt. Gaia unterscheidet die drei Befugnisse „Lesen", „Verändern" und „Generieren", und bezeichnet diese mit den Schlüsselworten **reads**, **changes** und **generates**. In den Rollenschemata wird zu einem Schlüsselwort auch die Bezeichnung der betroffenen Ressource oder eine Ressourcenvariable angegeben.

Das Attribut „Verantwortlichkeiten"

Das Attribut „Verantwortlichkeiten" dient der Erfassung der Funktionalität der Rolle. Es werden zwei Arten von Verantwortlichkeiten unterschieden:

➤ solche, die im weiteren Sinn relevante *Lebendigkeitseigenschaften* des Systems betreffen, und

➤ solche, die im weiteren Sinn relevante *Sicherheitseigenschaften* des Systems betreffen.

Erstere haben den Zweck, das Erreichen wünschenswerter Zustände oder Ergebnisse zu gewährleisten. Die Tabelle 4.1 zeigt alle Operatoren, die *Gaia* für die Beschreibung der Lebendigkeitseigenschaften vorsieht und mit deren Hilfe aus Bezeichnern für Aktivitäten und Protokolle reguläre Ausdrücke gebildet werden können. Solche Ausdrücke werden auch *Lebendigkeitsausdrücke* („liveness expressions") genannt. Zweitere haben dagegen den Zweck, das Beibehalten erwünschter Zustände oder Ergebnisse zu gewährleisten. Solche Zustände oder Ergebnisse sind gleichsam wünschenswerte Invarianten des Zielsystems und sie werden auch als *Sicherheitsbedingungen* („safety conditions") bezeichnet. Formuliert werden diese Bedingungen in Form von prädikatenlogischen Ausdrücken, die auch *Sicherheitsausdrücke* („safety expressions") genannt werden.

Gaia sieht eine verschränkte, iterative Verfeinerung des Interaktions- und des Rollenmodells vor. Nachdem für alle Rollen die jeweiligen Attribute festgelegt und in Rollenschemata fixiert wurden, kann das Interaktionsmodell mit Hilfe der dabei gewonnenen Erkenntnisse weiter verfeinert werden. Und umgekehrt kann im Anschluss an Verbesserungen am Interaktionsmodell versucht werden, das Rollenmodell entsprechend anzupassen und weitergehend zu verfeinern. Diese Iteration über die Schritte Rollenidentifikation, Protokolldefinitionen, Rollendefinitionen ist solange durchzuführen, bis beide Modelle alle wesentlichen Eigenschaften des Zielsystems ausreichend beschreiben. Ist dies der Fall, dann kann der Entwickler mit der Entwurfsphase beginnen.

Iterative Verfeinerung

4.1.2 Entwurfsphase

Die beiden in der Analysephase gewonnen Modelle sind zwar feinkörning, aber von relativ abstrakter Natur. Ziel der Entwurfsphase ist es nun, aus diesen abstrakten Modellen drei weitere Modelle – das Agentenmodell, das Servicemodell und das Beziehungs-

Entwurfsziel

Tabelle 4.1. *Gaia:* Operatoren für die Lebendigkeitseigenschaften

Operator	Bedeutung
x.y	x gefolgt von y
x | y	x oder y tritt auf
x*	x tritt 0 mal oder öfter auf
x+	x tritt 1 mal oder öfter auf
x^ω	x tritt unendlich oft auf
[x]	x ist optional
x || y	x und y sind nebenläufig

modell – abzuleiten, die konkret genug sind für eine Weiterverarbeitung durch traditionelle (z.B. objektorientierte) Entwurfstechniken und -methoden. Im Unterschied zur üblichen Zielsetzung beim Entwurf zielt *Gaia* damit in dieser Phase *nicht* unmittelbar auf das Erreichen von implementierungs*nahen* Modellen ab.

Agentenmodell

Agententypen — Das Agentenmodell enthält eine Auflistung aller *Agententypen*, die im Zielsystem vorkommen dürfen, und zudem Angaben zur Anzahl der Instanzen, die von jedem dieser Agententypen existieren sollen. Ein Agententyp wird einfach durch diejenigen Rollen aus dem Rollenmodell definiert, für deren Besetzung er vorgesehen ist (die er also „spielen" wird). Dies kann für einen bestimmten Agenten durchaus nur eine einzige Rolle sein, obwohl es aus Gründen der Leistungsmaximierung in der Praxis oftmals sinnvoll sein kann, einem Agententyp mehrere Rollen zuzuordnen.

Darstellung des Modells — Dargestellt wird das Agentenmodell durch Bäume, bei denen die Namen der Agententypen jeweils in den Wurzeln stehen und deren Blätter die vom Agententyp übernommenen Rollen enthalten. Die Anzahl der im laufenden System vorkommenden Instanzen von jedem Agententyp wird in den Bäumen jeweils unter dem Typ-Namen annotiert. Da bei *Gaia* von einer geringen Anzahl von Agententypen ausgegangen wird, werden Mechanismen zur Komplexitätshandhabung wie etwa Eigenschaftsvererbung zwischen Agententypen und Hierarchisierung von Agententypen nicht betrachtet. Abbildung 4.8 auf Seite 67 zeigt ein Beispiel für ein Agentenmodell.

Servicemodell

Spezifikation von Diensten — Mit diesem Modell wird erfasst, welche Dienste (Services) mit den Rollen assoziiert sind, d.h. welche Dienste die Rolleninhaber ausführen können. Die Dienste entsprechen den Funktionen oder Methoden in der Objektorientierung, allerdings mit einem wesentlichen Unterschied: ein Rolleninhaber führt einen angeforderten Dienst bei Vorliegen einer Anfrage nicht zwangsläufig aus. Die Spezifikation eines Dienstes im Servicemodell erfordert folgende Angaben:

➤ *Eingabe-Ressourcen*, die für die Ausführung des Dienstes benötigt werden;

➤ *Ausgabe-Ressourcen*, die bei der Ausführung entstehen; und

➤ *Vor- und Nachbedingungen* der Dienstausführung.

Die Ressourcen lassen sich von den Ein- und Ausgaben der Protokolle, die im Rahmen des Interaktionsmodells spezifiziert werden und mit denen der Dienst in Verbindung steht, ableiten. Die Vor- und Nachbedingungen können aus den Sicherheitseigenschaften der Rolle, die für diesen Dienst verantwortlich ist, abgeleitet werden. Zu jeder im Rollenmodell verzeichneten Aktivität muss ein zugehöriger Dienst existieren (die Umkehrung gilt nicht notwendigerweise). Wie die anderen Modelle erfordert auch das Servicemodell keine implementierungsnahen Festlegungen.

Beziehungsmodell

Das Beziehungs- oder Bekanntschaftsmodell („acquaintance model") dient lediglich der Spezifikation der zwischen den Agententypen bestehenden Kommunikationsverbindungen. Zur Darstellung der Beziehungen wird ein gerichteter Graph mit Agententypen als Knoten und Kommunikationspfaden als Kanten verwendet. Dieses Modell legt nicht fest, welche Nachrichten wann und wie gesendet werden. Statt dessen dient es primär der rechtzeitigen Identifikation von grundlegenden Fehlern in der Kommunikationsstruktur, wie etwa mögliche Kommunikationsengpässe. Im ungünstigsten Fall kann ein solcher Fehler eine Überarbeitung der in der Analysephase entwickelten Modelle (und damit einen kompletten iterierten Durchlauf aller Modelle) erfordern.

Spezifikation von Kommunikationsverbindungen

Einen abschließenden Überblick über die einzelnen Modelle und zentralen Schritte von *Gaia* enthält die Abbildung 4.2.

Abschließender Überblick

4.1.3 Verwandte Methoden

KGR

Eine oft zitierte Methode, die in mancherlei Hinsicht als ein Vorgänger von *Gaia* angesehen werden kann, ist *KGR* [168, 169]. (Die Bezeichnung „KGR" leitet sich von den Namensinitialen der Entwickler dieser Methode ab.) Nachfolgend werden einige Hauptmerkmale von *KGR*, in denen sich diese Methode deutlich von *Gaia* unterscheidet, kurz vorgestellt.

KGR ist eine „methodology and modelling technique for systems of BDI agents". Damit liegt der Fokus auf der eingeschränkten, aber sehr wichtigen Klasse von agentenorientierten Systemen, die eine Belief-Desire-Intention (BDI) Architektur aufweisen [249, 250]. Das zentrale Merkmal dieser Architektur ist die Unterscheidung von drei in einem Agenten vorhandenen Informationstypen beziehungsweise entsprechenden Datenstrukturen: *Ansichten*

BDI Architektur

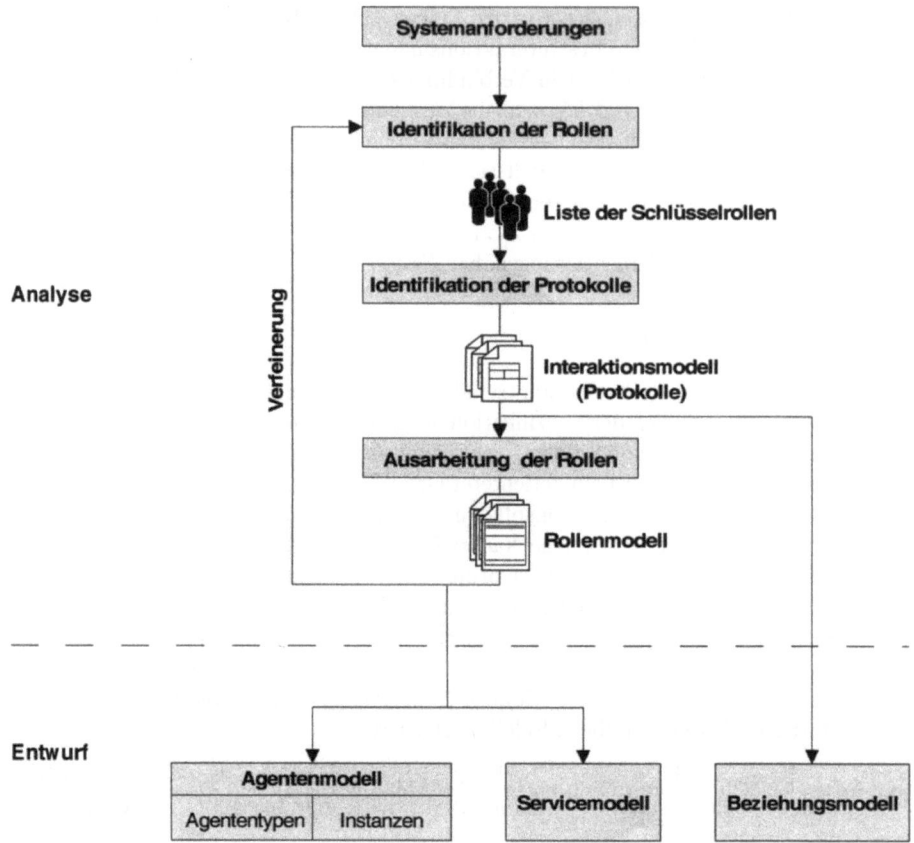

Abb. 4.2. *Gaia* im Überblick

– Glauben, Wissen, usw. – des Agenten über die Welt und andere darin wirkende Agenten („beliefs"); *Ziele*, die der Agent möglicherweise in Zukunft verfolgt wird („desires"); und *Ziele*, deren Erreichung aktuell und aktiv angestrebt wird („intentions"). BDI Architekturen zählen zu den am häufigsten verwendeten Agentenarchitekturen, was in ihrem soliden konzeptuellen (philosophischen und psychologischen) und formal-logischen Unterbau begründet ist.

Externe und interne Sicht

KGR unterscheidet eine externe und eine interne Sicht auf das Zielsystem, wobei beide Sichten im Laufe der Systementwicklung iterativ verfeinert werden. Die *externe Sicht* zielt darauf ab, das zu entwickelnde System mit Hilfe eines Agenten- und eines Interaktionsmodells zu erfassen. Wie bei *Gaia* besteht dabei der erste

Modellierungsschritt in der Identifikation von Rollen. Für jede gefundene Rolle werden die Pflichten und die Dienste, die ein Rolleninhaber leisten muss, und die möglichen rollenspezifischen Interaktionen mit anderen Agenten festgelegt. Ein ausdifferenziertes Agentenmodell enthält schließlich eine Hierarchie von Agententypen beziehungsweise -klassen sowie erlaubte Laufzeit-Instanzen davon. Das Interaktionsmodell beschreibt neben den Interaktionen und Kontrollbeziehungen zwischen den Agentenklassen auch die klassenspezifischen Aufgaben und Dienste.

Die *interne Sicht* zielt darauf ab, die Interna jeder Agentenklasse zu konkretisieren. Diese Konkretisierung erfolgt dem BDI-Konzept entsprechend durch die Angabe von „Goal Models", „Plan Models" und „Belief Models" für jede Agentenklasse. Diese Modelle werden bei *KGR* formal definiert. Die internen Modelle werden in zwei Schritten erstellt, die zur Verfeinerung der Modelle iterativ durchlaufen werden können. Basierend auf einer Analyse der Systemziele werden im ersten Schritt das Goal Model und das Plan Model entworfen. Für das Plan Model sind auch Konzepte für die Behandlung möglicher Fehler vorgesehen. In einem zweiten Schritt werden dann die „Beliefs", also die Ansichten des Systems über die Welt, im Belief Model verankert. Eine weitere Besonderheit von *KGR* ist die umfangreiche Verwendung von Vererbung, wie man sie auch aus der Objektorientierung kennt; sie kann – auch in Form von Mehrfachvererbung – sowohl bei den Agentenklassen als auch in den Goal, Plan und Belief Models eingesetzt werden.

Ein abschließenden Überblick über die Modellierung mit *KGR* bietet die Abbildung 4.3.

Abschließender Überblick

ROADMAP

Die Methode *ROADMAP* („Role Oriented Analysis and Design for Multi-Agent Programming") wurde von Thomas Juan, Adrian Pearce und Leon Sterling als Erweiterung von *Gaia* vorgeschlagen [160]. Im Fokus dieser Methode ist die Analyse und der Entwurf von *offenen* agentenorientierten Systemen und damit von Systemen, für die *Gaia* nur sehr bedingt geeignet ist. Besondere Merkmale von *ROADMAP* sind:

Fokus auf offene Systeme

▶ Die Identifikation der Systemanforderungen ist in die Methode integriert.

▶ Die Modellmenge ist erweitert um:
  ➢ ein *Anwendungsfallmodell* zur Charakterisierung von System-Mensch-Interaktionen;

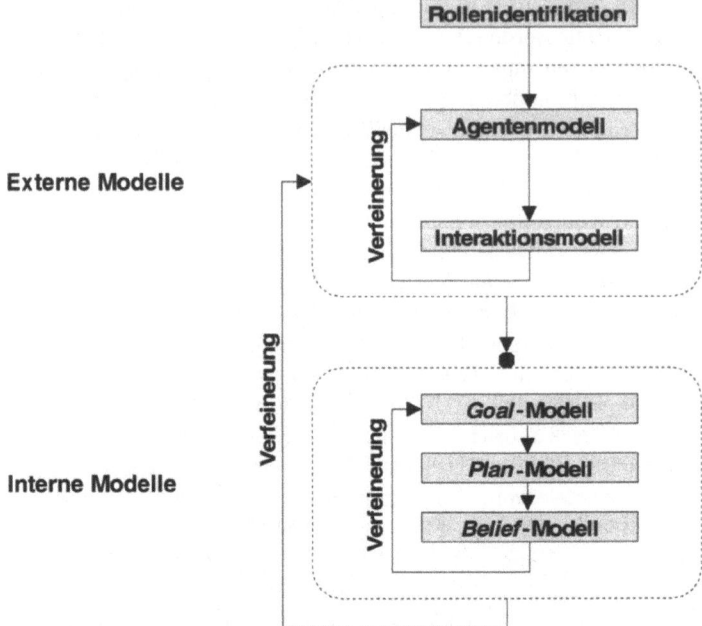

Abb. 4.3. *KGR* im Überblick

- ein *Umweltmodell* zur Charakterisierung der Systemumgebung; und
- ein *Wissensmodell* zur Beschreibung des erforderlichen systeminternen Wissens.
- Das Rollenmodell erlaubt die Darstellung von *Rollenhierachien*, wobei mittels Aggregation aus atomaren Rollen zusammengesetzte Rollen gebildet werden. Die damit induzierte Unterscheidung zwischen „Unter-Rollen" und „Ober-Rollen" erlaubt eine Modellierung von lokalen Interaktionsstrukturen.

Diese Merkmale machen auch den Hauptunterschied von *ROADMAP* von *Gaia* aus.

4.2 Anwendungsstudie

Mit Hilfe des *Howdini*-Szenarios wird nun der Einsatz von *Gaia* illustriert. Zu diesem Zweck werden die wesentlichen Arbeitsschritte, die auch aus der Abbildung 4.2 (Seite 48) ersichtlich sind, beschrieben.

4.2.1 Analysephase

Schritt 1: Identifikation der Rollen

Vor der eigentlichen Anwendung von *Gaia* müssen die im System vorkommenden Schlüsselrollen identifiziert werden. Dieser erste Schritt ist, wie bereits erwähnt, von *Gaia* nicht explizit abgedeckt und muss deshalb vom Entwickler selbständig vollzogen werden. Eine im Bereich der agentenorientierten Softwareentwicklung übliche Heuristik für die Identifikation von Rollen ist es, zunächst alle wesentlichen Aufgaben, die vom Zielsystem zu bewältigen sind, zu klären, und (im einfachsten Fall) jeder dieser Aufgaben eine separate Rolle zuzuordnen. Diese Heuristik kommt auch bei dieser Studie zum Einsatz.

Angewandte Heuristik

Eine offensichtliche und grundlegende Aufgabe, die *Howdini* erfüllen sollte, ist das selbstständige Finden sämtlicher vom Betriebssystem direkt ausführbarer Programme und der zugehörigen Programmbeschreibungen im Dateisystem des Rechners, auf dem *Howdini* läuft. Diese Aufgabe soll in einer Rolle mit der Bezeichnung SEARCHER erfasst werden.

Die Rolle „SEARCHER"

Klar ist auch, dass jedes gefundene Programm in das Zielsystem integriert werden muss, damit es von diesem auch genutzt werden kann. Eine gängige Technik, um Nicht-Agenten-Software mit Agenten-Software zu verbinden, besteht darin, so genannte „Wrapper" zu verwenden (siehe zum Beispiel FIPA-Standard XC00079B [111] oder auch [153, S. 288]). Hierbei agiert ein sogenannter Wrapper-Agent als Schnittstelle, indem er einerseits Standardsoftware – beispielsweise eine Datenbankanwendung – ausführt und bedient und andererseits als Agent mit anderen Agenten kommuniziert. Ein Wrapper-Agent ist damit insbesondere in der Lage, auf Wunsch oder Anforderung eines anderen Agenten eine bestimmte, im Dateisystem vorhandene Software zu benutzen. Da das *Howdini*-System ebenfalls aus Agenten bestehen und gleichzeitig auf Nicht-Agenten-Software zugreifen soll, macht es augenscheinlich Sinn, eine Rolle einzuführen, mittels der ein Agent als Wrapper-Agent fungieren kann. Diese Rolle wird nachfolgend WRAPPER genannt.

Die Rolle „WRAPPER"

Des Weiteren bedarf es einer zentralen Instanz, die sämtliche bisher vom SEARCHER gefundenen Programme und die entsprechenden WRAPPER kennt, und diese bei einer Benutzeranfrage zur Ausführung eines Softwaredienstes verwenden kann. Die Rolle, die dies leisten soll, erhält die Bezeichnung SERVER.

Die Rolle „SERVER"

Schließlich wird noch eine Rolle eingeführt, die es einem Interessenten ermöglicht, mit dem agentenorientierten Zielsystem zu

Die Rolle „USER"

kommunizieren. Diese Rolle soll es also potentiellen Interessenten ermöglichen, Anfragen nach Softwarediensten an den SERVER zu richten und im Gegenzug Systemantworten zu erhalten. Diese Rolle erhält die Bezeichnung USER, da sie aus Sicht von *Howdini* externe Benutzer repräsentiert.

Mit SEARCHER, WRAPPER, SERVER und USER seien alle wesentlichen Rollen des *Howdini*-Systems identifiziert.

Schritt 2: Identifikation der Protokolle – Das Interaktionsmodell

In diesem Schritt ist für jede Rolle ihr Interaktionsverhalten zu spezifieren.

SERVER-*Protokolle*

Registrierung beim SERVER

Für den SERVER, der eine zentrale Funktionalität im *Howdini*-System besitzt, sind mehrere elementare Kommunikationsvorgänge auszumachen. Da sich ein WRAPPER nach seiner Erschaffung durch einen SEARCHER beim SERVER registrieren soll, benötigt der SERVER ein Protokoll, um mit ankommenden Registrierungsgesuchen eines WRAPPER umgehen zu können. Aus diesem Grund wird zuerst ein Protokoll *AwaitRegistrationQuery* definiert, das den SERVER auf ankommende Registrierungsnachrichten seitens WRAPPER warten läßt. Dieses und weitere Protokolle der SERVER-Rolle sind in Abbildung 4.4 entsprechend der in [309] vorgeschlagenen graphischen Darstellung aufgelistet. Die beschrifteten Pfeile (links oben im Bild) erklären die Bedeutung der einzelnen Felder. Dabei steht „Input" für diejenigen Informationen, die der Protokoll-Initiator während der Ausführung des Protokolls benötigt, während „Output" nicht nur die Informationen repräsentiert, die beim Kommunikationsvorgang an die Gegenstelle übertragen werden, sondern auch solche, die *von* der Gegenstelle kommen und damit gleichsam „in die Rolle einfließen". Beispielsweise bedeutet dies beim *AwaitRegistrationQuery*-Protokoll, dass der SERVER für die Ausführung des Protokolls keine Informationen benötigt und von der Gegenstelle – hier einem WRAPPER – eine *wrapperDescription* bekommt. Dabei soll eine *wrapperDescription* eine Beschreibung der Fähigkeiten des WRAPPER sowie seinen Namen enthalten. Schließlich sei noch angemerkt, dass Protokolle, die blockierendes Warten definieren, mit „*Await...*" bezeichnet werden, während nichtblockierende Protokolle an Namensgebungen der Form „*Receive...*" zu erkennen sind.

4.2 Anwendungsstudie

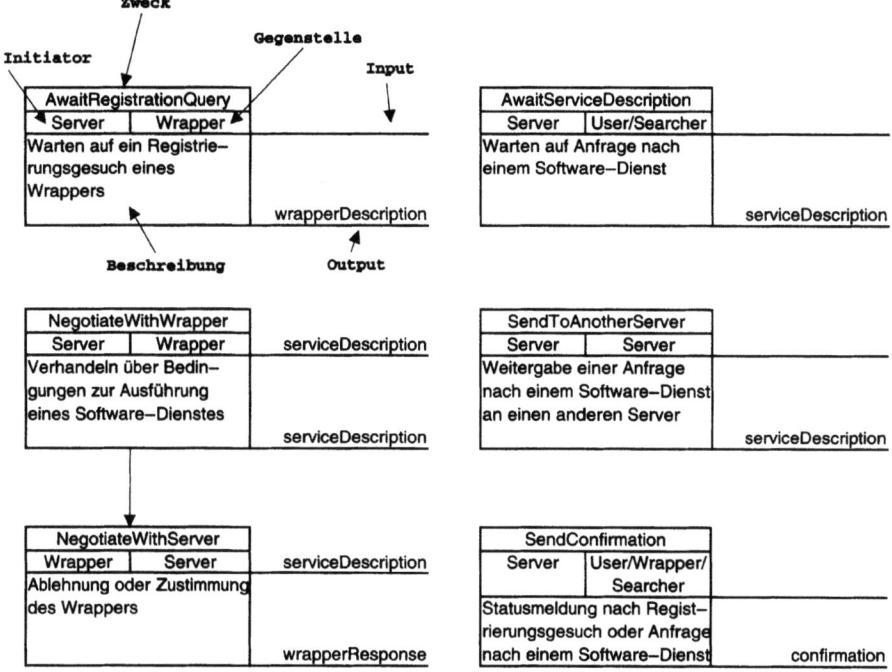

Abb. 4.4. *Gaia:* SERVER Protokolldefinitionen

Der Zweck des Protokolls *AwaitServiceDescription* ist das Warten auf die Ankunft einer Beschreibung eines Softwaredienstes. Eine entsprechende Anfrage kann entweder von einem SEARCHER kommen, der wissen möchte, ob ein neu gefundenes Programm, das den spezifizierten Dienst leisten kann, dem SERVER schon bekannt ist. Wenn das Programm noch nicht bekannt ist, wird ein neuer WRAPPER für das Programm erzeugt, andernfalls nicht. Die Anfrage kann aber auch von einem USER kommen, der den beschriebenen Softwaredienst ausgeführt haben will. Die Beschreibung des Softwaredienstes ist mit *serviceDescription* im Output-Feld des Protokolls parametrisiert.

Warten auf Softwaredienstbeschreibungen

Sollte der SERVER nun von einem USER eine Anfrage nach einem Dienst erhalten haben und kennt er einen oder mehrere WRAPPER, mit denen dieser Dienst geleistet werden kann, dann wird er versuchen, mit diesem/diesen WRAPPER/n über die Bedingungen und Modalitäten für die Ausführung des Dienstes zu verhandeln. Für diese Verhandlungen wird ein zweistufiges Protokoll spezifiziert. Die erste Stufe – *NegotiateWithWrapper* – wird vom SERVER initiiert, der für die Durchführung der Interaktion die

Verhandlungen

Beschreibung *serviceDescription* des Softwaredienstes als Eingabe benötigt. Als Ausgabe generiert der SERVER für den WRAPPER eine Beschreibung des vom Nutzer geforderten Dienstes. Die zweite Protokollstufe – *NegotiateWithServer* – wird vom verhandelnden WRAPPER initiiert. Er verwendet hierbei die vom SERVER gesendete *serviceDescription* und entscheidet anhand dieser Information, ob er sein „gewrapptes" Programm so ausführen will, wie es der SERVER wünscht. Die Antwort des SERVER an den WRAPPER ist in der *wrapperResponse* im Output-Feld enthalten.

Delegation/ Kooperation

Falls der SERVER allerdings keine passenden WRAPPER kennt, um den vom USER verlangten Dienst zu leisten, kann er die Beantwortung der Anfrage auch an einen SERVER eines anderen *Howdini*-Systems delegieren (oder einen solchen SERVER um Kooperation ersuchen), falls ihm ein solcher bekannt ist. Dazu dient das Protokoll *SendToAnotherServer*.

Antwortverhalten

Sowohl USER als auch SEARCHER und WRAPPER erwarten auf ihre Anfragen beziehungsweise Registrierungsgesuche eine Antwort des SERVER bezüglich des Erfolgs ihrer jeweiligen Aktion. Diese Antwort wird mittels des Protokolls *SendConfirmation* gesendet. Was die Informationsressource *confirmation* im Detail für Werte enthalten kann, wird bei der Beschreibung des Servicemodells erläutert.

USER-*Protokolle*

Bitte um Ausführung

Ein offensichtlich wichtiger Kommunikationsvorgang, in dem die USER-Rolle involviert ist, ist das Senden einer Bitte um die Ausführung eines Softwaredienstes im Auftrag eines Nutzers des *Howdini*-Systems. *SendServiceRequest* ist das entsprechende Protokoll mit einer Dienstbeschreibung *serviceDescription* als Output für den SERVER. Diese Beschreibung wird von USER aus einer Informationsressource *userInput* generiert, welche die Benutzereingabe enthält. (Das entsprechende Gegenstück auf der SERVER-Seite ist das Protokoll *AwaitServiceDescription*.)

Empfang von Bestätigungen

Da ein *Howdini*-Nutzer sicher auch wissen möchte, ob sein gewünschter Dienst ausgeführt wird oder nicht, erhält der USER ein Protokoll *AwaitConfirmation* zum Empfang von Bestätigungsnachrichten vom SERVER.

Rückfragen beim USER

Falls der SERVER passende WRAPPER gefunden hat, die den Dienst leisten können, und auch die Verhandlungen mit diesen erfolgreich waren, dann wird mit der Ausführung des Dienstes begonnen. Hierbei kann es vorkommen, dass ein WRAPPER noch zusätzliche Informationen vom USER benötigt, um seine Arbeit

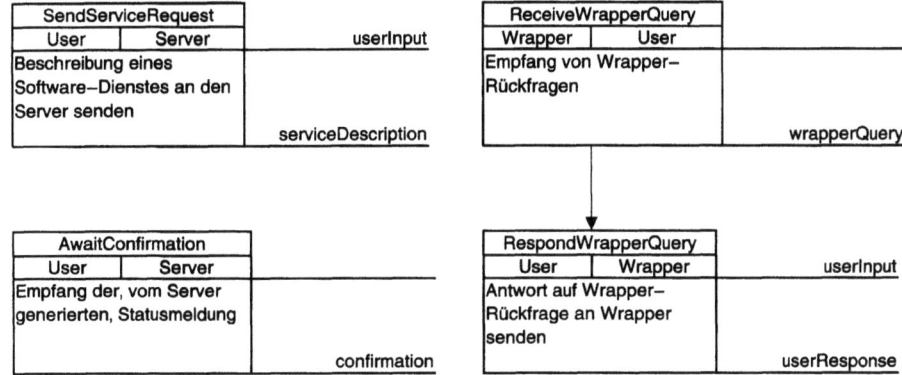

Abb. 4.5. *Gaia:* USER Protokolldefinitionen

durchführen zu können, zum Beispiel die Angabe des Abspeicherungspfades für eine eventuell generierte Ausgabedatei. Für diese Kommunikation mit einem WRAPPER definieren wir ein Interaktionsprotokoll mit den zwei Stufen *ReceiveWrapperQuery* und *RespondWrapperQuery*. Hierbei empfängt der USER zuerst die Rückfrage *wrapperQuery* eines WRAPPER, erhält vom *Howdini*-Nutzer eine Antwort, die in der Variable *userInput* abgelegt wird, und schickt diese dann als *userResponse* an den WRAPPER zurück.

Alle Protokolldefinitionen für den USER sind in Abbildung 4.5 zusammengefasst.

WRAPPER-*Protokolle*

Die Protokolle für WRAPPER sind allesamt Gegenstücke zu den bereits für die beiden Rollen SERVER und USER spezifizierten Protokollen.

Zunächst wird das Registrierungsprotokoll *SendRegistration* zum Senden einer *wrapperDescription* an den SERVER spezifiziert. Gleichsam als Gegenstück dazu wird das Protokoll *AwaitConfirmation* benötigt, um vom SERVER über die Erfüllung oder Nichterfüllung von Registrierungswünschen informiert werden zu können.

Senden von Beschreibungen

Das zweistufige Verhandlungsprotokoll *NegotiateWithServer/-Wrapper* entspricht dem des SERVER. Hier sei angemerkt, dass eine solche identische Verwendung eines Protokolls bei einer Partnerrolle zwar sinnvoll ist, aber von *Gaia* nicht vorgeschrieben wird.

Verhandlungen

SendRegistration	
Wrapper	Server
Registrierungsgesuch an Server senden	
	wrapperDescription

AwaitConfirmation	
Wrapper	Server
Warten auf Statusmeldung zur Registrierung	
	confirmation

	NegotiateWithWrapper		
	Server	Wrapper	serviceDescription
	Server bittet um Ausführung eines Software-Dienstes oder erklärt sich einverstanden mit zusätzlichen Bedingungen		
			serviceDescription

SendWrapperQuery		
Wrapper	User	serviceDescription
Rückfrage um zusätzliche Information an User senden		
		wrapperQuery

NegotiateWithServer		
Wrapper	Server	serviceDescription
Wrapper erklärt sich einverstanden oder stellt zusätzliche Bedingungen		
		wrapperResponse

AwaitUserResponse		
Wrapper	User	
Auf Antwort vom User auf Rückfrage warten		
		userResponse

Abb. 4.6. *Gaia:* WRAPPER Protokolldefinitionen

Rückfragen beim USER
Anfragen eines WRAPPER an den USER nach zusätzlichen Informationen bezüglich der Ausführung eines angeforderten Softwaredienstes, der durch die Informationsressource *serviceDescription* beschrieben wird, werden bei der Ausführung des Protokolls *SendWrapperQuery* als *wrapperQuery* an den USER gesandt. Unmittelbar danach startet der WRAPPER das blockierende Warteprotokoll *AwaitUserResponse*, um die Antwort des USER – enthalten in der Variable *userResponse* – zu empfangen.

Die WRAPPER-Protokolle sind in Abbildung 4.6 zusammengefasst.

SEARCHER-*Protokolle*

Anfragen beim WRAPPER
Der SEARCHER kommuniziert lediglich mit dem SERVER, und zwar um festzustellen, ob der SERVER für einen Softwaredienst, den ein neu gefundenes Programm leisten kann, schon einen geeigneten WRAPPER kennt. Um die entsprechende Anfrage an den SERVER zu senden, wird das Protokoll *SendServiceRequest* definiert, das mit dem gleichnamigen Protokoll des USER identisch ist. Um die Antwort zu empfangen, wird dann noch das blockierend wartende Protokoll *AwaitConfirmation* hinzugefügt. Die beiden Protokolldefinitionen sind in Abbildung 4.7 dargestellt.

SendServiceRequest			AwaitConfirmation	
Searcher	Server		Searcher	Server
Anfrage nach einem Software-Dienst an den Server senden			Statusmeldung, ob schon ein Wrapper für einen Software-Dienst bekannt ist	
		serviceDescription		confirmation

Abb. 4.7. *Gaia:* SEARCHER Protokolldefinitionen

Schritt 3: Ausarbeitung der Rollen – Das Rollenmodell

Mit Hilfe der bisher gewonnenen Information werden nun die Rollen weiter verfeinert. Hierzu werden die verschiedenen Eigenschaften jeder Rolle in Rollenschemata eingetragen. (Die nachfolgend verwendete Tabellenanordnung, Schriftstil, usw. folgt der Originalbeschreibung von *Gaia*.)

SERVER-*Rollenschema*

Die Tabelle 4.2 zeigt das SERVER-Rollenschema. Die einzelnen Abschnitte dieses Schemas werden nachfolgend erläutert.

Im ersten Abschnitt wird eine informelle Beschreibung der Rolle bereitgestellt. Diese Beschreibung umfasst alle Aspekte, die bis zum jetzigen Zeitpunkt über die Eigenschaften und Fähigkeiten der SERVER Rolle bekannt sind.

Informelle Beschreibung

Im zweiten Abschnitt der Tabelle werden sämtliche SERVER-spezifischen Aktivitäten und Protokolle aufgelistet. Die Protokolle können einfach dem Interaktionsmodell entnommen werden, es handelt sich um: *AwaitRegistrationQuery, AwaitServiceDescription, NegotiateWithWrapper, SendToAnotherServer* und *SendConfirmation*.

Protokolle und Aktivitäten

Die benötigten Aktivitäten lassen sich leicht aus der informellen Beschreibung der Aufgaben im ersten Abschnitt des Rollenschemas ableiten. Dort ist unter anderem die Rede vom Eintrag neuer WRAPPER in eine Datenbank. Somit muss für diese interne Aufgabe auch eine Aktivität definiert werden, und diese wird hier *EnterWrapperData* genannt. Wie schon erwähnt, werden bei *Gaia* zwecks besserer Unterscheidung die Namen von Aktivitäten, aber nicht die von Protokollen, unterstrichen. Aus der Beschreibung der SERVER Rolle geht auch hervor, dass die Eintragung eines neuen WRAPPER in die Datenbank nur dann vollzogen wird, wenn dort nicht schon ein anderer WRAPPER mit vergleichbaren Fähigkeiten eingetragen ist. Deshalb wird auch eine Aktivität benötigt, die diese Überprüfung vornimmt; diese Aktivität wird hier mit *CheckDb* bezeichnet. Eine ähnliche Aktivität muss der SERVER auch durchführen, wenn ein USER eine Dienstanfrage schickt: er

Tabelle 4.2. *Gaia:* SERVER-Rollenschema

Rollenschema: Server
Beschreibung:
Diese Rolle nimmt Registrierungsgesuche von WRAPPER entgegen und trägt ihre Namen und Fähigkeiten – falls dort noch nicht vorhanden – in ihre Datenbank ein. Wenn ein Agent, der die USER Rolle ausführt, eine Anfrage nach einem Softwaredienst stellt, versucht der SERVER herauszufinden, mit welchen WRAPPERn aus seiner Datenbank dieser Dienst ausgeführt werden kann und verhandelt dann mit diesen über die Bedingungen für die Ausführung. Sollte der SERVER keine geeigneten WRAPPER in seiner Datenbank finden, leitet er die USER-Anfrage an einen SERVER auf einer anderen Plattform weiter. Auf Registrierungsgesuche und USER-Anfragen antwortet der Server immer mit einer Bestätigungsnachricht, die den Erfolg oder Misserfolg der Aktion meldet.
Protokolle und Aktivitäten: AwaitRegistrationQuery, <u>CheckDb</u>, <u>EnterWrapperData</u>, AwaitServiceDescription, <u>FindWrappers</u>, NegotiateWithWrapper, SendToAnotherServer, SendConfirmation

Rechte:
reads   *wrapperDb*   // Datenbank mit Namen und Fähig-
                                                 // keiten aller bekannten WRAPPER
changes   *wrapperDb*
reads supplied *wrapperDescription* // Beschreibung der Fähigkeiten eines
                                                 // WRAPPER
reads supplied *serviceDescription*// Beschreibung eines vom Nutzer
                                                 // gewünschten Softwaredienstes
reads supplied *wrapperResponse*   // Antwort des WRAPPER in Verhand-
                                                 // lungen mit dem SERVER
generates   *confirmation*   // Statusmeldung nach Anfragen anderer
                                                 // Rollen. Kann die drei Werte
                                                 // SUCCEEDED, FAILED und
                                                 // DELEGATED annehmen

Verantwortlichkeiten:
(1) Lebendigkeit:
    SERVER = ((RegisterWrapper ∥ AchieveService).SendConfirmation)$^\omega$
REGISTERWRAPPER = AwaitRegistrationQuery.CheckDb[EnterW rapperData]
ACHIEVESERVICE = AwaitServiceDescription.<u>FindWrappers</u>.
    ((NegotiateWithWrapper+[SendToAnotherServer]) |
    [SendToAnotherServer])
(2) Sicherheit:
  • true

muss in der Datenbank prüfen, ob dort WRAPPER registriert sind, die den gewünschten Dienst leisten können. Diese Aktivität bekommt den Namen *FindWrappers*. Damit sind alle Protokolle und Aktivitäten aufgelistet, die der SERVER gemäß dem Interaktionsmodell und der Beschreibung im ersten Abschnitt des Rollenschemas benötigt werden.

Im dritten Abschnitt werden die Rechte des SERVER aufgelistet. Die wichtigste Informationsressource für den SERVER ist die WRAPPER-Datenbank, auf die er sowohl lesend als auch schreibend zugreifen können muss. Dies wird fixiert durch Angabe der Zugriffsrechte **reads** und **changes**, wobei die WRAPPER-Datenbank durch die Variable *wrapperDb* erfasst wird. (Aus Gründen der Übersichtlichkeit wird hier das Löschen ungültig gewordener Einträge durch den SERVER nicht betrachtet, obwohl dies in Realanwendungen durchaus wichtig sein kann.)

Rechte

Des Weiteren darf der SERVER die Informationen lesen, die ihm von USER, WRAPPER und SEARCHER direkt gesendet werden. Aus den Output-Feldern der Protokolldefinitionen für den SERVER geht hervor, um welche Informationen es sich dabei handelt: *wrapperDescription, serviceDescription* und *wrapperResponse*. (Man beachte wieder, dass bei *Gaia* die Protokolldefinitionen auch Information, die in die Rolle einfließen, als Output bezeichnet werden; siehe Seite 52.) Die Ressource *confirmation* steht beim Protokoll *SendConfirmation* im Output-Feld und wird vom SERVER initialisiert und gesendet, weshalb *confirmation* mit dem Attribut **generates** versehen wird. Auf die anderen drei Ressourcen erhält der SERVER das Zugriffsrecht **reads supplied**. Das Schlüsselwort **supplied** zeigt an, dass die betreffende Ressource von einer anderen Rolle generiert und von dort bezogen wird. (Die Beschreibung dieses Schlüsselwortes in der Dokumentation von *Gaia* ist nicht eindeutig, aber die dort gezeigten Beispiele legen diese Bedeutung nahe.)

Im vierten und letzten Abschnitt werden die Verantwortlichkeiten von SERVER spezifiziert. Hierzu werden zum einen *Lebendigkeitseigenschaften* angegeben. Dies geschieht durch reguläre Ausdrücke über Protokollnamen, Aktivitätsnamen und den Operatoren aus Tabelle 4.1 (aus Gründen der Übersichtlichkeit können Teile der regulären Ausdrücke auch durch Variablen ersetzt werden). Die Lebendigkeit unseres SERVER bestehen darin, auf Registrierungsgesuche seitens WRAPPER und auch auf Anfragen nach Softwarediensten zu warten. Wenn eines der beiden Ereignisse eingetreten ist und abgewickelt wurde, erfolgt immer das Senden einer Bestätigungsnachricht an den Kommunikationspartner. Nach diesem Senden werden dann wieder die beiden Warteprotokolle *AwaitRegistrationQuery* und *AwaitServiceDescription* aktiviert, wobei sich dies beliebig oft wiederholen kann. Im Detail besteht das Warten auf eine WRAPPER-Registrierung, bezeichnet mit *RegisterWrapper*, aus einer Aktivierung des entsprechenden Warte-

Verantwortlichkeiten

protokolls und, wenn es ausgelöst wurde, einer nachfolgenden Suche in der Datenbank nach einem entsprechenden Softwaredienst. Wenn kein gleichartiger Softwaredienst gefunden wird, erfolgt der Eintrag der Beschreibung des neuen WRAPPER in die WRAPPER-Datenbank. Der Teilausdruck *AchieveService*, der das Warten auf eine Anfrage nach einem Softwaredienst erfasst, enthält ebenfalls ein blockierendes Warten auf eine entsprechende Nachricht, gefolgt von einer Suche nach einem passenden WRAPPER zur Dienstausführung. Weiterhin wird nun berücksichtigt, ob ein oder mehrere passende WRAPPER gefunden werden. Wenn dies der Fall ist, dann sind mit ihnen Verhandlungen über die Ausführung des Dienstes durchzuführen. Sollte mindestens eine dieser Verhandlungen scheitern, dann gibt es noch die Option, die vom Nutzer gewünschte Dienstleistung an den SERVER eines anderen *Howdini*-Systems zu delegieren. Falls kein geeigneter WRAPPER gefunden wurde, dann besteht ebenfalls die Möglichkeit zur Weiterleitung der Nutzeranfrage an einen anderen SERVER. In beiden Fällen ist eine solche Weiterleitung allerdings nur möglich, wenn dem SERVER ein anderes *Howdini*-System bekannt ist; aus diesem Grund ist *SendToAnotherServer* im Teilausdruck *AchieveService* in eckige Options-Klammern gesetzt.

Zum anderen erfordert die Definition der Verantwortlichkeiten die Angaben der *Sicherheitseigenschaften* des SERVER. Allgemein erfolgt dies durch die Angabe von Prädikaten über die Ressourcenvariablen, die bei den Befugnissen der Rolle angegeben sind. Da wir über die Variablen des SERVER keine starken Aussagen über Invarianz machen können, die nicht schon implizit in den Lebendigkeitseigenschaften enthalten sind, wird nur die schwächste Sicherheitseigenschaft explizit festgelegt, nämlich **true**. Beispielsweise ist in *RegisterWrapper* bereits implizit enthalten, dass Daten zu einem neuen WRAPPER in die Datenbank *wrapperDb* eingetragen werden; explizit könnte dies formalisiert werden durch

$$received(wrapperDescription) \Rightarrow isInWrapperDb(wrapperDescription)$$

Weiterhin geht aus den Lebendigkeitseigenschaften beispielsweise das garantierte Ausführen des Protokolls *SendConfirmation* hervor. Damit ist implizit sichergestellt, dass Nachrichten, die an SERVER geschickt werden, auch bestätigt werden. Bei Bedarf könnte diese Sicherheitseigenschaft durch den Ausdruck

$$(received(wrapperDescription) \vee received(serviceDescription)) \Leftrightarrow confirmationGenerated$$

explizit erfasst werden.

Tabelle 4.3. *Gaia:* USER-Rollenschema

Rollenschema: User
Beschreibung: Diese Rolle dient als Schnittstelle zwischen dem Multiagentensystem und dem Nutzer. Das heißt, sie nimmt Anfragen des Nutzers nach Software-Diensten entgegen, die dann an den SERVER weitergeleitet werden, und zeigt dem Nutzer Statusmeldungen des SERVER und Rückfragen von WRAPPER an. Diese Rückfragen können vom Nutzer auch wieder über den USER beantwortet werden.
Protokolle und Aktivitäten: <u>GetUserInput</u>, SendServiceRequest, ReceiveWrapperQuery, <u>DisplayMessage</u>, RespondWrapperQuery, AwaitConfirmation

Rechte:
 reads   *userInput*   // Eingaben des System-Nutzers
 reads supplied   *wrapperQuery*   // Nachfrage eines WRAPPER nach
                                         // zusätzlicher Information, die er zur
                                         // Ausführung eines Softwaredienstes
                                         // benötigt
 reads supplied   *confirmation*   // Statusmeldung, ob ein Softwaredienst
                                         // ausgeführt werden konnte oder nicht
 generates   *userResponse*   // Antwort des Nutzers auf
                                         // wrapperQuery
 generates   *serviceDescription*// Beschreibung eines Softwaredienstes
                                         // gemäß den Angaben des Nutzers

Verantwortlichkeiten:
 (1) Lebendigkeit:
       USER = (GetUserInput.SendServiceRequest.AwaitConfirmation.
                      WrapperQuery.DisplayMessage)$^\omega$
   WRAPPERQUERY = (ReceiveWrapperQuery.DisplayMessage.Get UserInput.
                                RespondWrapperQuery)*
 (2) Sicherheit:
    • true

USER-*Rollenschema*

Die Tabelle 4.3 zeigt das Rollenschema für USER. Wie gefordert enthält der erste Abschnitt eine informelle Rollenbeschreibung und der zweite Abschnitt alle relevanten Protokolle und Aktivitäten. Während die Protokolle leicht dem Interaktionsmodell entnommen werden können, sind die vom USER zu beherrschenden Aktivitäten erst festzulegen. Aus dem ersten Abschnitt ist zu entnehmen, dass der USER Beschreibungen von Softwarediensten und Antworten auf WRAPPER-Anfragen vom Systemnutzer entgegennehmen soll. Diese Aktivität wird mit *GetUserInput* bezeichnet. Außerdem nimmt der USER nicht nur Informationen vom Nutzer entgegen, sondern soll ihm auch diejenigen Informationen anzei-

Informelle Beschreibung, Protokolle und Aktivitäten

gen, die von SERVER und WRAPPER kommen. Zu diesem Zweck wird der USER auch noch mit der Aktivität *DisplayMessage* ausgestattet. Weitere interne Aktivitäten sind der informellen Beschreibung nicht zu entnehmen.

Rechte
Im dritten Abschnitt werden die Zugriffsrechte für Informationsressourcen festgelegt, die für den USER in Hinblick auf die Ausführung seiner Protokolle und Aktivitäten relevant sind. Bei den Protokolldefinitionen für die USER-Rolle wurde festgelegt, dass Eingaben ihres Nutzers, die in der Informationsressource *userInput* enthalten sind, lesbar sein müssen. Ebenso muss der USER die Anfrage *wrapperQuery* eines WRAPPER und die Bestätigungsnachricht *confirmation*, die ein SERVER sendet, lesen können. Somit erhält der USER für die drei genannten Ressourcen das Leserecht **read**. Da die Ressourcen *wrapperQuery* und *confirmation* von anderen Rollen stammen, werden sie noch mit dem Suffix **supplied** versehen. Die Informationen *serviceDescription* und *userResponse* werden vom USER selbst erzeugt und erhalten aus diesem Grund jeweils das Attribut **generates**.

Verantwortlichkeiten
In Hinblick auf die Lebendigkeitseigenschaften von USER ist festzustellen, dass eine Hauptaufgabe dieser Rolle darin besteht, aus Eingaben eines Nutzers eine *serviceDescription* zu generieren und sie dann an den lokalen SERVER zu senden sowie auf eine Bestätigungsnachricht des SERVER zu warten. Falls der SERVER bei der Suche nach WRAPPERn in seiner Datenbank erfolgreich war und mindestens ein WRAPPER mit der Erfüllung des Dienstes begonnen hat, dann können seitens der beteiligten WRAPPER Fragen zur Ausführung des Softwaredienstes an den USER gestellt werden. *WrapperQuery* besteht deshalb im Wesentlichen aus einem nichtblockierenden Empfangen der WRAPPER-Fragen, die dann dem Nutzer angezeigt werden, und einem Warten auf dessen Antwort. Eine solche Antwort wird in Form einer *userResponse* an den entsprechenden WRAPPER geschickt.

In Hinblick auf die Sicherheitseigenschaften von USER wird festgestellt, dass keine Sicherheitsbedingung vorliegt, die während der ganzen Lebenszeit des USER invariant ist. Als Sicherheitseigenschaft wird deshalb im Rollenschema lediglich **true** angegeben.

WRAPPER-*Rollenschema*

Informelle Beschreibung, Protokolle und Aktivitäten
Die Tabelle 4.4 zeigt das Rollenschema für WRAPPER. Die Protokolle lassen sich wieder aus den Protokolldefinitionen des Interaktionsmodells ableiten, während die Aktivitäten aus der informellen Rollenbeschreibung entnehmbar sind. Die wichtigste Aktivität des WRAPPER, die ohne Interaktionen mit anderen Rollen durchgeführt werden soll, ist das Ausführen von Programmen.

Tabelle 4.4. *Gaia:* WRAPPER-Rollenschema

Rollenschema: Wrapper
Beschreibung:
Diese Rolle dient als Schnittstelle zu ausführbaren Nicht-Agenten-Programmen. Bei seiner Entstehung schickt der WRAPPER ein Registrierungsgesuch mit Name und Fähigkeiten an den SERVER. Bekommt er von diesem eine Bestätigung, dass die Registrierung erfolgreich war, steht der WRAPPER von nun an für das Ausführen eines Softwaredienstes (Programms) bereit, anderenfalls beendet sich der WRAPPER. Empfängt er vom SERVER eine Bitte, den Softwaredienst auszuführen, wird erst über die Bedingungen für die Ausführung verhandelt und dann, bei einer erzielten Einigung, wird der Dienst ausgeführt. Wenn dem WRAPPER noch bestimmte, für die Ausführung notwendige Informationen fehlen, bittet er den USER um diese und fährt mit der Ausführung erst fort, wenn er zufriedenstellende Antworten bekommen hat.
Protokolle und Aktivitäten:
SendRegistration, AwaitConfirmation, NegotiateWithServer, SendWrapperQuery, AwaitUserResponse, <u>ExecuteProgram</u>, <u>Exit</u>
Rechte:

reads   *wrapperDescription* // Name und Fähigkeiten des
                                                            // WRAPPER
reads supplied   *confirmation*   // Statusmeldung, ob Registrierung
                                                              // erfolgreich war
reads supplied   *serviceDescription*// Beschreibung eines auszuführenden
                                                              // Softwaredienstes
reads supplied   *userResponse*   // Antwort eines USER auf Rückfragen
                                                              // nach zusätzlichen Informationen
generates   *wrapperQuery*   // Rückfrage an USER um zusätzliche
                                                              // Informationen
generates   *wrapperResponse* // Antwort des WRAPPER in Verhand-
                                                              // lungen mit dem SERVER

Verantwortlichkeiten:

(1) Lebendigkeit:
     WRAPPER = SendRegistration.AwaitConfirmation.(DoService | <u>Exit</u>)
     DOSERVICE = (NegotiateWithServer.AskUser[<u>ExecuteProgram</u>])$^\omega$
     ASKUSER = (SendWrapperQuery.AwaitUserResponse)*
(2) Sicherheit:
    • true

Hierfür wird eine Aktivität *ExecuteProgram* definiert. Eine weitere Aktivität, die aus der Rollenbeschreibung hervorgeht, ist das Sich-Beenden des WRAPPER, falls die Registrierung beim SERVER fehlschlägt. Dies soll die Aktivität mit dem Namen *Exit* erledigen.

An Rechten besitzt der WRAPPER Zugriffsrechte auf die Informationsressourcen *wrapperDescription, confirmation, serviceDes-*

Rechte

cription und *userResponse*. Mit Ausnahme der ersten Ressource werden diese von anderen Rollen bereitgestellt (deshalb **supplied**). Von WRAPPER selbst werden die Informationen *wrapperQuery* und *wrapperResponse* erzeugt (**generates**).

Verantwortlichkeiten

Über die *Lebendigkeitseigenschaften* von WRAPPER soll sichergestellt werden, dass ein WRAPPER das von ihm gekapselte Programm gemäß den Anweisungen eines anfragenden SERVER ausführt, wobei eine vorausgehende erfolgreiche Registrierung des WRAPPER beim SERVER vorausgesetzt wird. Dabei ist zu bedenken, dass der WRAPPER möglicherweise mehrfach mit dem Nutzer direkt Kontakt aufnimmt, um zusätzliche ausführungsrelevante Informationen zu erhalten. Dies wird durch den Teilausdruck *AskUser* bei den Lebendigkeitseigenschaften beschrieben. Falls die vom Nutzer gelieferten Antworten unzureichend sind für eine Fortführung des vom WRAPPER gekapselten Programms, dann wird die Ausführung abgebrochen. Aus diesem Grund ist die Aktivität *ExecuteProgram* im Teilausdruck *DoService* durch eckige Klammern als optional gekennzeichnet.

Eine starke *Sicherheitseigenschaft*, die nicht schon implizit in den Lebendigkeitseigenschaften enthalten ist, läßt sich auch bei der WRAPPER Rolle nicht feststellen, weshalb wieder eine Beschränkung auf ein schwaches **true** vorgenommen wird.

SEARCHER-*Rollenschema*

Informelle Beschreibung, Protokolle und Aktivitäten

Die Tabelle 4.5 zeigt das Rollenschema für SEARCHER. Ein SEARCHER arbeitet größtenteils selbstständig und kommuniziert nur wenig. Aus diesem Grund sind mit dieser Rolle nur zwei Interaktionsprotokolle, aber fünf kommunikationsfreie Aktivitäten assoziiert.

Eine offensichtliche Aktivität ist das Suchen nach ausführbaren Programmen, die dem *Howdini*-Benutzer zugänglich sind. Von diese Suche – mit *SearchForProgram* bezeichnet – wird angenommen, dass sie mit dem Auffinden eines Programms terminiert. Wenn ein Programm gefunden wird, muss überprüft werden, ob dieses oder ein gleichnamiges Programm vom SEARCHER in früheren Suchvorgängen bereits entdeckt wurde. Wenn dies der Fall ist, dann soll keine weitere Bearbeitung erfolgen und statt dessen mit Programmsuche fortgefahren werden. Diese Überprüfung könnte als Bestandteil der Aktivität *SearchForProgram* oder durch eine separate Aktivität realisiert werden (diese Frage der Spezifikationsgranularität wird von *Gaia* nicht aufgegriffen). Um bestmögliche Übersichtlichkeit zu erzielen wird im Rahmen dieser Fallstudie für die Überprüfung eine eigene Aktivität *CheckProgramList* festgelegt.

Tabelle 4.5. *Gaia:* SEARCHER-Rollenschema

Rollenschema: Searcher

Beschreibung:
Der SEARCHER sucht im lokalen Dateisystem nach ausführbaren Programmen und zugehörigen Programmbeschreibungen (z.B. manual pages, help files etc.). Anhand der Programmbeschreibung versucht diese Rolle die Funktion und Bedienung eines Programms zu verstehen und schickt dann eine Anfrage nach einem Softwaredienst, der genau der Funktion des Programms entspricht, an den SERVER, um zu erfahren, ob dort schon ein WRAPPER registriert ist, der diesen Softwaredienst ausführen kann. Ist dies nicht der Fall, dann erzeugt der SEARCHER einen neuen WRAPPER für das Programm.

Protokolle und Aktivitäten:
SearchForProgram, CheckProgramList, SearchForManual, AnalyseManual, CreateWrapper, SendServiceRequest, AwaitConfirmation

Rechte:

reads	*fileSystem*	// Zugriff auf das lokale Dateisystem
reads	*programList*	// Liste mit allen bisher gefundenen
		// Programmen; nötig, um zu
		// verhindern, dass gleiche Programme
		// mehrmals bearbeitet werden
changes	*programList*	
reads supplied	*confirmation*	// Statusmeldung, ob für einen Software-
		// Dienst schon ein WRAPPER
		// existiert oder nicht
generates	*serviceDescription*/	/ Beschreibung der Funktion eines
		// Programms
generates	*program*	// Zeiger auf ein ausführbares Programm

Verantwortlichkeiten:

(1) Lebendigkeit:

SEARCHER = (FindProgram[AskForService[CreateWrapper]])$^\omega$
FINDPROGRAM = SearchForProgram[CheckProgramList
 [SearchForManual[AnalyseManual]]]
ASKFORSERVICE = SendServiceRequest.AwaitConfirmation

(2) Sicherheit:
 • true

Damit für ein gefundenes Programm ein passender WRAPPER gebaut werden kann, muss mit *SearchForManual* zunächst die zugehörige Programmbeschreibung gefunden und dann mit der Aktivität *AnalyseManual* analysiert werden. Nach erfolgreicher Analyse des Zwecks und der Funktionsweise des Programms kann durch die Aktivität *CreateWrapper* ein neuer, vom SEARCHER unabhängiger WRAPPER erzeugt werden. (Diese Programmanalyse ist der mit Abstand am schwierigsten zu realisierende Teil des *Howdini*-Systems. Ohne Einschränkungen bei der Syntax und Semantik der Programmbeschreibungen ist nicht anzunehmen, dass eine nahezu zuverlässige und ausreichende maschinelle Analyse möglich ist. Deshalb ist es erforderlich, sich zumindest auf „normierte" Programmbeschreibungen wie etwa den – meisten – *manpages* auf UNIX-Systemen zu beschränken.)

Rechte Von den Informationsressourcen, auf die SEARCHER Zugriff haben soll, sind bisher *serviceDescription* und *confirmation* bekannt (diese werden in den Protokolldefinitionen des SEARCHER genannt). Die Information *serviceDescription* wird vom SEARCHER generiert (**generates**), wohingegen *confirmation* vom SERVER generiert wird (**reads supplied**).

Die beiden *SearchFor...* Aktivitäten implizieren, dass der SEARCHER lesend auf das Dateisystem, parametrisiert mit *fileSystem*, zugreifen kann. Weiterhin ergibt sich aus *CheckProgramList*, dass SEARCHER eine Liste bereits gefundener Programme – genannt *programList* – lesen und verändern können muss. Zu berücksichtigen ist schließlich noch, dass einem neuen WRAPPER mitzuteilen ist, wo „sein" Programm zu finden ist; zu diesem Zweck legt SEARCHER für den zu erzeugenden WRAPPER eine Variable *program* an, die den Dateipfad und -namen eines Programms enthält.

Verantwortlichkeiten Die Lebendigkeitseigenschaften von SEARCHER ergeben sich aus obigen Erläuterungen. Prinzipiell handelt es sich um einen (theoretisch) unendlichen zyklischen Ablauf der Aktivitäten „Programm finden", „den SERVER fragen, ob ihm so ein Programm schon bekannt ist" und „falls erforderlich WRAPPER erzeugen". Im Einzelnen besteht der reguläre Ausdruck für den Suchablauf aus ineinander geschachtelten optionalen Aktivitäten: wird ein Programm gefunden, dann wird die Programmliste überprüft; anschließend wird bei negativer Überprüfung nach der Beschreibung des Programms gesucht; im Anschluss daran wird nach erfolgreicher Suche beim SERVER nachgefragt, ob er so ein Programm schon in seiner Datenbank hat; und zuletzt wird, im Fall einer negativen Antwort des SERVER, ein neuer WRAPPER für das gefundene Programm erzeugt.

Die Sicherheitsbedingungen für den SEARCHER erschöpfen sich auch wieder in einem schwachen **true**.

4.2.2 Entwurfsphase

In dieser Phase steht die Frage im Mittelpunkt, wie einzelne Agenten zusammenarbeiten müssen, um übergeordnete Ziele des Gesamtsystems zu erreichen. Wie ein individueller Agent seine Aufgaben im Detail erfüllt, ist nicht Gegenstand von *Gaia* und wird deshalb auch in der Entwurfsphase nicht betrachtet.

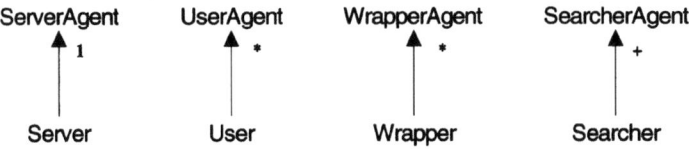

Abb. 4.8. *Gaia: Howdini* Agentenmodell

Schritt 4: Das Agentenmodell

Generell ist hier zu überlegen, ob zum Zweck der Optimierung der Systemleistung mehrere Rollen demselben Agententypen zugeordnet werden. Davon wird im Folgenden abgesehen, da zwischen den identifizierten Rollen keine übermäßige, leistungskritische Kommunikation stattfindet. Statt dessen wird zu jeder Rolle ein eigener Agententyp definiert. Entsprechend der Rollennamen werden die Agententypen des *Howdini*-Zielsystems mit SERVERAGENT, USERAGENT, WRAPPERAGENT und SEARCHERAGENT bezeichnet. Dieses Agentenmodell von *Howdini* ist in Abbildung 4.8 dargestellt.

<small>Agententypen</small>

Festzulegen ist auch die Anzahl der Instanzen der Agententypen während der Laufzeit. Im Rahmen dieser Studie wird angenommen, dass genau eine Instanz von SERVERAGENT tätig sein soll. Ein Unfeinheit in der Modellierung ergibt sich daraus, dass jeder SERVER die Ausführung eines Softwaredienstes mittels *SendToAnotherServer* an SERVER auf anderen Plattformen delegieren kann: genau genommen wäre es damit erforderlich, zusätzlich die Agententypen REMOTESERVERAGENT und REMOTEWRAPPERAGENT einzuführen. Davon wird jedoch im Rahmen dieser Fallstudie aus Gründen der Übersichtlichkeit abgesehen.

<small>Instanzen</small>

Von den Agententypen USERAGENT und WRAPPERAGENT kann es zur Laufzeit, je nach Anzahl der Nutzer und gefundenen Programme, beliebig viele Instanzen geben (oder, beispielsweise zu Laufzeitbeginn, auch keine). Dies wird im Agentenmodell mit einem Stern im Agententypen-Baum unterhalb des Namens des Agententypen symbolisiert.

Vom Agententyp SEARCHERAGENT muss es im *Howdini*-System mindestens einen geben (ausgedrückt durch ein Plus-Zeichen unter dem Namen im Baum).

Schritt 5: Das Servicemodell

(I) Dienste der SERVER-Rolle

Die Tabelle 4.6 fasst die Dienste (Services), die mit SERVER assoziiert sind, zusammen. Im Folgenden werden diese Dienste erläutert.

Tabelle 4.6. *Gaia:* SERVER-Servicemodell

Dienst	Inputs	Outputs	Vorbedingungen	Nachbedingungen
WRAPPER-Registrierungen empfangen		*wrapperDescription*	true	*wrapperDescription* ≠ nil
Prüfen, ob DB schon WRAPPER mit der in *wrapperDescription* beschriebenen Fähigkeit enthält	*wrapperDescription*, *wrapperDb*	*wrapperInDb*	*wrapperDescription* ≠ nil ∧ *wrapperDb* ≠ nil	*wrapperInDb* ∈ {**true**, **false**}
Fähigkeiten und Namen eines WRAPPERS in die Datenbank eintragen	*wrapperDescription*		*wrapperDescription* ≠ nil ∧ *wrapperInDb* = **false**	*contains*(*wrapperDescription*, *wrapperDb*)
Anfragen nach Softwarediensten empfangen		*serviceDescription*	true	*serviceDescription* ≠ nil
WRAPPER in Datenbank suchen, die einen Softwaredienst leisten können	*serviceDescription*, *wrapperDb*	*wrapperNameList*	*serviceDescription* ≠ nil ∧ *wrapperDb* ≠ nil ∧ *wrapperNameList* = **empty**	*wrapperNameList* ∈ {**empty** | *wrapperName* *}
Mit WRAPPERN über Bedingungen für die Ausführung eines Softwaredienstes verhandeln	*serviceDescription*, *wrapperNameList*	*wrapperResponse*	*serviceDescription* ≠ nil ∧ *wrapperNameList* ≠ **empty**	*wrapperResponse* ∈ {**true**, **false**} ∧ *sent*(*serviceDescription*)
Anfrage nach Softwaredienst an anderen Server weiterleiten		*serviceDescription*	*serviceDescription* ≠ nil ∧ (*wrapperNameList* = **empty** ∨ *wrapperResponse* = **false**)	*sent*(*serviceDescription*)
Statusmeldung generieren	*wrapperInDb* / *wrapperResponse* / *wrapperNameList*	*confirmation*	*received*(*wrapperDescription*) ∨ *received*(*serviceDescription*)	*confirmation* ∈ {SUCCEEDED, FAILED, DELEGATED}
Statusmeldung an WRAPPER oder USER schicken	*confirmation*	*confirmation*	*confirmation* ∈ {SUCCEEDED, FAILED, DELEGATED}	*sent*(*confirmation*)

Ein wichtiger und in der Tabelle an erster Stelle genannter Dienst von SERVER ist das Empfangen von WRAPPER-Registrierungen. Hierfür ist im Interaktionsmodell bereits das Protokoll *AwaitRegistrationQuery* spezifiziert. Input-Daten werden für die Durchführung des Dienstes nicht benötigt. Da zur Durchführung keine bestimmte Vorbedingung gelten muss, ist die Vorbedingung lediglich mit **true** spezifiziert. Der Output des Dienstes – „Output" wieder in der *Gaia*-typischen Bedeutung (Seite 52) – ist eine *wrapperDescription*, die von einem WRAPPER bei seiner Registrierung an den SERVER gesendet wird. Die Variable *wrapperDescription* sollte natürlich (sinnvolle) Informationen enthalten, und deshalb wird für den Registrierungsdienst als Nachbedingung *wrapperDescription* $\neq$ **nil** angegeben.

Dienst 1

Der SERVER-Dienst, der zur Aktivität <u>CheckDb</u> gehört, benötigt als Eingabe die vom Protokoll *AwaitRegistrationQuery* stammende *wrapperDescription* und die WRAPPER-Datenbank *wrapperDb*. Beide dürfen nicht undefiniert sein. Der Rückgabewert von <u>CheckDb</u> muss nach der Ausführung dieser Aktivität in der Booleschen Variable *wrapperInDb* enthalten sein. (Im Gegensatz zu Protokollen sind bei Aktivitäten die Ein- und Ausgaben so definiert, wie es bei Funktionen in Programmiersprachen üblich ist: die Eingabe ist ein Übergabeparameter und die Ausgabe ist der Rückgabewert.)

Dienst 2

Es sei noch darauf hingewiesen, dass die Variable *wrapperInDb* nicht bei den Zugriffsrechten im SERVER-Rollenschema angegeben wurde. Der Grund dafür ist, dass sie nur als Zwischen- oder Hilfsvariable für die Informationsweiterreichung von <u>CheckDb</u> an den nachfolgenden Dienst <u>EnterWrapperData</u> dient. Übrigens trifft *Gaia* keine Aussagen zur Verwendung von Hilfsvariablen; in der Dokumentation zu *Gaia* ist allerdings ein Beispiel enthalten, welches in ähnlicher Weise eine Hilfsvariable verwendet. Der Vorteil einer solchen „Unterschlagung" von Hilfsvariablen in den Rollenschemata ist eine größere Übersichtlichkeit.

Wenn die Hilfsvariable *wrapperInDb* nach dem Ausführen von <u>CheckDb</u> den Wert **false** hat und eine gültige *wrapperDescription* vorliegt, dann ist die Vorbedingung für das Durchführen des Dienstes zur Aktivität<u>EnterWrapperData</u> erfüllt. In diesem Fall ist es die Aufgabe dieses Dienstes, die empfangene WRAPPER-Beschreibung *wrapperDescription* in die Datenbank *wrapperDb* des SERVER einzutragen.

Dienst 3

Ein weiterer Dienst dient der Behandlung von Anfragen nach Softwarediensten. Als Output wird eine nichtleere *serviceDescription* generiert.

Dienst 4

Dienst 5 Der fünfte in der Tabelle genannte Dienst des SERVER ist eine Konkretisierung der Aktivität *FindWrapper*. Dieser Dienst liefert als Ausgabe eine Hilfsvariable *wrapperNameList*, die nach der Ausführung dieses Dienstes die Namen der WRAPPER enthält, mit denen ein in *serviceDescription* beschriebener Softwaredienst geleistet werden kann. Wenn keine passenden WRAPPER gefunden wurden, bleibt *wrapperNameList* leer.

Dienst 6 Wurden geeignete WRAPPER gefunden, startet der SERVER einen VerhandlungsDienst, der auf dem Protokoll *NegotiateWithWrapper* basiert. Beim Ausführen dieses Dienstes verhandelt der SERVER mit jedem der gefundenen WRAPPER über die Bedingungen für die Ausführung seines gewrappten Programms. Das Ergebnis der Verhandlungsphase findet sich dann in der Booleschen Variable *wrapperResponse*, die eine AND-Verknüpfung aller erhaltenen Antworten der WRAPPER enthält.

Dienst 7 Falls *wrapperResponse* = **false** oder keine passenden WRAPPER für den vom *Howdini*-Benutzer gewünschten Softwaredienst gefunden wurden, dann wird der zum Protokoll *SendToAnotherServer* gehörige Dienst aktiviert. Durch diesen wird die anfangs erhaltene *serviceDescription* an einen SERVER eines anderen, bekannten *Howdini*-Systems – möglicherweise auf einem anderen Rechner – weitergeleitet.

Dienst 8 Danach generiert ein weiterer Dienst des SERVER eine Statusmeldung *confirmation* mit dem Inhalt DELEGATED. Dieser Dienst entstammt keinem speziellen Protokoll und keiner speziellen Aktivität des SERVER, sondern kann von allen Diensten verwendet werden, die Statusmeldungen versenden müssen. Neben der Nachricht DELEGATED kann dieser Dienst auch noch die Erfolgsnachricht SUCCEEDED und die Misserfolgsnachricht FAILED generieren. Diese Statusmeldungen werden vom SERVER bei WRAPPER-Registrierungen und Anfragen nach Softwarediensten gesendet.

Dienst 9 Für das Versenden der Statusmeldungen ist der neunte Dienst des SERVER zuständig. Dieser Dienst entstammt dem Protokoll *SendConfirmation* und stellt die Statusmeldungen mittels der Variable *confirmation* an die jeweiligen Empfänger zu.

(II) Dienste der anderen Rollen

Die Dienste zu den Rollen USER, WRAPPER und SEARCHER sind in den Tabellen 4.7, 4.8 und 4.9 zusammengefasst. Nach den ausführlicheren Erklärungen zur SERVER-Rolle werden nachfolgend zu diesen drei Rollen nur ausgewählte Aspekte der Dienstspezifikationen angesprochen.

4.2 Anwendungsstudie

Anmerkungen zu den USER-Diensten (Tabelle 4.7 auf Seite 73): — USER-Dienste

▶ Die Boolesche Hilfsfunktion *displayed()* (vierter und achter Dienst) gibt an, ob der Inhalt einer bestimmten Variable dem *Howdini*-Benutzer graphisch angezeigt wurde oder nicht.

▶ Die Boolesche Funktion *executionFeasible()* in der Servicetabelle des WRAPPER (Tabelle 4.8) gibt zu einer Dienstbeschreibung *serviceDescription* an, ob der WRAPPER diesen Dienst leisten kann und will, oder nicht.

Anmerkungen zu den WRAPPER-Diensten (Tabelle 4.8 auf Seite 74): — WRAPPER-Dienste

▶ Die Boolesche Funktion *executionFeasible()* gibt zu einer Dienstbeschreibung *serviceDescription* an, ob der WRAPPER diesen Dienst leisten wird oder nicht.

▶ Die Funktion *executed()* gibt einen Booleschen Wert zurück, um mitzuteilen, ob der WRAPPER einen SoftwareDienst ausgeführt hat oder nicht.

▶ Der in der Tabelle letztgenannte Dienst, der zur Aktivität *Exit* gehört, wird ausgeführt, wenn der WRAPPER nach Absenden einer Registrierungsnachricht an den lokalen SERVER eine Nachricht *confirmation* mit dem Inhalt „FAILED" erhält. Danach gelten für einen WRAPPER außer **false** keine weiteren Nachbedingungen, weil er sich beendet hat.

Anmerkungen zu den SEARCHER-Diensten (Tabelle 4.9 auf Seite 75): — SEARCHER-Dienste

▶ Bei dem in der Tabelle erstgenannten Dienst, der zu *SearchForProgram* gehört, ist als Nachbedingung lediglich **true** angegeben, obwohl als Output *program* festgelegt ist. Der Grund dafür ist, dass im worst case im gesamten Dateisystem kein Programm gefunden wird und somit keine sinnvolle Aussage über den Inhalt von *program* nach der Durchführung dieses Dienstes gemacht werden kann.

▶ Die Boolesche Hilfsvariable *isInList* zeigt als Ausgabe von *CheckDb* an, ob ein aktuell gefundenes Programm schon in der Liste der bereits früher gefundenen Programme enthalten ist.

▶ Die Hilfsvariable *manual* gibt den Pfad zu einer Programmbeschreibung an, falls eine solche von *SearchForManual* gefunden wird. In diesem Fall versucht der Dienst, via *AnalyseManual* eine passende *serviceDescription* zu diesem Programm zu erzeugen.

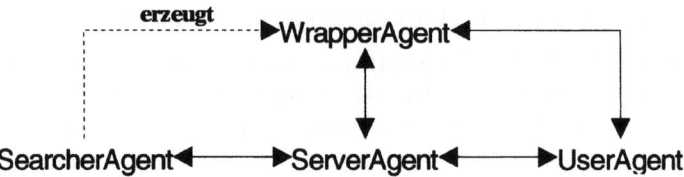

Abb. 4.9. *Gaia: Howdini* Beziehungsmodell

➤ Konnte ein sinnvolle *serviceDescription* generiert werden und ist beim SERVER noch kein WRAPPER registriert, der einen in *serviceDescription* beschriebenen Softwaredienst bereitstellt, dann erzeugt der SEARCHER für das gefundene Programm einen geeigneten neuen WRAPPER. Aus diesem Grund liefert der in der Tabelle letztgenannte Dienst, welcher auf <u>Create-Wrapper</u> basiert, statt einer Variable einen WRAPPER als Ausgabe.

Schritt 6: Das Beziehungsmodell

Darstellung der Kommunikationsverbindungen

Das Beziehungsmodell ist das einfachste der drei in der Entwurfsphase zu entwickelnden Modelle. Die möglichen Kommunikationsverbindungen zwischen den einzelnen Rollen lassen sich unmittelbar dem Interaktionsmodell entnehmen. Der von *Gaia* geforderte Darstellungsgraph ist in Abbildung 4.9 dargestellt. Das Beziehungsmodell ist rein statischer Natur, das heißt, dynamische Änderungen in der Anzahl der Agenten während der Laufzeit können mit diesem Modell nicht erfasst werden. Damit ist es beispielsweise nicht möglich, die dynamische Erzeugung eines neuen WRAPPER modelspezifisch zu erfassen. Da diese Art der Erzeugung im *Howdini*-System jedoch von zentraler Bedeutung ist, wird sie im Rahmen dieser Fallstudie im Diagramm des Beziehungsmodells durch eine spezielle, nämlich gestrichelte Linie angedeutet.

4.3 Evaluierungsergebnisse

Die Tabellen 4.10 bis 4.13 (ab Seite 76) fassen die Ergebnisse der Evaluierung zusammen.

4.3 Evaluierungsergebnisse 73

Tabelle 4.7. *Gaia:* USER-Servicemodell

Dienst	Inputs	Outputs	Vorbedingungen	Nachbedingungen
Nutzer-Eingabe empfangen und daraus Beschreibung eines Softwaredienstes generieren	userInput	serviceDescription	userInput ≠ nil ∧ serviceDescription = nil	serviceDescription ≠ nil
Beschreibung eines Softwaredienstes an den SERVER senden		serviceDescription	serviceDescription ≠ nil	sent(serviceDescription)
Empfang von WRAPPER-Rückfragen	wrapperQuery	wrapperQuery	sent(serviceDescription)	wrapperQuery ≠ nil
Graphische Anzeige von WRAPPER-Rückfragen			wrapperQuery ≠ nil	displayed(wrapperQuery) = true
Nutzer-Eingabe empfangen und daraus Antwort auf WRAPPER-Rückfragen generieren	userInput	userResponse	userInput ≠ nil ∧ userResponse = nil	userResponse ≠ nil
Antwort auf WRAPPER-Rückfrage an WRAPPER senden		userResponse	userResponse ≠ nil	sent(userResponse)
Empfang der vom SERVER generierten Statusmeldung		confirmation	sent(serviceDescription)	confirmation ∈ {SUCCEEDED, FAILED, DELEGATED}
Graphische Anzeige von Statusmeldungen	confirmation		confirmation ∈ {SUCCEEDED, FAILED, DELEGATED}	displayed(confirmation) = true

Tabelle 4.8. *Gaia:* WRAPPER-Servicemodell

Dienst	Inputs	Outputs	Vorbedingungen	Nachbedingungen
Registrierungsgesuch an SERVER senden		wrapperDescription	wrapperDescription ≠ nil	sent(wrapperDescription)
Warten auf Statusmeldung zur Registrierung		confirmation	sent(wrapperDescription)	confirmation ∈ {SUCCEEDED, FAILED, DELEGATED}
Mit SERVER über Ausführung eines Softwaredienstes verhandeln	serviceDescription	wrapperResponse	serviceDescription ≠ nil ∧ wrapperResponse = nil	wrapperResponse = executionFeasible(serviceDescription)
Rückfrage um zusätzliche Information an USER senden	serviceDescription	wrapperQuery	serviceDescription ≠ nil ∧ wrapperQuery = nil	wrapperQuery ≠ nil ∧ sent(wrapperQuery)
Auf Antwort vom USER auf Rückfrage warten		userResponse	sent(wrapperQuery)	userResponse ≠ nil
Programm ausführen	serviceDescription		executionFeasible(serviceDescription)	executed(serviceDescription)
Sich beenden			confirmation = FAILED	false

4.3 Evaluierungsergebnisse 75

Tabelle 4.9. *Gaia:* SEARCHER-Servicemodell

Dienst	Inputs	Outputs	Vorbedingungen	Nachbedingungen
Im Dateisystem nach ausführbaren Programmen suchen	fileSystem	program	$fileSystem \neq nil$	true
Prüfen, ob dieses Programm schon einmal gefunden wurde	program, programList	isInList	$program \neq nil \land programList \neq nil$	$isInList \in \{true, false\}$
Beschreibung für ein Programm finden	fileSystem, program, isInList	manual	$program \neq nil \land \neg isInList$	true
Programmbeschreibung analysieren und versuchen, daraus eine Dienstbeschreibung zu generieren	manual	serviceDescription	$manual \neq nil \land serviceDescription = nil$	$serviceDescription \neq nil$
Anfrage nach einem Softwaredienst an den SERVER senden		serviceDescription	$serviceDescription \neq nil$	$sent(serviceDescription)$
Auf Statusmeldung zur Anfrage warten		confirmation	$sent(serviceDescription)$	$confirmation \in \{SUCCEEDED, FAILED, DELEGATED\}$
Neuen WRAPPER erschaffen	program, serviceDescription	WRAPPER	$program \neq nil \land serviceDescription \neq nil \land confirmation = FAILED$	$created(WRAPPER)$

Tabelle 4.10. Evaluierungsergebnisse für *Gaia* (Teil 1 von 4)

Evaluierungskriterien & Ergebnisse		
Anwendungsbreite		⊕ keine Beschränkung auf bestimmte Agentenarchitekturen oder Anwendungsgebiete ⊕ für heterogene Multiagentensysteme geeignet ⊖ hauptsächlich für Multiagentensysteme mit statischer Organisation und Beziehungsstruktur konzipiert ⊖ nur für Agenten mit statischen Fähigkeiten und Diensten ⊖ für Multiagentensysteme mit relativ wenigen, schwergewichtigen Agenten und weniger als 100 verschiedenen Agententypen konzipiert ⇒ *Gesamtbewertung*: ②-③
Implementierbarkeit		⊖ Modelle sind abstrakt für eine unmittelbare Implementierung ⇒ *Gesamtbewertung*: ③
Wiederverwendbarkeit		⊖ nur Rollen können – gegebenenfalls nach geringfügigen Anpassungen – wiederverwendet werden ⇒ *Gesamtbewertung*: ③
Modularität	Agent	⊕ Rollen dienen als modulare Grundbausteine von Agenten ⊖ Dienste (Services) sind wegen ihrer Bindung an Rollen nicht modular
	Gesamtsystem	⊕ Instanzen der Agententypen im Agentenmodell sind modular ⊖ Protokolldefinitionen sind wegen ihrer Bindung an Initiator und Gegenstelle, sowie an Input- und Output-Parameter nicht modular
		⇒ *Gesamtbewertung*: ③
Verständlichkeit	Dokumentation	⊕ gut verständlich ⊕ praxisnahes Fallbeispiel – allerdings werden nicht alle Modelle gezeigt ⊖ Details sind teilweise zu knapp erklärt
	Vorkenntnisse und Erfahrungen	⊕ keine speziellen Vorkenntnisse oder Erfahrungen erforderlich
		⇒ *Gesamtbewertung*: ②

Tabelle 4.11. Evaluierungsergebnisse für *Gaia* (Teil 2 von 4)

Evaluierungskriterien & Ergebnisse (Forts.)	
Genauigkeit	⊕ Rollenmodell: Lebendigkeits- und Sicherheitseigenschaften in Form von regulären Ausdrücken
	⊕ Servicemodell: stark formale Definitionen
	⊕ aufgrund ihrer Einfachheit sind das Agenten- und das Beziehungsmodell sehr genau
	⊖ keine Bezeichner für Dienste im Servicemodell, die auf Verbindung zu einem Protokoll oder einer Aktivität schließen lassen
	⊖ verwirrende Definition des Protokollparameters „Output"
	⇒ *Gesamtbewertung*: ①-②
Vollständigkeit	⊖ direkt implementierbare Modelle müssen mit einer zusätzlichen Methode erstellt werden
	⊖ keine systematische Rollenidentifikation
	⊖ umfasst nur Analyse und Entwurf
	⇒ *Gesamtbewertung*: ④
Variabilität	⊕ iterative Entwicklung während der Analysephase
	⊖ rein sequentielle Entwicklung während der Entwurfsphase
	⊖ Änderungen an einem Modell wirken sich oft auf mehrere andere Modelle aus
	⇒ *Gesamtbewertung*: ③
Komplexitätshandhabung	⊕ Dekomposition von Agenten in Rollen und diese in Dienste
	⊕ hierarchische Strukturierung im Agentenmodell
	⊖ nur zwei Abstraktionsebenen: Mikro- und Makroebene
	⇒ *Gesamtbewertung*: ③
Granularität	⊕ vier Granularitätsstufen: Agenten → Rollen → Verantwortlichkeiten → Dienste
	⇒ *Gesamtbewertung*: ②

Tabelle 4.12. Evaluierungsergebnisse für *Gaia* (Teil 3 von 4)

Evaluierungskriterien & Ergebnisse (Forts.)		
Sicherheit		⊕ Sicherheitseigenschaften unterbinden in einem gewissen Rahmen unerwünschte Verhaltensweisen von Agenten
		⊕ Lebendigkeitseigenschaften sichern die Durchführung bestimmter Aktionen durch Agenten zu
		⊖ es existieren keine weiteren externen und internen Sicherheitsvorkehrungen
		⇒ *Gesamtbewertung:* ③
Überprüfbarkeit	**Validierbarkeit**	⊕ alle Modelle sind leicht verständlich und dadurch gut validierbar
	Verifizierbarkeit	⊕ die formale Definition von Lebendigkeits- und Sicherheitseigenschaften, sowie von Services kommt einer automatischen Verifizierung entgegen
		⊕ die Einfachheit der Modelle gewährleistet deren gute Verifizierbarkeit
		⇒ *Gesamtbewertung:* ②
Laufzeitdynamik		⊖ eine dynamische Erzeugung oder Beendigung von Agenten ist mit *Gaia* nicht modellierbar
		⊖ Klonen und Migrieren von Agenten wird nicht unterstützt
		⊖ die Beziehungsstruktur der Agenten ist statisch
		⊖ Agenten können die von ihnen gespielten Rollen nicht wechseln
		⇒ *Gesamtbewertung:* ⑤
Expressivität		⇒ *Gesamtbewertung entsprechend den Bewertungen in der Tabelle 4.13:* ④

Tabelle 4.13. Evaluierungsergebnisse für *Gaia* (Teil 4 von 4)

Agentenspezifische Softwareattribute (Expressivität)		
Individualistische Attribute		
Architektur		⊕ beliebig
Autonomie		⊖ wird von der Methode nicht explizit erfasst
Flexibilität		⊖ wird von der Methode nicht explizit erfasst
Wissensbasis		⊖ nur abstrakte (Informations)-Ressourcen, auf die mittels **reads** und **changes** zugegriffen werden kann
Mentale Einstellungen		⊕ *Gaia* Agenten verfolgen die Wahrung ihrer Lebendigkeits- und Sicherheitseigenschaften
Sonstiges/Besonderheiten		keine
Interaktionistische Attribute		
Kommunikation	Kommunikationsprotokolle	⊖ die Protokolle im Interaktionsmodell sind sehr abstrakt gehalten ⊖ im Beziehungsmodell wird nur die Existenz von Kommunikationsbeziehungen festgehalten
	Kommunikationssprachen	⊖ keine
Koordination	Koordinationsmechanismen/-protokolle	⊖ keine
	Koordinationsformalismen/-sprachen	⊖ keine
Interaktionsmuster		⊖ nur 1-zu-1 Interaktionen (peer-to-peer)
Ontologien		⊖ keine Unterstützung

5
MASSIVE

> *Art and science have their meeting point in method.*
>
> E. Bulwer-Lytton

5.1 Beschreibung

MASSIVE („**M**ulti**A**gent **S**ystem**S** **I**terative **V**iew **E**ngineering") wurde von Jürgen Lind als pragmatische Methode für die Entwicklung von agentenorientierten Systemen vorgeschlagen [188, 189]. MASSIVE zielt explizit auf die Realisierung der folgenden vier Entwicklungsprinzipien ab:

▶ Die Anforderungen an das Zielsystem bestimmen die beim Design und der Implementierung zu verwendenden Technologie, nicht umgekeht. Insbesondere hängt es damit von Anforderungen ab, ob und in welchem Umfang Agententechnologie überhaupt zum Einsatz kommt. — *Anforderungs- statt Technologieorientierung*

▶ Das Zielsystem wird stets in seiner Gesamtheit, aber aus unterschiedlichen Perspektiven oder Sichten (Sichtweisen) betrachtet, wobei diese verschiedenen Sichten auf unterschiedliche Aspekte des Systems fokusieren. Im Unterschied zur klassischen Modellorientierung zielt die Sichtenorientierung nicht auf eine funktionale Dekomposition des Gesamtsystems ab und versucht damit, die Schwierigkeiten einer konsistenten Integration von separat modellierten Funktionalitäten zu vermeiden. — *Sichten- statt Modellorientierung*

▶ Das Zielsystem wird iterativ entwickelt. Inbesondere bedeutet dies, dass auch die einzelnen Sichten iterativ verfeinert werden. Im Unterschied zu einer rein sequentiellen Vorgehensweise wird damit dem Umstand Rechnung getragen, dass Systemspezifikationen in aller Regel fehlerbehaftet – unvollständig, ungenau, inkonsistent – sind und nachgebessert werden müssen. — *Iteratives statt sequentielles Vorgehen*

▶ Modellierung und Implementierung werden als gleichwertige Aktivitäten im Entwicklungsprozess betrachtet. Dies ist im Unterschied zu der im Bereich der Softwareentwicklung nicht — *Modellierung und Implementierung sind gleichwertig*

selten anzutreffenden Annahme, der Übergang vom Systemmodell zum Programm sei trivial und deshalb sei der Modellierung eine größere Bedeutung zuzuordnen („wenn das Modell stimmt, dann stimmt auch der Code"). Inbesondere wird versucht, einen unmittelbaren Bezug herzustellen zwischen den verschiedenen Teilen des Systemmodells einerseits und den jeweils korrespondierenden Abschnitten des Codes andererseits.

Komponenten MASSIVE besteht aus drei zentralen Komponenten:

➤ einem *Produktmodell*, welches die sichtenorientierte Darstellung des Zielsystems zum Gegenstand hat,

➤ einem *Prozessmodell*, welches die einzelnen Entwicklungsschritte beschreibt, und

➤ eine *Erfahrungswerkstatt* als organisationaler Rahmen zur projektübergreifenden Nutzbarmachung von Erfahrungen, Programmcode und sonstigen relevanten Informationen.

Wesentliche Aspekte dieser Komponenten werden im Folgenden genauer beschrieben.

5.1.1 Das Produktmodell

Sichten-orientierung   MASSIVE zielt auf die Betrachtung des zu erstellenden Produkts – also des Zielsystems – aus unterschiedlichen Sichten ab. Das dabei verwendete Konzept einer Sicht ist angelehnt an den im Software und Requirements Engineering verwendeten Begriff einer (System-)Sicht oder Sichtweise (siehe z.B. [180, 181] für eine Darstellung verschiedener Verwendungen dieses Begriffs im Software und Requirements Engineering). Weiterhin fließt in diesen Konzeptbegriff die für das aspektorientierte Programmierung [165] zentrale Beobachtung ein, dass manche Systemaspekte mehrere funktionale Einheiten betreffen können (sogenannte Cross-cut-Aspekte). Bei MASSIVE wird das Sichtenkonzept verwendet als Mittel zur Anordnung von produktrelevanten logisch zusammengehörenden Wissenseinheiten jeglicher Art, die dem Entwickler zur Verfügung stehen. Beispiele für solche Wissenseinheiten, die bei MASSIVE *knowbbles* (eine Verschmelzung aus „knowledge" und „bubbles") genannt werden, sind Designentscheidungen, Entwicklungsconstraints und Implementierungsdetails. Knowbbles, die mehrere Sichten betreffen, werden in Analogie zu Cross-cut-Aspekten als *shared knowbbles* bezeichnet. Für die Bildung der Sichten favorisiert MASSIVE eine *designorientierte* Vorgehensweise, das heißt, die Sichten werden primär ensprechend den Anforderungen und Erkenntnissen aus dem Designprozess gebildet.

	Analyse	Design
Aufgabensicht	X	
Systemsicht	X	X
Umgebungssicht	X	
Architektursicht		X
Rollensicht		X
Interaktionssicht		X
Gesellschaftssicht		X

(Agentenspezifität ↓ +)

Abb. 5.1. Grundlegende Sichten von MASSIVE im Überblick

Eine Menge von Sichten, die eine logische Zerlegung der Zielsystems realisieren und die genau definierte Schnittstellen besitzen, wird Sichtensystem genannt. Ein solches Sichtensystem erfüllt idealerweise folgende Anforderungen:

▶ *Trennung.* Jede Sicht ist stark kohärent, aber zwischen den Sichten gibt es nur minimalen Zusammenhang (also so wenig shared knowbbles wie möglich).
▶ *Überdeckung.* Alle Aspekte des Zielsystems sind abgedeckt.
▶ *Flexibilität.* Mit dem Sichtensystem können möglichst viele agentenorientierten Systeme erfasst werden.
▶ *Größe.* Das Sichtensystem ist weder zu grobkörnig (zuwenig Sichten) noch zu feinkörnig (zuviele Sichten).
▶ *Namensgebung.* Die Bezeichnung der Sichten sollte aussagekräftig und suggestiv sein.

Die Beschreibung von MASSIVE umfasst sieben grundlegende Sichten, die im Folgenden charakterisiert werden. In Abbildung 5.1 werden diese Sichten benannt; diese Abbildung zeigt auch die unterschiedliche Agentenspezifität sowie die Analyse/Design-Lastigkeit der einzelnen Sichten. Diese Sichten können grob folgendermaßen motiviert werden: sie unterstützen einen Entwickler in der Festlegung dessen, was das Zielsystem leisten soll (Aufgabensicht), für welche Aktivitäten welcher Agent dabei zuständig ist (Rollensicht), wo das Zielsystem seine Leistung erbringen soll (Umgebungssicht), und wie das Zielsystem als Ganzes und in seinen Teilen aufgebaut ist (Interaktions-, Gesellschafts- und Architektur-Sicht).

Sichtensystem

7 grundlegende Sichten

MASSIVE postuliert *nicht* die Existenz eines universellen, für alle möglichen Anwendungen geeigneten Sichtensystems (wie die Forderung nach Flexibilität suggerieren könnte). Vielmehr wird angenommen, dass in unterschiedlichen Anwendungsprojekten verschiedene Sichtensysteme erforderlich sein können. So kann bei ei-

kein universelles Sichtensystem

ner Anwendung eine bestimmte Sicht sehr bedeutend sein, während sie bei einer anderen Anwendung problemlos ignoriert werden kann.

Aufgabensicht

Use Cases und Aufgabenbäume

Die Aufgabensicht dient der Erstellung des Anforderungsprofils und damit Feststellung dessen, was das Zielsystem leisten und welche generellen Merkmale es besitzen soll. Dieses Profil ist „agentenfrei" (d.h. ohne Abstützung auf das Agentenkonzept) und wird mit Hilfe von *Use Cases* erarbeitet (siehe z.B. [259] und in Hinblick auf wissensbasierte Systeme auch [102]). Zur Beschreibung der vom System zu erledigenden Aufgaben und Teilaufgaben schlägt MASSIVE die Verwendung von hierarchischen *Aufgabenbäumen* (task trees) vor.

Anforderungen an das System

Die Aufgabensicht berücksichtigt

▶ *funktionale Anforderungen* und

▶ *nicht-funktionale Anforderungen*

an das Zielsystem. Erstere betreffen die Funktionen, zu deren Ausführung das System beziehungsweise seine Komponenten in der Lage sein sollen; diese sind üblicherweise objektiv und präzise beschreibbar. Dagegen betreffen zweitere solche Merkmale, die das System in der Ausführung ihrer Funktionen selbst besitzen soll; diese sind typischerweise qualitativer Natur und ungleich schwerer zu präzisieren, zum Beispiel „das System soll robust sein", „sicher", „effizient", „leicht bedienbar", „erweiterbar", „portierbar" und „Antworten in vernünftiger Zeit liefern". (Die Unterscheidung zwischen funktionalen und nicht-funktionalen Anforderungen wird z.B. in [139, 181] ausführlicher erläutert.)

Umgebungssicht

Entwicklerperspektive

Die Umgebungssicht erfordert eine Analyse der Systemumgebung aus zwei Perspektiven. Zum einen aus der Perspektive des Entwicklers, die folgende Aspekte umfasst:

▶ eine allgemeinen *Beschreibung des organisationalen Kontexts*, also eine Beschreibung der Einbettung des Zielsystems in das organisationale und technische Umfeld beim Kunden;

▶ eine *Charakterisierung des organisationalen Kontexts* nach vorgegebenen Kriterien (siehe unten); und

▶ eine *Beschreibung der Laufzeitumgebung* des Zielsystems (z.B. Ablaufmodell – sequentiell versus parallel –, zu verwendende Kommunikationsprotokolle, Implementierungssprache, usw.)

Zur Kontextcharakterisierung greift MASSIVE auf allgemeine Kriterien zurück, die in [257] vorgeschlagen wurden, nämlich

➤ *zugänglich* versus *unzugänglich* (zugänglich bedeutet, dass zu jedem Zeitpunkt kann der gesamte Umgebungszustand vom System wahrgenommen werden);

➤ *deterministisch* versus *nichtdeterministisch* (deterministisch bedeutet, dass der jeweils nächste Umgebungszustand ausschließlich vom jeweils aktuellen Zustand abhängt);

➤ *episodisch* versus *nicht-episodisch* (episodisch bedeutet, dass Systemaktivitäten keine Änderungen in der Umgebung bewirken können, welche bei der Auswahl zukünftiger Aktivitäten vom System zu berücksichtigen wären – die Umgebung erfordert damit vom System kein vorausschauendes Handeln);

➤ *statisch* versus *dynamisch* (statisch bedeutet, dass sich die Umgebung nur durch Systemaktivitäten ändert);

➤ *diskret* versus *kontinuierlich* (diskret bedeutet, dass in der Umgebung nur eine endliche Anzahl von Aktivitäten und Wahrnehmungen möglich ist).

Kriterien zur Charakterisierung des Kontextes

Zum anderen erfordert die Umgebungssicht eine Analyse der Systemumgebung aus der Perspektive des Systems. Damit wird berücksichtigt, dass das System als solches gleichsam eine eigene Wahrnehmung der Umgebung besitzt. Zu klären ist aus dieser Perspektive somit

➤ der Input (die „Sensoren") und

➤ der Output (die „Effektoren")

des Zielsystems. Abhängig von den Anforderungen ist weiterhin zu klären, ob das Zielsystem ein *internes Umgebungsmodell* (Weltmodell) benötigt und welche Wissens- und Datenstrukturen hierzu erforderlich sind.

Systemperspektive

Rollensicht

Diese Sicht erfordert die Festlegung von funktionalen Rollen, also von Rollen, die in engem Bezug zu den Aufgaben des Zielsystems stehen. MASSIVE legt dabei folgenden Rollenbegriff zugrunde:

Funktionale Rollen und Rollenbildung

> *Eine Rolle ist eine Gruppierung logisch zusammengehörender atomarer Aktivitäten, wobei diese Gruppierung physikalische Einschränkungen (z.B. bzgl. vorhandener Verbindungswege) der operationalen Umgebung des Zielsystems berücksichtigt.*

Diese Definition zielt auf eine doppelte Eingrenzung des Rollenbegriffs ab: durch Berücksichtigung der physikalischen Gegebenheiten (bottom up) *und* der geforderten funktionalen Aktivitäten (top down).

Die zu gruppierenden atomaren Aktivitäten ergeben sich aus den Blättern der Aufgabenbäume (vgl. Aufgabensicht). Als Entscheidungshilfe bei dieser Gruppierung dienen zwei Heuristiken:

➤ *Test auf Verantwortlichkeitsbereiche.* „Gruppiere solche Aktivitäten, die auf dieselben Ressourcen zugreifen, zu einer Rolle."

➤ *Test auf Interaktionspunkte.* „Gruppiere die Aktivitäten so, dass Interaktionen zwischen den resultierenden Rollen gering gehalten werden."

(Diese Heuristiken sind Varianten der von der *Zeus*-Methode verwendeten gleichnamigen Heuristiken; siehe Seite 109.) Entsprechend der obigen Rollendefinition werden diese Heuristiken unter Berücksichtigung von physikalischen Gegebenheiten angewendet.

Rollenzuordnung   Wie im Bereich der Agententechnologie üblich, dient auch bei MASSIVE das Rollenkonzept der Entkopplung von Systemfunktionalität und den konkreten Agenten. Die Zuordnung der identifizierten Rollen zu den einzelnen Agenten ist ebenfalls Teil der Rollensicht. Kerntätigkeit bei dieser Zuordnung ist die *Gruppierung* der vorhanden Rollen derart, dass es zu jeder Rollengruppe mindestens einen Agenten gibt, der sie „spielen" kann. Festzulegen ist auch, ob die Agenten-Rollengruppen-Zuordnung statisch oder dynamisch sein soll; im ersten Fall ist ein Agent während seiner gesamten Lebenszeit für ein und dieselbe Rollengruppe zuständig, und im zweiten Fall kann ein Agent während seiner Lebenszeit für wechselnde Rollengruppen zuständig sein.

Interaktionssicht

Abstraktionsebenen   Die Interaktionssicht fokussiert auf die Vorgänge, die zwischen den Agenten beziehungsweise Rollen stattfinden. Diese Sicht wird in drei Abstraktionsebenen aufgebrochen:

➤ die *Zweckebene,*

➤ die *Protokollebene* und

➤ die *Transportebene.*

Zweckebene   Auf der Zweckebene erfolgt eine sehr generelle Beschreibung der vorgesehenen Interaktionsprozesse und -schemata mit Hilfe der Attribute

➤ Zweck (Wettbewerb versus Kooperation)

▶ Art (direkt versus indirekt)

▶ Skalierbarkeit (nicht skalierbar versus unabhängig von der Agentenzahl)

Diese abstrakte Attributierung dient der Klärung von grundsätzlichen Anforderungen an die Interaktionsvorgänge.

Auf der Protokollebene wird der Kontrollfluss zwischen den Agenten beziehungsweise Rollen festgelegt. Hierzu sind sowohl die an Interaktionen beteiligten Rollen selbst (diese werden auch als *Interaktionsrollen* bezeichnet) als auch die zeitliche Reihenfolge des kontrollspezifischen Nachrichten- und Informationsaustausches zu klären. Dies umfasst zwei Schritte: Protokollebene

▶ eine abstrakte graphische Protokollspezifikation mittels UML [256] und

▶ eine implementierungsnahe textuelle Protokolldarstellung mittels **Protoz** [245].

Protoz ist eine einfach gehaltene Umgebung zur Protokollspezifikation und zur Transformation dieser Spezifikationen in die Sprache Oz.

Auf der Transportebene erfolgt der Übergang vom abstrakten protokollarischen Nachrichtenfluss auf eine betriebssystemnahe Transportebene. Dieser Übergang erfordert die Festlegung einer geeigneten *Kommunikationsarchitektur*. MASSIVE ist diesbezüglich offen gehalten. Denkbar ist beispielsweise eine gewöhnliche *message-passing Architektur* (point-to-point, multicast, broadcast) oder eine flexible *Blackboard-Architektur* [101].   Transportebene

Gesellschaftssicht

Diese Sicht fokussiert auf die (organisationale und soziale) Struktur der das Zielsystem ausmachenden Agentengesellschaft. Zwei Kernaktivitäten sind zur Ausgestaltung dieser Sicht vorgesehen: die Charakterisierung und die Konstruktion der Agentengesellschaft. Zur Charakterisierung sind vier Attribute zu betrachten: Gesellschaftsstruktur

Charakterisierung

▶ Typ (offen versus geschlossen),

▶ Kommunikationsstruktur (flach versus hierarchisch),

▶ Konsistenz (homogene versus heterogene Agenten) und

▶ Zeitkontext (statische versus dynamische Struktur).

Für die Konstruktion ist eine evolutionäre Vorgehensweise vorgesehen, wobei die allgemeine Charakterisierung als Startpunkt dient und unter Berücksichtigung vorgegebener Qualitätsmaße   Konstruktion

(Kosten, Fehlerraten, Antwortzeiten, usw.) sukzessive bessere Gesellschaftsstrukturen implementiert (und ihrerseits bewertet) werden.

Architektursicht

System- und Agentenarchitektur
Diese Sicht zielt darauf ab, die in allen anderen Sichten identifizierten Merkmale des Zielsystems auf Architekturebene abzubilden, wobei auf der Architekturebene unterschieden wird zwischen der *Systemarchitektur* (also der Architektur des Gesamtsystems) und der *Agentenarchitektur* (also der Architektur der im Gesamtsystem involvierten Agenten). Zur Erreichung dieses Ziels sind folgende zwei Aktivitäten vorgesehen.

Architektonische Entwurfsmuster
Erstens, die Charakterisierung der Systemarchitektur unter Zuhilfenahme von bekannten architektonischen Entwurfsmustern (z.B. [64, 263]). Beispiele für solche Muster sind „Haupt/Unterprogramm", „Pipes", „Filter", „Objektorientierung", „Schichtung" und „Repositories".

Architektonische Eigenschaften
Zweitens, die Charakterisierung von ausgewählten architektonischen Eigenschaften des Gesamtsystems in Hinblick auf die drei Dimensionen „zeitliches Verhalten", „Granularität" und „Zweck". Zu diesen Eigenschaften gehören:

▶ Entitäten im System (neben Agenten können dies beispielsweise klassische Objekte sein);

▶ Kontroll- und Informationsfluss zwischen den Entitäten;

▶ Agentenmanagement (einschließlich z.B. Agentenidentifikation, Firewalls und Serviceinformation);

▶ Kommunikationsmodell;

▶ Datenbanken, die in das Gesamtsystem zu integrieren sind;

▶ externe Komponenten und Geräte; und

▶ Agentenarchitektur.

Agentenarchitektur
Besonderes Augenmerk legt MASSIVE auf die Agentenarchitektur und es werden verschiedene Merkmale von Agenten vorgegeben, die eine Ableitung der Anforderungen an die Agentenarchitektur unterstützen:

▶ Denkfähigkeiten (reasoning capabilities), wie beispielsweise Planen;

▶ Ressourcenbeschränkungen, mit denen ein Agent zurecht kommen muss;

▶ Kontrollfluss innerhalb eines Agenten;

▶ Wissenshandhabung, einschließlich Repräsentation und Speicherung;

▶ Autonomie;

▶ Interaktion mit Benutzern;

▶ Lebenszeit eines Agenten; und

▶ Entscheidungsfindung, also die Art und Weise, in der ein Agent Entscheidungen fällt (z.B. logisch rational).

MASSIVE ist an keine spezielle, konkrete Architektur gebunden. Dem Entwickler wird empfohlen, mit Hilfe einer solchen Charakterisierung existierende Architekturen daraufhin zu untersuchen, welche von ihnen für das zu entwickelnde Zielsystem am besten geeignet ist; die Entwicklung einer neuen Architektur sollte nur als letzte Alternative betrachtet werden. Mit dieser Empfehlung folgt MASSIVE den Überlegungen in [214]. *Verwendung bekannter Architekturen*

Systemsicht

Diese Sicht fokussiert auf solche Aspekte des Zielsystems, die mehrere andere Sichten gleichzeitig oder sogar das System als Ganzes betreffen. Dazu zählt MASSIVE folgende: *Sichtenübergreifende Aspekte*

▶ die Benutzerschnittstelle;

▶ die Handhabung von Ausnahmen (Festlegung der Systemreaktion auf unerwartet auftretende hardware- und softwarebedingte Fehlersituationen, exception handling);

▶ das Performanz Engineering (z.B. Vermeidung unnötiger Berechnungen und Wartezeiten, Korrektur von Annahmen zur Laufzeitumgebung, und Korrektur von Algorithmen und Datenstrukturen bezüglich Skalierbarkeit); und

▶ der Einsatz des Systems beim Kunden (einschließlich Auslieferung, Installation, Anpassung vor Ort, Updating, usw.).

Neben der Aufgabensicht ist die Systemsicht nahezu unabhängig von agentenspezifischen Überlegungen, weshalb sich MASSIVE in Hinblick auf diese vier Aspekte auf Standardansätze und -prinzipien in der Softwareentwicklung stützt.

5.1.2 Prozessmodell

Zur Umsetzung der Analyse- und Designergebnisse sieht MASSIVE eine Vorgehensweise vor, die als *Iterative View Engineering* *Iterative View Engineering* bezeichnet wird und deren besonderes Merkmal die Kombination von

- *Round Trip Engineering* und
- *iterativer Verfeinerung* (iterative enhancement)

ist. Round Trip Engineering ist ein allgemeines, in der Softwareentwicklung etabliertes Entwicklungsprinzip, welches *Forward Engineering* – Erzeugung von Programmcode ausgehend von Modellen – und *Reverse Engineering* – Erzeugung von Modellen aus Programmcode – kombiniert (z.B. [35]). Beim Round Trip Engineering wechseln sich also generative (codeerzeugende) Aktivitäten und analytische (modellerzeugende) Aktivitäten in aufeinanderfolgenden Phasen ab, wodurch eine enge Modell-Code-Koppelung erreicht wird. Iterative Verfeinerung entspricht in seiner ursprünglichen Formulierung einem iteriertem Wasserfallmodell und zielt auf die sukzessive Vervollständigung des Zielsystems ab [40]. MASSIVE betrachtet die iterative Verfeinerung als einen *Makroprozess*, in dem mehrere sichtenspezifische *Mikroprozesse* eingebettet sind. Diese Mikroprozesse sind spezifiert durch „lokale" Prozessmodelle, die einen Entwickler in der Modellierung und Implementierung der einzelnen Sichten unterstützen. Abbildung 5.2 fasst das Prozessmodell zusammen.

Makroprozess
Mikroprozess

5.1.3 Erfahrungswerstatt

Grundkonzept

MASSIVE sieht die Verwendung einer Erfahrungswerkstatt („Experience Factory" [39, 38]) als organisationalen Rahmen für den Softwareentwicklungsprozess vor. Ein solcher Rahmen kann als softwarespezifisches Knowledge Management System verstanden werden, dessen Zweck es ist, eine projektübergreifende *Wiederverwendung* von entwicklungsrelevanten Erfahrungen jeglicher Art (z.B. mit Methoden, Techniken und Modellen) und damit eine *kontinuierliche Qualitätsverbesserung* zu ermöglichen.

Komponenten

Eine Erfahrungswerkstatt besteht aus drei organisationalen Komponenten:

- der *Analyse* (Untersuchung eines laufenden Entwicklungsprozesses und Bereitstellung von Daten, Modellen, Tools und Erkenntnissen aus anderen Projekten);
- der *Projektunterstützung* (Förderung der Zusammenarbeit zwischen Entwicklern und Analysten durch Controlling, Monitoring, usw.);
- der Aufbereitung oder *Verpackung von Erfahrungen* (Generalisieren, Anpassung an laufende Projekte, Formalisieren).

1. Auswahl einer Sicht des verwendeten Sichten-Systems aus der das Zielsystem betrachtet werden soll.
2. Auswahl eines Mikroprozessmodells für die Bearbeitung der gewählten Sicht.
3. Überprüfung, ob über die Erfahrungswerstatt Information verfügbar ist, die für die Bearbeitung der aktuellen Sicht wiederverwendet werden können.
4. Anwendung des in Schritt 2 ausgewählten Mikroprozessmodells auf die aktuelle Sicht.
5. Evaluierung der aktuellen Sicht anhand geeigneter Kriterien. Falls das Ergebnis der Evaluierung nicht zufriedenstellend ausfällt, dann nochmals den vorhergehenden Schritt 4 auswählen. (modellseitige iterative Erweiterung)
6. Falls das Ergebnis der Evaluierung aus dem vorherigen Schritt zufriedenstellend ausgefallen ist, dann ausführbaren Programmcode für die aktuelle Sicht generieren. Hierfür können geeignete Codefragmente aus der Erfahrungswerkstatt wiederverwendet werden, sofern solche Fragmente vorhanden sind. (Forward Engineering)
7. Test und Verbesserung des erstellten Programmcodes mittels Testszenarien bis er den Anforderungen entspricht. (codeseitige iterative Erweiterung)
8. Anpassung des Systemmodells an Erkenntnisse, die beim Testen und Verbessern des Programmcodes gewonnen wurden. (*Reverse Engineering*)
9. Falls das System seiner Spezifikation noch nicht vollständig entspricht, dann beginnt die nächste Iteration (Schritt 1).
10. Eintragung von neuen Erfahrungen und neuem Programmcode in die Datenbank der Erfahrungswerkstatt.

Abb. 5.2. MASSIVE: Prozessmodell

Die aufbereiteten Erfahrungspackete („experience packages" oder kurz „packages" genannt) sind über eine *Erfahrungsdatenbank* („experience base") für die organisationalen Komponenten verfügbar. Die Aufbereitung selbst kann in unterschiedlichster Form erfolgen, z.B. in Form von Gleichungen, Histogrammen, Graphen, Kostenmodellen oder Empfehlungen. Beispiele für Erfahrungspackete sind: Produktpackete (z.B. Programme und Architekturen); Prozesspackete (z.B. Methoden); Toolpackete (z.B. ein Tool für Regressionsanalyse); und Managementpackete (z.B. Techniken zur Entscheidungsunterstützung).

Erfahrungspackete

Die Abbildung 5.3 gibt einen abschließenden Überblick über das Zusammenspiel der Erfahrungswerkstatt, des Produktmodells und des Prozessmodells von MASSIVE.

Abschließender Überblick

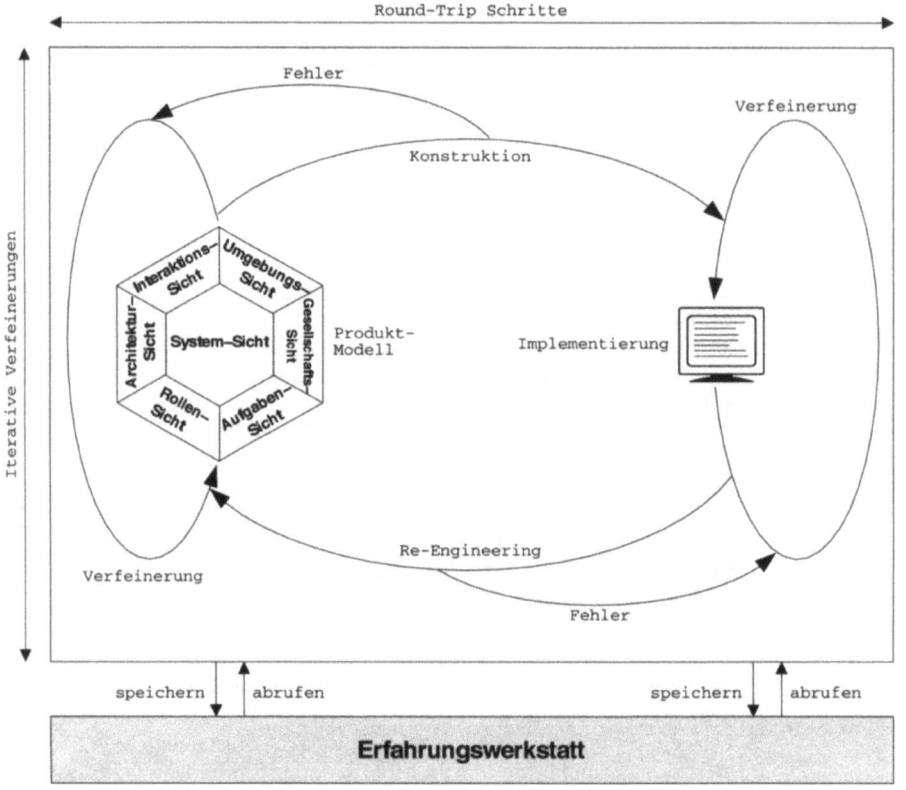

Abb. 5.3. MASSIVE im abschließenden Überblick

5.2 Anwendungsstudie

Im Rahmen der Anwendungsstudie werden anhand des *Howdini*-Anwendungsszenarios wesentliche Eigenschaften der sieben grundlegenden Sichten von MASSIVE illustriert. Die nachfolgenden Ausführungen sind als initiale Instanzen der Sichten zu verstehen, die es iterativ zu verfeinern gilt.

Aufgabensicht

Funktionale Aufgabenhierarchie Da die Ausführung eines Softwaredienstes für einen Benutzer die Kernaufgabe im *Howdini*-Szenario darstellt, wird sie als Wurzel der festzulegenden funktionalen Aufgabenhierarchie gewählt (in Abbildung 5.4 als „*1: Do Software Service*" bezeichnet). Aufgrund der methodenunabhängigen Überlegungen, die bereits zu im Rahmen der *Gaia*-Anwendungsstudie angestellt wurden, werden zu dieser „Wurzel" drei unmittelbare Nachfolgerknoten, also Unteraufgaben, identifiziert:

➤ vor Dienstausführung müssen Benutzeranfragen entgegengenommen werden (*1.1: Communicate With User*);

➤ zur Dienstausführung werden vorhandene Programme genutzt (*1.2: Use Program(s)*); und

➤ die Ausführung wird an ein anderes *Howdini*-System delegiert (sofern existent), falls kein geeignetes Programm vorhanden ist (*1.3: Delegate*).

Die Programmausführung ist ein komplexer Vorgang, der seinerseits in vier unmittelbare zentrale Unteraufgaben zerfällt:

➤ Programme im lokalen Dateisystem finden (*1.2.1: Find Programs*);

➤ den Zweck gefundener Programme und die Programmausführung verstehen (*1.2.2: Understand Programs*);

➤ ein gefundenes Programm ausführen (*1.2.3: Execute Program(s)*); und

➤ mit dem Benutzer kommunizieren, falls zusätzliche Information für die Programmausführung benötigt wird (*1.2.4: Interact With User*).

Die anspruchsvolle Aufgabe des Verstehens von Programmen und deren Ausführung läßt sich in mindestens zwei Unteraufgaben zerlegen, nämlich

➤ das Auffinden von Programmbeschreibungen (*1.2.2.1: Find Manuals*) sowie

➤ das Verstehen derselben (*1.2.2.2: Understand Manuals*).

Diese initiale Aufgabenstruktur ist in Abbildung 5.4 zusammengefasst. Die Blätter des Aufgabenbaums stellen atomare Aufgaben dar, für deren Ausführung algorithmische Beschreibungen in den nachfolgenden Iterationen zu entwickeln sind. (Bei *Gaia* entsprechen diese Beschreibungen den im Servicemodell enhaltenen Spezifikationen.)

In der Aufgabensicht sind auch die nicht-funktionalen Anforderungen des *Howdini*-Systems zu berücksichtigen. Offensichtlich wünschenswert ist: **Nicht-funktionale Anforderungen**

➤ benutzerfreundliche Antwortzeiten des Systems,

➤ Sicherheit vor Programmverlust durch Manipulationen im Dateisystem,

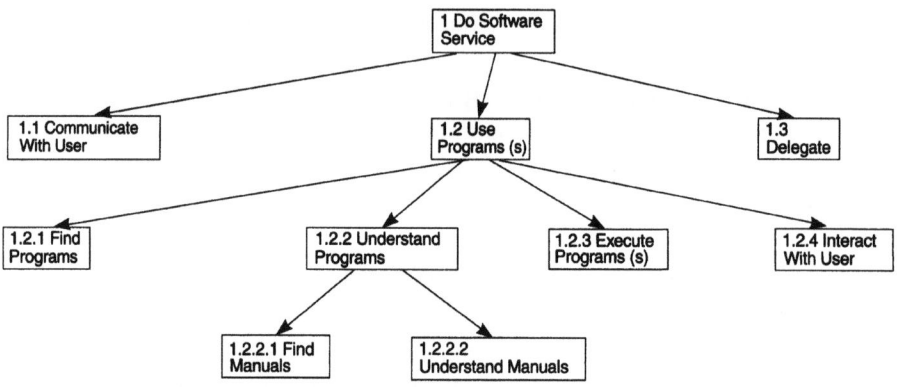

Abb. 5.4. MASSIVE: *Howdini* Aufgabenhierarchie

➤ Vermeidung von Performanzeinbrüchen des Systems aufgrund gehäufter Benutzernachfragen („peak handling") und

➤ Sicherheit gegenüber Systemangriffen von Außen (z.B. unerlaubtes Eindringen in das System mittels vorgetäuschter Anfragen eines anderen *Howdini*-Systems).

In den Folgeiterationen ist dieser Anforderungskatalog zu erweitern und jede einzelne Anforderung zu präzisieren.

Umgebungssicht

Hier ist sowohl die Entwickler- als auch die Systemperspektive zu klären.

(I) Entwicklerperspektive

Organisatorischer Kontext
Entwicklerseitig ist zum einen der organisatorischer Kontext von *Howdini* relevant. Mögliche Grundvarianten sind:

➤ Das *Howdini*-System läuft lokal auf einem Server innerhalb eines Rechnernetzes und versucht, alle auf den in diesem Netz eingebundenen Rechern laufenden Programme zu berücksichtigen. Mit den netzweit gefundenen Programmen werden alle Nutzer, die sich (berechtigt) im System aufhalten, im Rahmen ihrer Anfragen nach Softwarediensten bedient.

➤ Das *Howdini*-System ist auf einem Einzelplatz-Rechner installiert und bedient nur (eine festgelegte Teilmenge der) Benutzer dieses Rechners.

Erweitert werden können diese Szenarien noch in Hinblick auf mögliche Kooperationen mit weiteren, auf anderen Rechnern installierten *Howdini*-Systemen. Je nach vorliegenden physikalischen Gegebenheiten und weiteren Anforderungen seitens des Kunden wird sich der Entwickler für eine dieser Grundvarianten entscheiden.

Aus Entwicklerperspektive müssen weiterhin die allgemeinen Charakteristika der Umgebung des installierten *Howdini*-Systems analysiert werden (vgl. Seite 85): Umgebungscharakteristika

➤ Die Umgebung ist als *unzugänglich* anzusehen, da das System nur das – möglicherweise verteilte – Dateiensystem sowie vom Benutzer bereitgestellte Informationen (einschließlich Anfragen) wahrnehmen kann.

➤ Die Umgebung ist darüberhinaus *nichtdeterministisch*, da weder Benutzeranfragen noch die im Dateisystem verfügbaren Daten vom System vorhergesehen werden können.

➤ Die Umgebung kann insofern als *episodisch* eingestuft werden, als dass sich der Aktivitätszyklus „Benutzeranfrage entgegennehmen – Passende Programme suchen – Dienst nicht/schon ausführen" unabhängig von seinen vorausgehenden Ausführungen bei jeder Benutzeranfrage unverändert wiederholt.

➤ Die Umgebung ist in hohem Maße *dynamisch*, weil sie sich auch ohne Zutun des *Howdini*-Systems verändert (z.B. bei Installation und Deinstallation von Programmen durch Benutzer).

➤ Schließlich kann die Umgebung insofern als *diskret* charakterisiert werden, als dass das System klar definierte Umweltelemente (Dateien usw.) wahrnimmt.

Schließlich ist aus Entwicklersicht die Laufzeitumgebung festzulegen und zu beschreiben. Im Rahmen unserer eigenen Studien hat sich *JADE* (Kapitel 11) als Entwicklungs- und Laufzeitplattform bewährt, da mit ihr alle wesentlichen Aspekte von MASSIVE erfasst werden können. Laufzeitumgebung

(II) Systemperspektive

Die Umgebungswahrnehmung und -interaktion („Sensorik" und „Effektorik") des *Howdini*-Systems geschieht auf dreierlei Art: Wahrnehmung und Interaktion

➤ durch Zugriffe auf das Dateisystem (einschließlich Programmdokumentationen),

➤ durch Kommunikation mit potentiellen Benutzern, und

> durch Kommunikation mit anderen *Howdini*-Systemen (sofern dies vorgesehen ist).

Identifikation zentraler Fragen In einem ersten Schritt sind zentrale Fragen zu identifizieren, die durch diese Arten der Wahrnehmung und Interaktion aufgeworfen werden und im Laufe der Iterationen zu beantworten sind. Beispiele für solche Fragen sind: In welchen Bereichen des Dateisystems soll das System welche Lese-/Schreibrechte besitzen? Soll das System solche Rechte bei Bedarf explizit anfordern können, und gegebenenfalls bei wem? Welche Informationen soll das System vom Benutzer erfragen können? Welche Kommunikationsprimitive beziehungsweise welcher Fragenkatalog sollen dem System für die Interaktion mit Benutzern und anderen *Howdini*Systemen zur Verfügung stehen? Über welche Kommunikationskanäle soll die Interaktion mit anderen Systemen erfolgen?

Umweltwissen In Hinblick auf systeminternes Wissen über die Umwelt ist es sinnvoll, Information über bekannte Programme (z.B. ihre Lage und Versionsnummer), über vorhandene WRAPPER, über anfragebefugte und bekannte Benutzer und über andere *Howdini*-Systeme zu halten.

Rollensicht

Funktionale Rollen Unter Berücksichtigung des Tests auf Verantwortungsbereiche und des Tests auf Interaktionspunkte (Seite 86) werden folgende Rollen durch Gruppierung der im Rahmen der Aufgabensicht identifizierten Aufgaben festgelegt:

> eine Rolle, genannt SEARCHER, welche die drei Aktivitäten *1.2.1: Find Programs*, *1.2.2.1: Find Manuals* und *1.2.2.2: Understand Manuals* umfasst;

> eine Rolle, genannt WRAPPER, welche die Aktivitäten *1.2.3: Execute Program(s)* und *1.2.4: Interact With User* umfasst;

> eine Rolle, genannt SERVER, welche die Aktivitäten *1.2: Use Programs* und *1.3: Delegate* umfasst; und schließlich

> eine Rolle, genannt USER, welche die Aktivität *1.1: Communicate With User* umfasst.

(Aus Transparenzgründen werden die in Kapitel 4 eingeführten Rollennamen beibehalten.)

Rollenzuordnung Abhängig vom organisatorischen Kontext, der von der Umgebungssicht erfasst wird, ist im Falle eines „Einzelplatz-Einsatzes" eine statische 1:1-Zuordnung denkbar, während im Fall eines „Rechnernetz-Einsatzes" aus Gründen der Lastverteilung eine

1:n-Zuordnung sinnvoll sein kann (d.h. mehrere Agenten üben dieselbe Rolle aus, z.B. in unterschiedlichen Netzsegmenten).

Interaktionssicht

Die auf der Zweckebene vorzunehmende Charakerisierung (vgl. Seite 86) ergibt folgendes: — Charakterisierung der Interaktionen

▶ Zweck – alle Interaktionen sind kooperativer Natur, Wettbewerbselemente sind nicht zu berücksichtigen.

▶ Art – die Interaktionen erfolgen teils indirekt über den SERVER und teils direkt, beispielsweise zwischen SEARCHER und SERVER.

▶ Skalierbarkeit – generell muss Zielsystem skalierbar sein, so dass es auch bei zunehmender Größe des Dateisystems und/oder wachsender Anzahl von Benutzern (damit mehr WRAPPER und/oder USER) funktionsfähig bleibt.

Die Protokollerstellung kann PROTOZ verwendet werden. Alternativ ist auch der Einsatz von *JADE* (Kapitel 11) sinnvoll, da sich dadurch die Möglichkeit eröffnet, vorgefertigte und in der *JADE* Klassenbibliothek enthaltene FIPA-konforme Protokolle zu verwenden. Der Einsatz von *JADE* impliziert auch die Kommunikationsarchitektur des Zielsystems, so dass weitere Überlegungen hierzu nicht erforderlich sind. — Protokolle

Gesellschaftssicht

Die das *Howdini*-Zielsystem ausmachende Agentengesellschaft besitzt folgende Charakteristika: — Charakteristika der Agentengesellschaft

▶ Sie ist geschlossen, da während der Laufzeit keine weiteren („fremden") Agententypen aufgenommen werden (nur die Anzahl der WRAPPER und der USER kann variieren).

▶ Sie weist eine flache Kommunikationsstruktur auf.

▶ Die Agenten sind heterogen, insofern sie für verschiedenartige Aufgaben zuständig sind und deshalb auch in ihren Fähigkeiten unterschiedlich sein müssen. (Eine grundsätzliche Notwendigkeit für die Wahl unterschiedlicher Agentenarchitekturen besteht nicht.)

▶ SERVER und die SEARCHER sind statischer Natur, während USER und WRAPPER dynamisch Natur sind.

MASSIVE sieht eine evolutionäres Vorgehen bei der Konstruktion der Agentengesellschaft vor. Als Startpunkt dieser Evolution kann beispielsweise die im vorausgehenden Kapitel 4 beschriebene Gesellschaftstruktur, die auch den obigen Charakteristia entspricht, verwendet werden. Im Laufe der Iterationen ist diese Startstruktur dann in Hinblick auf Qualitätskriterien, die vom Entwickler vorzugeben sind, zu optimieren.

Architektursicht

Für die Gesamtarchitektur wird das Muster der Objektorientierung zugrundegelegt (was auch durch die Verwendung von *JADE* induziert würde). Hier noch einige Anmerkungen zu den architektonischen Eigenschaften des Gesamtsystems, vor allem in Hinblick auf eine mögliche Verwendung von *JADE*:

► Neben Agenten sind auch gewöhnliche Objekte zugelassen, d.h. es wird nicht gefordert, alle Einheiten oder Komponenten des Systems als Agenten zu realisieren. Durch die Verwendung der *JADE* API ist die Implementierung von Agenten nicht viel aufwändiger als die von Objekten.

► Durch die Wahl von *JADE* ist sowohl das Agentenmanagement als auch das Kommunikationsmodell festgelegt. Dieses Kommunikationsmodell ist FIPA-konform und basiert auf einem speziellen *Message Transport Service* und einem *Agent Communication Channel*.

► Statt eine Datenbank für die WRAPPER-Daten des SERVER zu verwenden ist es denkbar, eine Java-Klasse zu entwerfen, welche die WRAPPER-Daten als Objekte in Hashtables speichert.

► Sofern das Dateisystem extern ausgelagert ist, ist der Zugriff auf diese externe Komponente zu gewährleisten. Prinzipiell kann dieser Zugriff problemlos über Klassen und Methoden der Standard Java API erreicht werden.

Da *Massive* an keine spezifische Agentenarchitektur gebunden ist, kann problemlos die von *JADE* vorgegebene Architektur verwendet werden.

Systemsicht

Zu den sichtenübergreifenden Aspekten des *Howdini*-Systems gehört zum einen die Benutzerschnittstelle. Hierzu folgende Anmerkungen:

➤ Für das Starten, Überwachen und Beenden eines Systems bietet *JADE* eine integrierte graphische Bedienoberfläche (*Remote Monitoring Agent*).

➤ Zu spezifizieren ist außerdem die Oberfläche für die Kommunikation zwischen Benutzern und USER-Agenten. Eine einfache Variante ist folgende:
  ➤ zwei Textfelder für die Angabe des Typs der Eingabe- und Ausgabedateien (zum Beispiel „PostScript" oder „HTML");
  ➤ ein Textfeld für die Eingabe einer Beschreibung des gesuchten Softwaredienstes (z.B. in Form von – vorgegebenen – Stichwörtern);
  ➤ ein Textfeld für die Eingabe von Antworten auf Nachfragen eines WRAPPER (z.B. in Stichwortform); und
  ➤ ein Anzeigefeld für die Darstellung von Nachrichten des Systems an den Benutzer.

Ein weiterer sichtenübergreifender Aspekt ist Handhabung von ungewöhnlichen Ereignissen. Es ist naheliegend zu versuchen, das Systemverhalten beim Eintreten von solchen Ereignissen soweit möglich durch Standard Java-Exceptions und spezielle Exceptions aus der *JADE* Klassenbibliothek zu regeln.

Handhabung von Ausnahmen

5.3 Evaluierungsergebnisse

Die nachfolgenden Tabellen 5.1 bis 5.4 fassen die Ergebnisse der Evaluierung zusammen.

Tabelle 5.1. Evaluierungsergebnisse für *Massive* (Teil 1 von 4)

Evaluierungskriterien & Ergebnisse		
Anwendungsbreite		⊕ keine Beschränkung auf bestimmte Agentenarchitekturen oder Anwendungsgebiete
		⊕ für ausgeprägt heterogene Multiagentensysteme geeignet
		⇒ *Gesamtbewertung*: ①
Implementierbarkeit		⊕ gleichwertige Behandlung von Modellierung und Implementierung
		⊖ keine Details zum Übergang von Modellen zur Implementierung
		⇒ *Gesamtbewertung*: ③
Wiederverwendbarkeit		⊕ wird durch die Erfahrungswerkstatt stark gefördert
		⇒ *Gesamtbewertung*: ②
Modularität	**Agent**	⊕ Rollen dienen als modulare Grundbausteine von Agenten
		⊕ Aufgaben sind modular
	Gesamtsystem	⊖ keine modularen Konzepte
		⇒ *Gesamtbewertung*: ③
Verständlichkeit	**Dokumentation**	⊕ zu jeder Sicht werden Anwendungsstudien gezeigt
		⊕ neben der ausführlichen textuellen Beschreibung wird die Vorgehensweise 1.) in Kurzform als UML-Diagramm, 2.) rein graphisch und 3.) in algorithmischer Aufschreibung erläutert
	Vorkenntnisse und Erfahrungen	⊕ baut auf einigen bekannten Methoden wie Round Trip Engineering und iterativer Verfeinerung auf
		⇒ *Gesamtbewertung*: ②
Genauigkeit		⊕ wo Mikroprozesmodelle vorliegen, ist die Ausarbeitung einer Sicht relativ genau
		⊖ ohne Mikroprozessmodell wird das Vorgehen bei der Ausarbeitung einer Sicht zu ungenau beschrieben
		⇒ *Gesamtbewertung*: ③

Tabelle 5.2. Evaluierungsergebnisse für *Massive* (Teil 2 von 4)

Evaluierungskriterien & Ergebnisse (Forts.)	
Vollständigkeit	⊕ durch die projektübergreifende Erfahrungswerkstatt deckt *Massive* auch den Aspekt der Wiederverwendung ab
	⊕ systematische Rollenidentifikation mittels Test auf Verantwortlichkeitssphäre und auf Interaktionspunkte
	⊖ nicht für alle der sieben Sichten existieren Mikroprozessmodelle
	⇒ *Gesamtbewertung*: ②-③
Variabilität	⊕ besonders variabel durch den Einsatz von Round Trip Engineering und iterativer Verfeinerung
	⇒ *Gesamtbewertung*: ①
Komplexitätshandhabung	⊕ die Einschränkung des Blickwinkels auf bestimmte Aspekte des Multiagentensystems in den jeweiligen Sichten ermöglicht es einem Entwickler, auch bei komplexen Multiagentensystemen die Übersicht zu behalten
	⊕ die kleinen, evolutionären Schritte der iterativen Erweiterung und die sukzessive Implementierung im Rahmen des Round Trip Engineering erleichtern die Handhabung komplexer Projekte
	⊕ Dekomposition in Rollen
	⇒ *Gesamtbewertung*: ②
Granularität	⊕ die Sichten beziehen sich teilweise auf verschieden Granularitätsebenen eines Multiagentensystems (Gesellschaftssicht → Agenten-Architektursicht → Rollensicht → Aufgabensicht)
	⇒ *Gesamtbewertung*: ②
Sicherheit	⊖ in der Systemsicht wird die Handhabung von Fehlern und somit eine Maßnahme zur Wahrung der systeminternen Sicherheit zwar angesprochen – aber nicht näher behandelt
	⊖ das Thema Sicherheit fällt unter die nicht-funktionalen Systemanforderungen in der Aufgabensicht, wird aber nicht näher behandelt
	⇒ *Gesamtbewertung*: ④-⑤

Tabelle 5.3. Evaluierungsergebnisse für *Massive* (Teil 3 von 4)

Evaluierungskriterien & Ergebnisse (Forts.)		
Überprüfbarkeit	**Validierbarkeit**	⊕ durch die Reverse Engineering Schritte beim Round Trip Engineering können Abweichungen der Implementierung von den Modellen identifiziert werden
	Verifizierbarkeit	⊕ Evaluierung der Sichten auf die Modelle im Rahmen der modellseitigen iterativen Erweiterung
		⊕ Testen des erstellten Codes im Rahmen der codeseitigen iterativen Erweiterung
		⊖ keine genauen Angaben zur Wahl der Evaluierungskriterien und zur Erstellung von Testszenarien
		⇒ *Gesamtbewertung:* ②-③
Laufzeitdynamik		⊕ in der Gesellschaftssicht ist der zeitliche Kontext ein Charakterisierungskriterium und in der Rollensicht kann festgelegt werden, ob die Zuordnung von Rollen zu Agenten statisch oder dynamisch sind
		⊖ eine darüber hinausgehende Behandlung der Laufzeitdynamik ist nicht gegeben
		⇒ *Gesamtbewertung:* ④
Expressivität		⇒ *Gesamtbewertung entsprechend den Bewertungen in der Tabelle 5.4:* ④

Tabelle 5.4. Evaluierungsergebnisse für *Massive* (Teil 4 von 4)

Agentenspezifische Softwareattribute (Expressivität)		
Individualistische Attribute		
Architektur		⊕ beliebig
Autonomie		⊖ wird von der Methode nicht explizit erfasst
Flexibilität		⊖ 06 wird von der Methode nicht explizit erfasst
Wissensbasis		⊖ wird von der Methode nicht vorgegeben
Mentale Einstellungen		⊖ werden von der Methode nicht explizit erfasst
Sonstiges/Besonderheiten		keine
Interaktionistische Attribute		
Kommunikation	Kommunikationsprotokolle	⊕ Protokollspezifikation mittels Protoz
		⊖ die Behandlung der Protokollebene von Kommunikationsvorgängen wird bei *Massive* der Interaktionssicht zugeordnet, aber nicht tiefergehend erläutert
	Kommunikationssprachen	⊖ keine
Koordination	Koordinationsmechanismen/-protokolle	⊖ keine
	Koordinationsformalismen/-sprachen	⊖ keine
Interaktionsmuster		⊕ Charakterisierungsschema zur Wahl des für eine Agentenapplikation geeignetsten Interaktionsmechanismus
Ontologien		⊖ keine Unterstützung

6
Zeus-Methode

> *We have to remember that what we observe is not nature in itself but nature exposed to our method of questioning.*
>
> W. Heisenberg

6.1 Beschreibung

Die *Zeus*-Methode wurde von der Forschungsgruppe „Intelligent Agents" der British Telecommunications plc EXACT TECHNOLOGIES [58] entwickelt und ist in [69, 70, 72] beschrieben. Obwohl diese Methode eng auf das *Zeus*-Toolkit (Kapitel 12) abgestimmt ist, kann sie aufgrund ihrer allgemeinen Konzeption auch unabhängig von diesem Toolkit verwendet werden. Die Abbildung 6.1 gibt einen Überblick über die *Zeus*-Methode. Wie aus der Abbildung zu ersehen ist, segmentiert diese Methode den Entwicklungsprozess in Analyse, Entwurf, Realisierung und Test, und sieht einen sequentiellen Durchlauf durch diese vier Phasen vor. (Das *Zeus*-Toolkit deckt nur die beiden letzten Phasen ab.) Im Folgenden werden die in diesen Phasen vorgesehenen Entwicklungsschritte beschrieben.

Überblick

6.1.1 Analyse

Festlegung von Rollen

Als Technik zur Analyse eines Anwendungsproblems empfiehlt die *Zeus*-Methode *agentenorientierte Rollenmodellierung*. Diese Art der Modellierung ist inspiriert durch das in [162] als Erweiterung von objektorientierten Rollenmodellen (z.B. [29, 132, 183, 251]) vorgestellte Rollenmodell für Agenten. Agentenorientierte Rollenmodellierung zielt darauf ab, die Problemanalyse aus der Perspektive von Rollen vornehmen, die von Agenten übernommen („gespielt") werden müssen und die mit Verantwortlichkeiten assoziiert sind.

Rollenkonzept

Folgende generelle Kriterien werden für die Festlegung von Rollen in beliebigen Anwendungsproblemen vorgeschlagen:

Kriterien zur Rollen-Festlegung

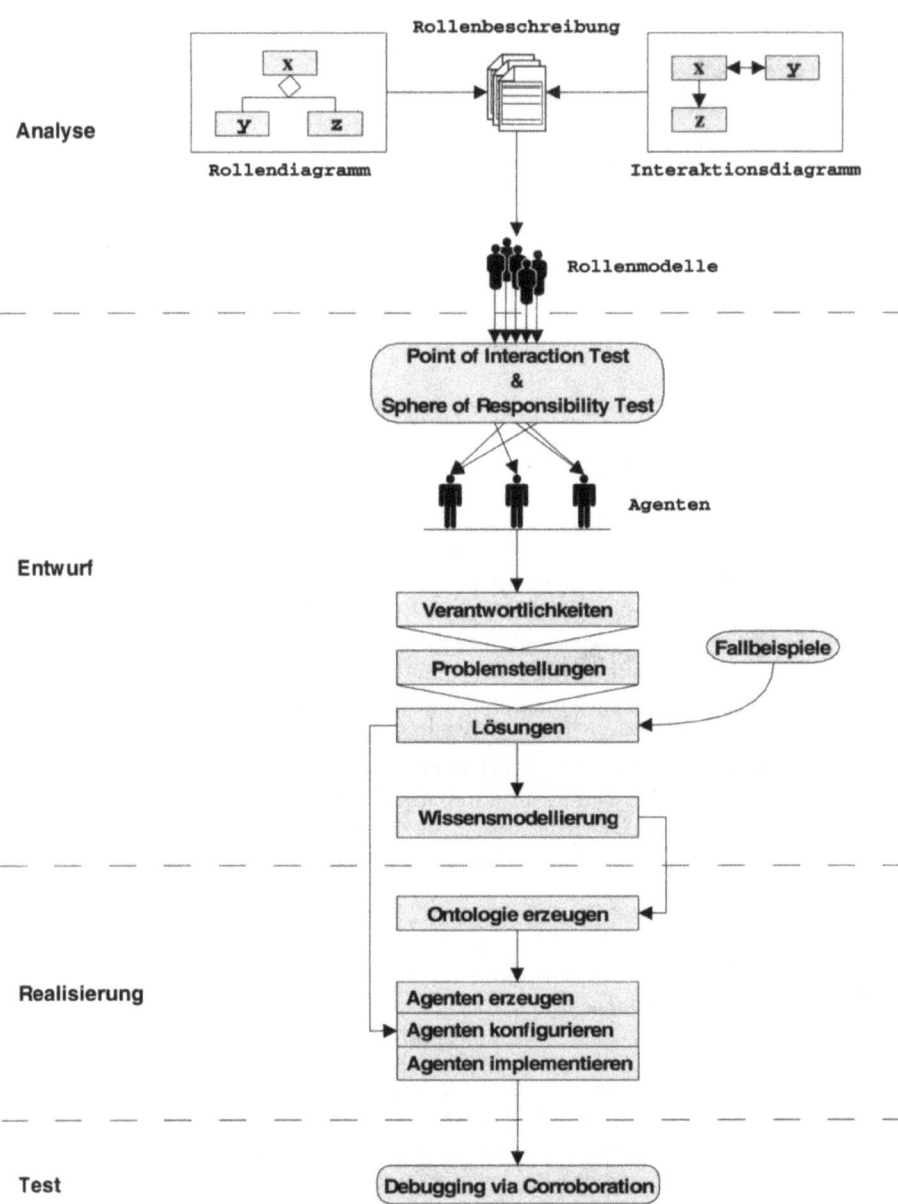

Abb. 6.1. *Zeus*-Methode im Überblick

► *Modularität*: eine Rolle ist so festzulegen, dass sie prinzipiell nicht nur von einem bestimmten Agenten, sondern von verschiedenen Agenten (sequentiell oder gleichzeitig) übernommen werden kann.

► *Kohäsion*: Die mit einer Rolle assoziierten Verantwortlichkeiten müssen wohldefiniert sein und inhaltlich zusammenpassen, so dass die Funktionalität der Rolle eindeutig ist.

► *Sparsamkeit*: unnötige Verantwortlichkeiten sind zu vermeiden.

► *Vollständigkeit*: triviale Rollen sind zu vermeiden und sollten mit anderen Rollen verschmolzen werden.

► *Koppelung*: Abhängigkeiten zwischen den Rollen sind zu minimieren.

Ergänzend zum Modularitätskriterium ist anzumerken, dass umgekehrt ein einzelner Agent mehrere Rollen übernehmen kann (sequentiell oder gleichzeitig). Der Festlegung der Rollen in der Analysephase kommt ganz besondere Bedeutung zu, da sie Auswirkungen auf alle nachfolgenden Entwicklungsphasen hat.

Festlegung von Rollenmodellen

Unter einem Rollenmodell wird bei der *Zeus*-Methode ein Menge von logisch zusammengehörenden Einzelrollen verstanden. Es dient als abstraktes „architektonisches Muster", das beim Bau verschiedener Zielsysteme Verwendung finden kann (Systemunabhängigkeit) und die Identifikation von spezifischen Anwendungsproblemen unterstützt (Problemspezifität). Ein Rollenmodell trifft damit Aussagen über ein zu lösendes Problem (das „Was"), aber nicht über die Lösung des Problems (das „Wie"). — Rollenmodelle als Analysemuster

Rollenmodelle werden in sogenannte *Domänen* gruppiert, wobei eine Domäne Rollenmodelle enthält, die ähnliche Anwendungsprobleme betreffen und/oder ähnliches Verhalten beschreiben. Beispielsweise werden in [69] Rollenmodelle für drei „Muster-Domänen" – Informationsmanagement, Elektronischer Handel und Geschäftsprozesse – vorgestellt. [69] enthält außerdem die Spezifikation eines speziellen Rollenmodells, welches die generelle Funktionalität einer mit der *Zeus*-Methode realisierten Anwendung erfasst. Dieses sogenannte *Anwendungsrollenmodell* (application role model) umfasst fünf elementare Einzelrollen, nämlich NAME INQUIRER, NAME REGISTRANT, NAME SERVER, FACILITATOR und VISUALISER; die übergeordnete Bezeichnung für jede dieser Rollen ist UTILITY AGENT. Ausführlichere Fallstudien zu den drei — Gruppierung von Rollenmodellen und Wiederverwendung

Muster-Domänen finden sich in [73, 74, 75]. Die *Zeus*-Methode empfiehlt ausdrücklich die Wiederverwendung von Rollen und Rollenmodellen.

Spezifikation von Rollenmodellen

Die Spezifikation eines Rollenmodells besteht aus vier Komponenten:

➤ einem Rollendiagramm,

➤ einem Kollaborationsdiagramm,

➤ einer Interaktionstabelle und

➤ einer Rollenbeschreibung je Rolle.

Ein *Rollendiagramm* (auch *Rollenmodelldiagramm* genannt) stellt in einer UML-artigen Notation die Beziehungen zwischen den in einem Rollenmodell enthaltenen Rollen her. Dabei werden Rollen – wie die Klassen in einem gewöhnlichen UML Klassendiagramm – als Rechtecke gezeichnet, und Vererbungs- und Enthaltensein-Beziehungen zwischen den Rollen werden durch Linien mit Pfeil- beziehungsweise Rauten-Enden dargestellt. Rollendiagramme erweitern die UML Notation für Klassendiagramme dadurch, dass dynamische Interaktionen zwischen Rollen mit einer speziellen Linie (kleiner schwarzer Endpfeil) dargestellt werden können. Ein gefüllter Kreis am Ursprungspunkt einer solchen Linie zeigt an, dass zu einem Zeitpunkt mehr als eine Interaktion zwischen den Inhabern der verbundenen Rollen stattfinden kann (Multiplizität).

Im Unterschied zu einem Rollendiagramm abstrahiert ein *Kollaborationsdiagramm* von Vererbungs- und Enthaltensein-Beziehungen und fokusiert statt dessen auf die einzelnen Interaktionen (Kollaborationen) zwischen den involvierten Rollen. Dieses Diagramm enthält deshalb nur Rechtecke (Rollen) und Pfeile (dynamische Interaktionen). In ein Rechteck für eine Rolle können bei Bedarf auch kleinere Rechtecke für deren Unterrollen eingezeichnet werden. Die Interaktionspfeile werden mit Nummern markiert, die auf eine textuelle Erläuterung in einer separaten Tabelle –der *Kollaborationstabelle* – verweisen.

Eine *Rollenbeschreibung* integriert Information aus dem Rollen- und dem Kollaborationsdiagramm und fügt weitere Information hinzu. Der Zweck dieser Beschreibung ist die Konkretisierung einer Rolle in Hinblick auf ihre anwendungsspezifische Funktionalität und auf die sozialen Verpflichtungen, die einem Inhaber dieser Rolle obliegen. Folgende Felder gehören zu einer Rollenbeschreibung:

➤ *Rollenname*;

➤ *Name des Rollenmodells*, in dem die Rolle enthalten ist;

- *Beziehungen* zu anderen Rollen (Enthaltensein, Vererbung);
- kurze *natürlichsprachliche Beschreibung*;
- *Verantwortlichkeiten*;
- in die Verantwortlichkeiten *involvierte weitere Rollen* („collaborators");
- *externe Schnittstellen*, z.B. zu Datenbanken oder Benutzerschnittstellen; und
- (optional) weitere Angaben, etwa zu den Anforderungen an die Rolle beziehungsweise ihre Inhaber (z.B. erforderliche – soziale – Fähigkeiten), zu erforderlichen externen Schnittstellen (z.B. für Datenbankzugriff) oder/und zur Implementierung.

Wie die nachfolgenden Ausführungen zeigen, ist hierbei ist das Feld „Verantwortlichkeiten" von zentraler Bedeutung.

6.1.2 Entwurf

Zuordnung von Rollen zu Agenten

Der erste Entwurfsschritt ist die Zuordnung der einzelnen, in den Rollenmodellen enthaltenen Rollen zu Agenten. Als Richtlinien für diese Zuordnung gibt die *Zeus*-Methode dem Entwickler zwei Heurisiken an die Hand:

<small>Heuristiken für Zuordnung der Rollen</small>

- den Test auf Verantwortlichkeitsbereiche („sphere of resonsibility test") und
- den Test auf Interaktionspunkte („point of interaction test").

(Wie auf Seite 86 erwähnt, verwendet *Massive* Varianten dieser Tests für die Gruppierung von Aktivitäten zu Rollen.) Der *Test auf Verantwortlichkeitsbereiche* wird daraus abgeleitet, dass Agenten autonom und damit verantwortlich sein sollten für Ressourcenkontrolle und Dienstbereitstellung. Er lautet:

Für jeden Verantwortungsbereich sollte ein einzelner Agent zuständig sein.

Dieser Test impliziert eine Charakterisierung einer Anwendung aus dem Blickwinkel von Ressourcen und Diensten. Der *Test auf Interaktionspunkte* zielt auf eine effiziente Ressourcennutzung und -verwaltung ab. Er lautet:

Jeder Zugriffspunkt auf Ressourcen (Information, Expertise, Dienste, usw.) ist eine gute Stelle für die Plazierung eines Agenten.

Dieser Test impliziert, dass Agenten als mögliche Schnittstelle zwischen Ressourcen und den Entitäten, die auf diese Ressourcen zugreifen, erachtet werden. Ein Agent, der als Zugriffspunkt für eine Ressource fungiert (und damit Zugriffe ermöglicht oder auch verwehrt), trägt zur Strukturierung des Interaktionsaufkommens innerhalb eines zu entwickelnden Systems bei.

Kombination von Rollen Die Anwendung der beiden Heuristiken kann es erforderlich machen, identifizierte Rollen zu kombinieren sind. Die Kombination von Rollen kann drei unterschiedliche Ausprägungen haben:

➤ *additiv*, d.h. die Verhalten der Rollen summieren sich (im Falle von unabhängigen Rollen);

➤ *überschreibend*, d.h. Verhaltensaspekte einer Rolle überschreiben Verhaltensaspekte einer anderen Rolle (insbesondere wenn eine Rolle eine Spezialisierung der anderen Rolle ist); und

➤ *synergetisch*, d.h. die Rollen ergänzen sich und die Kombination ermöglicht neuartige Verhaltensmöglichkeiten (im Falle von Rollen die sich weder ausschließen noch unabhängig voneinander sind).

Auflistung aller Verantwortlichkeiten der Agenten

Nachdem die Rollen-Agenten-Zuordnung abgeschlossen ist, wird unter Verwendung der Rollenbeschreibungen für jeden Agenten eine vollständige Liste seiner Verantwortlichkeiten erstellt. Diese Listen sollen dazu beitragen, insbesondere im allgemeinen Fall einer *n:m*-Zuordnung den Überblick zu gewährleisten. Eine generelle Unterscheidung, die dabei von der *Zeus*-Methode aus Gründen der Übersichtlichkeit vorgeschlagen wird, ist die zwischen *sozialen Verantwortlichkeiten* und *applikationsspezifischen Verantwortlichkeiten*: während erstere primär Interaktionen zwischen Rollen (beziehungsweise Rolleninhabern) betreffen, betreffen zweitere primär isoliert auszuführende (kommunikationsfreie) Aktivitäten einer Rolle. Beispiele zu den Komponenten einer Rollenmodellspezifikation gibt die Anwendungsstudie.

Konkretisierung der Verantwortlichkeiten

Im nächsten Schritt sind die Verantwortlichkeiten der Agenten in Hinblick auf die nachfolgende Realisierung zu konkretisieren. Hierzu ist für jede Verantwortlichkeit insbesondere folgendes zu klären:

➤ *Problem.* Worin liegt die Herausforderung bei der Realisierung, welches ist das zentrale Problem, das es bei der Realisierung der Verantwortlichkeit zu lösen gilt?

► *Lösung.* Wie kann dieses Problem gelöst werden, wie ist bei der Realisierung vorzugehen?

Die Spezifikation einer solchen Lösung wird dadurch unterstützt, dass im Application Realisation Guide [72] „Musterlösungen" für eine Reihe von möglichen Problemen aufgelistet sind. Diese „Musterlösungen", die allerdings fast ausnahmslos eine Verwendung des *Zeus*-Toolkit voraussetzen, sind mit Kürzeln versehen, um eindeutige Verweise auf sie zu ermöglichen.

Konzeptuelle Wissensmodellierung

Der dritte Entwurfsschritt besteht in der konzeptuellen Modellierung des deklarativen Wissens, welches den Rolleninhabern zur Verfügung stehen soll. Als Ergebnis dieser Modellierung sollten alle anwendungsrelevanten Konzepte – bei *Zeus* auch „facts" genannt – samt ihrer Attribute und deren Wertebereiche bekannt sein. Dementsprechend sind drei Unterschritte auszuführen:

► Identifikation der Schlüsselkonzepte,

► Identifikation der Attribute dieser Konzepte und

► Identifikation der erlaubten Attributwerte.

Das Resultat dieser Wissensmodellierung wird auch *Problemontologie* genannt.

6.1.3 Realisierung

Die im „Application Realisation Guide" [72] beschriebene Realisierung beziehungsweise Implementierung, die auch durch das in Kapitel 12 beschriebene *Zeus*-Toolkit (speziell durch den *Agent Generator*) unterstützt wird, umfasst fünf Schritte. Diese werden im Folgenden in leicht modifizierter (Toolkit-unabhängiger) Form vorgestellt.

Im ersten Schritt wird, basierend auf dem vorhandenen konzeptuellen Wissensmodell, eine *Ontologie* beziehungsweise Ontologie-Datei generiert. Hierzu kann der im *Zeus*-Toolkit enthaltene Ontologie-Editor verwendet werden. — Erzeugung einer Ontologie

Im zweiten Schritt erfolgt die Erzeugung der für anwendungsspezifische Aktivitäten zuständigen Agenten (Aufgabenagenten, task agents). Folgende Unterschritte sind vorgesehen: — Spezifikation der Aufgabenagenten

► *Agentendefinition.* Dies umfasst die Festlegung der Aufgaben, Ressourcen und Planungsfähigkeiten der einzelnen Agenten.

➤ *Aufgabenbeschreibung.* Hier werden die Anwendungsbedingungen und sonstige Attribute der Aktivitäten der einzelnen Agenten festgelegt.

➤ *Agentenorganisation.* Dies umfasst die Festlegung
  ➤ der Bekanntschaften unter den Agenten und damit der möglichen Kommunikationswege,
  ➤ des verfügbaren Wissens über die Fähigkeiten von bekannten Agenten und
  ➤ der hierarchischen Strukturen zwischen den Agenten.

  Unterschieden werden folgende vier hierarchische Strukturen: *peer* (keine Annahmen über die Interaktion), *superior* (höhere Autorität), *subordinate* (niedrigere Autorität) und *co-worker* (gleichwertig).

➤ *Agentenkoordination.* Hier wird jeder Agent mit den für seine Interaktion erforderlichen „sozialen Fähigkeiten" – Interaktionsprotokolle und -strategien – ausgestattet.

Diese Unterschritte werden allesamt durch den im *Zeus*-Toolkit enthaltenen Agenten-Editor unterstützt.

Spezifikation der Versorgungsagenten

In dritten Schritt erfolgt die Spezifikation von Agenten, die für die Bereitstellung der von den Aufgabenagenten benötigten Infrastruktur zuständig sind. Diese Agenten werden als Versorgungsagenten (utility agents) bezeichnet; typische Rollen für Versorgungsagenten sind beispielsweise die fünf Rollen im Anwendungsrollenmodell (Seite 107). Zur benötigten Infrastruktur können Namensdienste, Visualisierungsdienste, Dienste zum Monitoring von Agententätigkeiten, Vermittlungsdienste, usw. gehören. Die Erzeugung von Versorgungsagenten wird durch den im *Zeus*-Toolkit enthaltenen Code Generation Editor unterstützt.

Konfiguration der Agenten

Im vierten Schritt erfolgt die laufzeitspezifische Konfiguration der Aufgaben- und System-Agenten. Typische Fragen, die es hier zu beantworten gilt, sind beispielsweise: Auf welchem Rechner laufen die Agenten? Auf welche externen Daten(banken) darf ein Agent zugreifen? Welche externen Programme (z.B. Benutzerschnittstellen) darf ein Agent nutzen? Auch dieser Schritt wird vom *Zeus*-Toolkit Code Generation Editor unterstützt.

Implementierung der Agenten

Im fünften und letzten Schritt erfolgt unter Berücksichtigung der vorgenommenen Spezifikationen und Konfigurationen die Implementierung (Code-Generierung) aller Agenten. Dieser Schritt wird vom *Zeus*-Toolkit Code Generator unterstützt.

6.1.4 Test

Die Testphase zielt auf die Erkennung von Systemfehlern und ihrer Ursachen ab. Dabei werden zwei Fehlertypen unterschieden:

[Marginalie: Fehlertypen]

➤ *strukturelle Fehler*, wie z.B. falsche oder fehlende Bekanntschaftsbeziehungen zwischen den Agenten, fehlende Ressourcen und falsch spezifizierte Start- und Endzeiten für auszuführende Aufgaben; und

➤ *funktionale Fehler*, d.h. Fehler in der Ablauf- und Bearbeitungslogik der auszuführenden Aufgaben.

Zu den funktionalen Fehlern zählen auch sogenannte *Koordinationsfehler*; darunter werden Fehler verstanden, die trotz fehlerfrei arbeitender individueller Agenten im Laufe der Interaktionen emergieren.

Für die Diagnose von strukturellen und funktionalen Fehlern schlägt die *Zeus*-Methode vor, ein implementiertes agentenorientierte System aus unterschiedlichen Perspektiven zu analysieren [70]. Die Idee dahinter ist, die Lokalisation eines Fehlers zu erleichtern, indem seine Auswirkungen aus mehreren Perspektiven sichtbar gemacht und erfasst werden. Da die Evidenz für eine Fehlerhypothese mit jeder fehlererfassenden Perspektive bekräftigt wird, wird dieser multiperspektivische Ansatz als *Debugging durch Bekräftigung* (debugging via corroboration) bezeichnet. Mit dieser Art der Fehlerdiagnose will die *Zeus-Methode* der Tatsache Rechnung tragen, dass Fehlerursachen in komplexen Systemen (verteilt, offen, autonom, usw.) typischerweise nur sehr schwer zu lokalisieren sind. Zu den von der *Zeus*-Methode vorgeschlagenen Perspektiven gehören:

[Marginalie: Debugging durch Bekräftigung]

➤ *Gesellschaftsperspektive* (z.B. Analyse der organisationale Beziehungen und des Nachrichtenaufkommens);

➤ *Aufgabenperspektive* (z.B. Analyse der Aufgabenzerlegung und -verteilung, Analyse des Bearbeitungsstatus von Aufgaben, Analyse des zeitlichen Verlaufs von Aufgabenzerlegung, -verteilung und -status);

➤ *Agentenperspektive*, sowohl *passiv* (z.B. Analyse der gesendeten und empfangenen Nachrichten eines bestimmten Agenten, Analyse der Reaktionen eines Agenten auf empfangene Nachrichten, Analyse der Kooperationsbereitschaft und des Ressourcenverbrauches eines Agenten) und *aktiv* (z.B. Analyse der Auswirkungen von gezielt und kontrolliert vorgenommenen Modifikationen in den Zielen, Strategien, Wissensbasen usw. eines Agenten);

➤ *statistische Perspektive* (z.B. Mittelung von Kenngrößen wie die Anzahl der gesendeten Nachrichten pro Aufgabe oder Agent, die Arbeitsauslastung pro Agent, das Verhältnis von Koordinationszeit versus Ausführungszeit pro Aufgabe).

Diese Perspektiven werden vom *Zeus*-Toolkit durch verschiedene Visualisierungstools unterstützt.

6.2 Anwendungsstudie

Die *Howdini*-Anwendungsstudie zur *Zeus*-Methode befasst sich mit ausgewählten Aspekten der Analyse und des Entwurfs.

6.2.1 Analyse

Initiale Rollen

Zunächst ist eine Analyse der *Howdini*-Anwendung aus der Perspektive von Rollen vorzunehmen. Aus Gründen der besseren Vergleichbarkeit mit den anderen hier besprochenen Methoden wird angenommen, dass die initiale Analyse – wie bei *Gaia* und *Massive* – zur Identifikation der Rollen SEARCHER, WRAPPER, SERVER und USER führt.

SERVER und USER – ein Beispiel für Wiederverwendung

Um die initiale Rollenmenge zu verfeinern und zu einem vollständigen Rollenmodell zu erweitern wird – wie von der *Zeus*-Methode empfohlen – geprüft, ob ein in der *Zeus*-Dokumentation beschriebenes Rollenmodell für das *Howdini*-Zielsystem wiederverwendet werden. Hierfür geeignet ist das Rollenmodell *Shared Information Space* (SIS) in der Muster-Domäne „Informationsmanagement" (vgl. Seite 107). Dieses Rollenmodell umfasst die beiden Rollen PUBLISHER und SUBSCRIBER, wobei PUBLISHER die drei Unterrollen MODEL, VIEW und CONTROLLER besitzt. Folgende funktionale Entsprechungen können festgestellt werden:

➤ PUBLISHER korrespondiert mit SERVER und

➤ SUBSCRIBER korrespondiert mit USER,

da PUBLISHER beziehungsweise SERVER über gewisse Informationen verfügen, die von SUBSCRIBER beziehungsweise USER abgerufen werden können (in beiden Fällen liegt asymmetrische Informationsverteilung vor). Diese funktionalen Entsprechungen sind noch hinsichtlich möglicher Unterrollen zu präzisieren:

➤ Wie oben erwähnt besitzt PUBLISHER drei Unterrollen. Es zeigt sich:
  ➤ die Unterrolle MODEL kann bei *Howdini* zur Realisierung der Datenhaltung verwendet werden;

➤ die Unterrolle CONTROLLER ist bei *Howdini* geeignet für die Realisierung des Datenzugriffs; und

➤ für die Unterrolle VIEW besteht bei *Howdini* kein Bedarf.

Insgesamt kann damit PUBLISHER nahezu unverändert die bisher als SERVER bezeichnete Rolle im *Howdini*-System übernehmen; aus diesem Grund wird nachfolgend wird auch von PUBLISHER statt von SERVER gesprochen.

➤ SUBSCRIBER besitzt keine speziellen Unterrollen. Andererseits ist USER für die Kommunikation mit menschlichen Benutzern zuständig, weshalb es sinnvoll ist, eine entsprechende Unterrolle – USER-INTERFACE – einzuführen. Insgesamt ist es damit zweckmäßig, SUBSCRIBER und USER-INTERFACE als Unterrollen von USER festzulegen.

Der SEARCHER soll, wie auch bei den früheren Modellierungen, zuständig sein für zwei Funktionen: das Suchen nach Programmen, und das Finden und Verstehen der zugehörigen Beschreibungen. Um das *Howdini* Rollenmodell modularer zu gestalten, werden die genannten Funktionen diesmal in Unterrollen – PROGRAM-SEARCHER und MANUAL-SEARCHER – gefasst. SEARCHER

Die WRAPPER Rolle wird unverändert aus den Modellierungen mit *Gaia* und *Massive* übernommen. WRAPPER

Es verbleibt die Festlegung von Rollen für Versorgungsagenten. Hierzu kann auf das Anwendungsrollenmodell (Seite 107) zurückgegriffen werden: von den darin enthaltenen Rollen sind für die *Howdini*-Anwendung drei Rollen relevant, nämlich NAME SERVER, NAME INQUIRER und NAME REGISTRANT (die beiden letzteren sind Unterrollen von NAME SERVER). Der NAME SERVER dient – analog zu einem DNS Server im Internet – als öffentliches Adressbuch für die im Zielsystem enthaltenen Agenten. Mittels NAME INQUIRER und NAME REGISTRANT kann jeder Agent den Aufenthalt anderer (registrierter) Agenten erfragen beziehungsweise sich selbst registrieren lassen. Rollen für Versorgungsagenten

Die Abbildung 6.2 zeigt das Rollendiagramm. Die Rollen für die Versorgungsagenten sind aus Gründen der Übersichtlichkeit in dieses Diagramm nicht eingezeichnet (eine ausführliche Beschreibung dieser „Versorgungsrollen" findet sich in [69]). Ergänzend zur Originalnotation wird in dieser Abbildung mit einer gestrichelten Linie angezeigt, dass der SEARCHER zur Laufzeit für jedes gefundene und verstandene Programm einen neuen WRAPPER erzeugen soll. Rollendiagramm

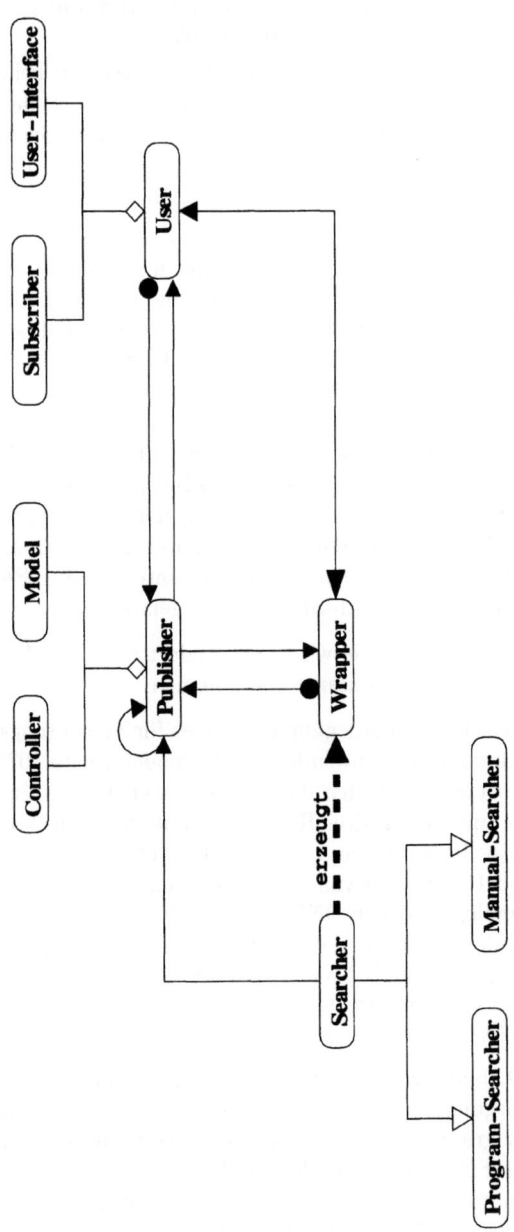

Abb. 6.2. *Zeus*-Methode: *Howdini* Rollendiagramm

Tabelle 6.1. *Zeus*-Methode: Kollaborationstabelle für *Howdini*

	Kollaboration	Erklärung
1	Registrierung	WRAPPER beantragt die Registrierung seines Namens und seiner Fähigkeiten beim PUBLISHER
2	Registrierungsbestätigung	PUBLISHER informiert über Erfolg der Registrierung
3	Anfrage	Nutzeranfrage nach einem Softwaredienst
4	Antwort	Statusmeldung des PUBLISHER, ob der Softwaredienst ausgeführt werden konnte
5	Anfrage	Weiterleitung der Nutzeranfrage an das Datenmodell
6	Antwort	Antwort des Modells, ob passende WRAPPER für das Leisten des Dienstes gefunden werden konnten
7	Weiterleiten von Registrierungsdaten	Eintrag eines neuen WRAPPERS in die Datenbank
8	Initiieren einer Verhandlung	Kontaktaufname mit einem WRAPPER bezüglich der Ausführung eines Dienstes
9	Antwort	Bedingungen des WRAPPERS für das Ausführen eines Dienstes
10	Weiterleitung einer Anfrage	Falls dieser PUBLISHER keine Möglichkeit zum Ausführen eines Dienstes gefunden hat, wird die Anfrage an andere PUBLISHER weitergeleitet
11	Benutzereingaben	Empfang von Benutzereingaben durch das USER-INTERFACE
12	Nachrichten für den Nutzer	Senden von Nachrichten für den Nutzer an das USER-INTERFACE
13	Rückfrage	Wenn einem WRAPPER zur Ausführung eines Dienstes Informationen fehlen, bittet er den Nutzer um diese Informationen
14	Antwort auf Rückfrage	Die Antwort des Nutzers auf die Rückfrage des WRAPPERS

Die Abbildung 6.3 zeigt das Kollaborationsdiagramm und die Tabelle 6.1 zeigt die dazugehörige Kollaborationstabelle mit kurzen textuellen Erläuterungen zu den einzelnen Interaktionen.

Kollaborationsdiagramm und -tabelle

Die Tabellen 6.2 bis 6.9 zeigen Rollenbeschreibungen für die meisten im Rollendiagramm enthaltenen Rollen. Die in diesen Tabellen unter „Verantwortlichkeiten" in eckigen Klammern angegeben Zahlen verweisen auf die nummerierten Interaktionen im Kollaborationsdiagramm. Die unter „Beteiligte Rollen" verwendeten Doppelpfeile haben folgende Bedeutung: ⇒ zeigt eine von der betrachteten Rolle ausgehende Interaktion an (d.h. die beteiligten Rollen sind die „Ziele" der Interaktion); ⇐ zeigt eine eingehende Interaktion an (d.h. die beteiligten Rollen sind die „Quellen" der Interaktion); und ⇔ zeigt eine wechselseitige Interaktion an.

Rollenbeschreibungen

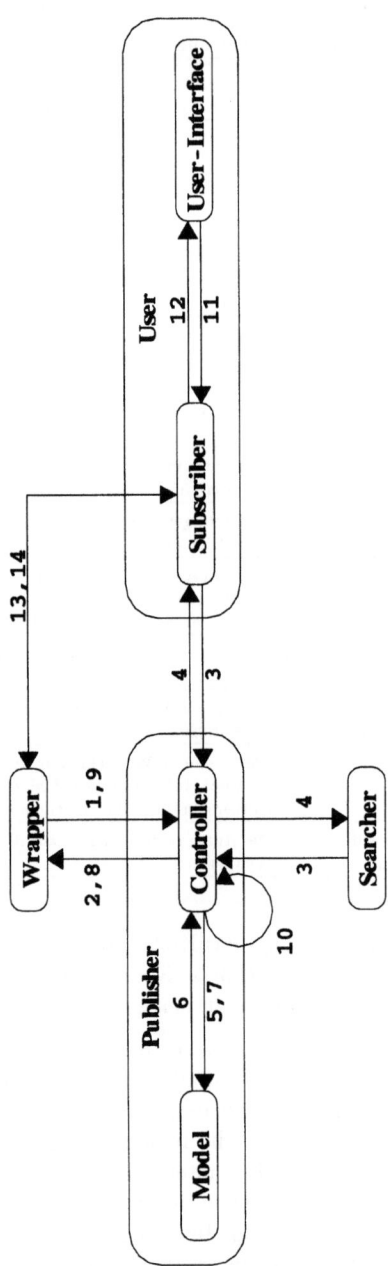

Abb. 6.3. *Zeus*-Methode: *Howdini* Kollaborationsdiagramm

6.2 Anwendungsstudie

Tabelle 6.2. *Zeus-Methode:* CONTROLLER Rollenbeschreibung

CONTROLLER	
Rollenmodell: Howdini / Shared Information Space	
Beziehungen zu anderen Rollen: Enthalten in der PUBLISHER Rolle	
Beschreibung: Diese Rolle nimmt Registrierungsgesuche und Anfragen nach Softwarediensten entgegen und sendet eine Bestätigung beziehungsweise Antwort zurück. Softwaredienste werden mit Hilfe der, von der MODEL Rolle verwalteten, Informationen über registrierte WRAPPER ausgeführt. Wenn vom MODEL für die Leistung des Softwaredienstes keine geeigneten WRAPPER gefunden werden, kann die Aufgabe auch an PUBLISHER auf anderen Plattformen delegiert werden.	
Verantwortlichkeiten:	**Beteiligte Rollen:**
[1, 2] Empfang der Registrierung von WRAPPERN und Senden einer Registrierungsbestätigung	⇔ WRAPPER
[3, 4] Empfangen und Beantworten von Anfragen nach Softwarediensten	⇔ SUBSCRIBER, SEARCHER
[5, 6] Anfrage beim MODEL und Empfang seiner Antwort	⇔ MODEL
[7] Weiterleitung von Registrierungsdaten	⇒ MODEL
[8, 9] Verhandlung bezüglich der Ausführung eines Softwaredienstes	⇔ WRAPPER
[10] Weiterleitung einer SUBSCRIBER-Anfrage an alle registrierten PUBLISHER, wenn keine Antwort auf die Anfrage gefunden wurde	⇒ CONTROLLER

Tabelle 6.3. *Zeus-Methode:* MODEL Rollenbeschreibung

MODEL	
Rollenmodell: Howdini / Shared Information Space	
Beziehungen zu anderen Rollen: Enthalten in der PUBLISHER Rolle	
Beschreibung: Diese Rolle verwaltet eine Datenbank mit Namen und Fähigkeiten von WRAPPER Agenten, welche bestimmte, im Dateisystem verfügbare, Programme kapseln. Auf Anfrage des CONTROLLERS nach einem Softwaredienst sucht diese Rolle einen Weg, wie man mit den bekannten WRAPPERN diesen Dienst ausführen kann, und gibt das Ergebnis dann an den CONTROLLER zurück.	
Verantwortlichkeiten:	**Beteiligte Rollen:**
[5,6] Empfang von Anfragen nach Softwarediensten und Beantwortung derselben	⇔ CONTROLLER
[7] Eintrag neuer WRAPPER in der Datenbank	⇐ CONTROLLER
Verwalten einer Datenbank mit WRAPPER-Daten	
Finden von WRAPPERN oder WRAPPER-Reihenfolgen zur Ausführung eines Softwaredienstes	
Voraussetzungen: Benötigt Problemlösungsalgorithmus, um WRAPPER-Reihenfolgen zu berechnen.	

Tabelle 6.4. *Zeus-Methode:* SUBSCRIBER Rollenbeschreibung

SUBSCRIBER	
Rollenmodell: Howdini / Shared Information Space	
Beziehungen zu anderen Rollen: Enthalten in der USER Rolle	
Beschreibung: Übermittelt Anfragen des Nutzers an andere *Howdini* Agenten und empfängt deren Antworten.	
Verantwortlichkeiten:	**Beteiligte Rollen:**
[11, 12] Empfang von Benutzereingaben durch das USER-INTERFACE und Senden von Nachrichten für den Nutzer an das USER-INTERFACE	⇔ USER-INTERFACE
[3, 4] Anfrage nach Softwarediensten und Empfang der Antworten	⇔ CONTROLLER
[13, 14] Verhandlung bezüglich Rückfragen nach zusätzlichen Informationen	⇔ WRAPPER
Externe Schnittstellen: Zum USER-INTERFACE, dass nicht als eigener Agent sondern als externes Programm realisiert wird.	

Tabelle 6.5. *Zeus-Methode:* USER-INTERFACE Rollenbeschreibung

USER-INTERFACE	
Rollenmodell: Howdini	
Beziehungen zu anderen Rollen: Enthalten in der USER Rolle	
Beschreibung: Nimmt Eingaben eines Nutzers entgegen und präsentiert ihm Nachrichten des Multiagentensystems.	
Verantwortlichkeiten:	**Beteiligte Rollen:**
[11, 12] Senden von Benutzereingaben an den SUBSCRIBER und Empfangen von Nachrichten vom SUBSCRIBER	⇔ SUBSCRIBER
Implementierung: Als externe Klasse mit graphischer Oberfläche zur Eingabe und Darstellung von Informationen.	

6.2.2 Entwurf

Zuordnung der Rollen zu Agenten Jede der zentralen Rollen (die nicht Unterrollen sind) besitzt einen eigenen Verantwortungsbereich:

➤ PUBLISHER regelt den Zugriff auf die WRAPPER-Datenbank,

➤ USER regelt die Kommunikation mit Benutzern,

➤ WRAPPER regelt die Programmausführung und

➤ SEARCHER regelt die Suche nach Programmen und deren Beschreibungen im Dateisystem.

Aus dem Test auf Verantwortungsbereiche folgt deshalb, dass für jede dieser Rollen ein eigener Agent zuständig sein sollte.

Tabelle 6.6. *Zeus-Methode:* WRAPPER Rollenbeschreibung

WRAPPER	
Rollenmodell: Howdini	
Beziehungen zu anderen Rollen: Keiner	
Beschreibung: Dient als Schnittstelle zu einem Programm (Softwaredienst).	
Verantwortlichkeiten:	**Beteiligte Rollen:**
[1, 2] Registrierung mit Namen und Fähigkeiten beim PUBLISHER und Empfang einer Registrierungsbestätigung	⇔ CONTROLLER
[8, 9] Verhandlung bezüglich der Ausführung eines Softwaredienstes	⇔ CONTROLLER
[13, 14] Verhandlung bezüglich Rückfragen nach zusätzlichen Informationen zur Ausführung eines Softwaredienstes	⇔ SUBSCRIBER
Ausführen eines Programms	
Externe Schnittstellen: Zu externem Programm, das andere Programme im Dateisystem starten kann.	

Tabelle 6.7. *Zeus-Methode:* SEARCHER Rollenbeschreibung

SEARCHER	
Rollenmodell: Howdini	
Beziehungen zu anderen Rollen: Enthält PROGRAM-SEARCHER und MANUAL-SEARCHER Rollen	
Beschreibung: Sucht im Dateisystem nach ausführbaren Programmen und versucht, deren Fähigkeiten und ihre Bedienung anhand vorhandener Beschreibungen zu verstehen. Ist dies geglückt, wird für das entsprechende Programm ein geeigneter WRAPPER erzeugt.	
Verantwortlichkeiten:	**Beteiligte Rollen:**
[3,4] Anfrage nach Softwarediensten und Empfang der Antworten, um herauszufinden, ob für einen Softwaredienst schon ein gleich gut oder besser geeigneter WRAPPER oder eine Folge von WRAPPERN bekannt ist.	⇔ CONTROLLER
Erzeugt für ein Programm einen WRAPPER	
Externe Schnittstellen: Zu externem Programm, das neue WRAPPER-Agenten erzeugen und starten kann.	

Weiterhin ist festzustellen, dass es bei der *Howdini*-Anwendung vier wichtige Informationsressourcen gibt, nämlich die WRAPPER-Datenbank, die Benutzer, die auszuführenden Programme und das Dateisystem. Aus dem Test auf Interaktionspunkte folgt, dass es für jede dieser Ressourcen einen zuständigen Agenten als Zugriffspunkt geben sollte.

Tabelle 6.8. *Zeus-Methode:* PROGRAM-SEARCHER Rollenbeschreibung

PROGRAM-SEARCHER	
Rollenmodell: Howdini	
Beziehungen zu anderen Rollen: Enthalten in der SEARCHER Rolle	
Beschreibung: Sucht im Dateisystem nach ausführbaren Programmen.	
Verantwortlichkeiten:	**Beteiligte Rollen:**
Ausführbare Programme suchen	
Verwalten einer Liste mit allen bisher gefundenen Programmen	
Implementierung: Als externes Programm, das das Dateisystem lesen kann und eine Liste mit allen bisher gefundenen Programmen verwaltet.	

Tabelle 6.9. *Zeus-Methode:* MANUAL-SEARCHER Rollenbeschreibung

MANUAL-SEARCHER	
Rollenmodell: Howdini	
Beziehungen zu anderen Rollen: Enthalten in SEARCHER Rolle	
Beschreibung: Sucht zu einem gefundenen Programm die zugehörige Beschreibung (z.B. Manpage, Helpfile etc.) und versucht anhand dieser die Funktionsweise des Programms zu verstehen.	
Verantwortlichkeiten:	**Beteiligte Rollen:**
Programmbeschreibungen suchen	
Verstehen der Programmbeschreibungen	
Voraussetzungen: Benötigt Verfahren, um Informationen zu Fähigkeiten und Bedienung eines Programms aus seiner Beschreibung extrahieren zu können.	
Implementierung: Als externes Programm, das das Dateisystem lesen kann.	

Tabelle 6.10. *Zeus-Methode:* Zuordnung von Agenten zu Rollen bei *Howdini*

Agenten	Rollen
PUBLISHER	PUBLISHER (CONTROLLER, MODEL)
USER	USER (SUBSCRIBER, USER-INTERFACE)
WRAPPER	WRAPPER
SEARCHER	SEARCHER (PROGRAM-SEARCHER, MANUAL-SEARCHER)

Insgesamt wird also mit der Wahl der vier zentralen Rollen (unabhängig von ihren Unterrollen) und einer einfachen 1:1-Zuordnung beiden Tests Genüge geleistet. Nachfolgend werden die

Tabelle 6.11. *Zeus-Methode:* Verantwortlichkeiten des PUBLISHER Agenten

PUBLISHER	Soziale Verantwortlichkeiten
Ursprung	**Verantwortlichkeit**
CONTROLLER	Empfang der Registrierungsgesuche von WRAPPERN
CONTROLLER	Senden einer Registrierungsbestätigung
CONTROLLER	Empfangen von Anfragen nach Softwarediensten
CONTROLLER	Beantworten der Anfragen nach Softwarediensten
CONTROLLER	Verhandlung bezüglich der Ausführung eines Softwaredienstes
CONTROLLER	Weiterleitung einer SUBSCRIBER-Anfrage an alle bekannten PUBLISHER

PUBLISHER	Applikationsspezifische Verantwortlichkeiten
Ursprung	**Verantwortlichkeit**
CONTROLLER	Zugriff auf Daten des MODEL
CONTROLLER	Registrierung von WRAPPERN
MODEL	Verwalten einer Datenbank mit WRAPPER-Daten
MODEL	Berechnung von Lösungen zur Leistung eines Softwaredienstes

einzelnen Agenten mit den Namen der ihnen zugeordneten Rollen bezeichnet. Die Tabelle 6.10 fasst die Agenten-Rollen-Zuordnung zusammen.

Die Tabellen 6.11 bis 6.14 zeigen die sozialen und applikationsspezifischen Verantwortlichkeiten der Agenten entsprechend den ihnen zugeordneten Rollen. (Zur Unterscheidung zwischen *sozial* und *applikationsspezifisch* siehe Seite 110.) In diesen Tabellen erlaubt die Spalte „Ursprung", zwischen den Rollen beziehungsweise Unterrollen zu unterscheiden, von denen die Verantwortlichkeiten herrühren.

Die Tabellen 6.15 bis 6.22 konkretisieren die sozialen und applikationsspezifischen Verantwortlichkeiten der festgelegten Agenten. In den angegebenen Lösungen zu den einzelnen Verantwortlichkeiten wird mit fettgedruckten Kürzeln (z.B. **DEF-2**) auf Abschnitte im Application Realisation Guide [72] verwiesen, die konkrete Angaben zur Realisierung der Lösungen mit Hilfe des *Zeus*-Toolkit machen. Beispielsweise verweist **DEF-2** auf den Abschnitt „Task Identification", **RULE-1** auf den Abschnitt „Entering a Rulebase", **COORD-1** auf den Abschnitt „How to Equip an Agent with a Co-ordination Protocol" und **ORG-1** auf den Abschnitt „Entering Known Acquaintances". (Eine Beschreibung aller Kürzel

Verantwortlichkeiten der Agenten

Konkretisierung der Verantwortlichkeiten

Tabelle 6.12. *Zeus-Methode:* Verantwortlichkeiten des USER Agenten

USER	Soziale Verantwortlichkeiten
Ursprung	**Verantwortlichkeit**
SUBSCRIBER	Senden einer Anfrage nach Softwarediensten an den PUBLISHER
SUBSCRIBER	Empfang der Antwort auf eine Anfrage
SUBSCRIBER	Verhandlung bezüglich Rückfragen nach zusätzlichen Informationen zur Ausführung eines Softwaredienstes

USER	Applikationsspezifische Verantwortlichkeiten
Ursprung	**Verantwortlichkeit**
USER-INTERFACE	Interaktion eines Nutzers mit einem SUBSCRIBER ermöglichen

Tabelle 6.13. *Zeus-Methode:* Verantwortlichkeiten des WRAPPER Agenten

WRAPPER	Soziale Verantwortlichkeiten
Ursprung	**Verantwortlichkeit**
WRAPPER	Registrierung beim PUBLISHER
WRAPPER	Empfangen der Registrierungsbestätigung vom PUBLISHER
WRAPPER	Verhandlung mit dem PUBLISHER bezüglich der Ausführung eines Softwaredienstes
WRAPPER	Verhandlung bezüglich Rückfragen nach zusätzlichen Informationen zur Ausführung eines Softwaredienstes

WRAPPER	Applikationsspezifische Verantwortlichkeiten
Ursprung	**Verantwortlichkeit**
WRAPPER	Ausführen von externen Programmen

würde den Rahmen dieser Fallstudie sprengen, weshalb der Leser auf die Originalliteratur verwiesen werden muss.)

Wissensmodellierung — Die Tabelle 6.23 (Seite 132) soll einen ersten Eindruck von den möglichen Einträgen einer *Zeus*-Problemontologie für das *Howdini*-Zielsystem vermitteln. In dieser Tabelle enthalten sind vier Beispiele für Konzepte (*Zeus*-Facts), ohne deren Kenntnis eine sinnvolle Interaktion zwischen den Agenten nicht möglich. Das Konzept **ServiceDescription** dient der Charakterisierung von Softwarediensten; es besitzt fünf Attribute: Typen der Eingabe- und der Ausgabedatei (z.B. GIF oder PostScript), Name der Eingabe- und der Ausgabedatei (zum Beispiel „diagramm.gif" und „dia-

Tabelle 6.14. *Zeus-Methode:* Verantwortlichkeiten des SEARCHER Agenten

SEARCHER	Soziale Verantwortlichkeiten
Ursprung	**Verantwortlichkeit**
SEARCHER	Anfrage, ob beim PUBLISHER schon eine bessere Methode bekannt ist, einen Softwaredienst zu leisten, als es mit einem neu gefundenen Programm möglich wäre
SEARCHER	Empfang der Antwort auf eine Anfrage

SEARCHER	Applikationsspezifische Verantwortlichkeiten
Ursprung	**Verantwortlichkeit**
PROGRAM-SEARCHER	Suchen von Programmen im Dateisystem
PROGRAM-SEARCHER	Verwalten einer Liste mit allen bisher gefundenen Programmen
MANUAL-SEARCHER	Suchen von Beschreibungen für gefundene Programme
MANUAL-SEARCHER	Verstehen von Programmbeschreibungen
SEARCHER	Schaffung neuer WRAPPER Agenten

gramm.ps"), Dienstbeschreibung, und Parameter (zur weiteren Spezifizierung des Dienstes, z.B. Breite und Höhe eines von GIF nach PostScript zu transformierenden Bildes). Das Konzept **ServiceRequest** muss von WRAPPER, SUBSCRIBER und SEARCHER verstanden werden, um Anfragen nach Softwarediensten behandeln zu können; Attribute sind der Absendername (clientName) und eine ServiceDescription. Ein weiteres, offensichtlich grundlegendes Konzept, das für alle Agenten relevant ist, ist **Confirmation**. Das Konzept **Parameters** betrifft Verhandlungen zwischen WRAPPER und SUBSCRIBER bezüglich zusätzlicher Informationen, die vom WRAPPER für die Ausführung eines Softwaredienstes; die entsprechende Informationsanforderung durch den WRAPPER und Informationsbereitstellung durch den SUBSCRIBER wird über dieses Parameter-Konzept abgewickelt.

126   6 Zeus-Methode

Tabelle 6.15. *Zeus-Methode:* Lösungen für soziale Verantwortlichkeiten des PUBLISHER Agenten

PUBLISHER	Soziale Verantwortlichkeiten
Verantw.:	Empfang der Registrierungsgesuche von WRAPPERN
Ursprung:	CONTROLLER
Problem:	Die Ankunft von Registrierungsgesuchen erkennen und Registrierungsvorgang einleiten
Lösung:	*Definition einer Registrierung-Empfangen-Regel* (**DEF-2**) *und Implementierung der Registrierung-Empfangen-Regel* (**RULE-1**)
Erklärung:	Wenn der CONTROLLER ein Registrierungs-Fact erhält, wird eine Regel aktiviert, die für den PUBLISHER-Agenten ein neues Ziel "Erzeuge Registrierungsbestätigung" erzeugt. Der Agent wird dann zum Erreichen dieses Ziels den Registrierungs-Task benutzen (siehe zweite applikationsspezifische Aufgabe).
Verantw.:	Senden einer Registrierungsbestätigung
Ursprung:	CONTROLLER
Problem:	Eine Bestätigung zurück an einen Wrapper schicken
Lösung:	*Definition einer Bestätigung-Senden-Regel* (**DEF-2**) *und Implementierung der Bestätigung-Senden-Regel* (**RULE-1**)
Erklärung:	Der oben erwähnte Registrierungs-Task erzeugt als Ausgabe ein Registrierung-Bestätigt-Fact. Sobald dieses Fact in der Ressourcen-Datenbank des PUBLISHER vorhanden ist, wird die Bestätigung-Senden-Regel aktiviert, die dann jenes Fact an den WRAPPER sendet, von dem das Registrierungsgesuch ausging.
Verantw.:	Empfangen von Anfragen nach Softwarediensten
Ursprung:	CONTROLLER
Problem:	Die Ankunft von Anfragen erkennen
Lösung:	*Definition einer Dienstbeschreibung-Empfangen-Regel* (**DEF-2**) *und Implementierung der Dienstbeschreibung-Empfangen-Regel* (**RULE-1**)
Erklärung:	Wenn der CONTROLLER ein Dienstbeschreibungs-Fact erhält, wird obige Regel aktiviert, die als Effekt ein neues Ziel "Führe Softwaredienst aus" für den PUBLISHER-Agenten erzeugt.
Verantw.:	Beantworten der Anfragen nach Softwarediensten
Ursprung:	CONTROLLER
Problem:	Senden einer Bestätigung an den Anfrager, ob der Softwaredienst ausgeführt werden konnte oder nicht
Lösung:	*Definition einer Antwort-Senden-Regel* (**DEF-2**) *und Implementierung einer Antwort-Senden-Regel* (**RULE-1**)
Erklärung:	Wenn das MODEL eine Antwort generiert hat, wird ein Antwort-Fact erzeugt, dessen Vorhandensein in der Ressourcen-Datenbank des PUBLISHER wiederum obige Regel aktiviert, die das Fact dann an den Anfrager sendet.
Verantw.:	Verhandlung bezüglich der Ausführung eines Softwaredienstes
Ursprung:	CONTROLLER
Problem:	Kommunikation mit den passenden WRAPPERN, um einen Softwaredienst auszuführen
Lösung:	*Agent mit Koordinationsprotokoll ausstatten* (**COORD-1**)
Erklärung:	Damit der PUBLISHER-Agent mit einem WRAPPER-Agenten die Bedingungen für das Verrichten einer Aufgabe aushandeln kann, wird er mit der Initiator-Version des "FIPA-Contract-Net-Manager-Protocol" ausgestattet. Dieses Protokoll ist im *Zeus* Toolkit schon enthalten.
Verantw.:	Weiterleitung einer SUBSCRIBER-Anfrage an alle bekannten anderen PUBLISHER
Ursprung:	CONTROLLER
Problem:	Senden einer Anfrage nach Softwarediensten an andere PUBLISHER
Lösung:	*Festlegen der Publisher-Adressen* (**ORG-1**) *und Implementierung einer Nachricht-Senden-Regel* (**RULE-1**)
Erklärung:	Wenn das MODEL keine Lösung für eine SUBSCRIBER-Anfrage findet, wird obige Regel aktiviert, die die ursprüngliche SUBSCRIBER-Anfrage unverändert an alle anderen bekannten PUBLISHER weiterleitet.

Tabelle 6.16. *Zeus-Methode:* Lösungen für applikationsspezifische Verantwortlichkeiten des PUBLISHER Agenten

PUBLISHER	Applikationsspezifische Verantwortlichkeiten
Verantw.:	Zugriff auf Daten des MODEL
Ursprung:	CONTROLLER
Problem:	Beziehen von WRAPPER-Daten um Anfragen nach Softwarediensten beantworten zu können
Lösung:	*Nutzung der bei jedem Zeus-Agenten schon vorhandenen 'Acquaintance Database'*
Erklärung:	Das bei jedem Zeus Agenten standardmäßig eingebaute Problemlösungsverfahren nutzt auch immer dessen Adressen-Datenbank, die bekannte Agenten und deren Fähigkeiten enthält.
Verantw.:	Registrierung von WRAPPERN
Ursprung:	CONTROLLER
Problem:	Eintrag neuer WRAPPER-Daten in die Datenbank des MODEL
Lösung:	*Definition eines Registrierungs-Task* (**DEF-2**) *und Definition der Task-Attribute* (**TASK-1**) *und Implementierung des Registrierungs-Task* (**IMPL-2**)
Erklärung:	Der vom Zeus Toolkit erzeugten Java-Klasse für den Task wird zusätzlicher Code zum Eintragen eines WRAPPERS in die Acquaintance- und Ability-Datenbank des PUBLISHER-Agenten hinzugefügt.
Verantw.:	Verwalten einer Datenbank mit WRAPPER-Daten
Ursprung:	MODEL
Problem:	Schaffung einer Möglichkeit für das Eintragen und Abrufen von Namen und Fähigkeiten von WRAPPERN
Lösung:	*Verwendung der bei jedem Zeus-Agenten schon vorhandenen 'Acquaintance-' und 'Ability Database'*
Erklärung:	Jeder Zeus-Agent hat standardmäßig ein Verzeichnis mit Namen ihm bekannter Agenten und mit deren Fähigkeiten. Dieses kann unverändert für das Abspeichern von WRAPPER-Daten verwendet werden.
Verantw.:	Berechnung von Lösungen zur Leistung eines Softwaredienstes
Ursprung:	MODEL
Problem:	Herausfinden, mit welchen der registrierten WRAPPER man einen Softwaredienst ausführen kann
Lösung:	*Automatisch: Verwendung des eingebauten Problemlösungsverfahrens des Agenten*
Erklärung:	Um das Ziel "Ausführung eines Softwaredienstes" zu erreichen, verwendet ein Zeus-Agent von Haus aus auch die Fähigkeiten aller ihm bekannten anderen Agenten, indem er mit den für die Aufgabe geeigneten mittels eines Koordinationsprotokolls verhandelt (siehe fünfte soziale Aufgabe).

128   6 Zeus-Methode

Tabelle 6.17. *Zeus-Methode:* Lösungen für soziale Verantwortlichkeiten des USER Agenten

USER	Soziale Verantwortlichkeiten
Verantw.:	Senden einer Anfrage nach Softwarediensten an den PUBLISHER
Ursprung:	SUBSCRIBER
Problem:	Senden einer Nachricht an den PUBLISHER
Lösung:	*Festlegen der Publisher-Adresse* (**ORG-1**) *und Definition einer Anfrage-Senden-Regel* (**DEF-2**) *und Implementierung der Anfrage-Senden-Regel* (**RULE-1**)
Erklärung:	Wenn das USER-INTERFACE eine Anfrage des Nutzers erhält, wird die Anfrage-Senden-Regel aktiviert, die ein Fact mit einer Dienstbeschreibung generiert und an den PUBLISHER schickt.
Verantw.:	Empfang der Antwort auf eine Anfrage
Ursprung:	SUBSCRIBER
Problem:	Die Ankunft von Antworten auf Anfragen nach Softwarediensten erkennen
Lösung:	*Definition einer Antwort-Empfangen-Regel* (**DEF-2**) *und Implementierung der Antwort-Empfangen-Regel* (**RULE-1**)
Erklärung:	Wenn ein Antwort-Fact beim USER ankommt, wird obige Regel aktiviert, die die Antwort dann an das USER-INTERFACE weiterleitet.
Verantw.:	Empfangen und Beantworten von WRAPPER-Rückfragen
Ursprung:	SUBSCRIBER
Problem:	Rückfragen der WRAPPER müssen erkannt und Antworten des Nutzers zurückgesandt werden
Lösung:	*Agent mit Koordinationsprotokoll ausstatten* (**COORD-1**)
Erklärung:	Wenn einem WRAPPER für das Ausführen seiner Aufgabe nicht genügend Informationen zur Verfügung stehen, fragt er den Nutzer solange nach Informationen, bis er die Aufgabe ausführen kann. Hierfür wird der SUBSCRIBER mit der Respondent-Version des "FIPA-Contract-Net-Manager-Protocol" ausgestattet. Dieses Protokoll ist im Zeus-Toolkit schon enthalten.

Tabelle 6.18. *Zeus-Methode:* Lösungen für applikationsspezifische Verantwortlichkeiten des USER Agenten

USER	Applikationsspezifische Verantwortlichkeiten
Verantw.:	Interaktion eines Nutzers mit einem SUBSCRIBER ermöglichen
Ursprung:	USER-INTERFACE
Problem:	Dem Nutzer muss eine Möglichkeit gegeben werden, um über seinen SUBSCRIBER mit dem PUBLISHER oder einem WRAPPER kommunizieren zu können
Lösung:	*Implementierung eines externen Programms* (**IMPL-4**)
Erklärung:	Über eine graphische Bedienoberfläche soll der Nutzer Informationen empfangen und eingeben können.

Tabelle 6.19. *Zeus-Methode:* Lösungen für soziale Verantwortlichkeiten des WRAPPER Agenten

WRAPPER	Soziale Verantwortlichkeiten
Verantw.:	Registrierung beim PUBLISHER
Problem:	Registrierungsnachricht an PUBLISHER senden
Lösung:	*Erzeugung einer initialen Agenten-Ressource* (**DEF-3**) *und Festlegen der Publisher-Adresse* (**ORG-1**) *und Implementierung einer Registrierung-Senden-Regel* (**RULE-1**)
Erklärung:	Bei seiner Erzeugung erhält ein WRAPPER-Agent die Adresse des PUBLISHER und einen Fact, der seine Fähigkeiten, seinen Namen und Informationen über seine Bedienung enthält. Der WRAPPER schickt dann in regelmäßigen Abständen solange seinen Fact an den PUBLISHER, bis er von diesem eine Registrierungsbestätigung bekommt.
Verantw.:	Empfangen der Registrierungsbestätigung vom PUBLISHER
Problem:	Ankunft einer Registrierungsbestätigung erkennen und verarbeiten
Lösung:	*Definition einer Bestätigung-Empfangen-Regel* (**DEF-2**) *und Implementierung der Bestätigung-Empfangen-Regel* (**RULE-1**)
Erklärung:	Bei Empfang eines Registrierung-Bestätigt-Fact, wird dieses in der Ressourcen-Datenbank des WRAPPER-Agenten gespeichert. Sobald dies der Fall ist, wird das regelmäßige Aktivieren der Registrierung-Senden-Regel beendet.
Verantw.:	Verhandlung mit dem PUBLISHER bezüglich der Ausführung eines Softwaredienstes
Problem:	Aushandeln der Bedingungen für das Ausführen eines Software Dienstes
Lösung:	*Agent mit Koordinationsprotokoll ausstatten* (**COORD-1**)
Erklärung:	Damit der WRAPPER-Agent mit dem PUBLISHER-Agenten verhandeln kann, wird er mit der Respondent-Version des "FIPA-Contract-Net-Manager-Protocol" ausgestattet. Dieses Protokoll ist im *Zeus* Toolkit schon enthalten.
Verantw.:	Senden von Rückfragen nach zusätzlichen Informationen und Empfang der Antworten
Problem:	Empfangen von zur Ausführung eines Dienstes zusätzlich nötigen Informationen vom Benutzer
Lösung:	*Agent mit Koordinationsprotokoll ausstatten* (**COORD-1**)
Erklärung:	Um mit dem Benutzer in einen Dialog treten zu können, wird der WRAPPER mit der Initiator-Version des "FIPA-Contract-Net-Manager-Protocol" ausgestattet. Dieses Protokoll ist im Zeus-Toolkit schon enthalten.

Tabelle 6.20. *Zeus-Methode:* Lösungen für applikationsspezifische Verantwortlichkeiten des WRAPPER Agenten

WRAPPER	Applikationsspezifische Verantwortlichkeiten
Verantw.:	Ausführen von externen Programmen
Problem:	Ausführen von Programmen gemäß der Dienstbeschreibung
Lösung:	*Definition eines Programm-Ausführen-Task* (**DEF-2**) *und Definition der Task-Attribute* (**TASK-1**) *und Implementierung des Programm-Ausführen-Task* (**IMPL-2**)
Erklärung:	Hat der WRAPPER-Agent mit dem PUBLISHER-Agenten eine Abmachung bezüglich der Ausführung eines Programms geschlossen, wird dieser Task ausgeführt, um das Programm zu starten. Hierzu ist es nötig, in die vom Zeus-Toolkit generierte Task Java-Klasse, eigenen Code einzubauen.

Tabelle 6.21. *Zeus-Methode:* Lösungen für soziale Verantwortlichkeiten des SEARCHER Agenten

SEARCHER	Soziale Verantwortlichkeiten
Verantw.:	Anfrage, ob beim PUBLISHER schon eine bessere Methode bekannt ist, einen Softwaredienst zu leisten, als es mit einem neu gefundenen Programm möglich wäre
Ursprung:	SEARCHER
Problem:	Senden einer Nachricht an den PUBLISHER
Lösung:	*Erzeugung einer initialen Agenten-Ressource* (**DEF-3**) *und Festlegen der Publisher-Adresse* (**ORG-1**) *und Definition einer Anfrage-Senden-Regel* (**DEF-2**) *und Implementierung der Anfrage-Senden-Regel* (**RULE-1**)
Erklärung:	An den PUBLISHER wird ein Fact mit einer Dienstbeschreibung geschickt, die genau den Fähigkeiten eines neu gefundenen Programms entspricht.
Verantw.:	Empfang der Antwort auf eine Anfrage
Ursprung:	SEARCHER
Problem:	Die Ankunft von Antworten auf Anfragen nach Softwarediensten erkennen
Lösung:	*Definition einer Antwort-Empfangen-Regel* (**DEF-2**) *und Implementierung der Antwort-Empfangen-Regel* (**RULE-1**)
Erklärung:	Wenn die Antwort des PUBLISHER-Agenten negativ ausfällt, heißt das, dass diesem noch kein WRAPPER bekannt ist, der ein Programm kapselt, das dieselben Fähigkeiten wie das neu gefundene hat. In diesem Fall wird ein Task gestartet, der einen neuen WRAPPER für das gefundene Programm erzeugt (siehe vierte applikationsspezifische Aufgabe). Andernfalls wird nach dem nächsten Programm gesucht.

6.2 Anwendungsstudie 131

Tabelle 6.22. *Zeus-Methode:* Lösungen für applikationsspezifische Verantwortlichkeiten des SEARCHER Agenten

SEARCHER	Applikationsspezifische Verantwortlichkeiten
Verantw.:	Suchen von Programmen im Dateisystem
Ursprung:	PROGRAM-SEARCHER
Problem:	Finden von ausführbaren Programmen im Dateisystem
Lösung:	*Implementierung eines externen Programms* **(IMPL-4)**
Erklärung:	Eine Methode des externen Programms durchsucht das Dateisystem nach ausführbaren Programmen. Wird eines gefunden, das noch nicht in der Liste der bisher gefundenen Programme (siehe dritter Eintrag) steht, wird sein Name und Pfad an den MANUAL-SEARCHER weitergegeben.
Verantw.:	Verwalten einer Liste mit allen bisher gefundenen Programmen
Ursprung:	PROGRAM-SEARCHER
Problem:	Abspeichern der Pfade und Namen aller bisher gefundenen Programme und herausfinden, ob ein Programm schon einmal abgespeichert wurde
Lösung:	*Implementierung einer externen Ressourcen Datenbank* **(IMPL-3)**
Erklärung:	Für jedes neu gefundene Programm wird ein Fact mit seinen spezifischen Daten erzeugt und in der externen Ressourcen Datenbank gespeichert.
Verantw.:	Suchen von Beschreibungen für gefundene Programme
Ursprung:	MANUAL-SEARCHER
Problem:	Finden von Beschreibungen für gefundene Programme im Dateisystem
Lösung:	*Implementierung eines externen Programms* **(IMPL-4)**
Erklärung:	Wird vom PROGRAM-SEARCHER ein Programm gefunden, dann erfolgt der Aufruf einer Methode des externen Programms, die die zugehörige Beschreibung sucht. Ist dies erfolgreich, versucht das externe Programm die Fähigkeiten und Parameter des Programms zu verstehen.
Verantw.:	Verstehen von Beschreibungen für gefundene Programme
Ursprung:	MANUAL-SEARCHER
Problem:	Semantische Analyse von Texten
Lösung:	*Implementierung eines externen Programms* **(IMPL-4)**
Erklärung:	Um zu verstehen, wie ein Programm funktioniert, muss ein WRAPPER-Agent die notwendigen Informationen aus einer Programmbeschreibung extrahieren können. Dies ist momentan nur möglich, wenn die Programmbeschreibung eine fest definierte Struktur aufweist (wie das z.B. bei Unix-Manpages der Fall ist). Diese – zugegebenerweise nicht triviale – Aufgabe wird einem, für die Aufgabe geeigneten, externen Programm übergeben.
Verantw.:	Schaffung neuer WRAPPER Agenten
Ursprung:	SEARCHER
Problem:	Zu einem neu gefundenen Programm muss ein neuer WRAPPER erschaffen werden
Lösung:	*Implementierung eines externen Programms* **(IMPL-4)**
Erklärung:	Wurde vom SEARCHER ein neues Programm gefunden und verstanden, für dessen Fähigkeiten der PUBLISHER noch kein besseres Äquivalent kennt, ruft der SEARCHER eine Methode des externen Programms auf, die einen neuen WRAPPER-Agenten startet. Die Informationen über seine Fähigkeiten werden der *main()*-Funktion der WRAPPER Klasse über Kommandozeilenparameter mitgegeben.

Tabelle 6.23. *Zeus*-Methode: *Howdini* Problemontologie

Fact	Attribute	Erklärung
ServiceDescription	– inputFileType:String – inputFileName:String – outputFileType:String – outputFileName:String – description:String – parameterList:List	Beschreibung eines Software-Dienstes. Die Parameter für Dateityp und -namen können je nach Programm weggelassen werden.
ServiceRequest	– clientName:String – serviceDescription: ServiceDescription	Dies kann entweder die Registrierung eines WRAPPER beim PUBLISHER sein – dann ist der 'clientName' der Name des WRAPPER – oder die Anfrage eines SUBSCRIBER oder SEARCHER nach einem Softwaredienst, wobei 'clientName' der Name des Anfragers ist.
Confirmation	– confirmed:Boolean	Positive oder negative Antwort auf Registrierungen oder Anfragen nach Softwarediensten.
Parameters	– parameterList:List	Dieses Fact wird vom WRAPPER verwendet, um vom SUBSCRIBER zuätzliche Parameter, die für die Ausführung eines Programms benötigt werden, anzufordern. Für die Übermittlung der Antwort verwendet der SUBSCRIBER ebenfalls dieses Fact.
...		

6.3 Evaluierungsergebnisse

Die nachfolgenden Tabellen 6.24 bis 6.27 fassen die Ergebnisse der Evaluierung zusammen.

Tabelle 6.24. Evaluierungsergebnisse für die *Zeus*-Methode (Teil 1 von 4)

Evaluierungskriterien & Ergebnisse		
Anwendungsbreite		⊕ für ein breites Spektrum von Multiagentensystemen anwendbar
		⊕ für heterogene Multiagentensysteme geeignet
		⊖ in erster Linie für die Verwendung mit dem Werkzeug *Zeus* konzipiert
		⇒ *Gesamtbewertung:* ②-③
Implementierbarkeit		⊕ die konkreten Modelle lassen sich mit dem *Zeus* Werkzeug unmittelbar implementieren
		⊕ die Implementierungs- beziehungsweise Realisierungsphase wird von der Methode abgedeckt
		⇒ *Gesamtbewertung:* ①-②
Wiederverwendbarkeit		⊕ die Wiederverwendung von Rollenmodellen, Problemlösungsverfahren und Teilen der Implementierung wird ausdrücklich berücksichtigt
		⇒ *Gesamtbewertung:* ①-②
Modularität	Agent	⊕ Rollen dienen als modulare Grundbausteine von Agenten
		⊖ Verantwortlichkeiten sind eng mit ihren Rollen verknüpft und somit nicht modular
	Gesamtsystem	⊕ Auslagerung von allgemeinen organisatorischen Aufgaben in Utility Agenten
		⇒ *Gesamtbewertung:* ③
Verständlichkeit	Dokumentation	⊕ mehrere Muster-Rollenmodelle
		⊕ drei vollständig durchgeführte Fallstudien und ein kurzes Tutorial
		⊖ die konkrete Vorgehensweise bei dieser Methode wird nicht zusammenhängend in einem dedizierten Dokument behandelt, sondern verteilt über viele *Zeus* Dokumente
	Vorkenntnisse und Erfahrungen	⊕ keine speziellen Vorkenntnisse oder Erfahrungen erforderlich
		⇒ *Gesamtbewertung:* ②-③

Tabelle 6.25. Evaluierungsergebnisse für die *Zeus*-Methode (Teil 2 von 4)

Evaluierungskriterien & Ergebnisse (Forts.)	
Genauigkeit	⊕ detaillierte Beschreibung der Entwicklungsschritte in der Entwurfs- und Realisierungsphase ⊕ UML-artige Darstellung der Rollen und ihrer Beziehungen zueinander im Rollendiagramm ⊕ die tabellenförmigen Rollenbeschreibungen fördern eine relativ genaue Beschreibung der Rollen ⊕ die Beschreibungen der Verantwortlichkeiten in den entsprechenden Listen sind kurz aber präzise ⇒ *Gesamtbewertung:* ①-②
Vollständigkeit	⊕ systematische Vorgehensweise bei der Zuordnung von Rollen zu Agenten, die auch für die Rollenidentifikaton verwendet werden könnte (siehe Kapitel 5 über *Massive*) ⊕ umfasst die Entwicklungsphasen Analyse, Entwurf, Realisierung, Test ⊕ enthält wiederverwendbare Muster-Rollenmodelle ⇒ *Gesamtbewertung:* ①-②
Variabilität	⊖ rein sequentielle Entwicklung ⊖ Änderungen in einem Modell erfordern in der Regel Änderungen an den meisten anderen Modelle ⊖ Änderungen an den Beschreibungen der Rollen und Verantwortlichkeiten sind wegen deren Aufschreibung in Textform umständlich durchzuführen ⇒ *Gesamtbewertung:* ④
Komplexitätshandhabung	⊕ Bildung von Rollenhierarchien durch Vereinigung und Vererbung ⊕ Dekomposition in Rollen ⊖ die Entwicklung komplexer Multiagentensysteme wird durch die Vielzahl der dafür notwendigen Tabellen unübersichtlich ⇒ *Gesamtbewertung:* ③
Granularität	⊕ vier Granularitätsstufen: Agenten → Rollen → Verantwortlichkeiten → Problemstellungen ⇒ *Gesamtbewertung:* ②

Tabelle 6.26. Evaluierungsergebnisse für die *Zeus*-Methode (Teil 3 von 4)

Evaluierungskriterien & Ergebnisse (Forts.)		
Sicherheit		⊖ es existieren keine externen und internen Sicherheitsvorkehrungen
		⊖ *Zeus* Agenten gehen grundsätzlich von einer gegenseitigen Vertrauenswürdigkeit aus
		⇒ *Gesamtbewertung*: ⑤
Überprüfbarkeit	**Validierbarkeit**	⊕ alle Modelle sind leicht nachvollziehbar
	Verifizierbarkeit	⊕ Debugging durch Bekräftigung
		⊖ bei großen Multiagentensystemen vermindert die Menge der Tabellen die Übersichtlichkeit und erschwert somit die Verifizierbarkeit
		⇒ *Gesamtbewertung*: ②-③
Laufzeitdynamik		⊖ keine expliziten Möglichkeiten zur Modellierung von Migration, Klonen und dynamischer Erzeugung oder Beendigung von Agenten
		⊖ Agenten können die von ihnen gespielten Rollen nicht wechseln
		⇒ *Gesamtbewertung*: ④-⑤
Expressivität		⇒ *Gesamtbewertung entsprechend den Bewertungen in der Tabelle 6.27*: ③

Tabelle 6.27. Evaluierungsergebnisse für die *Zeus*-Methode (Teil 4 von 4)

Agentenspezifische Softwareattribute (Expressivität)		
Individualistische Attribute		
Architektur		⊕ bei einer vom *Zeus* Werkzeug unabhängigen Verwendung der Methode kann sie für beliebige Architekturen eingesetzt werden
Autonomie		⊖ wird von der Methode nicht explizit erfasst
Flexibilität		⊖ wird von der Methode nicht explizit erfasst
Wissensbasis		⊕ es wird eine Ressourcen Datenbank für die Speicherung von Facts vorausgesetzt
Mentale Einstellungen		⊕ in Verbindung mit dem *Zeus* Werkzeug können *Zeus* Agenten Ziele in Form von Facts verfolgen
Sonstiges/Besonderheiten		⊕ bei Rollen können die Konzepte Vererbung und Vereinigung verwendet werden
Interaktionistische Attribute		
Kommunikation	Kommunikationsprotokolle	⊖ nur Kolloborationsdiagramm und -tabelle
	Kommunikationssprachen	⊖ keine
Koordination	Koordinationsmechanismen/-protokolle	⊕ in Verbindung mit dem *Zeus* Werkzeug wird im Realisation Guide (COORD-1 - COORD-3) beschrieben, wie man *Zeus* Agenten mit Koordinationsprotokollen ausstattet
	Koordinationsformalismen/-sprachen	⊖ keine
Interaktionsmuster		⊖ nur 1-zu-1 Interaktionen (peer-to-peer)
Ontologien		⊕ der dritte Entwurfsschritt (Wissensmodellierung) beinhaltet die Erzeugung einer auf *Zeus* Facts beruhenden Problemontologie

7
MaSE

> *Zur Methode wird nur der getrieben, dem die Empirie lästig wird.*
>
> J.W. von Goethe

7.1 Beschreibung

MaSE („**M**ulti**a**gent **S**ystems **E**ngineering") wurde von Scott De-   Einordnung
Loach, Mark Wood und Clint Sparkman entwickelt [86]. Ähnlich
wie *Gaia* (Kapitel 4) ist *MaSE* eine auf breite Anwendbarkeit
ausgelegte Analyse- und Entwurfsmethode; beispielsweise werden
keine einschränkenden Annahmen zu den Architekturen der Agenten,
dem Kommunikationsrahmen und der Implementierungssprache gemacht. Ähnlich wie *Massive* (Kapitel 5) zielt auch *MaSE* auf
eine integrierte Verwendung von Agenten und Objekten ab, wobei Agenten als spezielle, nicht notwendigerweise intelligente Objekte verstanden werden. Die Methode unterstützt die Verfolgung
und Propagierung von Änderungen in den agentenspezifischen Systemanforderungen und -spezifikationen (change tracking) entlang
der einzelnen Entwicklungsschritte. Dadurch wird sowohl eine gezielte iterative Vorgehensweise als auch ein koordiniertes Wechseln
zwischen den einzelnen Entwicklungsschritten gefördert. Mit *agentTool* (Kapitel 14) ist ein Tool verfügbar, das auf *MaSE* zugeschnitten ist. Im Folgenden werden die einzelnen Entwicklungsschritte –
drei Analyse- und vier Entwurfsschritte – beschrieben.

7.1.1 Analyse

Der Zweck der Analysephase ist es, eine Menge von Rollen festzulegen, deren Ausübung der Erfüllung der Systemanforderungen
dient. Unter Rollen werden dabei Entitäten verstanden, die für die
Ausführung von systeminternen Funktionalitäten zuständig und
dabei eng gekoppelt an Systemziele und -subziele sind. Zur Identifikation der Systemziele und -subziele sowie zur Festlegung der
initialen Rollenmenge ist die Verwendung von Use Cases vorgesehen. Insgesamt umfasst die Analysephase drei zentrale Schritte.

Analyseschritt 1: Erstellung einer Zielhierarchie

Ableitung von Systemzielen aus Anforderungen
Ausgehend von einer vorliegenden Spezifikation aller funktionalen Anforderungen an das Zielsystem werden in diesem Schritt die Anforderungen in eine strukturierte Menge von Systemzielen transformiert. (Zu beachten ist, dass der Fokus auf System- und nicht auf Benutzerzielen liegt.) Damit umfasst dieser erste Schritt zwei Teilschritte:

➤ Identifikation der Systemziele und

➤ Strukturierung der Systemziele.

In beiden Teilschritten geht es ausschließlich darum, *was* das System erreichen soll, und nicht *wie* es etwas tut. *MaSE* folgt dabei der Maxime, dass jede systeminterne Aktivität der Erreichung von mindestens einem der identifizierten Systemziele dienen muss.

Identifikation der Systemziele
MaSE rät dazu, Systemziele durch Generalisierung der Systemanforderungen – also durch Ausblenden von Details in den Beschreibungen der Anforderungen – zu gewinnen. Systemziele sollen dabei durchaus abstrakt formuliert werden um sicherzustellen, dass sie möglichst unabhängig von Änderungen in den Systemanforderungen sind. (In dieser Unabhängigkeit und daraus resultierenden zeitlichen Invarianz unterscheiden sich Ziele von Funktionen und Prozessen; siehe z.B. [164, 317].)

Strukturierung der Systemziele
Zielstrukturierung umfasst zwei Tätigkeiten:

➤ Anordnung der Systemziele entsprechend ihrer Wichtigkeit, Granularität und hierarchischen Abhängigkeiten; und

➤ Zerlegung von unhandlichen (von einer einzelnen Systemeinheit schwer zu realisierenden) Zielen in kleinere Ziele.

Das Resultat dieser Tätigkeiten wird in einem sogenannten *Zielhierarchie-Graph* festgehalten. Für diesen Graph gilt: Ziele und ihre direkt untergeordneten Subziele sind durch Kanten verbunden; je wichtiger und grobkörniger ein Ziel eingestuft wird, desto weiter oben im Graphen ist es zu plazieren; und gleichwichtige und gleichgranulare Ziele sind auf derselben Ebene zu plazieren. In einem solchen Graphen werden vier *Zieltypen* unterschieden:

➤ Zusammenfassende Ziele, d.h. Ziele, die aus gleichwertigen Zielen abgeleitet werden; sie dienen als „Elternziel" auf der nächsthöheren Ebene im Graphen.

➤ Nicht-funktionale Ziele, also Ziele, die Merkmale der Arbeitsweise des Zielsystems betreffen und damit i.d.R. aus nichtfunktionalen Anforderungen (siehe Seite 84) ableitbar sind.

▶ Kombinierte Ziele, d.h. Ziele, die ähnliche Ziele auf der nächsthöheren Ebene zusammenfassen.

▶ Partitionierte Ziele, d.h. Ziele, die in Teilziele zerfallen und deren Erreichung durch das Erreichen ihrer Teilziele sichergestellt ist. (Zusammenfassende Ziele stellen einen Spezialfall dieses Zieltyps dar.)

(Ein Beispiel für einen Zielhierarchie-Graph gibt die Abbildung 7.2 auf Seite 146.)

Analyseschritt 2: Einsatz von Use Cases

Im zweiten Schritt wird mit Hilfe von Use Cases eine initiale Rollenmenge sowie elementare Interaktionen zwischen den Rollen identifiziert. Hierzu sind zwei Teilschritte auszuführen:

▶ Kreieren von Use Cases und

▶ Kreieren von Sequenzdiagrammen.

Die Sequenzdiagramme dienen auch als Ausgangspunkt für die Festlegung der rollenspezifischen Tätigkeiten.

Use Cases sind aus dem Anforderungsprofil des Zielsystems abzuleiten (vgl. [102, 259]). *MaSE* unterscheidet zwischen positiven Use Cases (gewünschtes und von einem Benutzer erwartetes Systemverhalten) und negativen Use Cases (unerwünschtes und fehlerhaftes Systemverhalten). Die Kreierung von Use Cases kann zu einer Verfeinerung und Korrektur der Zielhierarchie, also zu einer Wiederholung des ersten Analyseschrittes, führen. Use Cases dienen primär der Ableitung von systeminternen Kommunikationspfaden und Rollen.

<small>Kreieren von Use Cases</small>

Die Abfolge der Ereignisse in den Use Cases wird graphisch durch Sequenzdiagramme (*message sequence charts*) dargestellt. In solchen Diagrammen sind beteiligte Rollen durch Kästchen dargestellt und der Zeitverlauf wird von oben nach unten angenommen; Kommunikationsvorgänge zwischen den Einheiten werden durch beschriftete horizontale Pfeile angezeigt. (Die Abbildung 7.3 auf Seite 148 zeigt ein solches Sequenzdiagramm.)

<small>Kreieren von Sequenzdiagrammen</small>

Analyseschritt 3: Verfeinerung von Rollen

Im dritten Schritt erfolgt die Transformation der System(sub)ziele und der Sequenzdiagramme in Rollen und die ihnen zugeordneten Aufgaben. Die hierzu vorgesehenen Teilschritte sind:

▶ Erstellen eines Rollendiagramms und

▶ Erstellen von rollenspezifischen Aufgabendiagrammen.

Rollen bilden den zentralen Ausgangspunkt für die nachfolgende Entwurfsphase.

Erstellen eines Rollendiagramms

In dem Rollendiagramm – auch *Rollenmodell* genannt – werden alle identifizierten Rollen, zusammen mit ihren Aufgaben und Interaktionen, festgehalten. Für jedes System(sub)ziel ist eine dafür zuständige Rolle festzulegen, wobei eine einzelne Rolle für mehrere (z.b. ähnliche) Systemziele verantwortlich sein kann. In einem Rollendiagramm werden Rollen durch Rechtecke und Aufgaben durch Ovale dargestellt. Pfeile zwischen Aufgaben verweisen auf Protokolle für mögliche Kommunikationsvorgängen; dabei stehen durchgezogene Pfeile für peer-to-peer Kommunikationen und gestrichelte Pfeile stehen für nebenläufige Aufgaben innerhalb einer Rolle. Ein Beispiel für ein Rollendiagramm zeigt die Abbildung 7.6 auf Seite 152.

Erstellen von Aufgabendiagrammen

Die zu einer Rolle gehörenden und im Rollendiagramm enthaltenen Aufgaben werden mit Hilfe eines Aufgabendiagramms („concurrent task diagram") weiter präzisiert. Diese Diagrammart dient insbesondere der Spezifikation der Zustände, die eine Aufgabe beziehungsweise Aufgabenbearbeitung besitzen kann, sowie der Spezifikation von Ereignissen, die zu Zustandsübergängen führen. Zu den zustandsüberführenden Ereignissen gehören neben internen Interaktionen zwischen verschiedenen Aufgaben innerhalb einer Rolle auch externe Interaktionen mit Aufgaben anderer Rollen (send, receive). Aufgabendiagramme erfassen mögliche Nebenläufigkeiten sowohl auf der Ebene der zustandsüberführenden Ereignisse als auch auf der Ebene der Aufgaben. Formal entsprechen Aufgabendiagramme endlichen Zustandsautomaten, wobei Zustandsübergänge durch beschriftete Pfeile zwischen den betroffenen Zuständen dargestellt sind. Die Syntax dieser Beschriftungen ist geben durch:

trigger [guard] ^ *transmission(s)*

Dabei steht *trigger* für ein transitionsauslösendes Ereignis, *guard* für eine zusätzliche Transitionsbedingung, und *transmission(s)* für Nachrichten, die im Transitionsfall versendet werden. Mehrere zu verschickende Nachrichten werden durch Semikola getrennt. Falls in einem Zustand mehrere Transitionen existieren sollten, deren *trigger*- und *guard*-Bedingungen gleichzeitig erfüllt sind, dann wird mit Hilfe einer von *MaSE* vorgegebenen Prioritätsliste entschieden, welche Transitionen ausgeführt werden. Aufgaben, die keine spezielle Triggerbedingung erfordern, um aktiviert und damit vom betreffenden Rolleninhaber verfolgt zu werden, werden *persistenten* Aufgaben genannt; nicht-persistente Aufgaben werden auch als *transiente* Aufgaben bezeichnet. Ein Beispiel für ein Aufgabendiagramm zeigt die Abbildung 7.7 auf Seite 153. Eine detailliertere Beschreibung dieses Diagrammtyps bietet auch [85].

7.1.2 Entwurf

Ausgehend von den identifizierten Rollen und Aufgaben erfolgt in der Entwurfsphase die Festlegung von Agententypen, Agenteninterna und möglichen Konversationen zwischen den Agenten. Insgesamt umfasst die Entwurfsphase vier zentrale Schritte.

Entwurfsschritt 1: Festlegung von Agentenklassen

Im ersten Entwurfsschritt werden Agentenklassen festgelegt, deren Instanzen im Zielsystem die identifizierten Rollen spielen werden. Eine zentrale Forderung von *MaSE* ist es, dass jedes Systemziel mit einer Rolle assoziiert sein muss und jede Rolle von einer Agentenklasse gespielt wird. Dabei ist es erlaubt, dass eine Agentenklasse für mehrere Rollen zuständig ist und Klasseninstanzen (also die Agenten) dynamisch wechselnde Rollen spielen.

Agenten(klassen) und Rollen

Weiterhin ist in diesem ersten Schritt für jede Agentenklasse festzulegen, in welche Konversationen ihre Instanzen während ihrer Laufzeit involviert sein können. Um diese Festlegung zu treffen, muss also berücksichtigt werden, welche Rollen die Instanzen spielen und welche Aufgaben diesen Rollen zugeordnet sind. Diese Informationen können dem Rollendiagramm und den Aufgabendiagrammen entnommen werden.

Agenten(klassen) und erlaubte Konversationen

Die festgelegten Agentenklassen und Konversationen werden in einem Agentenklassendiagramm zusammengefasst. Dieses Diagramm entspricht einem objektorientierten Klassendiagramm, mit zwei Unterschieden: erstens, Agentenklassen sind über Rollen definiert, statt über Attribute und Methoden; und zweitens, Beziehungen zwischen Agentenklassen basieren ausschließlich auf Konversationen (dargestellt durch Pfeile, deren Richtung die Konversationsinitiatoren und -empfänger angibt) . Ein Agentenklassendiagramm gibt einen ersten Eindruck der Organisationsstruktur des agentenorientierten Zielsystems. Die Abbildung 7.17 auf Seite 158 gibt ein Beispiel für ein Agentenklassendiagramm.

Agentenklassendiagramm

Entwurfsschritt 2: Konstruktion von Konversationen

Kommunikations- Die im vorausgehenden Schritt identifizierten und im Agentenklas-
klassendiagramme sendiagramm enthaltenen Konversationen zwischen den Agentenklassen werden nun präzisiert. Dazu sind je Konversation zwei sogenannte Kommunikationsklassendiagramme anzugeben, und zwar eines für den Initiator der Konversation und ein dazu komplementäres für den Empfänger. Diese Diagramme spezifizieren im Wesentlichen *Koordinationsprotokolle* für Agenten bestimmter Klassen. Analog zu den Aufgabendiagrammen entsprechen Kommunikationsklassendiagramme formal endlichen Zustandsautomaten. Zustandsübergänge werden wieder durch beschriftete Pfeile dargestellt, wobei die Beschriftungen folgender Syntax folgen:

$$rec\text{-}mess(args1)\ [cond]/action\ \hat{}\ trans\text{-}mess(args2)$$

Dabei ist *rec-mess* eine empfangene Nachricht mit Argumenten *args1*, *[cond]* eine zusätzliche Bedingung (optional), *action* eine Methode beziehungsweise ein Methodenbezeichner, und *trans-mess* ist eine zu versendende Nachricht mit Argumenten *args2*. Die zugrundeliegende Semantik lautet: „wenn eine Nachricht *rec-mess(args1)* empfangen wurde und die Bedingung *[cond]* erfüllt ist, dann wird die Methode *action* aufgerufen und die Nachricht *trans-mess(args2)* verschickt".

Annahme zum Um sinnvolle Konversationen zu ermöglichen, trifft *MaSE* fol-
Agentenverhalten gende Grundannahme zum Agentenverhalten:

> *Wenn ein Agent ein Nachricht erhält, vergleicht er diese mit aktuell laufenden Konversationen. Falls die Nachricht zu einer solchen Konversation passt, dann geht diese Konversation in einen anderen Zustand über. Falls jedoch die empfangene Nachricht zu keiner laufenden Konversation passt, dann wird sie als Aufforderung zum Beginn einer neuen Konversation interpretiert.*

Die automatische Verifikation von Konversationen wird von *Agent-Tool* (Kapitel 14) unterstützt.

Entwurfsschritt 3: Entwurf der Agenten-Interna

Dieser Schritt umfasst zwei Teilschritte:

► Definition der *Agentenarchitektur* und

► Definition der *Architekturkomponenten*.

Dabei wird unter einer Architekturkomponente eine Menge von Attributen und Methoden verstanden; bei komplexen Anwendungen kann eine solche Komponente ihrerseits eine Subarchitektur besitzen. Als *Minimalbedingung* fordert *MaSE*, dass jede in einem Kommunikationsklassendiagramm genannte Aktivität in einer der Architekturkomponenten als Operation definiert ist. Eine einfache Vorgehensweise, welche die Erfüllung dieser Bedingung unterstützt, ist es, jede in den vorausgehenden Schritten spezifizierten Aufgaben eines Agenten in einer eigenen Komponente innerhalb der jeweiligen Agentenklasse zu erfassen. (Die Methoden und Attribute der Komponente ergeben sich direkt aus dem zur Aufgabe gehörigen Taskdiagramm und den Koordinationsprotokollen.) Abgesehen von dieser Minimalbedingung abgesehen werden keine Einschränkungen hinsichtlich der Agentenarchitektur und ihrer Komponenten getroffen, so dass ein Entwickler auf bestehenden Architekturansätzen (z.B. BDI) aufsetzen oder auch einen völlig neuen, eigenen Ansatz verfolgen kann.

Zur einfachen graphischen Beschreibung von Agentenarchitekturen schlägt *MaSE* vor, Komponenten durch Rechtecke darzustellen, die mit Pfeilen verbunden sein können, wobei gestrichelt gezeichnete Pfeile Verbindungen nach Außen („outer-agent connections") und durchgezogen gezeichnete Pfeile Komponentenverbindungen innerhalb eines Agenten darstellen. (Externe Verbindungen müssen konsistent mit allen bisher definierten Konversationen sein.) Solche graphischen Darstellungen von Agentenarchitekturen werden von *MaSE* als Agentenarchitekturdiagramme bezeichnet. Die Abbildung 7.21 (Seite 162) zeigt ein Beispiel für ein solches Diagramm.

Agentenarchitekturdiagramme

Entwurfsschritt 4: Systementwurf

Im letzten Schritt sind folgende Eigenschaften des Zielsystems festzulegen:

Einsatzdiagramm

- zulässige Anzahl von Agenten je Agentenklasse und
- physikalischer Aufenthaltsort der Agenten (z.B. Hostname).

Zur einfachen graphischen Darstellung dieser Information für eine gegebene Anwendung sowie zur Darstellung von Information über erforderliche Kommunikationspfade wird die Verwendung eines Einsatzdiagramms („deployment diagram") vorgeschlagen. In einem solchen Diagramm werden Agenten (mit Angabe ihrer Klassen) als Rechtechte und Konversationspfade als Verbindungslinien zwischen den Rechtecken dargestellt; Agenten, die sich am selben physikalischen Ort befinden, werden mit einer gestrichelten Linie umrandet. Ein Beispiel für ein Einsatzdiagramm zeigt die Abbildung 7.22 auf Seite 163. Einsatzdiagramme sind als Ausgangspunkt für die Identifikation von Kommunikationsengpässen geeignet.

Abschließender Überblick

Einen abschließenden Überblick über die einzelnen Analyse- und Entwurfsschritte gibt die Abbildung 7.1. Wie bereits erwähnt wurde, ist *MaSE* eine iterative Methode. Insbesondere das Tracing von Änderungen über die Grenzen von einzelnen Entwicklungsschritten hinweg dadurch unterstützt, dass es klare Beziehungen zwischen den einzelnen Teilmodellen (Diagrammen) gibt. Beispielsweise kann eine Methode aus einer Komponente in einer Agentenklasse bei *MaSE* ganz einfach auf dasjenige Ziel in der Zielhierarchie zurückgeführt werden, zu dessen Erreichung sie beitragen soll.

7.2 Anwendungsstudie

7.2.1 Analyse

Analyseschritt 1: Erstellung einer Zielhierarchie

Systemziele identifizieren

Aus der Problemstellung des *Howdini*-Szenarios (Kapitel 3) werden folgende abstrakten Systemziele abgeleitet:

1. Ausführung von Softwarediensten für einen oder mehrere Benutzer (*„Do Software Service"*).
2. Durchführung von Softwarediensten mit Hilfe eines oder mehrerer ausführbarer Programme (*„Use Programs"*).
3. Bei erfolgloser Suche nach einer Lösung (einem Programm) wird die Ausführung des Softwaredienstes eventuell an ein anderes *Howdini* System delegiert (*„Delegate"*).
4. Sämtliche auf dem lokalen Rechner ausführbaren Programme finden (*„Find Programs"*).
5. Auf dem lokalen Rechner die Beschreibung für jedes gefundene Programm finden (*„Find Manuals"*).
6. Durch die Programmbeschreibung die Funktionsweise und Bedienung eines gefundenen, ausführbaren Programms verstehen (*„Understand Programs"*).

Systemziele strukturieren

Die identifizierten Systemziele sind entsprechend ihrer Wichtigkeit und ihrer Beziehungen zueinander zu strukturieren. Überlegungen, die bei dieser Strukturierung einfließen, sind beispielsweise:

➤ Ziel 1 ist unmittelbar den Zielen 2 und 3 übergeordnet.

➤ Ziel 1 erfordert zusätzlich zum Erreichen der Ziele 2 und 3 die Entgegennahme von Benutzeranfragen (*„Receive User Queries"*).

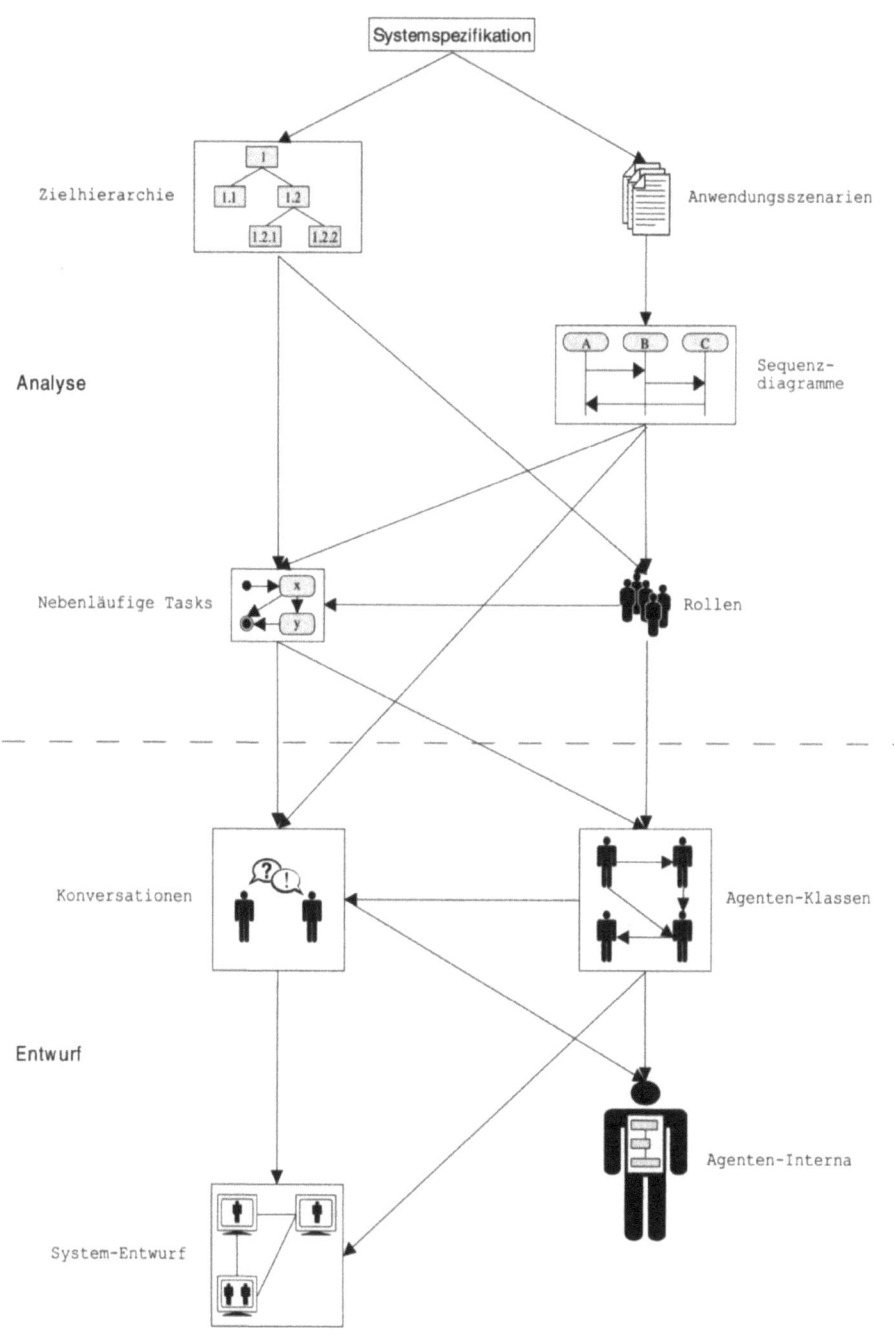

Abb. 7.1. *MaSE* im Überblick

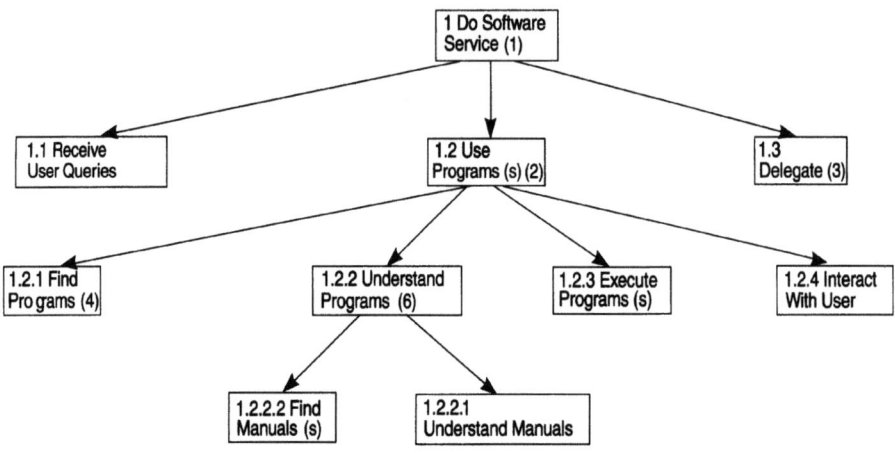

Abb. 7.2. *MaSE: Howdini* Zielhierarchie-Graph

▶ Das Erreichen von Ziel 2 erfordert das Erreichen der Ziele 4 und 6. Darüberhinaus erfordert das Erreichen dieses Ziels die Ausführung gefundener, geeigneter Programme (*„Execute Program(s)"*) und gegebenenfalls die Klärung offener Fragen (*„Interact with User"*).

Der aus solchen Überlegungen resultierende Zielhierarchie-Graph ist in Abbildung 7.2 dargestellt (dieser Graph wurde mit *agent-Tool* erstellt). In dieser Abbildung sind Ziele als Rechtecke dargestellt, wobei die Nummerierung die Hierarchiestufe angibt. (Die geklammerten Nummern verweisen auf die Position in der obigen Liste der Ziele.) Die beiden Rechtecke mit der Nummerierung „1" und „1.2.2" stehen für partitionierte Ziele, die als erreicht gelten, wenn all ihre Unterziele erreicht wurden. Neben den beiden partitionierten Zielen gibt es noch zusammengesetzten Ziele. Insgesamt deckt sich der Zielhierarchie-Graph mit der Aufgabenstruktur, die im Rahmen von MASSIVE entwickelt wurde (Kapitel 5, Abbildung 5.4 auf Seite 94). Eine Verfeinerung des Zielhierarchie-Graphen ließe sich durch die Berücksichtigung von nicht-funktionalen Zielen erreichen (entsprechend den in Kapitel 5 auf Seite 93 genannten nicht-funktionalen Anforderungen).

Analyseschritt 2: Einsatz von Use Cases

Use Cases Es werden folgende drei, für die Interaktion mit dem *Howdini*-Zielsystem typische Use Cases identifiziert:

1. Ein Benutzer verlangt vom *Howdini*-System die Umwandlung einer HTML- in eine PDF-Datei. Das Zielsystem kennt die

Programme *html2ps* und *ps2pdf* und überprüft, ob mit diesen Programmen die gewünschte Umwandlung durchgeführt werden kann. Da diese Überprüfung positiv ausfällt, wird die umzuwandelnde HTML-Datei zuerst an *html2ps* übergeben und die resultierende Ausgabe wird anschließend an *ps2pdf* weitergeleitet. Die Ausführung beider Programme wird durch deren Parameter gesteuert, weshalb der Benutzer die Möglichkeit erhält, diese Parameter anzugeben. Nach Beendigung von *html2ps* und *ps2pdf* wird die generierte PDF-Datei dem Benutzer bereitgestellt.
2. Ein Benutzer stellt dieselbe Anfrage an das *Howdini*-System wie in Use Case 1, aber das System kennt keine geeigneten Programme, um diese Anfrage auszuführen (d.h. es bietet den angefragten Dienst nicht an). Deshalb wird vom System beim Benutzer nachgefragt, ob die Anfrage an ein anderes *Howdini*-System weitergeleitet werden soll. Der Benutzer stimmt zu, und somit delegiert das System die Anfrage an ein *Howdini*-System auf einem benachbarten Rechner. Dieses benachbarte System informiert dann den anfragenden Benutzer.
3. Das *Howdini*-System sucht im Dateisystem nach Programmen, und findet dort das Programm *html2ps*. Hierzu findet es auch die zugehörige *manpage*, analysiert diese, und leitet daraus ab, was der Zweck des Programms ist und wie man es bedient (welche Parameter benötigt werden etc.). Diese Informationen werden dann vom System gespeichert, damit das gefundene Programm bei Bedarf für das Ausführen eines Software-Dienstes verwendet werden kann.

Betrachtet wird zuerst Use Case 1. Offensichtlich muss eine bidirektionale Kommunikationsverbindung existieren zwischen Benutzer und Zielsystem, sowie jeweils bidirektionale Kommunikationsverbindungen zwischen dem System und den beiden Programmen *html2ps* und *ps2pdf*. Des Weiteren ist eine bidirektionale Verbindung erforderlich zwischen jedem Programm und dem Benutzer, um den Austausch von Informationen bezüglich der Ausführung der Programme zu ermöglichen. Das entsprechende Sequenzdiagramm zu diesem Use Case ist in Abbildung 7.3 dargestellt. In diesem Diagramm bezeichnet „SERVER:Local" diejenige Einheit im Zielsystem, welche die Anfrage des Benutzers entgegenimmt und über die Ausführung der beiden Programme verhandelt. Aus dem Diagramm ist auch zu ersehen, dass für die beiden Programme entsprechende Agentenwrapper vorgesehen sind (HTML2PS_WRAPPER und PS2PDF_WRAPPER), die für die entsprechende Kommunikation zuständig sind.

Sequenzdiagramme

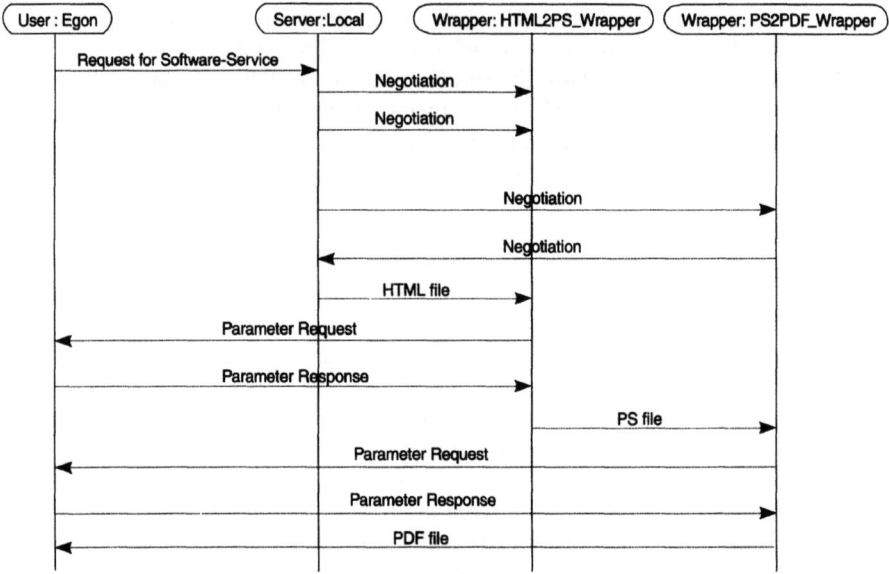

Abb. 7.3. *MaSE:* Sequenzdiagramm für das erste Anwendungsszenario

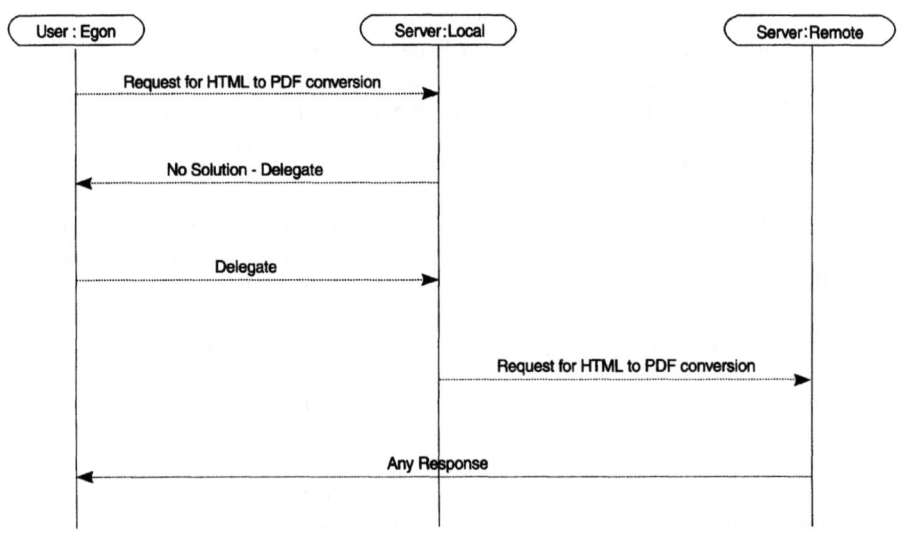

Abb. 7.4. *MaSE:* Sequenzdiagramm für das zweite Anwendungsszenario

Das Sequenzdiagramm für Use Case 2 ist in Abbildung 7.4 dargestellt. In dieser Abbildung bezeichnet „SERVER:Remote" das System, an welches delegiert wird.

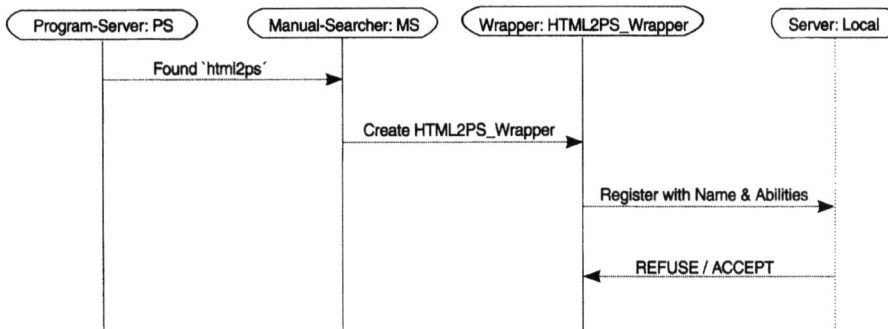

Abb. 7.5. *MaSE:* Sequenzdiagramm für das dritte Anwendungsszenario

Das Sequenzdiagramm für Use Case 3, der Abläufe innerhalb des Zielsystems betrifft, ist in Abbildung 7.5 zu sehen. Wie aus dieser Abbildung zu ersehen ist, ist für jede zentrale Aktivität eine separate Einheit zuständig. PROGRAM-SEARCHER realisiert die Suche nach ausführbaren Programmen. MANUAL-SEARCHER ist verantwortlich für das Suchen und Analysieren von Programmbeschreibungen sowie für das Erzeugen von Wrappers für gefundene Programme (die bislang unbekannt waren). Es wird angenommen, dass ein neuer Wrapper zwecks Registrierung eine Beschreibung seiner Fähigkeiten an den SERVER sendet und dieser Registrierungswunsch vom SERVER quittiert (angenommen oder verweigert) wird.

Analyseschritt 3: Verfeinerung von Rollen

Die Erstellung des Rollendiagramms erfordert zunächst eine Zuordnung der System(sub)ziele zu den mit Hilfe der Use Cases identifizierten Rollen (also SERVER, USER, WRAPPER, PROGRAM-SEARCHER und MANUAL-SEARCHER). Diese Zuordnung wird folgendermaßen getroffen:

Rollendiagramm

USER	→ Ziel 1.1
SERVER	→ Ziel 1.2 und 1.3
PROGRAM-SEARCHER	→ Ziel 1.2.1
MANUAL-SEARCHER	→ Ziel 1.2.2.1 und 1.2.2.2
WRAPPER	→ Ziel 1.2.3 und 1.2.4

(Die Ziele 1. und 1.2.2 sind in dieser Liste nicht genannt, da sie partitionierte Ziele sind.) Als Nächstes werden für jede Rolle, entsprechend den ihr zugeordneten Zielen, die zu erledigenden Aufgaben informell bestimmt:

➤ PROGRAM-SEARCHER

Aufgabe *SearchForProgram* (Ziel 1.2.1), mit folgenden Aktivitäten: Suchen nach Programmen; Verwalten einer Programmliste; Senden von Programmnamen an MANUAL-SEARCHER.

➤ MANUAL-SEARCHER

Aufgabe *SearchForManual* (Ziele 1.2.2.1 und 1.2.2.2), mit folgenden Aktivitäten: Suche nach Programmbeschreibung; Analyse von Programmbeschreibungen; Anfrage bei SERVER, ob für ein Programm mit gewünschten Eigenschaften schon ein WRAPPER existiert; Schaffung von neuen WRAPPER entsprechend der Analyse von Beschreibungen.

➤ SERVER

➤ Aufgabe *AwaitServiceDescription* (strukturspezifisch), mit folgenden Aktivitäten: Empfang von Anfragen seitens eines MANUAL-SEARCHER; Überprüfung, ob für einen angeforderten Dienst schon ein Wrapper-Eintrag in der WRAPPER-Datenbank vorliegt; Delegation einer Anfrage an den Server eines benachbarten *Howdini*-Systems (falls kein geeigneter Wrapper in der Datenbank gefunden wurde); Senden von Antworten an MANUAL-SEARCHER beziehungsweise USER.

➤ Aufgabe *AwaitRegistrationQuery* (Ziel 1.2), mit folgenden Aktivitäten: Entgegennahme von WRAPPER-Registrierungen; Eintrag von Namen und Fähigkeiten eines neu registrierten WRAPPER in die WRAPPER-Datenbank.

➤ Aufgabe *NegotiateWithWrapper* (Ziel 1.3), mit folgenden Aktivitäten: „Aushandeln" von Details mit einem geeigneten, in der Datenbank gefundenen WRAPPER. (Wegen der Komplexität dieses Aushandelns wird hierfür eine separate Aufgabe spezifiziert.)

➤ WRAPPER

➤ Aufgabe *SendRegistration* (Ziel 1.2.4), mit folgender Aktivität: Registrieren beim SERVER (Gegenstück zur Aufgabe *AwaitRegistrationQuery* des SERVER).

➤ Aufgabe *NegotiateWithServer* (strukturspezifisch), mit folgender Aktivität: Verhandeln mit dem SERVER (Gegenstück zur Aufgabe *NegotiateWithWrapper* des SERVER).

➤ Aufgabe *ExecuteProgram* (Ziele 1.2.3 und 1.2.4), mit folgenden Aktivitäten: Ausführen des gewrappten Programms;

Interagieren mit Benutzer zwecks zusätzlicher, ausführungsrelevanter Information (z.B. Parameter für Programmlauf).

➤ USER

➤ Aufgabe *GetUserInput* (Ziel 1.1), mit folgender Aktivität: Entgegennahme von Benutzereingaben aller Art.

➤ Aufgabe *DisplayMessage* (Ziel 1.1), mit folgender Aktivität: Darstellung von Nachrichten des Zielsystems an den Benutzer.

Die als „strukturspezifisch" deklarierten Aufgaben leiten sich nicht unmittelbar aus den Zielen ab, sondern resultieren aus der systeminternen Struktur (Rollenaufteilung und Kommunikationsverbindungen zwischen den Rollen). Insgesamt ergibt sich damit das in Abbildung 7.6 dargestellte Rollendiagramm.

Aufgabendiagramme für die identifizierten Aufgaben sind in den Abbildungen 7.7 bis 7.16 (ab Seite 153) dargestellt; diese Aufgabendiagramme wurden mit *agentTool* (Kapitel 14) erstellt.

<small>Aufgabendiagramme</small>

7.2.2 Entwurf

Entwurfsschritt 1: Festlegung von Agentenklassen

Um eine übersichtliche Klassenstruktur zu erreichen, wird je Rolle eine Klasse definiert wird. Die Konversationen zwischen den Klassen lassen sich unmittelbar aus dem Rollendiagramm (Abbildung 7.6 auf Seite 152) ablesen. Das entsprechende Agentenklassendiagramm ist in Abbildung 7.17 dargestellt. (Die Konversationen *Confirmation* und *StartExecution* aus dem Rollendiagramm sind in das Klassendiagramm nicht eingezeichnet; statt dessen wurde *Confirmation* in die Konversation *ServiceRequest* und *StartExecution* in die Konversation *Negotiation* integriert.)

<small>Agentenklassendiagramm</small>

Entwurfsschritt 2: Konstruktion von Konversationen

Im Agentenklassendiagramm sind sieben Konversationen genannt: *NewProgram, Negotiation, Registration, AskForService, ServiceRequest, Output* und *WrapperQuery*. Für jede dieser Konversationen sind für den Initiator und dem Empfänger je ein Kommunikationsklassendiagramm anzugeben. Abgesehen von speziellen Stabilitätsmaßnahmen (z.B. timeouts) ergeben sich diese Diagramme nahezu unmittelbar aus den betroffenen Aufgabendiagrammen; zu beachten ist lediglich die richtige Wahl der Aufgaben, beispielsweise gilt:

<small>Kommunikationsklassendiagramme</small>

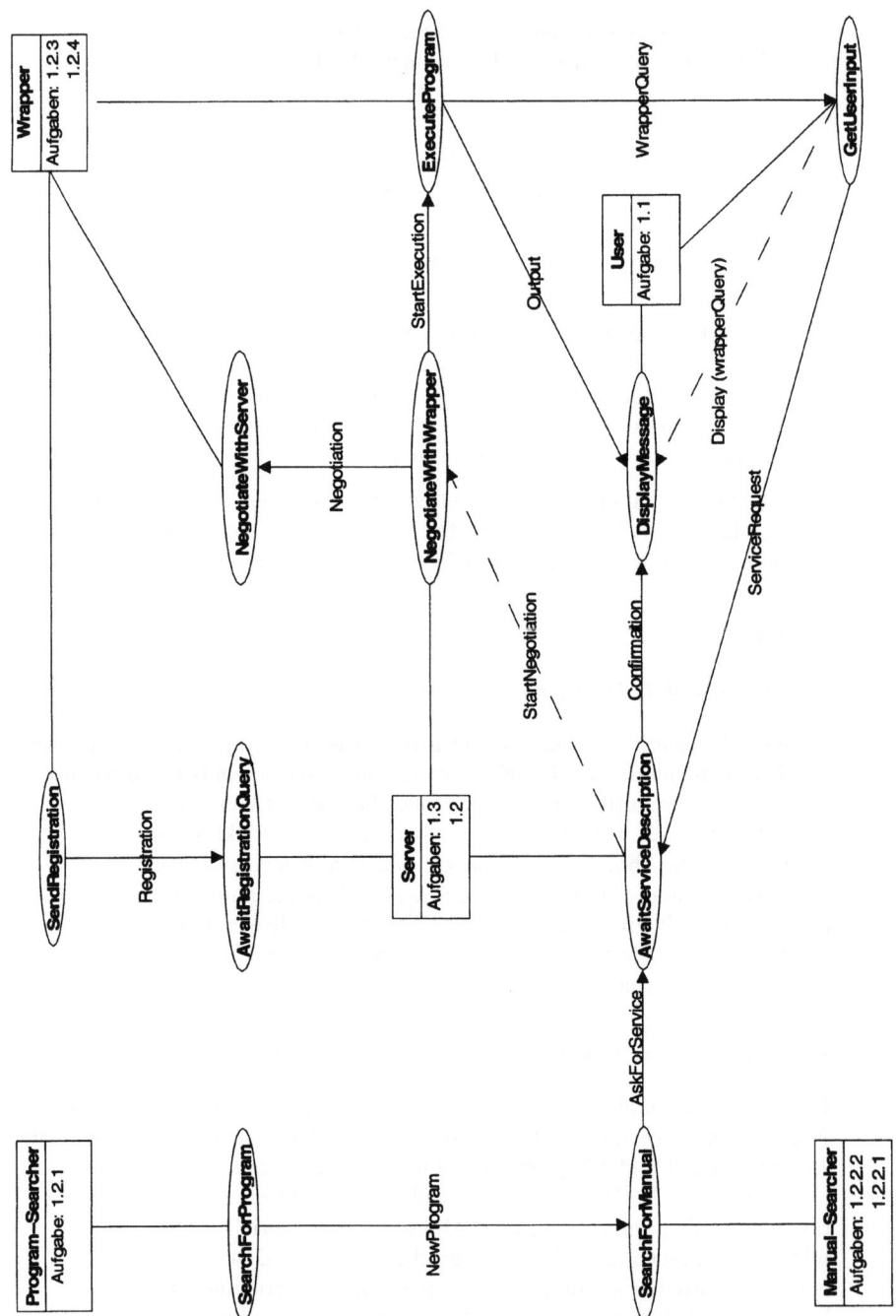

Abb. 7.6. *MaSE: Howdini* Rollendiagramm

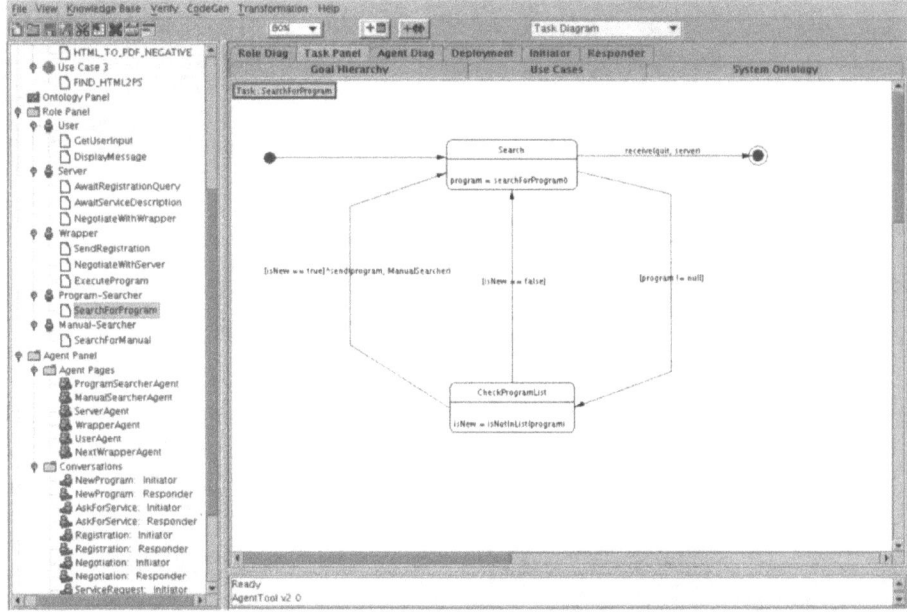

Abb. 7.7. *MaSE:* Aufgabendiagramm für *SearchForProgram*

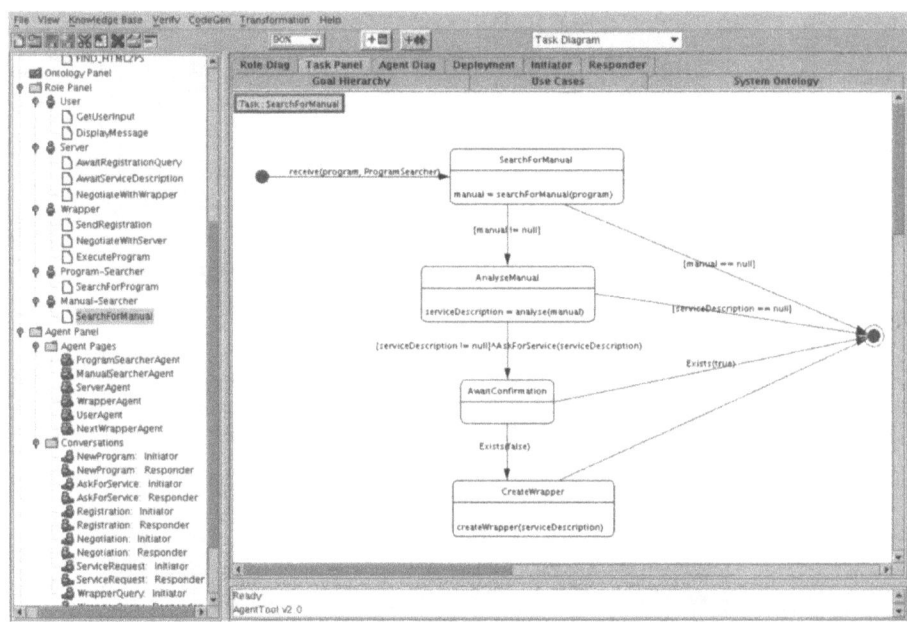

Abb. 7.8. *MaSE:* Aufgabendiagramm für *SearchForManual*

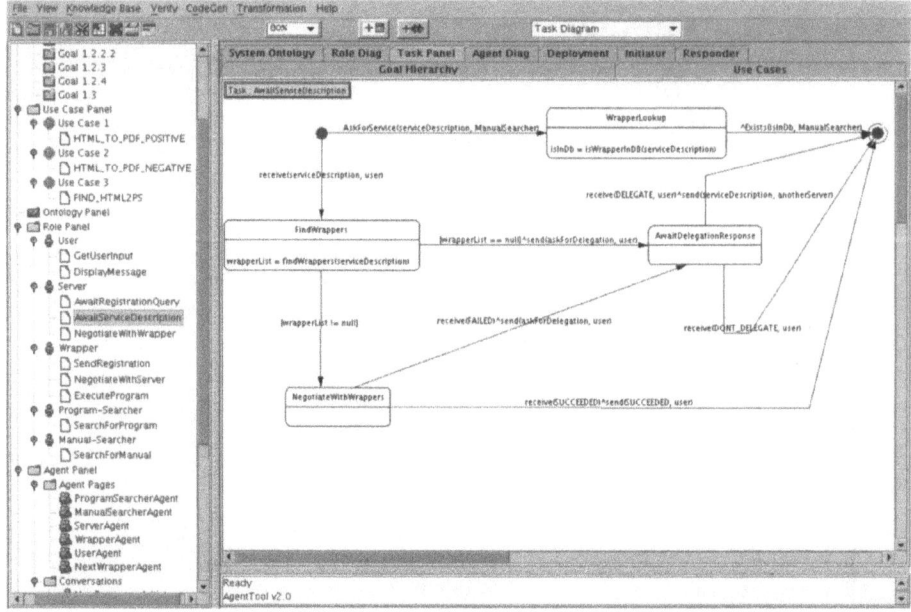

Abb. 7.9. *MaSE:* Aufgabendiagramm für *AwaitServiceDescription*

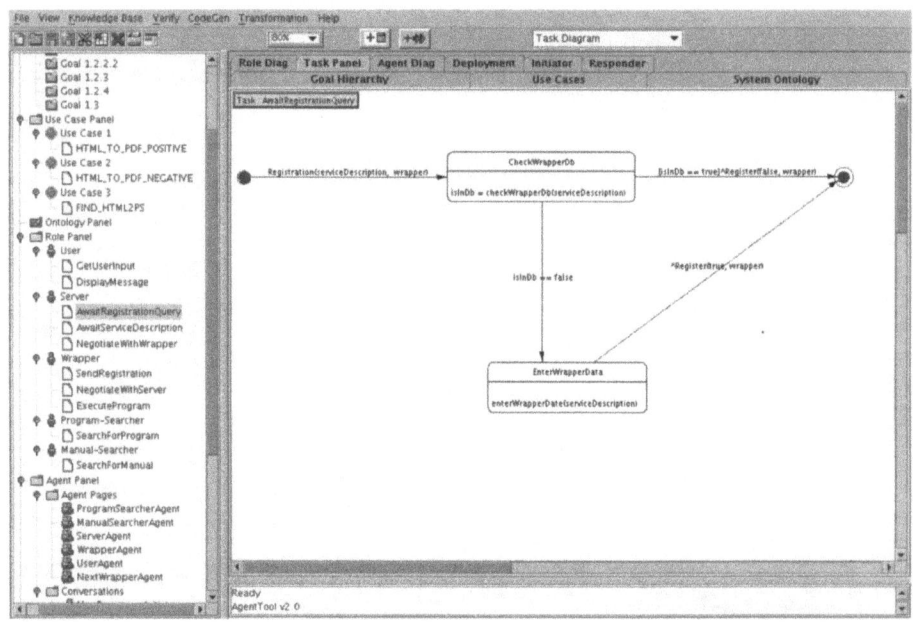

Abb. 7.10. *MaSE:* Aufgabendiagramm für *AwaitRegistrationQuery*

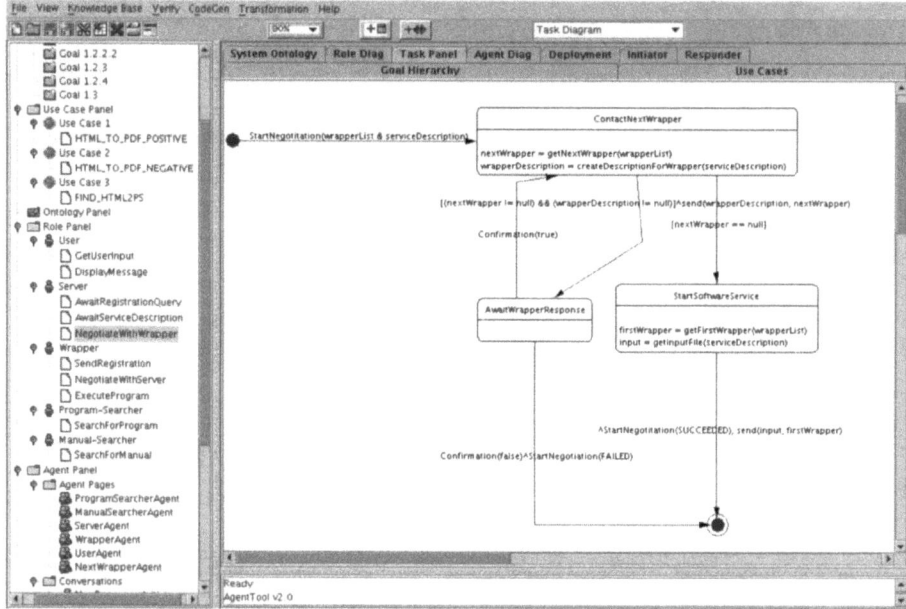

Abb. 7.11. *MaSE:* Aufgabendiagramm für *NegotiateWithWrapper*

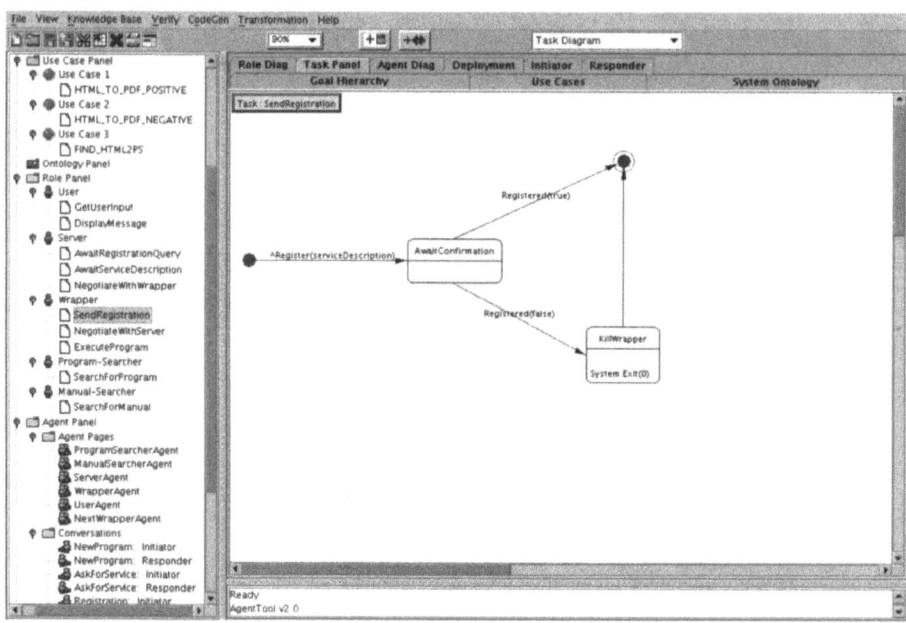

Abb. 7.12. *MaSE:* Aufgabendiagramm für *SendRegistration*

156   7 MaSE

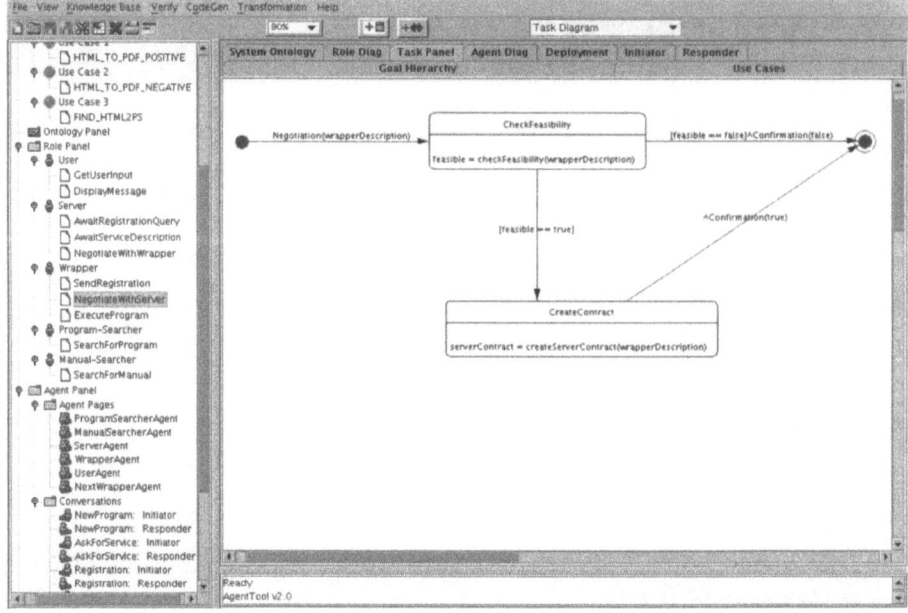

Abb. 7.13. *MaSE:* Aufgabendiagramm für *NegotiateWithServer*

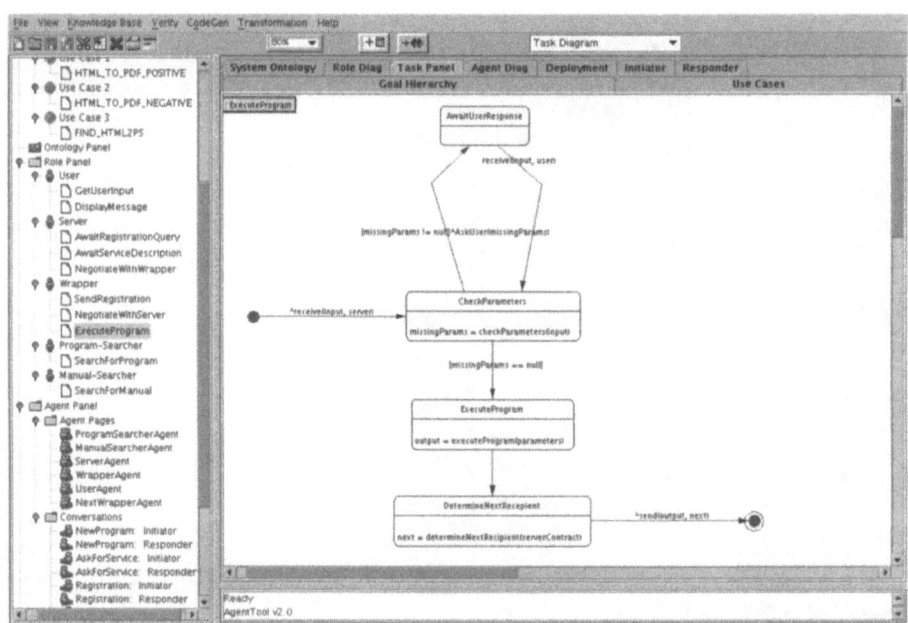

Abb. 7.14. *MaSE:* Aufgabendiagramm für *ExecuteProgram*

7.2 Anwendungsstudie   157

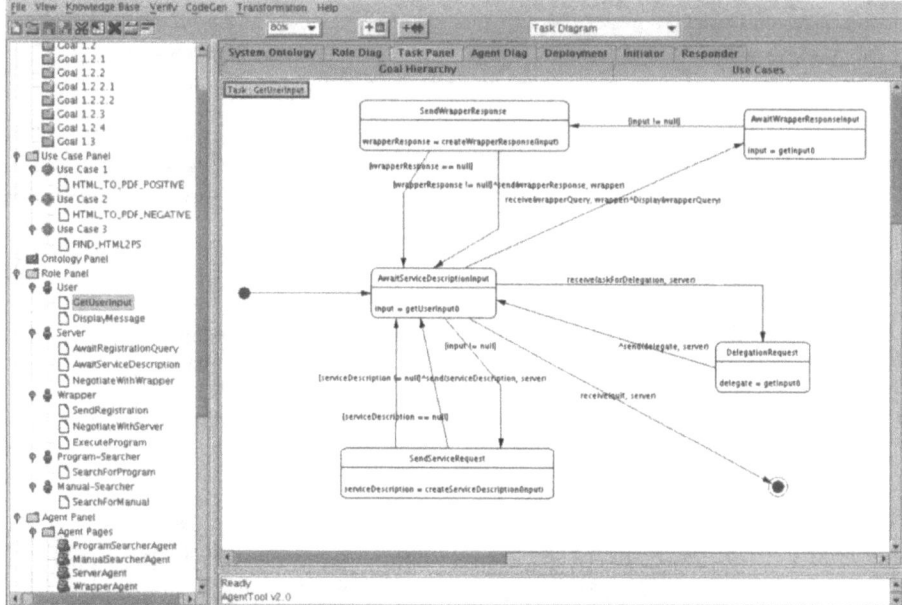

Abb. 7.15. *MaSE:* Aufgabendiagramm für *GetUserInput*

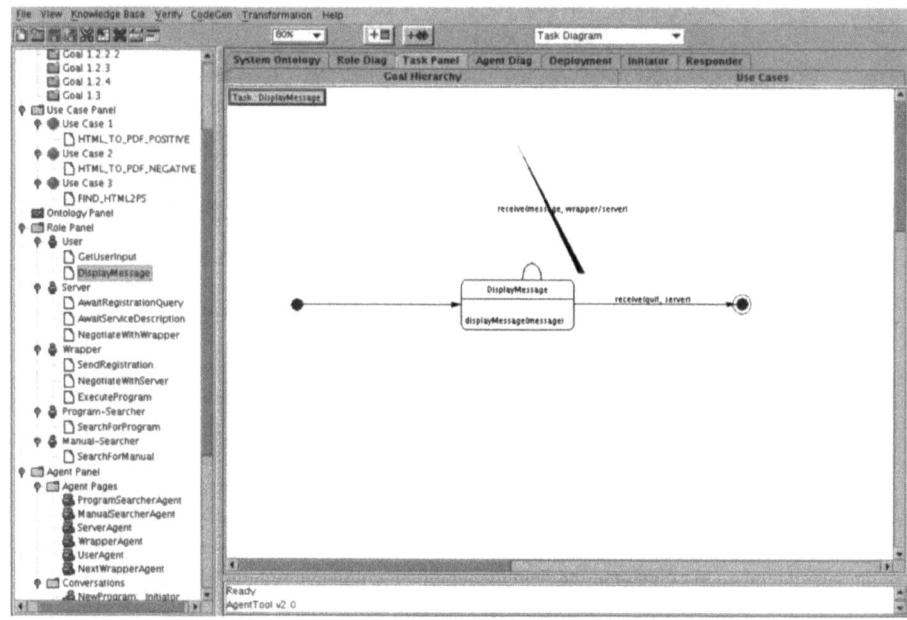

Abb. 7.16. *MaSE:* Aufgabendiagramm für *DisplayMessage*

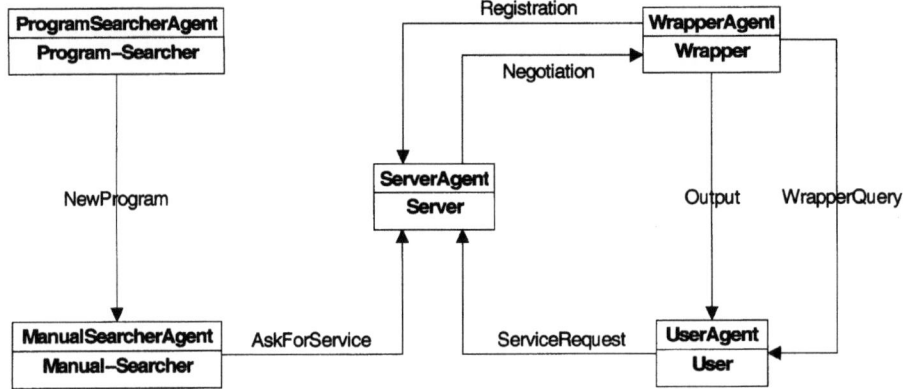

Abb. 7.17. *MaSE: Howdini* Agenten-Klassendiagramm

▶ Die Konversation *NewProgram* betrifft die beiden Aufgaben *SearchForProgram* und *SearchForManual*, wobei *SearchForProgram* mit dem Initiator-Kommunikationsklassendiagramm und *SearchForManual* mit dem Empfänger-Kommunikationsklassendiagramm dieser Konversation korrespondiert.

▶ Die Konversation *Negotiation* betrifft die beiden Aufgaben *NegotiateWithWrapper* (Initiator) und *NegotiateWithServer* (Empfänger).

▶ Die Konversation *Registration* betrifft die Aufgaben *SendRegistration* und *AwaitRegistrationQuery*.

Die Kommunikationsklassendiagramme für diese drei Konversationen sind in den Abbildungen 7.18, 7.19 und 7.20 dargestellt (mit *agentTool* erstellt); die Diagramme für die übrigen Konversationen werden analog konzipiert.

Entwurfsschritt 3: Entwurf der Agenten-Interna

Agentenarchitekturdiagramme
Die Attribute und Methoden einer Architekturkomponente, die es bei Agentenarchitekturdiagrammen zu berücksichtigen gilt, können den Zustandsübergangsdiagrammen für Konversationen und Aufgaben entnommen werden. Die Architekturdiagramme enthalten keine wesentliche neue Information, sondern bündeln bereits vorhandene Information neu und erlauben damit eine ergänzende Sicht auf das Zielsystem. Exemplarisch zeigt die Abbildung 7.21 das Agentenarchitekturdiagramm für SERVERAGENT.

7.2 Anwendungsstudie 159

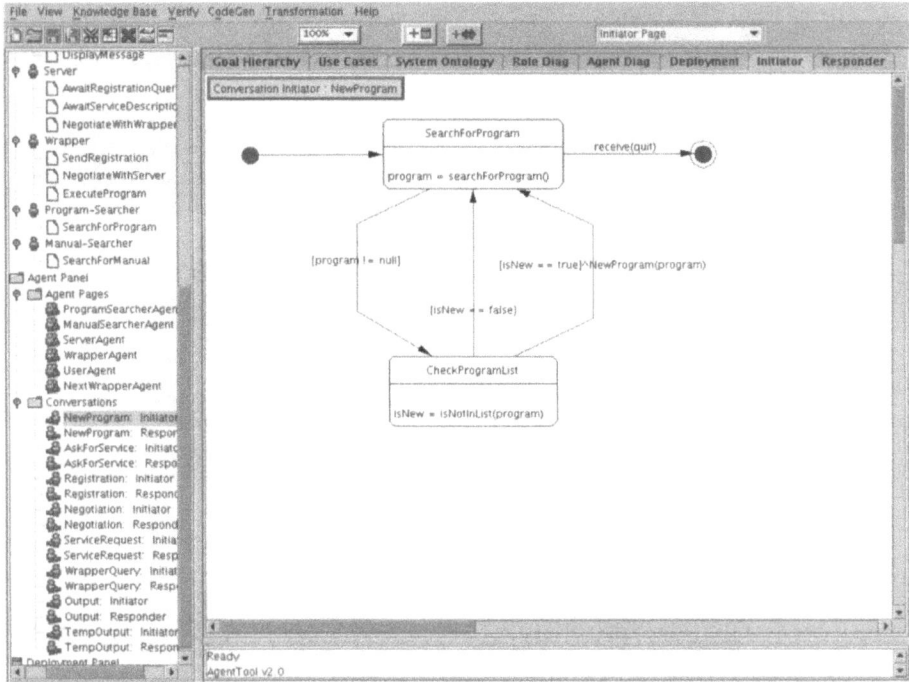

(a) Initiator

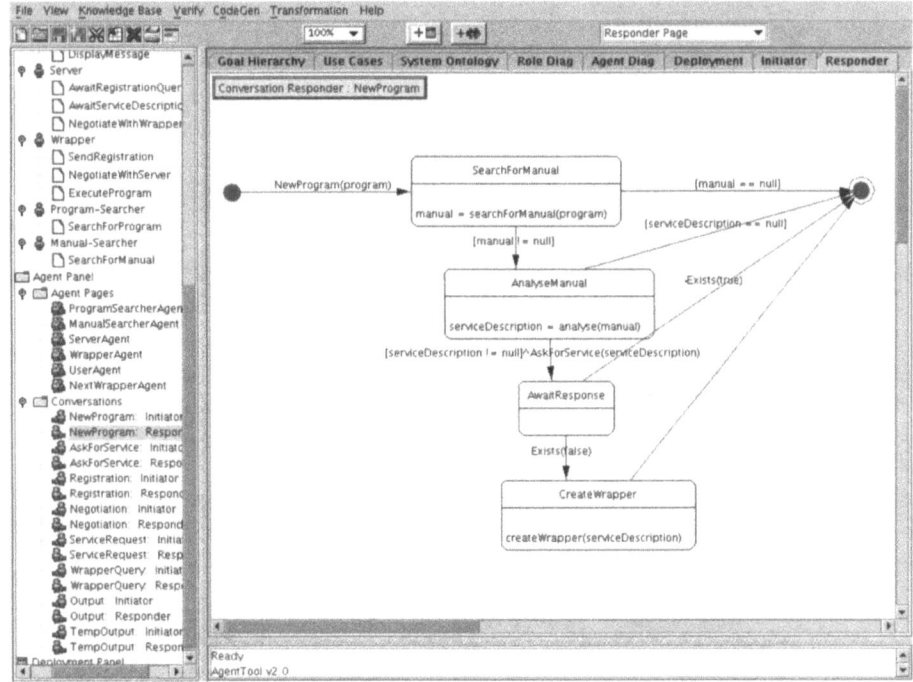

(b) Empfänger

Abb. 7.18. *MaSE:* Konversation *NewProgram*

160   7 *MaSE*

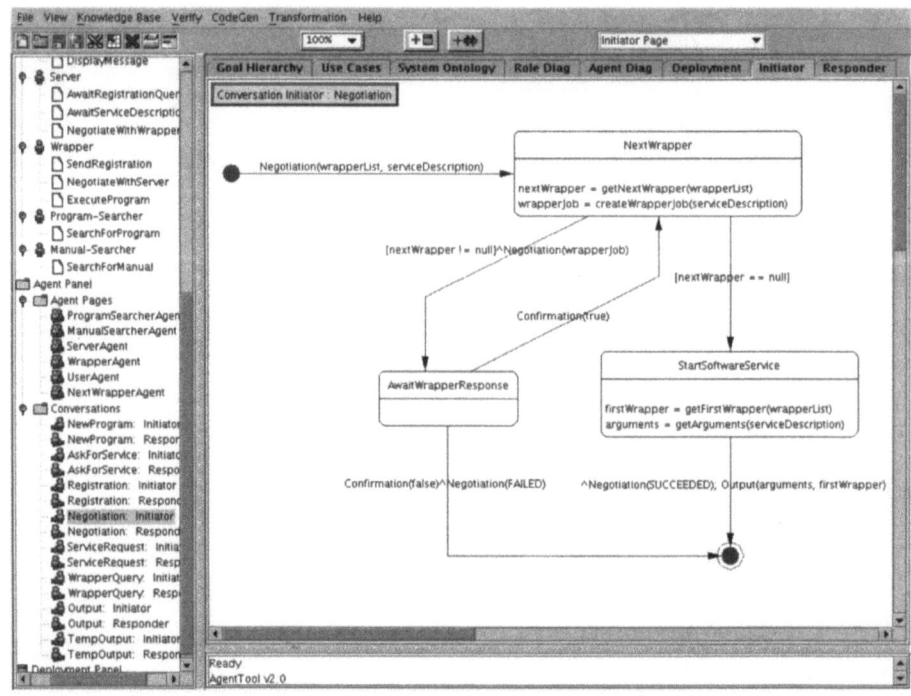

(a) Initiator

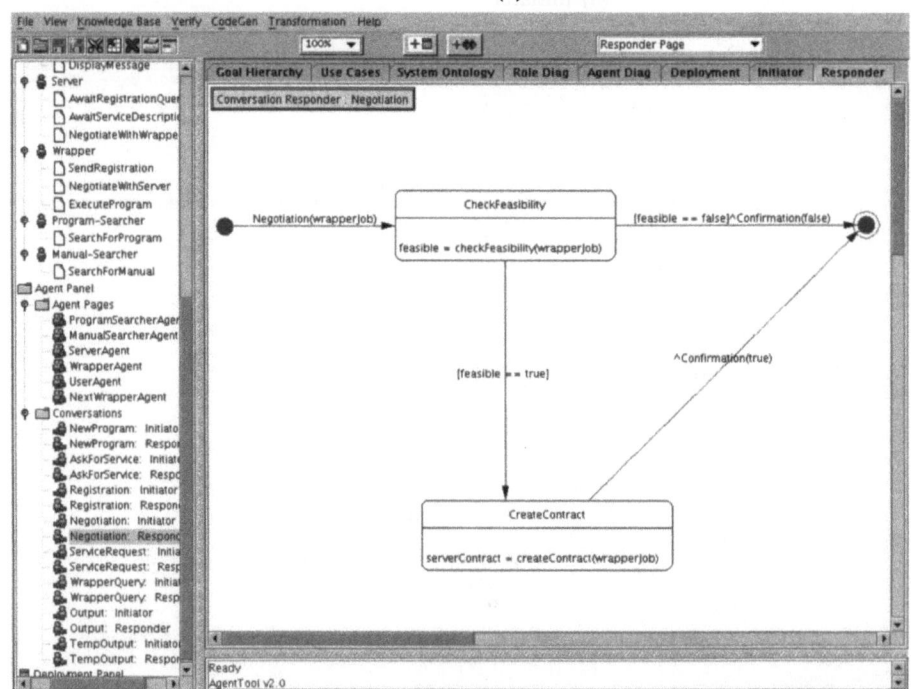

(b) Empfänger

Abb. 7.19. *MaSE:* Konversation *Negotiation*

7.2 Anwendungsstudie 161

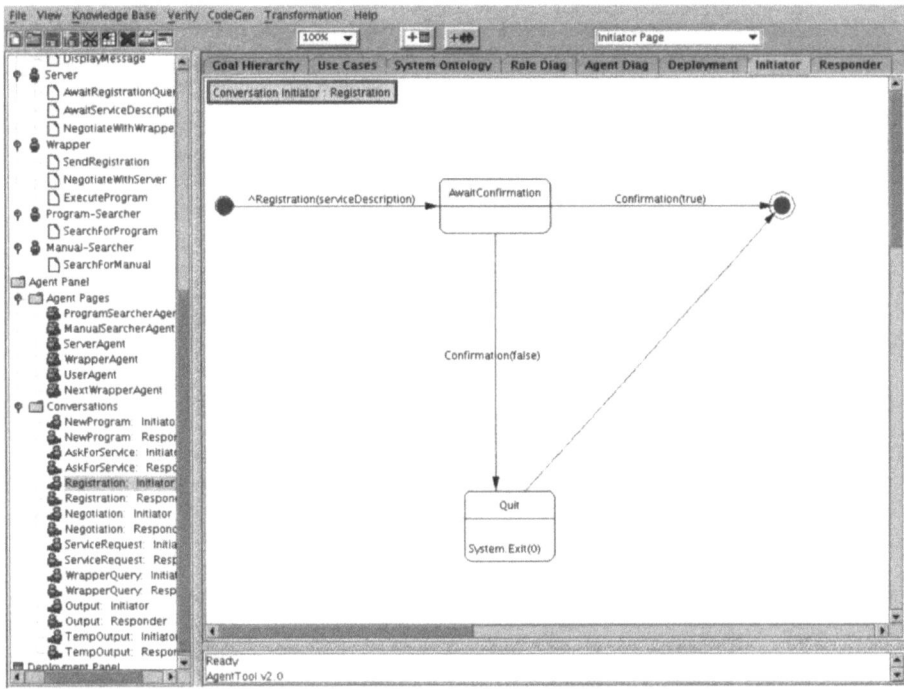

(a) Initiator

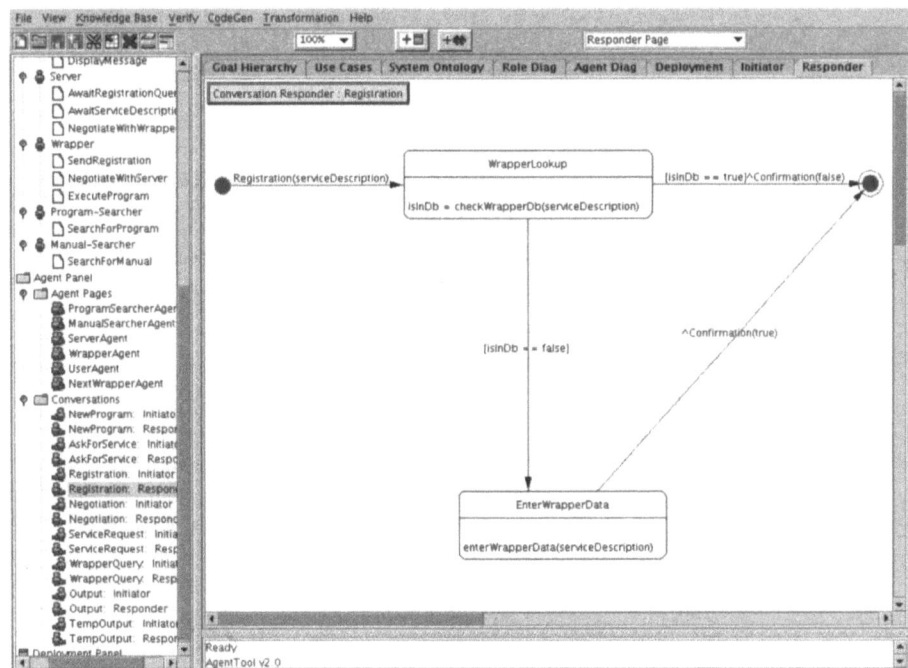

(b) Empfänger

Abb. 7.20. *MaSE:* Konversation *Registration*

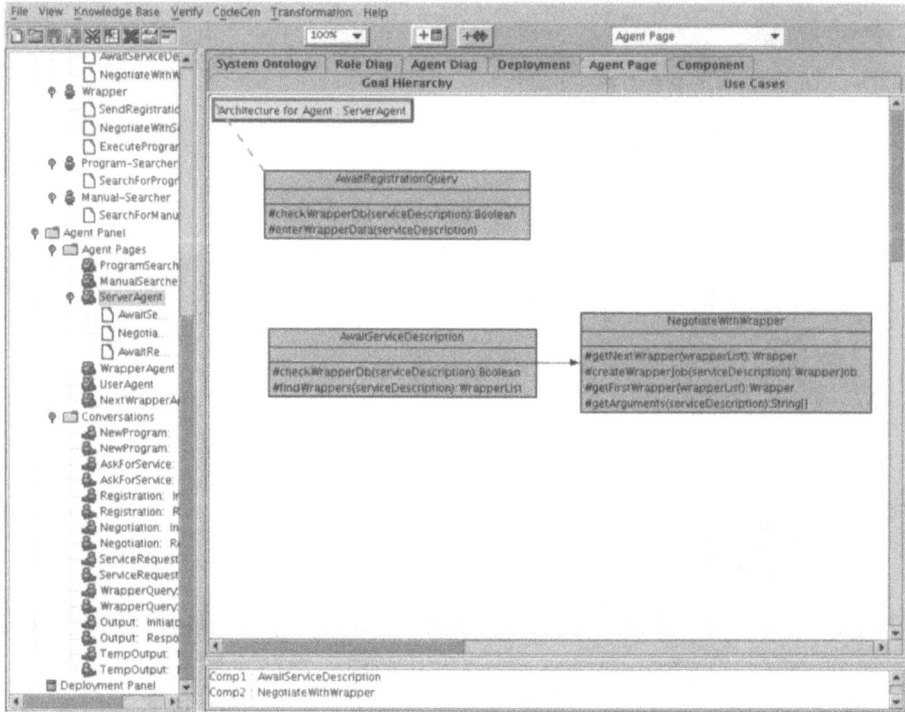

Abb. 7.21. *MaSE:* Architektur des SERVERAGENT

Entwurfsschritt 4: Systementwurf

Einsatzdiagramm Aufgrund der vorgenommenen Anforderungsanalyse ist folgender Systementwurf zweckmäßig: das *Howdini*-System enthält

> je eine Instanz von SERVERAGENT, PROGRAMSEARCHERAGENT und MANUALSEARCHERAGENT, sowie

> beliebig viele Instanzen von USERAGENT und WRAPPERAGENT.

Ein zweites, auf einem anderen Rechner laufendes *Howdini*-System soll denselben Aufbau aufweisen, wobei die Interaktion dieser beiden Systeme über ihre SERVERAGENT-Instanzen erfolgt. Damit sind die für das Einsatzdiagramm erforderlichen Angaben gemacht. Die Abbildung 7.22 zeigt exemplarisch das Einsatzdiagramm eines einzelnen *Howdini*-Systems. In diesem Diagramm sind zwei Instanzen von WRAPPERAGENT und eine Instanz von USERAGENT angegeben; die umrandende gestrichelte Linie zeigt an, dass sich alle Agenten auf derselben physikalischen Plattform

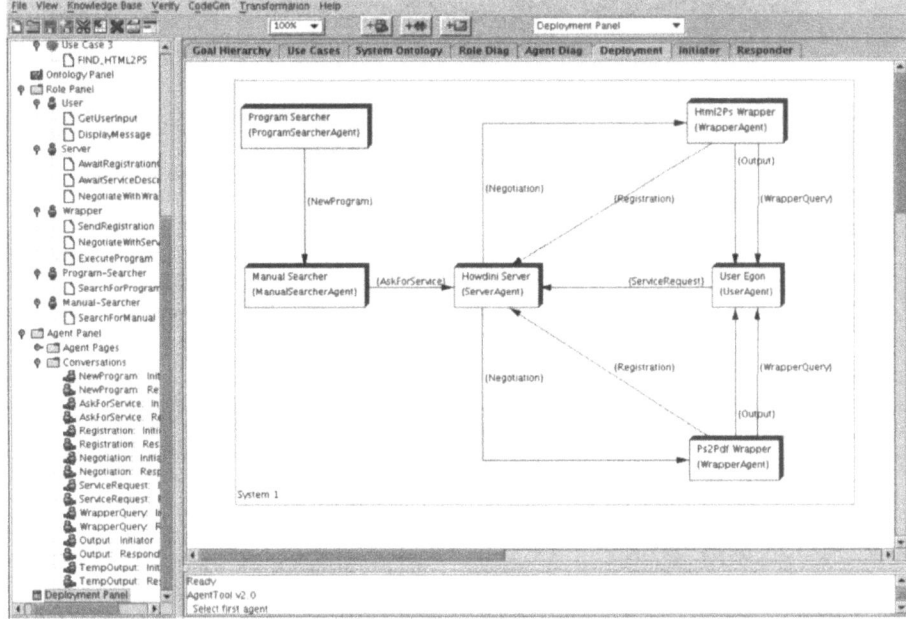

Abb. 7.22. *MaSE:* Einsatzdiagramm

(demselben Rechner) befinden. (Dieses Einsatzdiagramm wurde mit *agentTool* erstellt. Dieses Tool erlaubt die Darstellung mehrerer interagierender Zielsysteme (in der vorliegenden Abbildung wird von dieser Möglichkeit nicht Gebrauch gemacht); es ist jedoch nicht möglich, die dynamische Erzeugung von Instanzen darzustellen.)

7.3 Evaluierungsergebnisse

Die nachfolgenden Tabellen 7.1 bis 7.4 fassen die Ergebnisse der Evaluierung zusammen.

Tabelle 7.1. Evaluierungsergebnisse für *MaSE* (Teil 1 von 4)

Evaluierungskriterien & Ergebnisse		
Anwendungsbreite		⊕ keine Beschränkung auf bestimmte Agentenarchitekturen oder Anwendungsgebiete
		⊕ für heterogene Multiagentensysteme geeignet
		⊖ nur für geschlossenen Systeme, bei denen alle externen Schnittstellen von Agenten gekapselt werden
		⊖ wird für Multiagentensysteme mit zehn oder weniger Agentenklassen empfohlen
		⇒ *Gesamtbewertung:* ②-③
Implementierbarkeit		⊕ die konkreten Modelle lassen sich mit dem Werkzeug *agentTool* unmittelbar implementieren
		⊕ die Implementierungsphase wird von der Methode abgedeckt
		⊕ Festlegung der konkreten Organisation des implementierten Multiagentensystems im Deployment-Diagramm
		⇒ *Gesamtbewertung:* ①
Wiederverwendbarkeit		⊕ Taskdiagramme, Kommunikations-Klassendiagramme, Agentenklassen und Komponenten sind wiederverwendbar
		⇒ *Gesamtbewertung:* ②
Modularität	Agent	⊕ während der Analyse dienen Rollen als modulare Grundbausteine von Agenten und während des Entwurfs Architekturkomponenten und Sub-Architekturkomponenten
		⊕ Ziele und Aufgaben sind weitgehend modular
	Gesamtsystem	⊕ Konversationen sind weitgehend modular
		⇒ *Gesamtbewertung:* ②
Verständlichkeit	Dokumentation	⊕ überwiegend gut verständlich
		⊕ enthält einige kleine Beispiele
	Vorkenntnisse und Erfahrungen	⊕ keine speziellen Vorkenntnisse oder Erfahrungen erforderlich
		⇒ *Gesamtbewertung:* ②

Tabelle 7.2. Evaluierungsergebnisse für *MaSE* (Teil 2 von 4)

Evaluierungskriterien & Ergebnisse (Forts.)	
Genauigkeit	⊕ die einzelnen Modelle und ihre Beziehungen zueinander sind genau definiert ⊕ sieben voneinander abgegrenzte Entwicklungsschritte ⊕ präzise Definition von Konversationen und Aufgaben durch Zustandsübergangsdiagramme ⊖ die Definitionen der Konversationen und Aufgaben können stark überlappen ⇒ *Gesamtbewertung:* ①
Vollständigkeit	⊕ deckt den gesamten Entwicklungszyklus von der Anforderungsanalyse bis zur Implementierung ab ⊕ systematische Rollenidentifikation durch Anwendungsszenarien und Sequenzdiagramme ⇒ *Gesamtbewertung:* ①-②
Variabilität	⊕ iterative Vorgehensweise ⊕ freie Beweglichkeit zwischen den Entwicklungsschritten ⊕ durch die fest definierten Beziehungen der Modelle zueinander können Änderungen an ihnen zu ihrem Ursprung zurückverfolgt werden ⇒ *Gesamtbewertung:* ①-②
Komplexitätshandhabung	⊕ Abstraktionsebenen: Anwendungsszenarien → Sequenzdiagramme → Rollendiagramme → Agenten-Klassendiagramme → Deploymentdiagramm; Anforderungen → Ziele → Aufgaben und Konversationen ⊕ Dekompositionsmöglichkeiten: Agentenklassen → Architekturkomponenten → Sub-Architekturkomponenten; Agenten → Rollen → Aufgaben und Konversationen; Ziele → Aufgaben ⊕ Hierarchiebildung bei Zielen ⇒ *Gesamtbewertung:* ②

Tabelle 7.3. Evaluierungsergebnisse für *MaSE* (Teil 3 von 4)

Evaluierungskriterien & Ergebnisse (Forts.)		
Granularität		⊕ Granularitätsstufen: Agentenklassen → Architekturkomponenten; Agenten → Rollen → Aufgaben und Konversationen
		⇒ *Gesamtbewertung:* ②
Sicherheit		⊖ es existieren keine externen und internen Sicherheitsvorkehrungen
		⇒ *Gesamtbewertung:* ⑤
Überprüfbarkeit	**Validierbarkeit**	⊕ die Modelle sind leicht verständlich und dadurch gut validierbar
		⊕ durch Gegenprüfung mit den Anwendungsszenarien läßt sich die wesentliche Funktionalität eines Multiagentensystems validieren
	Verifizierbarkeit	⊕ die Einfachheit der Modelle gewährleistet deren gute Verifizierbarkeit
		⊕ die Definition von Aufgaben und Konversationen durch endliche Automaten ermöglicht deren automatische Verifikation (siehe auch Kapitel 14 über *agentTool*, Stichwort *Spin Tool*)
		⇒ *Gesamtbewertung:* ①-②
Laufzeitdynamik		⊕ Mobilität kann mit der Aktivität *move()* in Zustandsübergangsdiagrammen von Aufgaben modelliert werden
		⊖ keine Möglichkeiten zur Modellierung des Klonens und der dynamischen Erzeugung oder Beendigung von Agenten
		⊖ Agenten können die von ihnen gespielten Rollen nicht wechseln
		⇒ *Gesamtbewertung:* ④
Expressivität		⇒ *Gesamtbewertung entsprechend den Bewertungen in der Tabelle 7.4:* ④

Tabelle 7.4. Evaluierungsergebnisse für *MaSE* (Teil 4 von 4)

Agentenspezifische Softwareattribute (Expressivität)			
Individualistische Attribute			
Architektur		⊕	beliebig
Autonomie		⊖	wird von der Methode nicht explizit erfasst
Flexibilität		⊖	wird von der Methode nicht explizit erfasst
Wissensbasis		⊖	wird von der Methode nicht vorgegeben
Mentale Einstellungen		⊖	werden von der Methode nicht explizit erfasst
Sonstiges/Besonderheiten			keine
Interaktionistische Attribute			
Kommunikation	Kommunikationsprotokolle	⊕	durch die Definition von Konversationen mit endlichen Automaten lassen sich auch komplexe Kommunikationsprotokolle realisieren
		⊕	systematische Identifikation von Kommunikationspfaden durch Anwendungsszenarien und Sequenzdiagramme
	Kommunikationssprachen	⊖	keine
Koordination	Koordinationsmechanismen/-protokolle	⊖	keine
	Koordinationsformalismen/-sprachen	⊕	durch die Definition von Konversationen mit endlichen Automaten lassen sich auch komplexe Koordinationsmechanismen und -protokolle realisieren
Interaktionsmuster		⊖	nur 1-zu-1 Interaktionen (peer-to-peer)
Ontologien		⊖	keine Unterstützung

8
Aalaadin

> *Models are to be used, not believed.*
> H. Theil

8.1 Beschreibung

Aalaadin wurde von Jacques Ferber und Olivier Gutknecht als „meta-model for the analysis and design of organizations in multi-agent systems" beziehungsweise „model for social structures in multi-agent systems" vorgeschlagen [105, 135]. Obwohl *Aalaadin* damit keine Methode ist, ist dessen Betrachtung im Rahmen dieses Methodenabschnitts dennoch sehr zweckmäßig: zum einen präzisiert *Aalaadin* verschiedene Konzepte und damit verknüpfte Fragestellungen, die für agentenorientierte Softwareentwicklung von zentraler Bedeutung sind, und zum anderen bildet *Aalaadin* die konzeptuelle Grundlage für das in Kapitel 13 beschriebene Tool *MadKit*. Charakteristisch für *Aalaadin* ist der Fokus auf die organisationalen Strukturen eines agentenorientierten Softwaresystems. In Anlehung an [125] wird dabei unter „Organisation" ein Aktivitäts- und Interaktionsrahmen verstanden, der unabhängig von individuellen Agenten und deren Verhaltensweisen durch die Angabe von Gruppen, Rollen und ihren wechselseitigen Beziehungen spezifiziert wird.

Organisationaler Fokus

Aalaadin unterscheidet zwei Ebenen der organisationalen Modellierung:

Modellierungsebenen

➤ die *konkrete Ebene* der tatsächlichen (real existierenden) Organisation, auf der mit den drei Kernkonzepten Agent, Gruppe und Rolle gearbeitet wird, und

➤ die *abstrakte, methodische Ebene*, auf der alle erlaubten, analyse- und entwurfsrelevanten Gruppen- und Organisations*strukturen* festgelegt werden.

Die Abbildung 8.1 gibt einen Überblick über diese beiden Ebenen und ihren Beziehungen zueinander (ein schwarzer Kreis am Ende

170   8 Aalaadin

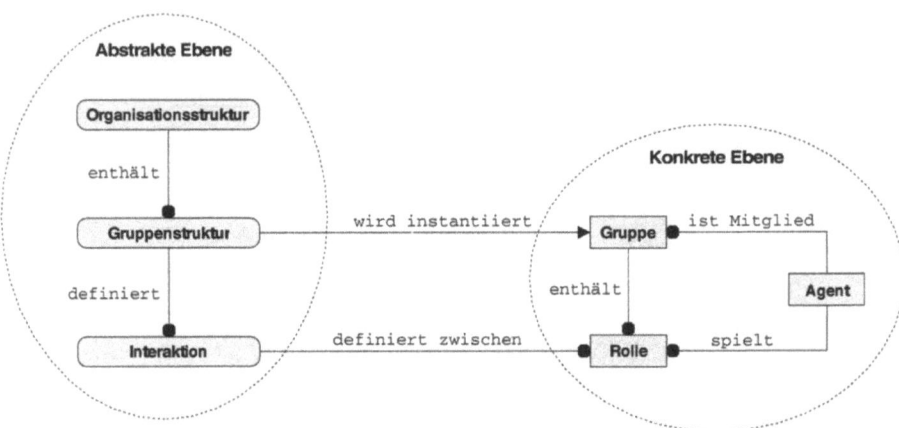

Abb. 8.1. *Aalaadin:* Organisationsmodell eines Multiagentensystems

einer Linie drückt Multiplizität aus). Im Folgenden werden diese beiden Ebenen genauer beschrieben.

8.1.1 Konkrete Ebene

Agentenkonzept
Wie oben bereits erwähnt wurde, zeichnet sich die konkrete Ebene durch die Unterscheidung der Konzepte Agent, Gruppe und Rolle aus. Ein Agent ist dabei definiert als eine aktive kommunizierende Einheit, die innerhalb von Gruppen mindestens eine Rolle spielt. Es ist prinzipiell möglich beziehungsweise erlaubt, dass ein Agent sowohl gleichzeitig als auch zeitlich versetzt dieselbe oder verschiedene Rollen in denselben oder unterschiedlichen Gruppen spielt. Das Agentenkonzept ist sehr allgemein gehalten um sicherzustellen, dass weder die Analyse noch der Entwurf durch dieses Konzept eingeengt werden. Die Konkretisierung der Agenten und ihrer Architekturen ist damit absichtlich ganz dem Entwickler überlassen.

Gruppenkonzept
Eine Gruppe ist definiert als eine atomare Ansammlung von Agenten. Diese Ansammlung kann völlig unstrukturiert (also eine einfache Menge) oder strukturiert sein, je nach zugrundeliegendem Rollenbegriff. Gruppen besitzen die folgenden Merkmale:

▶ Gruppen dürfen sich bezüglich ihrer Mitglieder beliebig überlappen.

▶ Eine Gruppe kann von einem beliebigen Agenten gegründet werden.

▶ Die Aufnahme in eine Gruppe muss explizit erfragt werden.

➤ Die Mitglieder einer Gruppe können auf mehrere Rechner verteilt sein.

Agenten, die ein Gruppe gründen, spielen automatisch die Rolle des Gruppenmanagers (siehe unten).

Eine Rolle ist definiert als eine abstrakte Repräsentation einer Agentenfunktion, eines Agentendienstes oder eines Agenten selbst. Kommunikation ist an Rollen gekoppelt, d.h. die von Rolleninhabern zu verwendenden Kommunikationssprachen und -protokolle werden im Rahmen der Rollendefinitionen festgelegt. Eine Rolle wird durch drei Attribute charakterisiert: *Rollenkonzept*

➤ *Eindeutigkeit* innerhalb einer Gruppe (im Unterschied zu einer mehrdeutigen Rolle darf eine eindeutige Rolle nur von einem einzigen Agenten gespielt werden);

➤ *Fähigkeiten*, die ein Agent besitzen muss um eine Rolle spielen zu können; und

➤ *erworbene Eigenschaften*, also Eigenschaften (z.B. Befugnisse), die einem Agenten als Inhaber einer bestimmten Rolle zuerkannt werden;

Als Defaultwerte gelten: „Rolle ist mehrdeutig", „keine Fähigkeiten erforderlich" und „keine erworbenen Eigenschaften".

Eine spezielle Rolle in jeder Gruppe ist die *Gruppenmanager-Rolle*, die automatisch dem Gründer einer Gruppe zufällt. Zu den Verantwortlichkeiten eines Gruppenmanagers gehört die Bearbeitung von und Entscheidung über Anfragen zur Aufnahme in die Gruppe sowie die Annulierung der Zugehörigkeit zu bestimmten Rollen beziehungsweise zur Gruppe. Defaultmäßig werden alle Anfragen positiv beantwortet (abgesehen von Anfragen, die Managerfunktionen betreffen). *Aalaadin* legt nicht fest, *wie* ein Gruppenmanager diese Entscheidungen zu treffen hat; statt dessen wird lediglich eine grobe Unterteilung von möglichen Entscheidungsmechanismen vorgeschlagen: *Gruppenmanager*

➤ automatische Annahme oder Ablehnung *aller* Anträge;

➤ verhandlungsbasiert, d.h. Manager und Bewerber verhandeln explizit über die Aufnahme in die Gruppe;

➤ abhängig von Gruppenmerkmalen (z.B. maximale Gruppengröße);

➤ abhängig von Fähigkeiten des anfragenden Agenten, d.h. Annahme hängt davon ab, wie gut der Bewerber – z.B. gemessen mittels einer Ähnlichkeitsmetrik für Agenten und deren Fähigkeiten – in die Gruppe passt.

8.1.2 Abstrakte Ebene

Auf der abstrakten Ebene unterscheidet *Aalaadin* die beiden Meta-Konzepte „Gruppenstruktur" und „Organisationsstruktur". Mit diesen Meta-Konzepten wird einem Entwickler die Möglichkeit gegeben, ein präzises *abstraktes Strukturmodell* des Zielsystems zu spezifizieren. Dabei bedeutet präzise, dass von diesem Strukturmodell alle in einer Anwendung relevanten Gruppen-Rollen-Konstellationen erfasst werden.

Gruppenstruktur

Unter einer Gruppenstruktur wird eine abstrakte Gruppenbeschreibung verstanden, die alle Rollen und Interaktionen innerhalb einer Gruppe identifiziert. Definiert wird eine Gruppenstruktur durch

➤ eine Auflistung der Rollen samt ihrer Attributwerte, die von Agenten gepielt werden dürfen;

➤ eine Beschreibung aller erlaubten Interaktionen (oder Interaktionsschemata) zwischen den aufgelisteten Rollen in Form eines Interaktionsgraphen (Rollen sind durch Knoten dargestellt und Interaktionen durch beschriftete Kanten); und

➤ eine Sprache zur Beschreibung der individuellen Interaktionen zwischen Inhabern verschiedener Rollen.

Konzeptionell ist eine Gruppenstruktur grob vergleichbar mit einer Klasse (im objektorientierten Sinn), wobei die während der Laufzeit generierten Instanzen dieser Klasse konkrete Gruppen sind. Von einer solchen Instanz wird jedoch nicht gefordert, dass sie alle in der „Klassenbeschreibung" (d.h. der Gruppenstruktur) aufgelisteten Rollen enthält – vielmehr ist lediglich das Nicht-Enthaltensein von nicht-aufgelisteten Rollen gefordert.

Organisationsstruktur

Eine Organisationsstruktur ist definiert als ein Tupel bestehend aus

➤ der Menge der gültigen Gruppenstrukturen (also aller Gruppenstrukturen, die im Zielsystem enthalten sein dürfen) und

➤ einem sogenannten *Repräsentanten-Graph*,

wobei ein Repräsentanten-Graph ein Graph ist mit folgenden Eigenschaften: *(i)* er besitzt die vorhandenen Rollen als Knoten; *(ii)* Rollen, die von Agenten einer Gruppe gespielt werden können, werden als gruppenzusammengehörend markiert (z.B. durch eine umrandende Linie); *(iii)* Rollen innerhalb einer Gruppe, zwischen denen Interaktionen stattfinden können, werden durch eine Kante verbunden; und *(iv)* je zwei Rollen, die zwar zu verschiedenen Gruppen gehören aber vom gleichen Agenten gespielt werden, sind durch eine Kante verbunden. Ein Agent, der gleichzeitig Rollen in zwei unterschiedlichen Gruppen spielt, wird als *Repräsentant* der einen Gruppe gegenüber der jeweils anderen Gruppe bezeichnet.

Interpretiert werden kann eine Organisationsstruktur als Gesamtspezifikation des vom Zielsystem zu lösenden Anwendungsproblems. (Laufzeit-)Instanzen einer Organisationsstruktur werden als Organisation bezeichnet und bestehen aus einer Menge von Gruppen. Dabei wird *nicht* gefordert, dass eine Organisation zu jeder in der Organisationsstruktur enthaltenen Gruppenstruktur eine instantiierende Gruppe besitzt.

8.2 Anwendungsstudie

Im Rahmen dieser Studie werden Kernkonzepte von *Aalaadin* anhand der *Howdini*-Anwendung illustriert.

8.2.1 Konkrete Ebene

Den Ausgangspunkt für die nachfolgenden Betrachtungen sollen die aus den vorausgehenden Anwendungsstudien bekannten Rollen SEARCHER, WRAPPER, SERVER und USER bilden (der Vorgang der Rollenidentifikation wird von *Aalaadin* nicht thematisiert). Ein Ausschnitt aus der von *Aalaadin* vorgesehenen Charakterisierung (vgl. Seite 171) könnte folgendermaßen aussehen: Charakterisierung von Rollen

▶ *Eindeutigkeit*: genau ein Agent darf die Rolle SERVER spielen, sowohl WRAPPER als auch *User* können von keinem oder (abhängig von der Laufzeitumgebung) beliebig vielen Agenten gespielt werden, und SEARCHER muss von mindestens einem Agenten gespielt werden. (Siehe hierzu auch das *Gaia* Agentenmodell in Abbildung 4.8 auf Seite 67.)

▶ *Fähigkeiten*: SEARCHER beherrscht Volltextsuche und kann vorstrukturierte Manuale analysieren, und *User* darf das I/O Interface öffnen und schließen.

▶ *erworbene Eigenschaften*: SEARCHER darf lesend auf Dateisystem zugreifen, USER darf auf Benutzerdaten zugreifen, und WRAPPER darf den Programmlauf initiieren.

Folgende Gruppenvarianten sind für das *Howdini*-Zielsystem denkbar: Festlegung von Gruppen

▶ Alle Agenten befinden sich in ein und derselben Gruppe (d.h. es gibt auch nur eine einzige Gruppe). Dies macht grundsätzlich Sinn, falls nur wenige, auf demselben Rechner laufende Agenten involviert sind.

▶ Im Falle eines verteilten *Howdini*-Systems werden alle auf einem Rechner laufenden Agenten als eine Gruppe definiert.

▶ Zu jeder Rolle wird eine Gruppe definiert, die alle Agenten enthält, die diese Rolle spielen (d.h. es gibt eine USER-Gruppe, eine SERVER-Gruppe, usw.).

Generell und auch bei diesen Varianten ist die Bestimmung der Agenten, die die Gruppenmanager-Rollen übernehmen, sicherheitskritisch. Bei der ersten Variante liegt es nahe, dem eindeutigen SERVER-Agenten die Managerrolle zuzuschreiben. Bei der zweiten und dritten Variante ist es angeraten, dafür zu sorgen, dass es einen Agent gibt, der in allen Gruppen involviert ist; dieser „Repräsentant aller Gruppen" kann dann die Managerrolle für jede Gruppe übernehmen, womit sicherheitsrelevante Befugnisse (z.B. Aufnahme in eine Gruppe) in einem einzelnen Agenten gebündelt werden.

8.2.2 Abstrakte Ebene

Gruppenstruktur
Betrachtet wird hier der Fall, dass nur eine Gruppenstruktur zu definieren ist (alle Gruppen, die im Zielsystem erlaubt sind, sind also Instanzen dieser einen Gruppenstruktur). Die Definition der Gruppenstruktur erfordert zum einen die Angabe der verfügbaren Rollen; dies sind SEARCHER, WRAPPER, SERVER und USER. Die Attributwerte zu diesen Rollen können den obigen Betrachtungen zur Rollencharakterisierung (siehe Seite 173) entnommen werden. Weiterhin sind die Interaktionen in Graphenform zu beschreiben. Ein solcher Graph wurde bereits in der Anwendungsstudie zur *Zeus*-Methode in Abbildung 6.3 auf Seite 118 beschrieben (in dieser Abbildung werden zusätzlich Unterrollen unterschieden und die Rolle SERVER wird dort als PUBLISHER geführt). Schließlich ist noch eine Interaktionssprache festzulegen. Falls für die Implementierung die Verwendung eines Tools vorgesehen ist, so ist es zweckmäßig, eventuelle Sprachvorgaben dieses Tools zu berücksichtigen. Da *Aalaadin* in *MadKit* einfließt, liegt der Einsatz dieses Tools nahe; da dieses Tool die Agentensprache *FIPA 97 ACL* unterstützt, liegt damit auch die Wahl dieser Sprache als Interaktionssprache der *Howdini* Gruppenstruktur nahe.

Organisationsstruktur
Für den Fall, dass nur eine Gruppenstruktur vorliegt, ist die Organisationsstruktur und diese Gruppenstruktur im Wesentlichen identisch (der Repräsentantengraph und der Interaktionsgraph besitzen dieselbe Aussagekraft). Etwas anspruchsvoller ist die Definition der Organisationsstruktur beispielsweise im Fall von kooperierenden *Howdini*-Systemen. Der Repräsentantengraph erfasst dann die Gruppenstruktur(en) der kooperierenden Systeme

sowie die Kooperation selbst (in Form von Kanten zwischen den
SERVER Rollen, vergleiche die Betrachtungen zur SERVER Rolle
auf Seite 54).

8.3 Evaluierungsergebnisse

Die nachfolgenden Tabellen 8.1 bis 8.4 fassen die Ergebnisse der
Evaluierung zusammen.

Tabelle 8.1. Evaluierungsergebnisse für *Aalaadin* (Teil 1 von 4)

Evaluierungskriterien & Ergebnisse		
Anwendungsbreite		⊕ keine Beschränkung auf bestimmte Agentenarchitekturen oder Anwendungsgebiete
		⊕ für ausgeprägt heterogene Multiagentensysteme geeignet
		⇒ *Gesamtbewertung*: ①
Implementierbarkeit		⊕ wird durch das Werkzeug *MadKit* unterstützt
		⊖ die Modelle der Agenten und Rollen sind zu abstrakt für eine direkte Implementierung
		⇒ *Gesamtbewertung*: ③-④
Wiederverwendbarkeit		⊕ von Gruppen- und Organisationsstrukturen können Instanzen für verschiedene Multiagentensysteme erzeugt werden
		⊖ diese Strukturen sind jedoch sehr abstrakt
		⇒ *Gesamtbewertung*: ③-④
Modularität	**Agent**	⊕ Rollen dienen als modulare Grundbausteine von Agenten und Gruppen
	Gesamtsystem	⊕ Gruppen dienen als modulare Grundbausteine von Multiagentensystemen
		⊕ verschiedene Multiagentensysteme lassen sich von einer Organisationsstruktur instanzieren
		⊕ verschiedene Gruppen eines Multiagentensystemens lassen sich von einer Gruppenstruktur instanzieren
		⊖ praktische Umsetzung der Modularitätskonzepte ist unklar
		⇒ *Gesamtbewertung*: ②-③
Verständlichkeit	**Dokumentation**	⊕ enthält ein kleines Beispielsystem
		⊖ Details werden teilweise zu knapp erläutert
	Vorkenntnisse und Erfahrungen	⊕ keine speziellen Vorkenntnisse oder Erfahrungen erforderlich
		⇒ *Gesamtbewertung*: ③
Genauigkeit		⊕ die einzelnen Konzepte von *Aalaadin* Modellen und ihre Beziehungen zueinander sind einfach aber genau definiert
		⇒ *Gesamtbewertung*: ③

Tabelle 8.2. Evaluierungsergebnisse für *Aalaadin* (Teil 2 von 4)

Evaluierungskriterien & Ergebnisse (Forts.)	
Vollständigkeit	⊕ organisatorische Zusammenhänge von Multiagentensystemen werden berücksichtigt
	⊖ nur marginale Behandlung nichtorganisatorischer Aspekte von Multiagentensystemen
	⊖ beschreibt keine konkrete Vorgehensweise zum Erstellen der Modelle
	⊖ keine systematische Rollenidentifikation
	⊖ umfasst nur Analyse und Entwurf
	⇒ *Gesamtbewertung*: ④-⑤
Variabilität	⊕ die Konzepte der Gruppen- und Organisationsstruktur ermöglichen eine einfache Instanzierung mehrerer Varianten eines Multiagentensystems
	⊕ keine grundsätzlichen Einschränkungen bezüglich des Vorgehens bei der Entwicklung
	⇒ *Gesamtbewertung*: ②-③
Komplexitätshandhabung	⊕ Dekomposition von Multiagentensystemen in Gruppen, Agenten und Rollen
	⊕ Verwendung der Modellhierarchie Organisationsstruktur → Gruppenstruktur → Gruppe → Agent → Rolle
	⊖ Multiagentensysteme werden nur auf einer sehr abstrakten Ebene betrachtet
	⇒ *Gesamtbewertung*: ③-④

Tabelle 8.3. Evaluierungsergebnisse für *Aalaadin* (Teil 3 von 4)

Evaluierungskriterien & Ergebnisse (Forts.)		
Granularität		⊕ Granularitätsstufen: Organisation → Gruppe → Agent → Rolle
		⇒ *Gesamtbewertung*: ③
Sicherheit		⊕ Gruppenmanager kontrollieren die Aufnahme von Rollen in Gruppen
		⊖ es existieren keine weiteren externen und internen Sicherheitsvorkehrungen
		⇒ *Gesamtbewertung*: ④
Überprüfbarkeit	**Validierbarkeit**	⊕ alle Modelle sind leicht verständlich und dadurch gut validierbar
	Verifizierbarkeit	⊕ die Einfachheit der Modelle gewährleistet deren gute Verifizierbarkeit
		⇒ *Gesamtbewertung*: ③-④
Laufzeitdynamik		⊕ Agenten können ihre Gruppenzugehörigkeiten zur Laufzeit ändern
		⊕ die *organization-based reflection* ermöglicht dynamische Aktionen, wie das Migrieren von Agenten zwischen Agentenplattformen
		⊖ praktische Umsetzung der Dynamik-Konzepte unklar
		⇒ *Gesamtbewertung*: ④
Expressivität		⇒ *Gesamtbewertung entsprechend den Bewertungen in der Tabelle 8.4*: ④

Tabelle 8.4. Evaluierungsergebnisse für *Aalaadin* (Teil 4 von 4)

Agentenspezifische Softwareattribute (Expressivität)		
Individualistische Attribute		
Architektur	⊕	beliebig
Autonomie	⊖	wird von der Methode nicht explizit erfasst
Flexibilität	⊖	wird von der Methode nicht explizit erfasst
Wissensbasis	⊖	wird von der Methode nicht vorgegeben
Mentale Einstellungen	⊖	werden von der Methode nicht explizit erfasst
Sonstiges/Besonderheiten	⊕	Gruppenkonzept zur Aggregation von Agenten
Interaktionistische Attribute		
Kommunikation	Kommunikationsprotokolle	⊖ im Interaktionsgraph einer Gruppenstruktur wird nur die Existenz einer Interaktion festgehalten
	Kommunikationssprachen	⊖ die Interaktionen in einer Gruppenstruktur werden immer mit der jeweils verwendeten Sprache attribuiert, aber die Methode macht keine Vorgaben, um was für Sprachen es sich dabei handeln muss
Koordination	Koordinationsmechanismen/-protokolle	⊖ keine
	Koordinationsformalismen/-sprachen	⊕ die Methode selbst wird unter anderem als Beschreibungsschema für Koordinations- und verhandlungsprotokolle betrachtet (siehe [105])
Interaktionsmuster		⊖ keine
Ontologien		⊖ keine Unterstützung

9
Zusammenfassung der Methoden

> *Always design a thing by considering it in its next larger context – a chair in a room, a room in a house, a house in an environment, an environment in a city plan.*
>
> E. Saarinen

9.1 Eigenschaften im Überblick

Im Folgenden und in der Tabelle 9.1 werden zentrale Eigenschaften der beschriebenen Methoden zusammengefasst.

Gaia umfasst eine Analyse- und eine Entwurfsphase. In der Analysephase werden ein Interaktions- und ein Rollenmodell solange iterativ verfeinert, bis sie den Anforderungen des Entwicklers genügen. In der anschließenden Entwurfsphase werden in sequentieller Vorgehensweise das Agenten-, das Service- und das Beziehungsmodell kreiert. Die fünf *Gaia* Modelle zielen darauf ab, die spezifischen Eigenschaften eines agentenorientierten Systems sowohl auf der organisationalen Makro-Ebene als auch auf der agentenindividuellen Mikro-Ebene zu erfassen. *Gaia*

Das Vorgehensmodell *Massive* setzt sich aus einem Prozess-Modell, einem Produkt-Modell und einem institutionellen Rahmen (Erfahrungswerkstatt) zusammen. Das Prozessmodell basiert überwiegend auf Standardtechniken des Software Engineering, wie dem *Round-trip Engineering* und dem *Iterative Enhancement*, wobei die Round-trip Schritte bei den Übergängen zwischen Produktmodell und Implementierung ausgeführt werden und das Iterative Enhancement zur Verfeinerung des Produktmodells sowie der Implementierung angewendet wird. Die Erfahrungswerkstatt dient dem systematischen Ablegen und Abrufen von Erfahrungen, die im Laufe der Zeit in verschiedenen Softwareprojekten gewonnen wurden. *Massive*

Bei der *Zeus*-Methode umfasst der Entwicklungsprozess in sequentieller Folge die Definition von Rollen, die Zuordnung dieser Rollen zu Softwareagenten (mittels *Sphere of Responsibility* Test *Zeus*-Methode und *Point of Interaction* Test), den Entwurf der einzelnen Softwareagenten, den Test des implementierten Systems und schließlich die Behebung eventueller Fehler (mittels „Fehlerbehebung durch Bestätigung"). Die Implementierung und der Test werden vom *Zeus*-Toolkit unterstützt.

MaSE

MaSE unterteilt Systemanalyse und -entwurf in insgesamt sieben Schritte, wobei im Verlauf dieser Schritte ausgehend von abstrakten Systemzielen ein konkretes und implementierungsnahes agentenorientiertes Softwaresystem entwickelt wird. *MaSE* unterstützt das Verfolgen von agentenspezifischen Systemmerkmalen und deren Änderungen zwischen den einzelnen Schritten. Bei jedem der sieben Schritte werden graphische Modelle von bestimmten Systembestandteilen angefertigt, für deren einfache Erstellung das Entwicklungswerkzeug *agentTool* zur Verfügung steht.

Aalaadin

Obwohl *Aalaadin* ursprünglich mehr als Systemmodell statt als Methode gedacht war, wurde es wegen seiner grundsätzlichen Relevanz für Agentenorientierung und agentenorientierte Softwareentwicklung im Rahmen dieses Buches behandelt. Der Fokus von *Aalaadin* liegt auf der Beschreibung der funktionalen und insbesondere der strukturellen Organisation von agentenorientierten Systemen mit Hilfe der drei Konzepte Rolle, Agent und Gruppe. Für die Erstellung von konkreten (Software-)Organisationen können Instanzen von abstrakten Gruppenstrukturen verwendet werden, die ihrerseits in einer ebenfalls abstrakten Organisationsstruktur enthalten sind. Die Implementierung von derart strukturierter Software wird von dem Tool *MadKit* unterstützt.

9.2 Bewertungen im Überblick

grundsätzliche Feststellungen ...

Die Tabelle 9.2 gibt für die besprochenen Methoden einen zusammenfassenden Überblick über die einzelnen Evaluierungsergebnisse (genauer: über die jeweiligen Gesamtbewertungen zu den einzelnen Evaluierungskriterien). Basierend auf diesen Evaluierungen lassen sich folgende grundsätzlichen Feststellungen treffen:

▶ Jede der betrachteten Methoden deckt hinsichtlich der Evaluierungskriterien das gesamte Bewertungsspektrum von ① bis ⑤ ab und weist damit erhebliche Unterschiede in ihren jeweiligen Gesamtbewertungen auf (siehe z.B. für *MaSE* die Bewertungen zu den beiden Kriterien „Implementierbarkeit" und „Sicherheit").

▶ Die Methoden unterscheiden sich hinsichtlich der einzelnen Evaluierungskriterien in ihren Gesamtbewertungen zum Teil

Tabelle 9.1. Zentrale Eigenschaften der Vorgehensmodelle

	Gaia	Massive	Zeus-Methode	MaSE	Aalaadin
Charakteristische Hauptmerkmale	zwei Abstraktionsebenen: soziale Makro-Ebene und agentenbezogene Mikro-Ebene	Kombination von Standard-Techniken des Software Engineering; sieben Sichten	Enge Kopplung mit Zeus-Toolkit; Muster-Rollenmodelle; Fehlerbehebung durch Bestätigung	basiert auf rein graphischen Modellen; Ziel-orientiert	Schwerpunkt liegt auf Organisationsstruktur
Entwicklungsphasen	Analyse, Entwurf	alle Phasen (sichtenorientiert)	Analyse, Entwurf, Implementierung, Test	Analyse, Entwurf	Analyse, Entwurf
Vorgehensweise	Analyse iterativ, Entwurf sequentiell	iterativ	sequentiell	iterativ	keine Angaben
Agentenarchitektur	beliebig	beliebig	optimal für Zeus-Architektur	beliebig	beliebig
Tool-Unterstützung	—	—	Zeus-Tool	agentTool	MadKit

erheblich (vgl. z.B. *Massive* und die *Zeus*-Methode bezüglich „Variabilität").

... und was daraus folgt

Aus diesen Feststellungen folgt zum einen, dass für keine dieser Methoden eine pauschale Empfehlung zur Verwendung oder Nicht-Verwendung ausgesprochen werden. Vielmehr ist zur Beantwortung der Frage, welche dieser Methoden eingesetzt werden soll, für jede Anwendung und jedes Projekt individuell abzuwägen, welche Gewichtung den einzelnen Evaluierungskriterien zukommt. Beispielsweise wäre unter der (in der Praxis meist unrealistischen!) Annahme einer völligen Gleichgewichtung aller Evaluierungskriterien die Verwendung von *MaSE* zu empfehlen, denn rein rechnerisch ergeben sich durch ungewichtete Mittelung über die einzelnen Gesamtbewertungen folgende gerundeten Durchschnittsbewertungen: *Gaia* 2.8, *Massive* 2.6, *Zeus*-Methode 2.7, *MaSE* 2.2, und *Aalaadin* 3.3. (Bei der Berechnung dieser Durchschnittsbewertungen wurde für Zwischenbewertungen – z.B. „②-③" – der entsprechende mittlere Wert – 2.5 – verwendet. An dieser Stelle sei noch darauf hingewiesen, dass in der Literatur auch weitaus umfangreichere quantitative Bewertungsschemen als das hier angewandte Schema vorgeschlagen wurden, siehe z.B. [274].)

Zum anderen folgt aus diesen Feststellungen, dass die betrachteten Methoden – die stellvertretend für alle derzeit verfügbaren agentenorientierten Methoden stehen – in verschiedener Hinsicht Raum für Verbesserungen und Weiterentwicklungen lassen. Die Tabelle 9.3 konkretisiert dies; sie zeigt, über die betrachteten Methoden gemittelt, die durchschnittlichen Gesamtbewertungen zu den einzelnen Evaluierungskriterien. Verbesserungsbedarf besteht demnach generell vor allem hinsichtlich Laufzeitdynamik, Sicherheit und insbesondere Expressivität, und damit hinsichtlich dreier Kriterien, die für agentenorientierte Software generell von ganz besonderer Bedeutung sind.

9.2 Bewertungen im Überblick

Tabelle 9.2. Bewertungen aller Methoden im Überblick

	Gaia	Massive	Zeus-Methode	MaSE	Aalaadin
Anwendungsbreite	②-③	①	②-③	②-③	①
Implementierbarkeit	③	③	①-②	①	③-④
Wiederverwendbarkeit	①-②	②	①-②	②	③-④
Modularität	③	③	③	②	②-③
Verständlichkeit	②	②	②-③	②	③
Genauigkeit	①-②	③	①-②	①	③
Vollständigkeit	③	②-③	①-②	①-②	④-⑤
Variabilität	③	①	④	①-②	②-③
Komplexitätshandhabung	③	②	③	②	③-④
Granularität	②	②	②	②	③
Sicherheit	③	④-⑤	⑤	⑤	④
Überprüfbarkeit	②	②-③	②-③	①-②	③-④
Laufzeitdynamik	⑤	④	④-⑤	④	④
Expressivität	④	④	③	④	④

Tabelle 9.3. Durchschnittliche Gesamtbewertungen (über die betrachteten Methoden gemittelt).

Bewertungskriterien	∅
Laufzeitdynamik Sicherheit	4.3
Expressivität	3.8
Modularität Vollständigkeit Komplexitätshandhabung	2.7
Implementierbarkeit Variabilität	2.4
Verständlichkeit	2.3
Granularität	2.2
Genauigkeit Wiederverwendbarkeit	2.1
Anwendungsbreite	1.9

Teil III

Tools

10
FIPA-OS Toolkit

> *The tools we use have a profound (and devious!) influence on our thinking habits, and, therefore, on our thinking abilities.*
>
> E. Dijkstra

10.1 Beschreibung

Das *FIPA-OS* Toolkit wurde ursprünglich als experimentelles Agenten-Framework in der Agent Technology Group der Firma NORTEL NETWORKS LTD [221] entwickelt. Seit dem Jahr 2000 ist die Firma emorphia Ltd [100], ein Spin-off von Nortel Networks, federführend bei der Weiterführung des *FIPA-OS* Toolkit. Das Toolkit ist vollständig in Java implementiert und folgt, wie der Name schon andeutet, streng den FIPA Spezifikationen (siehe Anhang A). Das Toolkit ist über die Open Source Webseite [270] frei verfügbar und kann unter Beachtung der *Nortel Networks FIPA-OS Public Licence* (ähnlich der GNU General Public License) verwendet werden; gemäß dieser Lizenz muss der Quellcode von neuen Versionen wieder öffentlich gemacht werden. Über die Open Source Page sind zahlreiche Dokumentationen zum Toolkit erhältlich (z.B. [219, 220]). In diesem Kapitel wird Bezug genommen auf die Toolkit-Version 2.1.0, deren wesentlichen Bestandteile in der Abbildung 10.1 im Überblick dargestellt sind. Diese Bestandteile, bei denen es sich um Plattformkomponenten und um Tools handelt, werden im Folgenden vorgestellt.

10.1.1 Agentenplattform

Ein zentraler Bestandteil der *FIPA-OS* Agentenplattform ist der Agent Loader, mit dessen Hilfe Agenten gestartet und beendet werden können. Die Abbildung 10.2 zeigt die Oberfläche des Agent Loader; auf der linken Seite der Oberfläche werden die aktuell laufenden Agenten angezeigt und rechts solche, die gestartet werden können. Für die Überwachung der Threads beziehungsweise Tasks

Agent Loader

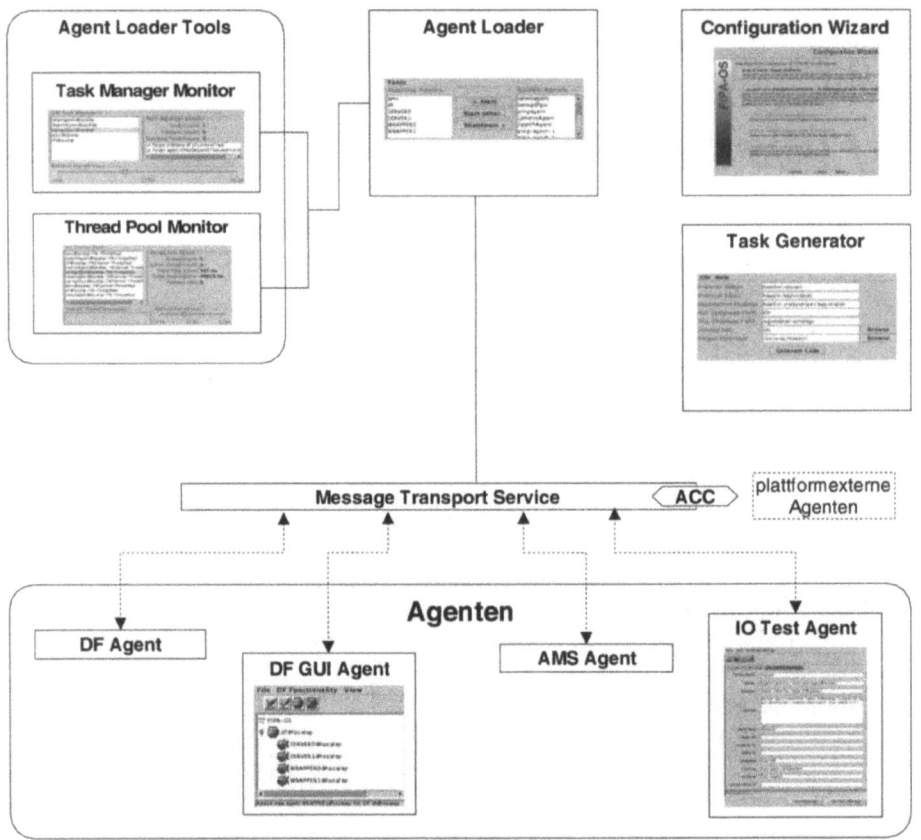

Abb. 10.1. *FIPA-OS* im Überblick

Abb. 10.2. *FIPA-OS*: Agent Loader

laufender Agenten enthält der Agent Loader die zwei Tools *Thread Pool Monitor* und *Task Manager Monitor* (siehe Seite 193).

Entsprechend dem FIPA Agenten-Referenzmodell (siehe Anhang A) stellen die beiden Plattform-Agenten AMS („Agent Management System") und DF („Directory Facilitator") zentrale Plattformdienste zur Verfügung, wie beispielsweise die Überwachung des Lebenszyklus eines Agenten und die Verwaltung Gelber Seiten innerhalb der Plattform. Diese beiden Agenten werden vom Agent Loader bei der Initialisierung der Plattform automatisch gestartet. Über die *DF Cross Registration GUI*, die beim Start des DF Agenten automatisch erscheint, ist es möglich, verschiedene DF Agenten zu vernetzen; hierzu stehen die Funktionalitäten „register with remote DF" und „add remote DF" zur Verfügung.

AMS und DF

Der Message Transport Service (MTS) der *FIPA-OS*-Plattform ist ebenfalls ein Bestandteil des FIPA Agenten-Referenzmodells. Der MTS gewährleistet die Kommunikation der Agenten und unterstützt momentan den Nachrichtentransport über die Protokolle *Remote Method Invocation* (RMI) und *Internet Inter-ORB Protocol* (IIOP). Bestandteil des MTS ist der Agent Communication Channel (ACC), der für die Kommunikation mit anderen FIPA-konformen Agentenplattformen genutzt werden kann.

Message Transport Service und MCC

10.1.2 Tools

Neben den zur Agentenplattform gehörigen Bestandteilen enthält *FIPA-OS* eine Reihe weiterer Tools:

▶ den *Configuration Wizard,*
▶ den *Swing DF GUI Interface Agent,*
▶ den *IO Test Agent,*
▶ den *Task Generator,*
▶ den *Task Manager Monitor* und
▶ den *Thread Pool Monitor.*

Der Configuration Wizard (Abbildung 10.3) ermöglicht eine einfache Einstellung aller Parameter, die für den Betrieb von *FIPA-OS* als isolierte oder als verteilte (beziehungsweise mit anderen Agentenplattformen verbundene) Agentenplattform angegeben werden müssen. Zu diesen Parametern zählen beispielsweise Namen und Adressen von Transport Services, der Name und das Zielverzeichnis der Plattform, und der Ort der zu verwendenten Java Virtual Machine.

Configuration Wizard

Der DF GUI Agent (oder ausführlich: Swing DF GUI Interface Agent) ermöglicht es einem Anwender, mit lokalen und entfernten Directory Facilitators zu interagieren und sich deren Aktivitäten

DF GUI Agent

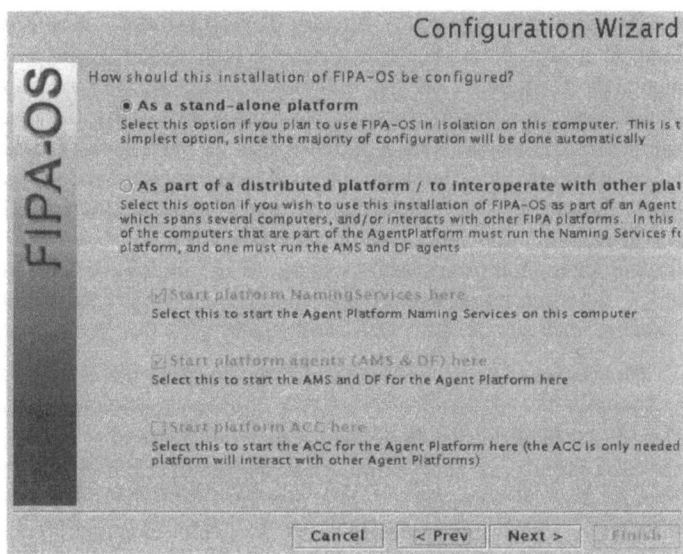

Abb. 10.3. *FIPA-OS*: Configuration Wizard

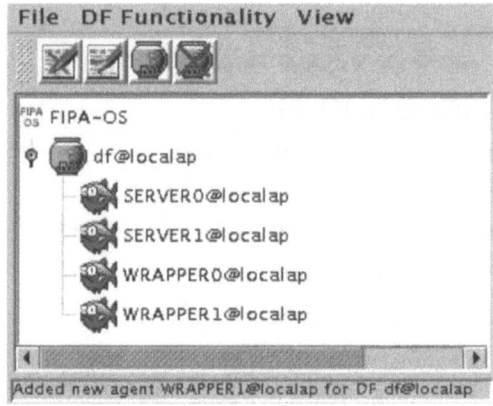

Abb. 10.4. *FIPA-OS*: Swing DF GUI Interface Agent

graphisch anzeigen zu lassen. Die Abbildung 10.4 zeigt die Oberfläche des DF GUI Agent.

IO Test Agent

Mit Hilfe des IO Test Agent (Abbildung 10.5) kann über das Versenden von ACL Nachrichten die Funktionalität der beiden Plattformagenten AMS und DF überprüft werden. Die Über-

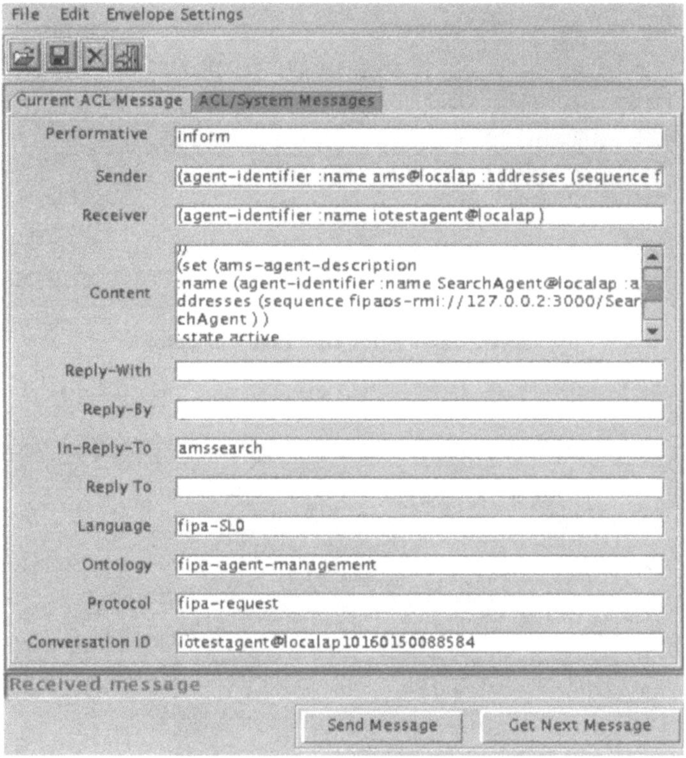

Abb. 10.5. *FIPA-OS*: IO Test Agent

prüfung kann mittels vorgegebener ACL Test-Scripts erfolgen; diese Scripts betreffen beispielsweise das Registrieren und Deregistrieren des IO Test Agent bei dem AMS Agenten und die Zustandsänderung des IO Test Agent.

Der Task Generator erleichtert das Integrieren von Kommunikationsprotokollen in Agentenklassen, indem er aus einer Protokolldefinition den Java Quellcode (Klassen) generiert, der für die entsprechende Konversation von den beteiligten Agenten (Sender und Empfänger) benötigt wird. Die Abbildung 10.6 zeigt die Oberfläche des Task Generator. (Der Task Generator ist nicht, wie die anderen Tools, im *FIPA-OS* Paket enthalten, sondern ist separat von der *FIPA-OS* Webseite herunterzuladen.)

Task Generator

Wie oben erwähnt enthält der Agent Loader den *Thread Pool Monitor* und und *Task Manager Monitor* (die Oberflächen dieser beiden Tools sind in den Abbildungen 10.7 und 10.8 zu sehen). Der Thread Pool Monitor zeigt für jeden Agenten die Menge al-

Monitore

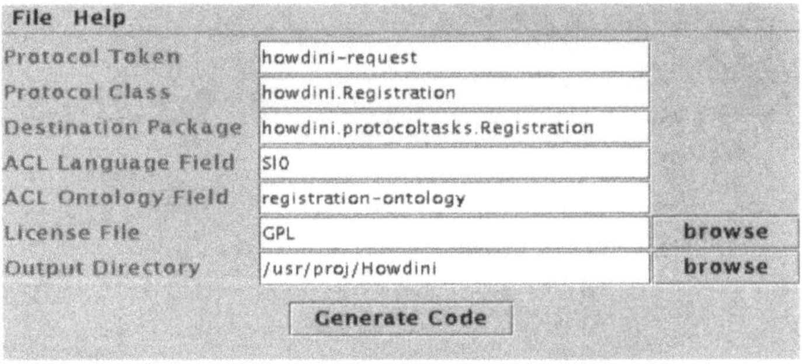

10 FIPA-OS Toolkit

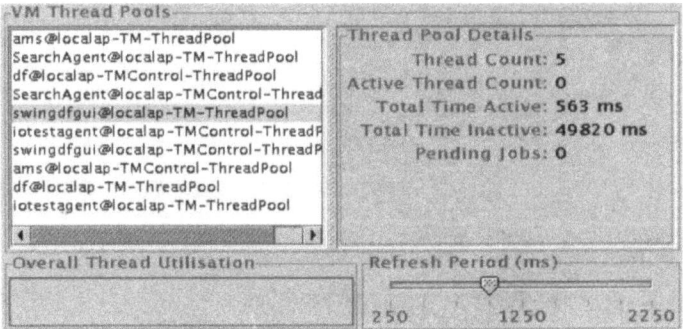

Abb. 10.6. *FIPA-OS*: Task Generator

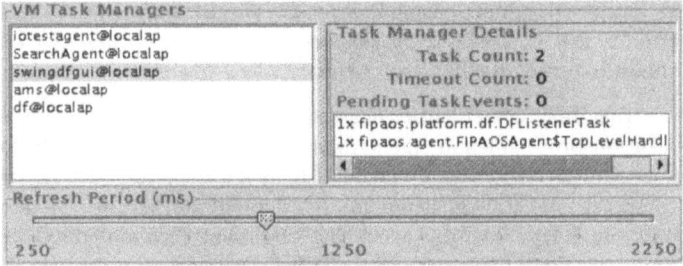

Abb. 10.7. *FIPA-OS*: Thread Pool Monitor

Abb. 10.8. *FIPA-OS*: Task Manager Monitor

ler aktuellen Threads an. Zu jedem Thread kann beispielsweise die Zahl der noch ausstehenden Jobs und die gesamte Aktiv- beziehungsweise Passivzeit betrachtet werden. Analoges gilt für den

Task Manager Monitor, wobei hier die in eine Task involvierten Agenten statt die Thread Pools betrachtet werden.

10.1.3 Weitere Funktionalitäten und Merkmale

Ein weiterer Hauptbestandteil von *FIPA-OS* ist die 455 Klassen umfassende Java-Klassenbibliothek, die für die meisten Aufgaben bei der Entwicklung von FIPA Multiagenten-Systemen passende Lösungen bereitstellt.
Java-Klassenbibliothek

Im *FIPA-OS Developers Guide* [219] werden die Klassen, die die Kernkomponenten der *FIPA-OS* Architektur darstellen, genauer beschrieben. Die *Agent Shell* (Klasse `fipaos.agent.-FIPAOSAgent`) ist die Basisklasse jedes *FIPA-OS* Agenten. Sie ist für das Laden des Agenten-Profils und die Initialisierung der drei Kernkomponenten eines *FIPA-OS* Agenten verantwortlich. Die erste Kernkomponente ist der bereits erwähnte Message Transport Service. In Verbindung damit ist auch das Package `fipaos.-agent.conversation.standard.protocol` erwähnenswert, das die Implementierungen vieler FIPA-Protokolle wie zum Beispiel *FIPAAuctionEnglish* oder *FIPAContractNet* enthält. Weitere Kernkomponenten sind der *Task Manager* und der *Conversation Manager*.
Kernkomponenten

Der Task Manager steht für die Verwaltung der Aufgaben (sogenannte Tasks) eines Agenten zur Verfügung. Eine Aufgabe ist dabei definiert als eine abgeschlossene Softwareeinheit, die unabhängig von den Agenten Nachrichten empfangen und verschicken kann und die aus Teilaufgaben (sogenannten Child-Tasks) zusammengesetzt sein kann. Der Task Manager behandelt Aufgaben ereignisorientiert, das heißt, jede Task wird als eine abzuarbeitende Menge von bestimmten Ereignissen verstanden. Ereignistypen, die vom Task Manager gehandhabt werden, sind beispielsweise „Initialisierung einer Aufgabe", „Beendigung einer Teilaufgabe" und „fehlerhafter Abbruch einer Teilaufgabe". Die Reihenfolge, in der anstehene Ereignisse abgearbeitet werden, wird nicht vom Task Manager selbst, sondern vom *Task Manager Listener* (der vom Task Manager über den Eintritt von Ereignissen informiert wird) bestimmt; defaultmäßig erfolgt eine Abarbeitung in der Eintrittsreihenfolge.
Task Manager

Der Conversation Manager ermöglicht die Steuerung der Kommunikationsvorgänge zwischen den Agenten. Zentrale Bestandteile des Conversation Manager sind das `MessageReceiver` Interface, über das eingehende Nachrichten empfangen werden, und das `MessageSender` Interface, über das andere Komponenten Nachrichten verschicken können. Die elementaren Einheiten, die der
Conversation Manger

Conversation Manager handhabt, sind sogenannte Conversation Objects; diese stellen einzelne Konversationen dar und kapseln neben dem Zustand der Konversation alle zur Konversation gehörenden, empfangenen und gesendeten Nachrichten. Aktualisierungen von Konversationen kann der Conversation Manager über den *Conversation Manager Listener* an andere Komponenten weiterreichen. Der Conversation Manager führt eine Liste aktiver Konversationen und er hat die Möglichkeit, passive (abgeschlossene) Konversationen abzuspeichern. Die Konversationen selbst folgen den oben erwähnten *FIPA*-Protokollen.

Weitere Komponenten   Neben den Kernkomponenten gibt es auch noch solche, die von den *FIPA-OS* Agenten nicht zwingend benötigt werden: die *Database Factory* für den Zugriff auf beliebige Datenbanken, die *Parser Factory* zum Parsen von SL-, ACL-, XML- oder RDF-Daten und eine *Choice Constraint Language*.

JESS Agent   Neben der oben genannten allgemeinen Agent Shell kann auch die sogenannte JESS Agent Shell zur Enwicklung von Agenten verwendet werden. Wie die Bezeichnung schon andeutet, handelt es sich hierbei um eine Agenten-Shell die auf JESS (Java Expert System Shell) basiert und auch die Funktionalität von JESS (einschließlich Backward Chaining und Rete-Algorithmus) verfügbar macht.

MicroFIPA-OS   Zusätzlich zu dem „normalen" *FIPA-OS* gibt es auch noch ein , das speziell für die Ausführung auf Kleinstcomputern, wie zum Beispiel PDAs (Personal Digital Assistant), entworfen wurde und mit den dort vorhandenen, eingeschränkten Systemressourcen auskommt.

10.2 Evaluierungsergebnisse

Die nachfolgenden Tabellen 10.1 bis 10.3 fassen die Ergebnisse der Evaluierung zusammen.

Tabelle 10.1. Evaluierungsergebnisse für *FIPA-OS* (Teil 1 von 3)

Evaluierungskriterien & Ergebnisse		
Anwendungsbreite		⊕ keine Einschränkungen
		⇒ *Gesamtbewertung*: ①
Implementierbarkeit		die Entwicklung erfolgt ausschließlich auf Quellcode-Ebene
		⇒ *Gesamtbewertung*: nicht bewertbar
Wiederverwendbarkeit		⊖ nur von Java-Klassen und -Packages
		⇒ *Gesamtbewertung*: ③
Modularität	Agent	⊕ modulare Verteilung von Agentenaufgaben auf Task-Klassen
	Gesamtsystem	⊕ die *FIPA-OS* Architektur besitzt austauschbare und optionale Komponenten (MTPs, Datenbanken, Parser)
		⊕ modulare Verwendung von Interaktionsprotokollen
		⊕ modulare Infrastruktur durch die FIPA Service-Agenten (DF, AMS, MTS)
		⇒ *Gesamtbewertung*: ②
Verständlichkeit	Dokumentation	⊕ ausführlich und gut verständlich
		⊕ fünf aufeinander aufbauende (allerdings teilweise etwas knapp gehaltene) Tutorials
	Vorkenntnisse und Erfahrungen	⊖ Kenntnisse der FIPA Architektur sind empfehlenswert
		⇒ *Gesamtbewertung*: ②
Genauigkeit		⊖ keine konkreten Empfehlungen zur Vorgehensweise bei der Entwicklung
		⇒ *Gesamtbewertung*: ④
Vollständigkeit		⊖ unterstützt nur Implementierung und Test
		⇒ *Gesamtbewertung*: ③
Variabilität		hängt von der verwendeten Entwicklungsumgebung ab
		⇒ *Gesamtbewertung*: nicht bewertbar
Komplexitätshandhabung		⊕ Dekomposition der Agentenfunktionalität in Aufgaben
		⊖ keine Abstraktionsebenen
		⊖ keine Hierarchien
		⇒ *Gesamtbewertung*: ④
Granularität		⊖ nur zwei Granularitätsstufen: Agent und Task
		⇒ *Gesamtbewertung*: ④

Tabelle 10.2. Evaluierungsergebnisse für *FIPA-OS* (Teil 2 von 3)

Evaluierungskriterien & Ergebnisse (Forts.)		
Sicherheit		⊕ Agenten können über eine verschlüsselte SSL-Verbindung kommunizieren
		⊖ ansonsten unterstützt das Werkzeug keine weiteren externen und internen Sicherheitsvorkehrungen
		⇒ *Gesamtbewertung*: ④
Überprüfbarkeit	**Validierbarkeit**	⊕ wird durch die Tool-Agenten unterstützt
	Verifizierbarkeit	⊕ wird durch die Tool-Agenten unterstützt
		⇒ *Gesamtbewertung*: ②-③
Laufzeitdynamik		⊕ AMS ermöglicht jederzeitiges Starten und Beenden von Agenten zur Laufzeit
		⊕ DF ermöglicht dynamisch wechselnde Agentenbeziehungen
		⊖ Migration und Klonen von Agenten wird nicht explizit unterstützt
		⇒ *Gesamtbewertung*: ②-③
Installation		⊕ selbstentpackendes JAR-Archiv
		⊕ *Configuration Wizard*
		⇒ *Gesamtbewertung*: ①
Zuverlässigkeit		⊕ keine Abstürze oder Datenverluste
		⊖ gelegentlich fälschliche Auflistung von mittlerweile inaktiven Agenten im AMS und DF
		⇒ *Gesamtbewertung*: ②
Ergonomie		⊕ intuitive und einfache Bedienung aller Tools
		⊖ da der Classloader geänderte Klassen nicht erkennt, muss vor einem Neustart von Agenten auch die Agentenplattform neu gestartet werden
		⇒ *Gesamtbewertung*: ②-③
Expressivität		⇒ *Gesamtbewertung entsprechend den Bewertungen in der Tabelle 10.3*: ②-③

Tabelle 10.3. Evaluierungsergebnisse für *FIPA-OS* (Teil 3 von 3)

Agentenspezifische Softwareattribute (Expressivität)		
Individualistische Attribute		
Architektur		⊕ beliebige Agentenarchitektur
Autonomie		⊖ wird vom Werkzeug nicht explizit unterstützt
Flexibilität		⊕ durch Integration der externen JESS Engine kann flexibles Agentenverhalten realisiert werden
Wissensbasis		⊖ in Verbindung mit JESS wird dessen Wissensbasis eingesetzt, ansonsten keine
Mentale Einstellungen		⊖ werden vom Werkzeug nicht explizit unterstützt
Sonstiges/Besonderheiten		⊕ entspricht dem FIPA Standard
Interaktionistische Attribute		
Kommunikation	Kommunikationsprotokolle	⊕ unterstützt RMI als internes MTP und IIOP als externes ⊕ neue MTPs können einfach hinzugefügt werden
	Kommunikationssprachen	⊕ FIPA ACL ⊕ FIPA Choice Constraint Language (CCL)
Koordination	Koordinationsmechanismen/-protokolle	⊕ beinhaltet Implementierungen vieler FIPA Koordinationsprotokolle
	Koordinationsformalismen/-sprachen	⊕ Koordinationsprotokolle werden durch eine baumartige Struktur von Java-Objekten spezifiziert (im Attribut __protocol einer Conversation-Klasse)
Interaktionsmuster		⊖ nur 1-zu-1 Interaktionen (peer-to-peer) und Multicasting
Ontologien		⊕ die API enthält ein Ontologie-Package

11
JADE

> *Men have become the tools of their tools.*
> H.D. Thoreau

11.1 Beschreibung

JADE („Java Agent DEvelopment Framework") ist eine Softwareentwicklungsumgebung, die gemeinsam vom Telecom Italia Lab (TILAB) und der Universität Parma entwickelt wird. *JADE*, das vollständig in Java implementiert ist und den FIPA-Spezifikationen Genüge leistet, ist unter der GNU Lesser General Public License (LGPL) frei verfügbar. Über die Webseite von *JADE* [80] sind diverse Dokumentationen wie beispielsweise [44, 45, 65, 289] erhältlich. Die nachfolgende Beschreibung bezieht sich auf die Version 2.61 von *JADE* (neue Versionen werden in relativ kurzen zeitlichen Abständen verfügbar gemacht). Einen Überblick über die Struktur von *JADE* gibt die Abbildung 11.1.

11.1.1 Agentenplattform

Den Kern von *JADE* bildet eine FIPA-konforme Agentenplattform, bestehend aus dem Agent Management System (AMS) Agent, dem Directory Facilitator (DF) Agent und dem Message Transport System (MTS) Agent (Details zur FIPA Agentenplattform finden sich im Anhang A). *JADE* erlaubt die Verteilung der Agentenplattform auf verschiedene Hosts, wobei je Host unabhängig von der Agentenanzahl nur eine Java Virtual Machine (JVM) erforderlich ist. Jede JVM stellt einen sogenannten *Container* dar, der die vollständige Laufzeitumgebung für die Ausführung der enthaltenen Agenten bereitstellt. AMS und DS, die beim Start der Agentenplattform automatisch kreiert werden und deshalb zur „Minimalausstattung" jeder *JADE*-basierten Anwendung gehören, sind stets im selben Container lokalisiert; dieser Container ist mit allen anderen Containern verbunden und wird als *Main Container* beziehungsweise *Front End* bezeichnet.

Verteilung und Containerstruktur

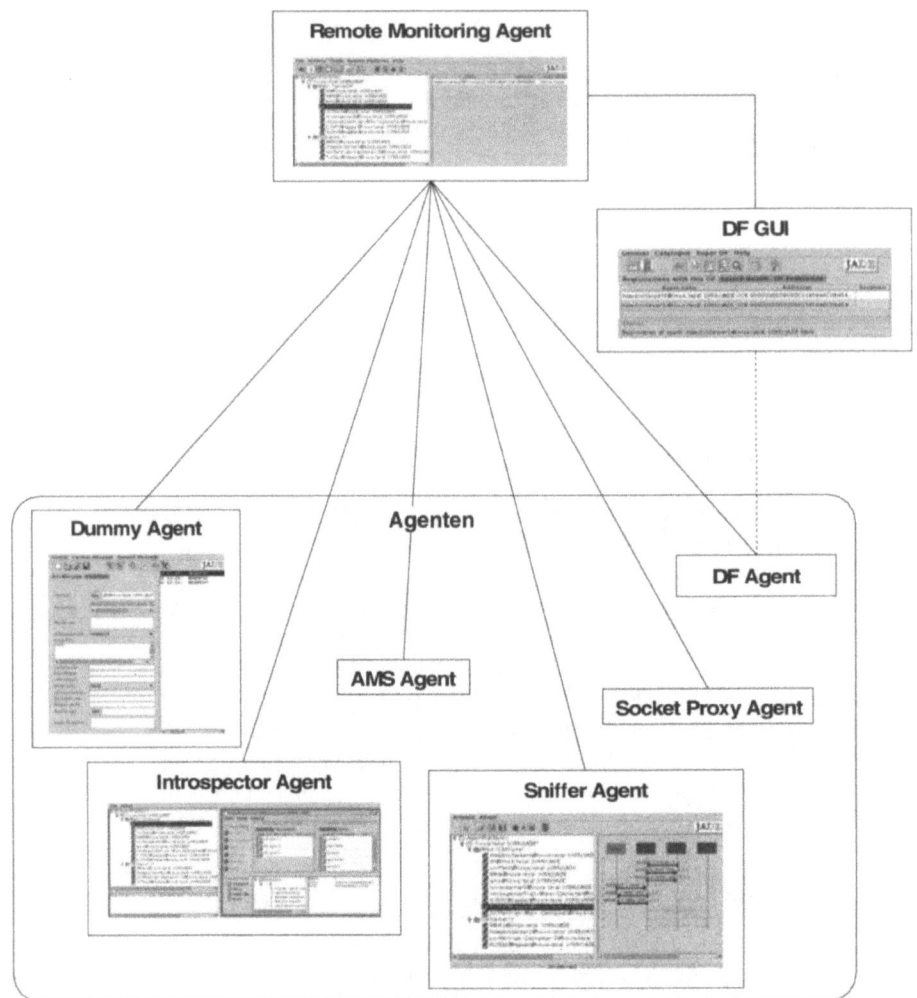

Abb. 11.1. *JADE* im Überblick

Kommunikation
Es werden zwei Agent-Agent-Kommunikationsformen unterschieden:

▶ plattforminterne Kommunikation via MTS, realisiert mittels *Remote Method Invocation* (RMI), und

▶ Kommunikation zwischen Agentenplattformen, standardmäßig realisiert mit Hilfe des *Internet Inter-ORP Protokolls* (IIOP) der im Sun JDK 1.3 enthaltenen CORBA Implementierung (alternativ kann für die Kommunikation zwischen Plattformen auch *ORBacus ORB* eingesetzt werden).

Die Nachrichten selbst, die zwischen Agenten ausgetauscht werden, sind in ACL (Agent Communication Language) verfasst.

11.1.2 Tools

JADE umfasst verschiedene Tools für die Plattformverwaltung und die Anwendungsentwicklung. Zu diesen Tools, die ihrerseits als Agenten realisiert sind, gehören:

➤ der *Remote Monitoring Agent*,

➤ der *Dummy Agent*,

➤ der *Introspector Agent*,

➤ der *Socket Proxy Agent*,

➤ der *Sniffer Agent* und

➤ die *DF GUI*.

Der Remote Monitoring Agent, auch als Remote Management Agent bezeichnet, ermöglicht die lokale und (im Fall einer verteilten Plattform) entfernte Überwachung und Steuerung der Vorgänge auf der Agentenplattform über eine graphische Benutzerschnittstelle. Dies umfasst neben dem Schließen des Containers und der gesamten Plattform insbesondere die Kontrolle des Lebenszyklus jedes einzelnen Agenten (z.B. Starten und Löschen eines Agenten sowie Migration eines Agenten zwischen Containern). *Remote Monitoring Agent*

Der Dummy Agent ermöglicht einem Entwickler die gezielte Interaktion mit anderen Agenten mittels Senden und Empfangen von ACL Nachrichten. Mit Hilfe dieses Agenten ist es möglich, Agent-Agent Konversationen aufzuzeichnen und zu analysieren. (In seiner Funktionalität ist der Dummy Agent identisch mit dem IO Test Agent von *FIPA-OS*.) *Dummy Agent*

Der Introspector Agent gestattet es, agenteninterne Zustände (einschließlich gesendete und empfangene Nachrichten) zu beobachten und darzustellen. Dieser Agent erlaubt es weiterhin, für Analysezwecke das Verhalten eines Agenten mittels Setzen von Haltepunkten zu verlangsamen. *Introspektor Agent*

Der Socket Proxy Agent dient als bidirektionale Vermittlungsstelle zwischen einer *JADE* Plattform und einer gewöhnlichen TCP/IP Verbindung. Die Kernleistung dieses Agenten besteht darin, ACL Nachrichten, die über das MTS laufen, in einfache *Socket Proxy Agent*

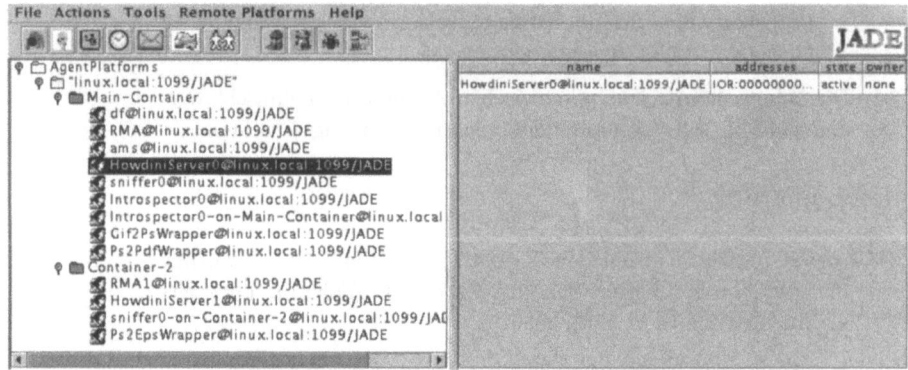

Abb. 11.2. *JADE*: Oberfläche des Remote Monitoring Agent

ASCII Strings zu transformieren und über eine Socketverbindung zu verschicken; umgekehrt können eingehende ASCII Strings in ACL Nachrichten gewandelt werden. Der Socket Proxy Agent ist beispielsweise bedeutsam beim Vorliegen von Firewalls.

Sniffer Agent Der Sniffer Agent ermöglicht die Überwachung, Speicherung und graphische Darstellung der Kommunikationsvorgänge (in Form von Sequenzdiagrammen) zwischen beliebigen Agenten.

DF GUI Die DF GUI erlaubt die Interaktion mit dem DF Agent. So ist es beispielsweise mit Hilfe dieser GUI möglich, Agenten zu registrieren und abzumelden und Beschreibungen von registrierten Agenten anzusehen und zu verändern. Über die GUI ist es weiterhin möglich, verschiedene DF Agenten zu koppeln und damit ein komplexes Netzwerk von Gelben Seiten zu kreieren.

Die Abbildungen 11.2 bis 11.6 zeigen Schnappschüsse der graphischen Oberflächen dieser Tools.

11.1.3 Weitere Funktionalitäten und Merkmale

Zur weitergehenden Beschreibung des Leistungsumfangs von *JADE* werden im Folgenden ausgewählte Merkmale im Überblick vorgestellt.

Klassenbibliothek Neben der eigentlichen Agentenplattform und den Tools enthält *JADE* auch eine über 350 Java-Klassen umfassende Bibliothek. Diese stellt für die Entwicklung eines FIPA-konformen agentenorientierten Softwaresystems verschiedenste Funktionalitäten zur Verfügung. Beispielsweise werden diverse Klassen zur Realisierung von

11.1 Beschreibung 205

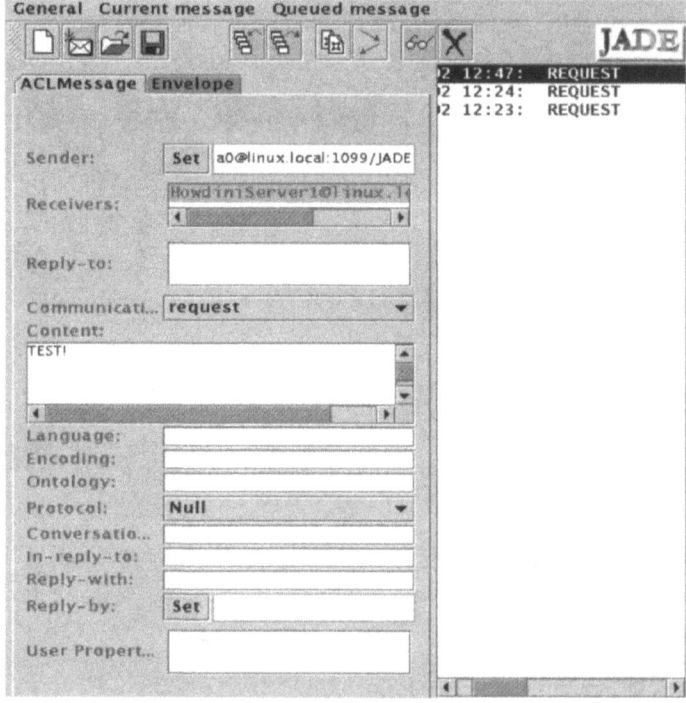

Abb. 11.3. *JADE*: Oberfläche des Dummy Agent

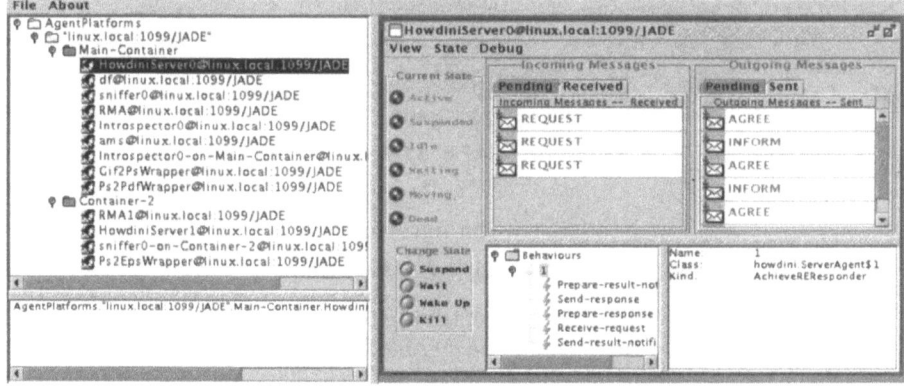

Abb. 11.4. *JADE*: Oberfläche des Introspector Agent

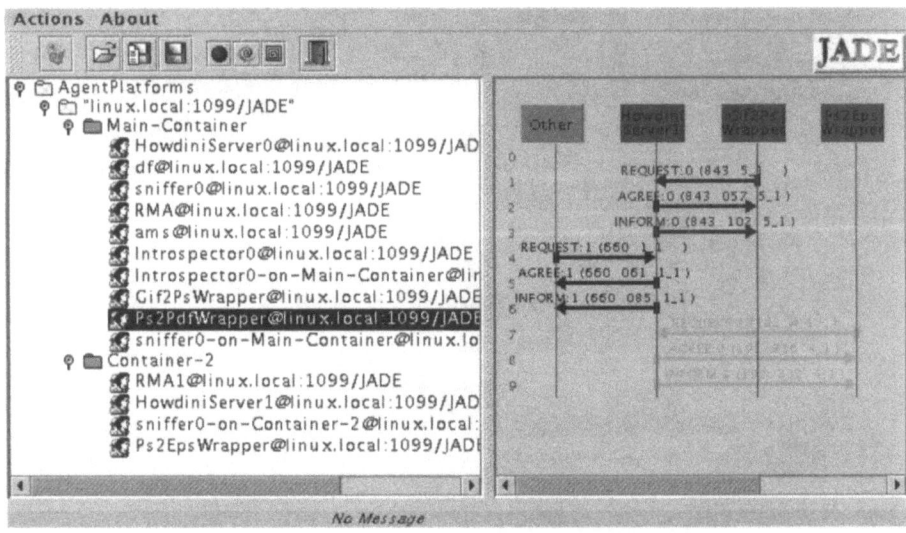

Abb. 11.5. *JADE*: Oberfläche des Sniffer Agent

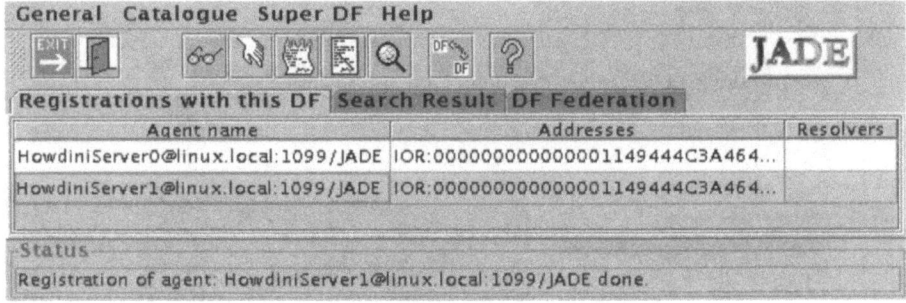

Abb. 11.6. *JADE*: DF GUI

- *Verhaltensmustern* von Agenten und
- Protokollen für *Agent-Agent-Interaktionen*

bereitgestellt. Zu den unterstützten Verhaltensmustern zählen u.a. die sequentielle Ausführung von Aktiväten, die parallele Ausführung und die atomare (nicht-zerlegbare) Ausführung, mit den entsprechenden Klassenbezeichnungen `SequentialBehaviour`, `ParallelBehaviour` und `OneShotBehaviour`, allesamt im Package `jade.core.behaviours`.

Unter den verschiedenen Klassen für Interaktionen befinden sich beispielsweise die beiden Klassen `jade.proto.AchieveRE-Initiator` und `jade.proto.AchieveREResponder`, die der Umsetzung aller *FIPA-Request*-artigen Protokolle wie etwa *FIPA-Request*, *FIPA-query* und *FIPA-propose* dienen. Bei solchen Protokollen kann der initiierende Agent an den Antworten des Empfängers erkennen, ob die intentierte Wirkung (rational effect) seiner Nachrichten auch tatsächlich eingetreten ist (man denke z.B. an die Antwort „done" auf die Nachricht „berechne den Gewinn"). Weitere „Interaktionsklassen" betreffen die Realisierung von Contract-Net-Protokollen.

JADE unterstützt die Verwendung von Inhaltssprachen und Ontologien. (Inhaltssprachen, oder content languages, sind Sprachen zur Beschreibung der Inhalte der zwischen den Agenten ausgetauschten Nachrichten.) Bereitgestellt werden die Codecs für zwei häufig verwendete Inhaltssprachen, nämlich SL und die LEAP-Sprache, wobei auch die Verwendung von benutzerdefinierten Inhaltssprachen unterstützt wird. Ein Codec ist dabei ein Java-Objekt welches in der Lage ist, die in einer Inhaltssprache formulierten Ausdrücke in Java-Objekte zu transformieren (und umgekehrt). *JADE* definiert eine spezielle Objektklasse für Ontologien und erlaubt die Kombination von Ontologien. Mit Hilfe eines speziellen Plug-in können Ontologien, die mit Protégé [246] spezifiziert wurden, in *JADE* Ontologien konvertiert werden.

Inhaltssprachen und Ontologien

Zur Erhöhung der Systemsicherheit ist ein sogenanntes *JADE* Security Plug-in verfügbar. *JADE* in Kombination mit diesem Plug-in wird als *JADE-S* („*JADE* Secure Agent Platform") bezeichnet. Das *JADE* Security Plug-in basiert unter anderem auf den Sicherheitskonzepten von SUN's JDK 1.4, also auf dem *Java Authentication and Authorization Service* (JAAS), der *Java Cryptography Extension* (JCE) und der *Java Secure Socket Extension* (JSSE). Durch die Benutzung dieser Technologien wird die *JADE* Agentenplattform zu einer Umgebung, in der jede Komponente einen durch Kennung und Passwort authentifizierten Benutzer hat. Für die Komponenten wird dann genau festgelegt, welche Aktionen sie auf der Plattform ausführen dürfen. Zu diesem Zweck erhält jeder Agent ein Identitätszertifikat, welches von einer Zertifizierungsstelle ("certification authority") beglaubigt ist. Jede *JADE-S* Agentenplattform besitzt eine sogenannte *policy file*, aus der hervorgeht, wer welche Aktionen mit bestimmten Ressourcen ausführen darf. Derartige Rechte zur Verwendung von Ressourcen werden durch sogenannte *Permission*-Objekte repräsentiert. Beispiele hierfür sind `FilePermission`, `AgentPermission` und `ContainerPermission`. Anzumerken ist, dass die Aktionen

Sicherheit und JADE-S

eines Agenten nicht notwendigerweise durch diejenigen Befugnisse determiniert sind, die er bei seiner Aktivierung zugesprochen bekam; vielmehr kann er von anderen Agenten während der Laufzeit weitere Befugnisse in Form von (möglicherweise zeitlich begrenzten) *Delegation Certificates* verliehen bekommen. *JADE-S* bietet auch die Möglichkeit der plattforminternen abhörsicheren Übertragung von sensiblen Daten (z.B. Passwörter) durch Verwendung des *Secure Socket Layer* (SSL) Protokolls.

11.1.4 *LEAP*

LEAP („Lightweight Extensible Agent Platform") ist eine Plattform für leichtgewichtige Anwendungen von agentenorientierter Software, die zu großen Teilen auf Quellcode von *JADE* und dem *Zeus*-Tool besteht [209]. (*Zeus*-seitig werden Funktionalitäten übernommen, die das Planen und Problemlösen von Agenten betreffen.) Anwendungen dieser Art sind beispielsweise für den PDA- oder telefongestützten Einsatz von mobilen Teams von Außendienstmitarbeitern besonders relevant (vgl. z.B. die „Gelben Engel" des ADAC). Generell zielt *LEAP* auf die Unterstützung der folgenden Anforderungen ab:

► vorausschauende Erfüllung der Informationsbedürfnisse von mobilen Mitarbeitern durch ein gezieltes Management des vorhandenen Wissens;

► dezentralisierte Koordination von räumlich verteilt anfallenden Arbeiten; und

► Management – Planung und Koordination – von Reisen der Mitarbeiter.

Wie *JADE* ist auch *LEAP* als *FIPA*-konforme Agentenplattform konzipiert und unter LGPL frei verfügbar. Besondere Betonung wurde bei *LEAP* auf funktionale Erweiterbarkeit gelegt. *LEAP* unterstützt drahtlose Datenübertragung und TCP/IP-basierte Kommunikation.

11.2 Evaluierungsergebnisse

Die nachfolgenden Tabellen 11.1 bis 11.3 fassen die Ergebnisse der Evaluierung zusammen.

Tabelle 11.1. Evaluierungsergebnisse für *JADE* (Teil 1 von 3)

Evaluierungskriterien & Ergebnisse		
Anwendungsbreite		⊕ keine Einschränkungen
		⇒ *Gesamtbewertung*: ①
Implementierbarkeit		die Entwicklung erfolgt ausschließlich auf Quellcode-Ebene
		⇒ *Gesamtbewertung*: nicht bewertbar
Wiederverwendbarkeit		⊖ nur von Java-Klassen und -Packages
		⇒ *Gesamtbewertung*: ③
Modularität	**Agent**	⊕ modulare Verteilung von Agentenaufgaben auf Behaviour-Klassen
	Gesamtsystem	⊕ austauschbare Nachrichtentransportprotokolle (MTPs)
		⊕ modulare Verwendung von Interaktionsprotokollen
		⊕ austauschbare ACL Codecs
		⊕ modulare Infrastruktur durch die FIPA Service-Agenten (DF, AMS, MTS)
		⇒ *Gesamtbewertung*: ①-②
Verständlichkeit	**Dokumentation**	⊕ ausführlich und gut verständlich
		⊕ mehrere Tutorials
		⊕ zahlreiche Beispiele
		⊖ die Bedienung mancher Tools wird nicht oder nicht ausführlich genug erklärt
	Vorkenntnisse und Erfahrungen	⊖ Kenntnisse der FIPA Architektur sind empfehlenswert
		⇒ *Gesamtbewertung*: ②
Genauigkeit		⊖ keine konkreten Empfehlungen zur Vorgehensweise bei der Entwicklung
		⇒ *Gesamtbewertung*: ④
Vollständigkeit		⊖ unterstützt nur Implementierung und Test
		⇒ *Gesamtbewertung*: ③
Variabilität		hängt von der verwendeten Entwicklungsumgebung ab
		⇒ *Gesamtbewertung*: nicht bewertbar
Komplexitätshandhabung		⊕ Dekomposition der Agentenfunktionalität in Aufgaben (Behaviours)
		⊕ komplexe Behaviours können aus mehreren einfachen Behaviours zusammengesetzt werden
		⊖ keine Abstraktionsebenen
		⊖ keine Hierarchien
		⇒ *Gesamtbewertung*: ③-④

Tabelle 11.2. Evaluierungsergebnisse für *JADE* (Teil 2 von 3)

Evaluierungskriterien & Ergebnisse (Forts.)		
Granularität		⊖ nur zwei Granularitätsstufen: Agent und Behaviour
		⇒ *Gesamtbewertung*: ④
Sicherheit		⊕ JADE-S
		⊕ Agenten können über eine verschlüsselte SSL-Verbindung kommunizieren
		⇒ *Gesamtbewertung*: ②
Überprüfbarkeit	Validierbarkeit	⊕ wird durch die Tool-Agenten unterstützt
	Verifizierbarkeit	⊕ wird durch die Tool-Agenten unterstützt
		⇒ *Gesamtbewertung*: ②-③
Laufzeitdynamik		⊕ Migration von Agenten zwischen Containern derselben Plattform ist möglich
		⊕ Klonen von Agenten wird explizit unterstützt
		⊕ AMS ermöglicht jederzeitiges Starten und Beenden von Agenten zur Laufzeit
		⊕ DF ermöglicht dynamisch wechselnde Agentenbeziehungen
		⇒ *Gesamtbewertung*: ①
Installation		⊕ beschränkt sich auf das Entpacken der Haupt-ZIP-Datei und der darin enthaltenen ZIP-Dateien
		⇒ *Gesamtbewertung*: ③
Zuverlässigkeit		⊕ keine Abstürze oder Datenverluste
		⊖ bei einigen Tools sind noch nicht alle angezeigten Funktionen implementiert
		⇒ *Gesamtbewertung*: ②
Ergonomie		⊕ überwiegend intuitive und einfache Bedienung aller Tools
		⊖ da der Classloader geänderte Klassen nicht erkennt, muss vor einem Neustart von Agenten auch die Agentenplattform neu gestartet werden
		⊖ die Deklararion einiger Klassen der Klassenbibliothek als `final` verhindert deren Verwendung als Elter-Klasse für eigene Klassen
		⇒ *Gesamtbewertung*: ②-③
Expressivität		⇒ *Gesamtbewertung entsprechend den Bewertungen in der Tabelle 11.3*: ②-③

Tabelle 11.3. Evaluierungsergebnisse für *JADE* (Teil 3 von 3)

Agentenspezifische Softwareattribute (Expressivität)		
Individualistische Attribute		
Architektur		⊕ beliebige Agentenarchitektur
Autonomie		⊖ wird vom Werkzeug nicht explizit unterstützt
Flexibilität		⊕ durch Integration der externen JESS Engine kann flexibles Agentenverhalten realisiert werden
Wissensbasis		⊖ in Verbindung mit JESS wird dessen Wissensbasis eingesetzt, ansonsten keine
Mentale Einstellungen		⊖ werden vom Werkzeug nicht explizit unterstützt
Sonstiges/Besonderheiten		⊕ entspricht dem FIPA Standard
Interaktionistische Attribute		
Kommunikation	Kommunikationsprotokolle	⊕ unterstützt RMI als internes MTP und IIOP, ORBacus und HTTP als externe MTPs
		⊕ neue MTPs können einfach hinzugefügt werden
	Kommunikationssprachen	⊕ FIPA ACL
Koordination	Koordinationsmechanismen/-protokolle	⊕ beinhaltet Implementierungen vieler FIPA Koordinationsprotokolle
	Koordinationsformalismen/-sprachen	⊕ mit den *AchieveRE* Klassen können FIPA Koordinationsprotokolle spezifiziert werden
Interaktionsmuster		⊖ nur 1-zu-1 Interaktionen (peer-to-peer) und Multicasting
Ontologien		⊕ mehrere Packages für den Umgang mit Ontologien und inhaltsbeschreibenden Sprachen

12
Zeus-Toolkit

> *Ein entschlossener Mensch wird mit einem Schraubenschlüssel mehr anzufangen wissen, als der Unentschlossene mit einem Werkzeugladen.*
>
> E. Oesch

12.1 Beschreibung

Das *Zeus*-Toolkit wurde ursprünglich von der Forschungsgruppe „Intelligent Agents" der British Telecommunications plc EXACT TECHNOLOGIES [58] entwickelt und wird nun zusammen mit der „*Zeus* Open Source Community" [271] gepflegt und weiterentwickelt. Das Toolkit deckt die Realisierungs- und Testphase der in Kapitel 6 beschriebenen *Zeus*-Methode ab. Ein dedizierter Fokus liegt darauf, dass auch Entwickler ohne Vorkenntnisse im Bereich der Agententechnologie das Toolkit problemlos einsetzen können. Das Toolkit ist in Java implementiert, es erlaubt die Realisierung FIPA-konformer Systeme und es ist unter der *Zeus Open Source License (Version 1.0)* – abgeleitet aus der *Mozilla Public Licence* – frei verfügbar. Über die Open Source Webseite [271] sind diverse Dokumentationen verfügbar, wie beispielsweise [69, 70, 71, 72, 75]. Das Toolkit umfasst eine Reihe von Hilfswerkzeugen (Editoren und Tools), die sich in zwei Kategorien einteilen lassen: solche für die visuelle Entwicklung von agentenorientierten Systemen, und solche für die Visualisierung von Vorgängen innerhalb dieser Systeme während der Laufzeit. Diese Kategorien, die in der Abbildung 12.1 im Überblick dargestellt sind, werden im Folgenden vorgestellt, wobei auf die Version 1.2.1 des Toolkit Bezug genommen wird.

12.1.1 Entwicklungswerkzeuge

Der zentrale Einstiegspunkt für die Entwicklung ist der Agent Generator. Wie die Abbildung 12.2 (Seite 215) zeigt, besteht das Agent Generator Fenster aus vier Panels – Project Options, Ontology Options, Agent Options und Task Options –, über die verschiedene Entwicklungsparameter konfiguriert werden können.

Agent Generator

Entwicklungswerkzeuge

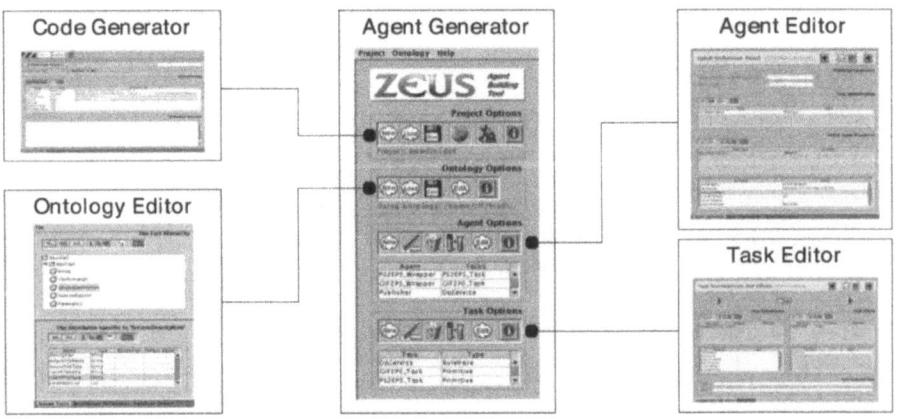

Visualisierungswerkzeuge

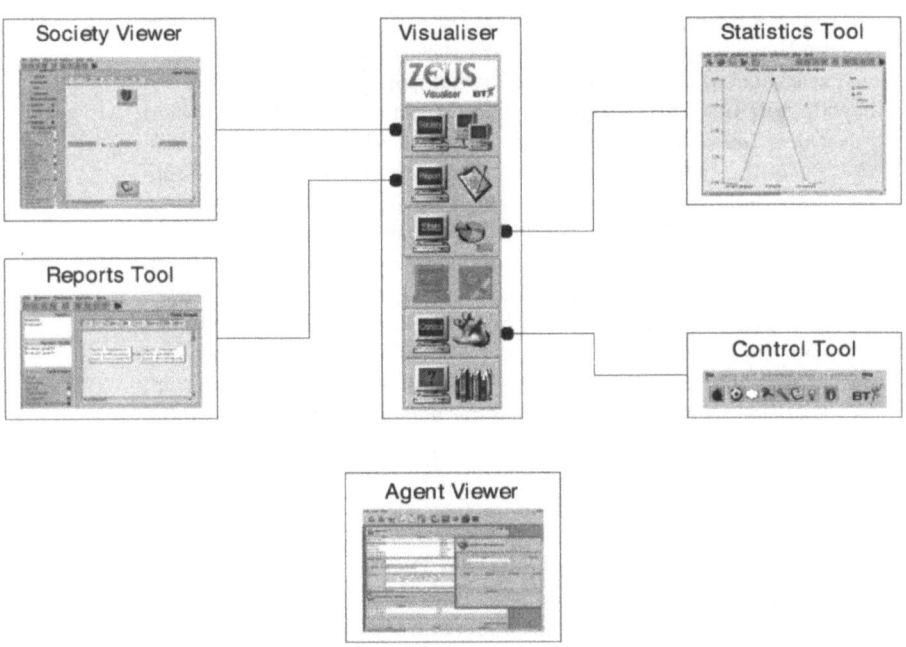

Abb. 12.1. *Zeus*-Toolkit im Überblick

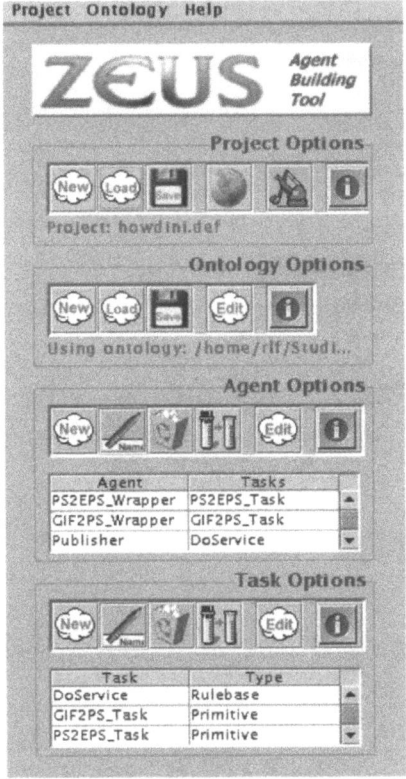

Abb. 12.2. *Zeus*-Toolkit: Agent Generator

Über diese Panels können auch die nachfolgend beschriebenen Editoren gestartet werden.

Der Ontology Editor erlaubt die Eingabe und Bearbeitung von Ontologien. Es ist möglich, Domänenkonzepte – genannt *Facts* – hierarchisch zu strukturieren und zu charakterisieren. Die Charakterisierung erfolgt über die Attribute „Name", „Type", „Restriction" (Eingrenzung des Wertebereichs) und „Default Value". Hinsichtlich dem Type-Attribut wird unterschieden zwischen vordefinierten Typen (z.B. integer, date und time) und benutzerdefinierten Typen. Beispielsweise kann mit dem Ontology Editor auf einfache Weise die *Howdini*-Ontologie aus Tabelle 6.23 auf Seite 132 eingegeben und bearbeitet werden. Die Abbildung 12.3 zeigt die Oberfläche dieses Editors.

Ontology Editor

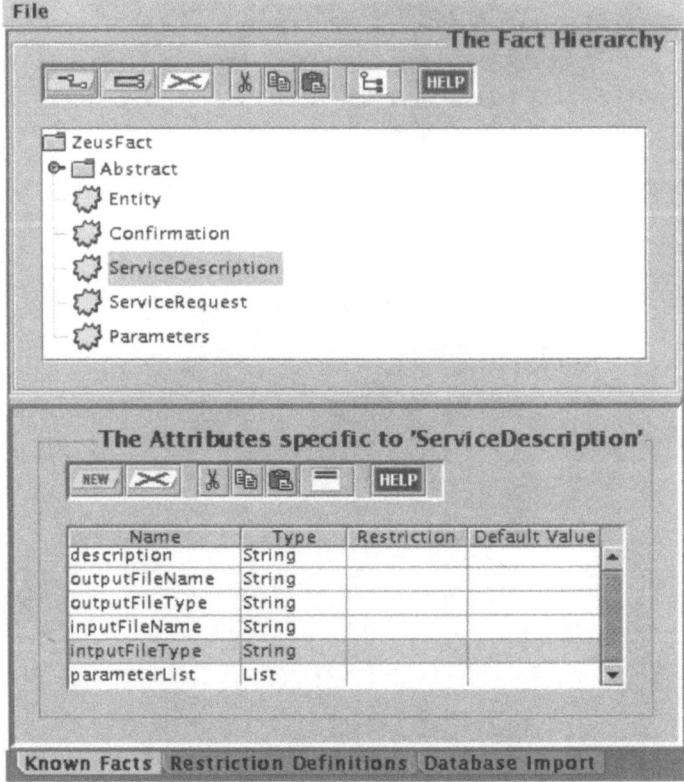

Abb. 12.3. *Zeus*-Toolkit: Ontology Editor

Agent Editor

Mit Hilfe des Agent Editor können Agenten kreiert, geklont, gelöscht und editiert werden. Das Editieren erfolgt mit Hilfe von drei Panels:

▶ *Agent Definition.* Über dieses Panel können Planungsparameter spezifiziert werden (z.B. Planungstiefe und die Anzahl der Aufgaben, die ein Agent simultan erledigen kann). Weiterhin erfolgt hier eine Benennung aller anwendungsspezifischen Aufgaben und Regelbasen, zu deren Ausführung ein Agent fähig ist. Schließlich wird über dieses Panel auch festgelegt, welche Ressourcen beziehungsweise welches Wissen (Facts) ein Agent zum Zeitpunkt seiner Initialisierung besitzt.

▶ *Agent Organisation.* Über dieses Panel können zum einen Bekanntschaften des betrachteten Agenten festgelegt werden, wobei folgende vier Bekanntschaftstypen unterschieden werden: Peer (keine Annahmen über die Interaktion); Superior (höhere Autorität mit Weisungsbefugnis); Subordinate (niedrigere Autorität); und Co-worker (ein Co-worker wird bei Ressourcenbedarf gegenüber Peers bevorzugt befragt). Zu beachten ist, dass organisationale Beziehungen per Default *nicht* bidirektional sind. Zum anderen ist es möglich, festzulegen, was ein Agent über die ihm bekannten Agenten weiß beziehungsweise annimmt (d.h. welche ihrer Eigenschaften ihm bekannt sind).

▶ *Agent Coordination.* Mit Hilfe dieses Panels kann ein Agent mit vorgegebenen Protokollen ausgestattet werden (wodurch der Agent beispielsweise ermächtigt wird, das Contract Net Protokoll zu starten). Weiterhin ist es über dieses Panel möglich, einen Agenten mit Interaktionsstrategien auszustatten. Solche Strategien betreffen die Frage, warum ein Agent überhaupt interagieren sollte und welche Intentionen und Motivationen der Agent besitzt; so könnte beispielsweise festgelegt werden, bis zu welchem Verkaufspreis ein Agent kaufwillig ist.

Die Abbildungen 12.4 und 12.5 zeigen die Oberflächen der Agent Definition und Agent Organisation Panels.

Der Task Editor ermöglicht die Spezifikation der von den Agenten auszuführenden Aufgaben. Dabei werden zwei Aufgabentypen unterschieden: *Task Editor*

▶ *primitive Aufgaben*, d.h. atomare Aktivitäten die von einem einzelnen Agenten „in einem Schritt" ausgeführt werden können; und

▶ *zusammenfassende Aufgaben*, d.h. Aufgaben, die aus mehreren, in einer bestimmten Ordnung auszuführenden primitiven Teilaufgaben zusammengesetzt sind.

Beide Aufgabentypen sind charakterisiert durch Attribute wie zum Beispiel „Vorbedingungen", „Effekte", „Kosten" und „Dauer". (Bei den Vorbedingungen und Effekte muss es sich um ontologische Konzepte handeln.) Zum Editieren dieser Aufgaben stehen über den Task Editor spezielle Sub-Editoren zur Verfügung, nämlich der *Primitive Task Editor* (siehe Abbildung 12.6) und der *Summary Task Editor*.

Ein weiterer spezialisierter Sub-Editor ist der *Rulebase Task Editor* zum Editieren der im Rahmen der Aufgabenidentifikation benannten anwendungsspezifischen Regelbasen. Die Oberfläche dieses Sub-Editors zeigt die Abbildung 12.7.

Der Code Generator erzeugt unter Berücksichtigung der mit den verschiedenen Editoren vorgenommenen Spezifikationen kom- *Code Generator*

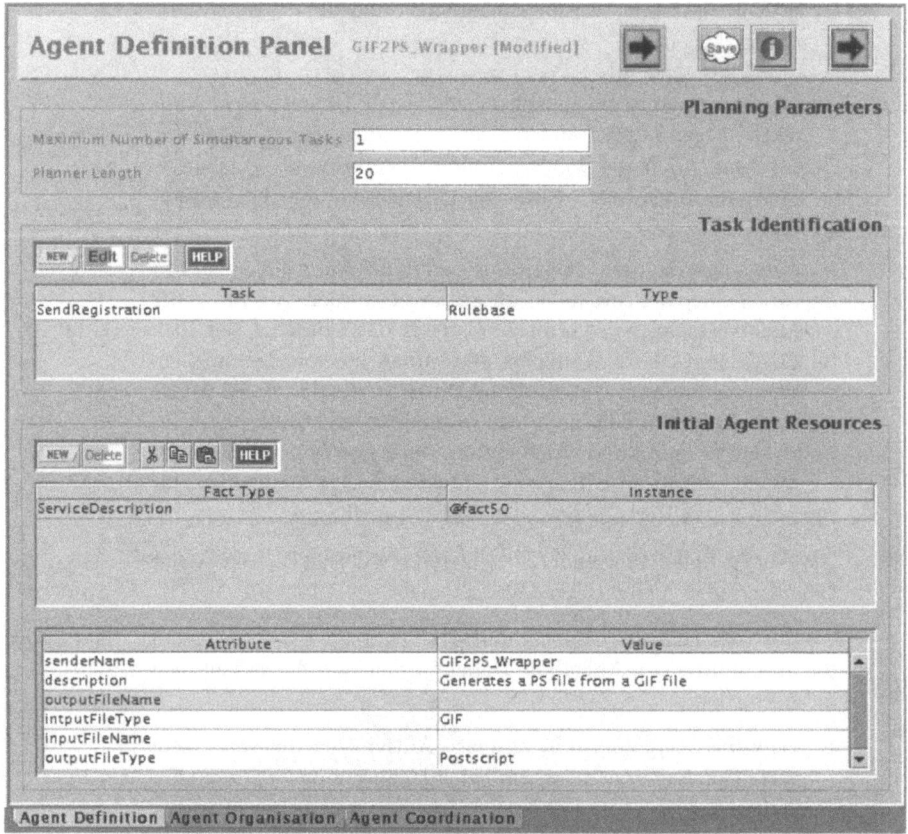

Abb. 12.4. *Zeus*-Toolkit: Agent Definition Panel des Agent Editor

pilierfähigen Java-Code für die identifizierten Aufgaben und Agenten. Der Code Generator umfasst vier Panels:

▶ *Generation Plan.* Dieses Panel erlaubt beispielsweise die Wahl der Laufzeitplattform (Unix oder Windows) und die Festlegung des Verzeichnisses, in dem der Quellcode abgelegt werden soll.

▶ *Utility Agents.* Über dieses Panel ist die Konfiguration der Utility Agents möglich. Darunter werden Agenten verstanden, die zur Realisierung der Infrastruktur beitragen. Unterschieden werden dabei folgende Typen von Utility Agents: Agent Name Servers; Facilitators (dienen der Informationsfindung); Visualiser Agents (Visualisierung und Debugging von Gesellschaften von *Zeus*-Agenten); und Database Proxy Agents (Schnittstelle

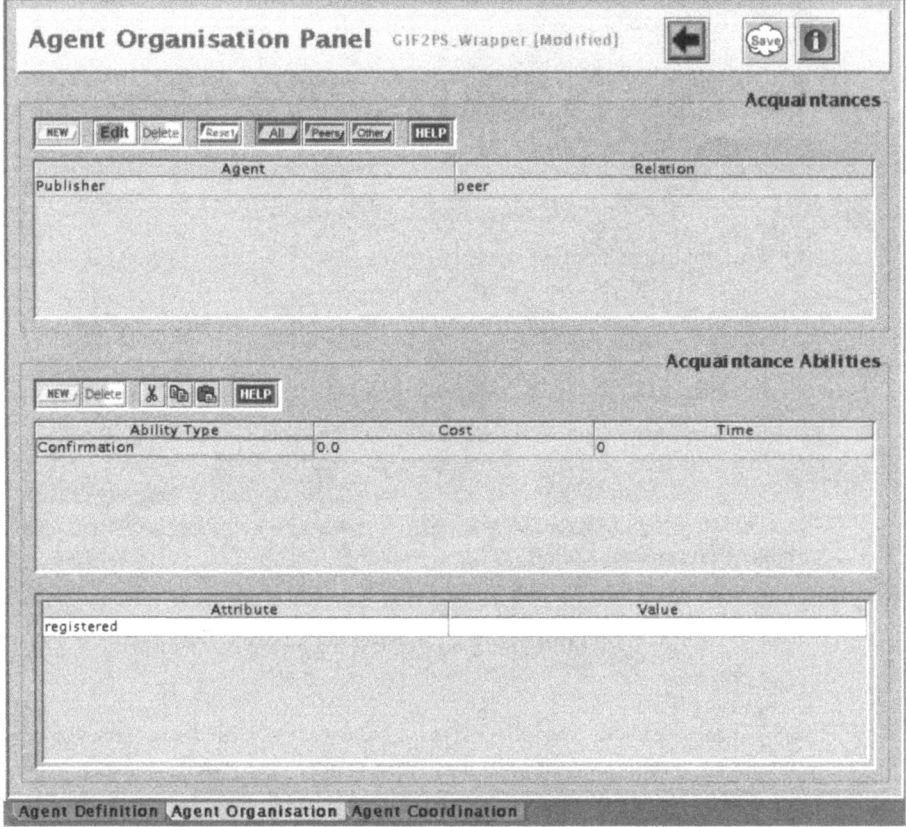

Abb. 12.5. *Zeus*-Toolkit: Agent Organisation Panel des Agent Editor

zu Datenbanken, beispielsweise zum Zweck der Protokollierung von internen Abläufen in einzelnen Agenten).

▶ *Task Agents.* Über dieses Panel können die Zugriffsmöglichkeiten der Agenten auf externe Ressourcen (z.B. Klassen und Programme) konfiguriert werden.

▶ *Task.* Über dieses Panel können Angaben gemacht werden zur Information (z.B. externe Klassen), die einem Agenten bei der Bearbeitung einer Aufgabe zur Verfügung stehen.

Die Oberfläche des Code Generator ist in der Abbildung 12.8 zu sehen.

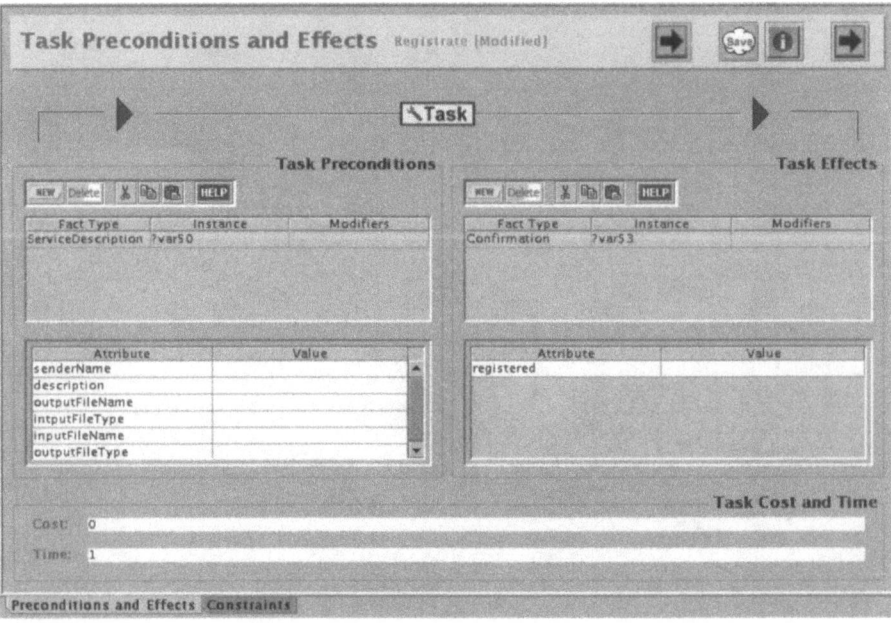

Abb. 12.6. *Zeus*-Toolkit: Primitive Task Editor

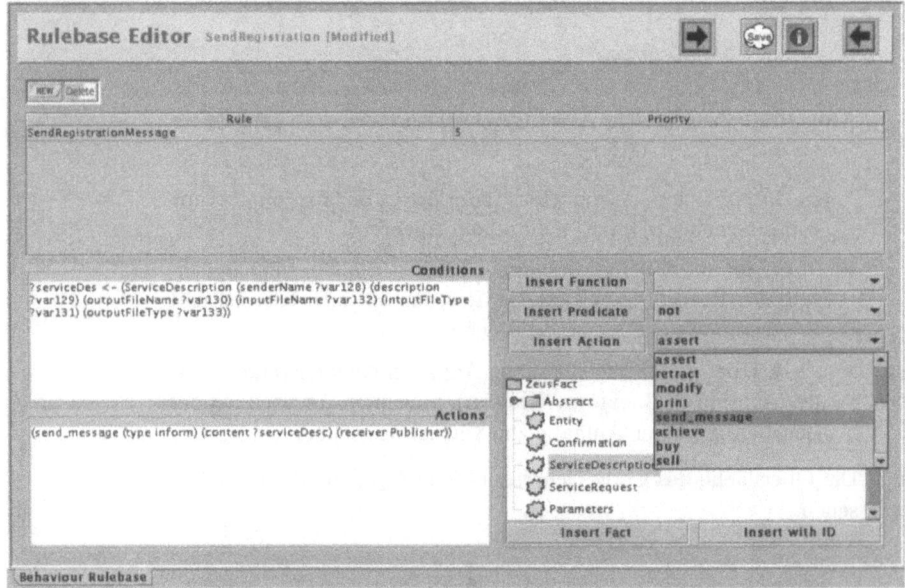

Abb. 12.7. *Zeus*-Toolkit: Rulebase Task Editor

12.1 Beschreibung   221

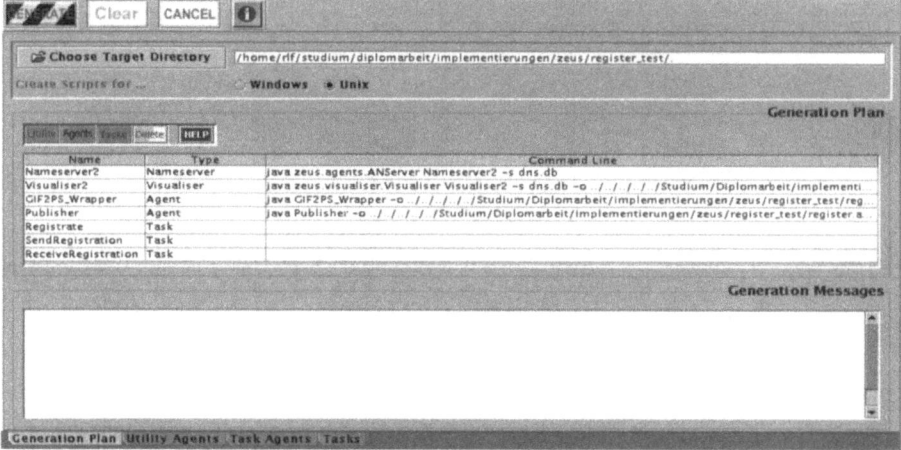

(a) Generation Plan

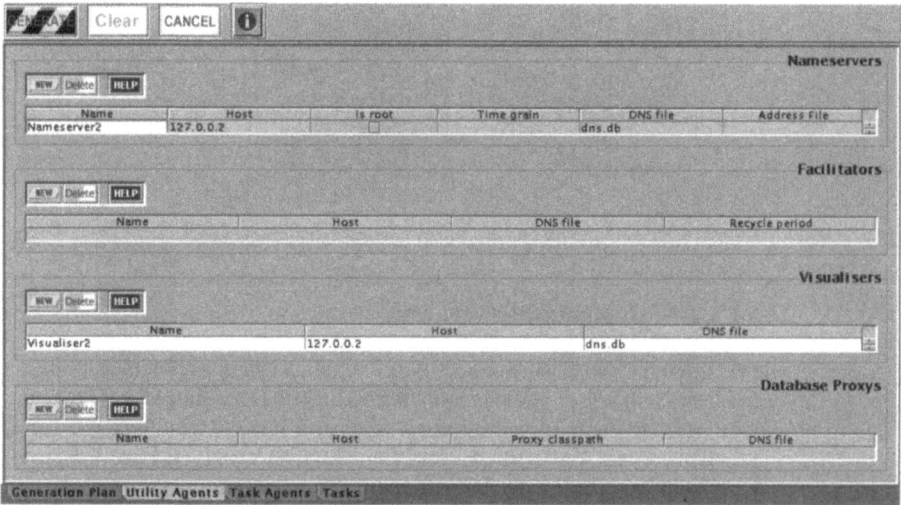

(b) Utility Agents

(c) Task Agents

Abb. 12.8. *Zeus*-Toolkit: Code Generator

222   12 Zeus-Toolkit

Abb. 12.9. Zeus-Toolkit: Visualiser

12.1.2 Visualisierungswerkzeuge

Visualiser
Der zentrale Einstiegspunkt für die Visualisierung systeminterner Prozesse ist der Visualiser (Abbildung 12.9), über den alle verfügbaren Visualisierungstools – Society Viewer, Reports Tool, Statistics Tool, Agent Viewer und Control Tool – gestartet werden können. Hauptzweck der Visualisierung ist die Unterstützung des Entwicklers bei der Identifikation und Beseitigung von strukturellen und funktionalen Fehlern nach dem Prinzip des Debugging durch Bekräftigung (siehe Seite 113).

Society Viewer
Der Society Viewer gestattet die Visualisierung der organisationalen Beziehungen (peer, subordinate, usw.) und der Kommunikationsvorgänge zwischen Agenten. Neben dem Vorgang des Verschickens von Nachrichten wird auch der jeweilige Typ der Nachrichten dargestellt. Die Typisierung basiert auf der Unterscheidung von Performativen (z.B. „ask" und „recommend"), wie sie im Bereich von Agent-Agent-Kommunikationssprachen üblicherweise getroffen wird. Der Society Viewer bietet die Möglich-

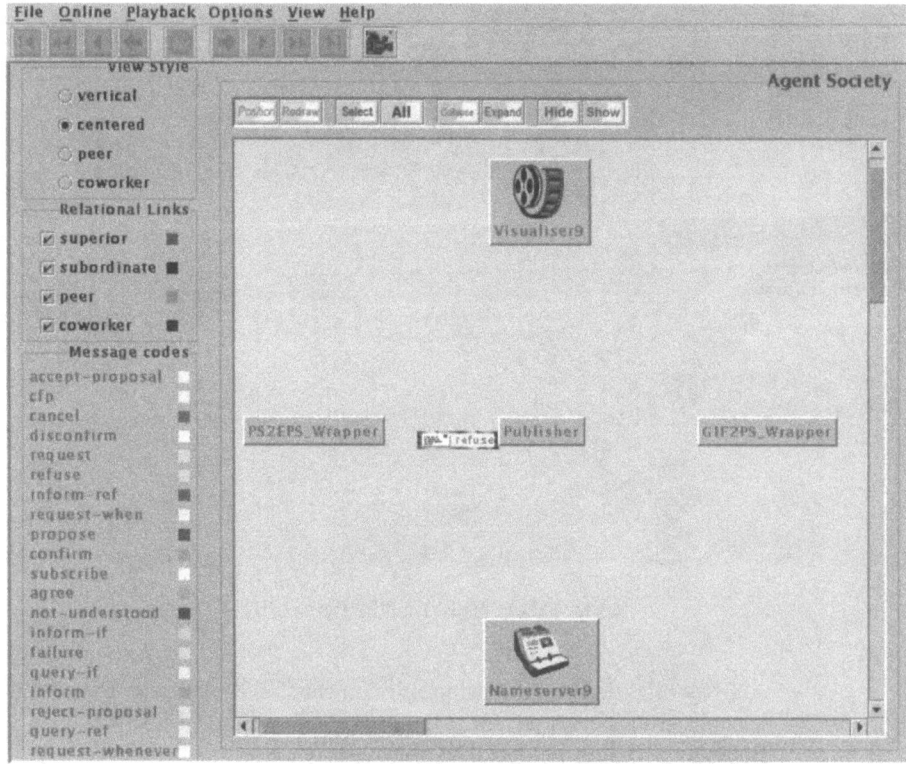

Abb. 12.10. *Zeus*-Toolkit: Society Viewer

keit der (Video-)Aufzeichnung der Kommunikationsprozesse, etwa zum Zweck einer späteren Vorführung oder Analyse.

Das Reports Tool fokusiert auf die von den Agenten zu erledigenden Aufgaben (siehe Abbildung 12.11). Mit diesem Tool ist es inbesondere möglich, sich von einer Menge von Agenten die Zustände ihrer Aufgaben berichten zu lassen. Unterschieden werden dabei folgende vier Zustände: „waiting", „running", „completed" und „failed". Das Tool visualisiert die jeweils aktuelle Aufgabenzerlegung in Teilaufgaben (in Form eines Gantt-Diagramms) sowie die Zuordnung der (Teil-)Aufgaben zu den einzelnen Agenten. Auch bei diesem Tool ist es möglich, die visualisierte Information aufzuzeichnen.

Reports Tool

Das Statistics Tool dient der Erstellung von statistischen Aussagen zur Anzahl der im System versandten Nachrichten und ihres Typs, zur Auslastung der einzelnen Agenten und zum Verhältnis

Statistics Tool

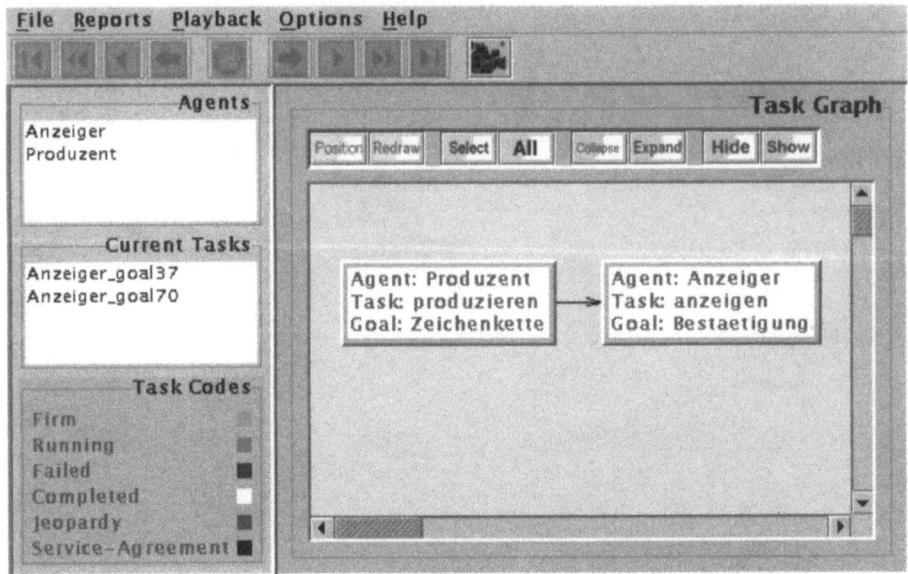

Abb. 12.11. *Zeus*-Toolkit: Reports Tool

von Koordinations- und Ausführungsaufwand einer Aufgabe. Die Visualisierungsform (z.B. Histogramm oder xy-Plott) kann vom Benutzer gewählt werden. Die visualisierten Statistiken können aufgezeichnet werden. Die Oberfläche dieses Tools ist in Abbildung 12.12 gezeigt.

Agent Viewer Der Agent Viewer dient der Darstellung von Ereignissen, die in einzelnen Agenten stattfinden (Abbildung 12.13). Zu den internen Ereignissen, die mit diesem Tool inspiziert werden können, gehören beispielsweise: die gesendeten und empfangenen Nachrichten; die internen Reaktionen auf empfangene Nachrichten (z.B. „Speichern der empfangenen Nachricht"); der Prozess der Koordination verschiedener, von einem Agenten verfolgten Ziele; und die verfügbaren Ressourcen und ihre Zuteilung zu den verschiedenen, vom Agenten zu erledigenden Aufgaben.

Control Tool Über das Control Tool soll ein Entwickler die Möglichkeit haben, gezielt auf einzelne Agenten Einfluss zu nehmen, beispielsweise durch Modifikation seiner aktuellen Ziele, seiner Beziehungen zu anderen Agenten und seiner Koordinationsstrategien. Allerdings sind die meisten der vorgesehenen Funktionalitäten noch nicht realisiert.

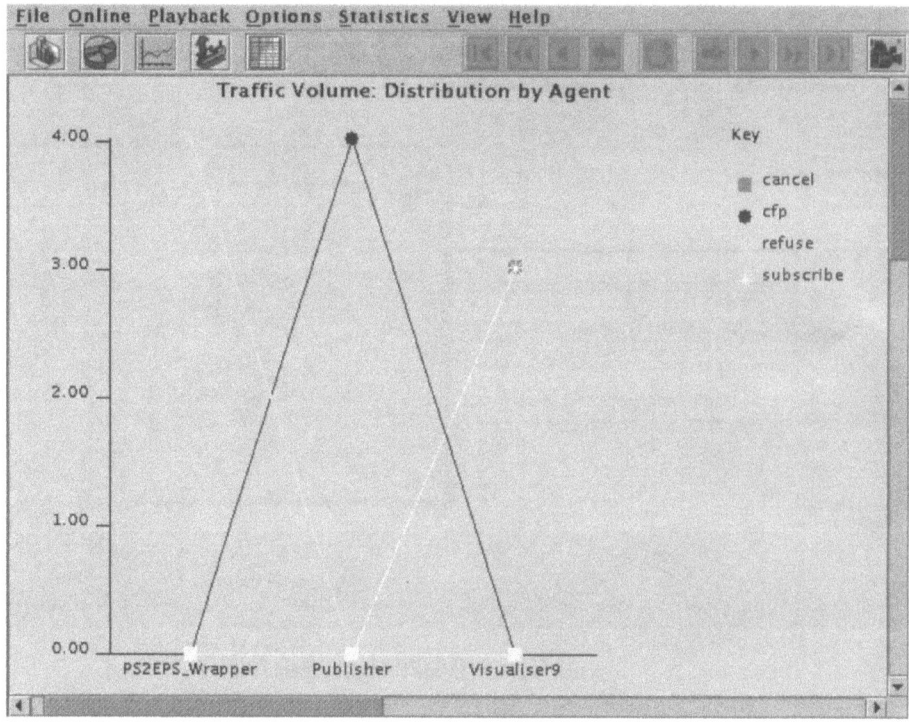

Abb. 12.12. *Zeus*-Toolkit: Statistics Tool

Neben den graphischen Hilfsmitteln enthält das *Zeus*-Toolkit auch ein Kommandozeilen-Werkzeug mit der Bezeichnung *Zsh* (*Zeus Shell*). Mit dieser Shell können zur Schonung der Rechnerressourcen mehrere Agenten in einer *Java Virtual Machine* gestartet werden können. Außerdem ist es mit *Zsh* möglich, mehrere Agenten desselben Typs gleichzeitig (mit einem Kommando) zu starten.

Zeus Shell

12.1.3 Weitere Funktionalitäten und Merkmale

Die Agent Component Library (ACL), wie die API des *Zeus*-Toolkit genannt wird, enthält über 630 Java-Klassen zur Realisierung von agentenorientierten Softwaresystemen. Unter anderem stellt die ACL Lösungskomponenten bereit für Kommunikation (einschließlich Ontologien) und Planen/Scheduling, darunter auch verschiedene FIPA Protokolle und eine Implementierung der Agentensprache *FIPA 97 ACL*.

Agent Component Library

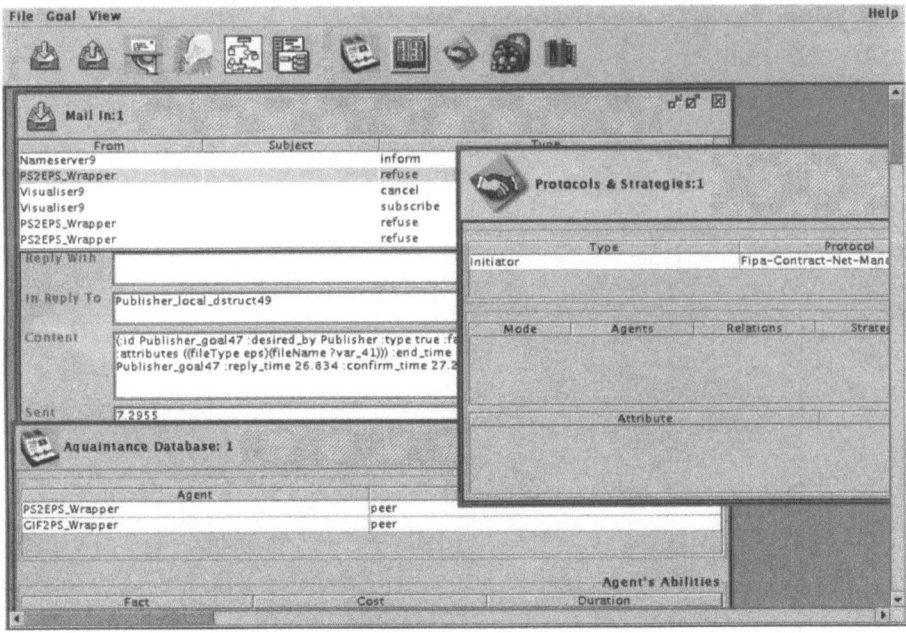

Abb. 12.13. *Zeus*-Toolkit: Agent Viewer

Generische Agentenarchitektur

Das *Zeus*-Toolkit unterstützt eine generische, domänenunabhängige Architektur für Agenten, die unter anderem folgende Komponenten enthält: eine „Mailbox" zur Handhabung der Kommunikationsprozesse mit anderen Agenten; einen „Message Handler" zur Weiterleitung eingehender Nachrichten an relevante interne Komponenten; einen „Planner and Scheduler" zur Planung der Aufgabenausführung; einen „Execution Monitor" zur internen Überwachung der Aufgabenausführung; und eine „Co-ordination Engine" zur Koordination der internen Aktivitäten des Agenten in Abhängigkeit seiner Ziele. Der Informations- und Kontrollfluss innerhalb dieser Architektur kann über den Agent Editor beeinflusst werden.

12.2 Evaluierungsergebnisse

Die nachfolgenden Tabellen 12.1 bis 12.4 fassen die Ergebnisse der Evaluierung zusammen.

Tabelle 12.1. Evaluierungsergebnisse für *Zeus*-Toolkit (Teil 1 von 4)

Evaluierungskriterien & Ergebnisse		
Anwendungsbreite		⊕ keine Beschränkung auf bestimmte Anwendungsgebiete
		⊖ nur für die *Zeus*-Architektur geeignet
		⇒ *Gesamtbewertung:* ②-③
Implementierbarkeit		⊕ automatische Codeerzeugung durch den *Code Generator*
		⇒ *Gesamtbewertung:* ①
Wiederverwendbarkeit		⊕ wiederverwendbare Ontologiedefinitionen
		⊖ Wiederverwendung von Aufgaben und Agenten wird nicht unterstützt und durch unerwünschtes Überschreiben durch den *Code Generator* sogar behindert
		⇒ *Gesamtbewertung:* ③-④
Modularität	**Agent**	⊕ modulare Verteilung von Agentenaufgaben auf Tasks
	Gesamtsystem	⊕ modulare Verwendung von Interaktionsprotokollen
		⊕ modulare Infrastruktur durch die Utility Agenten *Name Server* und *Facilitator*
		⇒ *Gesamtbewertung:* ②-③
Verständlichkeit	**Dokumentation**	⊕ umfangreich und überwiegend ausführlich und gut verständlich
		⊕ mehrere Anwendungsstudien und Beispiele
		⊕ die Werkzeuge bieten Online-Hilfe
		⊕ ein Großteil der Dokumente liegt in den Formaten HTML, PDF und DOC vor
		⊖ Javadocs enthalten zu wenig Informationen
	Vorkenntnisse und Erfahrungen	⊖ Kenntnisse der *Zeus*-Methode sind empfehlenswert
		⊖ bei Entwicklung eines Multiagentensystems mit FIPA Architektur sind diesbezügliche Kenntnisse empfehlenswert
		⇒ *Gesamtbewertung:* ②

Tabelle 12.2. Evaluierungsergebnisse für *Zeus*-Toolkit (Teil 2 von 4)

Evaluierungskriterien & Ergebnisse (Forts.)		
Genauigkeit		⊕ die *Zeus*-Methode beschreibt die genaue Vorgehensweise bei der Entwicklung mit diesem Werkzeug
		⊕ übersichtliche Darstellung der Agenten und ihrer Komponenten innerhalb der Werkzeuge reduziert die Wahrscheinlichkeit von Missverständnissen
		⇒ *Gesamtbewertung:* ②
Vollständigkeit		⊕ besitzt eigene Entwicklungsmethode
		⊖ unterstützt nur Implementierung und Test
		⇒ *Gesamtbewertung:* ②-③
Variabilität		⊕ einfaches Ver- und Entknüpfen von Tasks mit Agenten
		⇒ *Gesamtbewertung:* ②-③
Komplexitätshandhabung		⊕ Überblick über das Gesamtsystem durch den *Society Viewer*
		⊕ Dekomposition der Agentenfunktionalität in Aufgaben
		⊕ Aufgaben können in mehrere Unteraufgaben dekomponiert werden
		⊕ hierarchische Beziehungen zwischen Agenten sind möglich
		⇒ *Gesamtbewertung:* ②-③
Granularität		⊕ Granularitätsstufen: Agentengesellschaft → Agent → Aufgaben → Regeln oder Vor- und Nachbedingungen
		⇒ *Gesamtbewertung:* ②
Sicherheit		⊖ unterstützt keine externen und internen Sicherheitsvorkehrungen
		⇒ *Gesamtbewertung:* ⑤
Überprüfbarkeit	**Validierbarkeit**	⊕ wird durch Visualisierungswerkzeuge für unterschiedliche Sichten auf das Multiagentensystem unterstützt
	Verifizierbarkeit	⊕ wird durch Visualisierungswerkzeuge für unterschiedliche Sichten auf das Multiagentensystem unterstützt
		⇒ *Gesamtbewertung:* ②
Laufzeitdynamik		⊕ FACILITATOR und NAME SERVER ermöglichen dynamisch wechselnde Agentenbeziehungen
		⊖ Migration, Klonen und dynamische Erzeugung/Beendigung von Agenten wird nicht explizit unterstützt
		⇒ *Gesamtbewertung:* ③-④

Tabelle 12.3. Evaluierungsergebnisse für *Zeus*-Toolkit (Teil 3 von 4)

Evaluierungskriterien & Ergebnisse (Forts.)	
Installation	⊕ selbstentpackende (mit Java) ZIP-Datei
	⊕ graphisches Installationsprogramm *InstallShield*
	⊖ viele mehrfach vorhandene Dateien vergrößern unnötig die ZIP-Datei und verlängern das Herunterladen aus dem Netz
	⇒ *Gesamtbewertung*: ②
Zuverlässigkeit	⊕ die Software läuft stabil
	⊖ der *Code Generator* überschreibt ohne Rückfrage bereits vorhandene Dateien
	⊖ Änderungen an einer Ontologie-Datei werden erst nach einem Neustart im gesamten Projekt aktualisiert
	⇒ *Gesamtbewertung*: ②-③
Ergonomie	⊕ intuitive und einfache Bedienung aller Tools
	⊖ keine *Rückgängigmachen*-Funktion
	⊖ teilweise ablenkende Optik der Bedienoberflächen
	⇒ *Gesamtbewertung*: ②
Expressivität	⇒ *Gesamtbewertung entsprechend den Bewertungen in der Tabelle 12.4*: ①-②

Tabelle 12.4. Evaluierungsergebnisse für *Zeus*-Toolkit (Teil 4 von 4)

Agentenspezifische Softwareattribute (Expressivität)		
Individualistische Attribute		
Architektur		⊖ das Tool ist in erster Linie für die *Zeus*-Architektur konzipiert
Autonomie		⊕ *Zeus*-Agenten suchen unter Verwendung der verfügbaren Mittel autonom nach Wegen, vorgegebene Ziele (Facts) zu erreichen
Flexibilität		⊕ *Zeus*-Agenten können proaktiv Ziele (Facts) verfolgen
		⊖ Pläne werden während der Ausführung auch dann nicht aufgegeben, wenn die durch sie angestrebten Ziele nicht mehr erreicht werden müssen
Wissensbasis		⊕ *Zeus*-Agenten speichern ihr Wissen in Form von Facts in ihren Datenbanken
		⊕ *Zeus*-Agenten speichern Adressen und Fähigkeiten anderer Agenten in ihren Adressbüchern
		⊕ in Regelbasen können Verhaltensregeln gespeichert werden
Mentale Einstellungen		⊕ *Zeus*-Agenten können Ziele in Form von Facts verfolgen
Sonstiges/Besonderheiten		⊕ an FIPA-Standard anpassbar
Interaktionistische Attribute		
Kommunikation	Kommunikationsprotokolle	⊕ TCP/IP
		⊕ bei Verwendung des FIPA konformen *Agent Communication Channel* Agenten: FIPA 97 IIOP, FIPA 2000 IIOP, und FIPA 2000 HTTP
	Kommunikationssprachen	⊕ FIPA 97 ACL
Koordination	Koordinationsmechanismen/-protokolle	⊕ unterstützt die FIPA Koordinationsprotokolle *Contract-Net*, *English-* und *Dutch-Auction*
	Koordinationsformalismen/-sprachen	⊕ Koordinationsprotokolle werden mittels rekursiver Zustandsübergangsgraphen spezifiziert und als zweidimensionalen String-Arrays gespeichert
Interaktionsmuster		⊖ nur 1-zu-1 (peer-to-peer)
Ontologien		⊕ die API enthält mehrere Ontologie-Packages
		⊕ *Ontology Editor*

13
MadKit

> *Men have become fools with their tools.*
> T.S. Stewart

13.1 Beschreibung

Die Entwicklungsplattform *MadKit* basiert auf dem in Kapitel 8 vorgestellten *Aalaadin* Meta-Modell und seinen drei Kernkonzepten Rolle, Agent und Gruppe. Zusätzlich wird (seit der Version 3.1d8) das Konzept der *Community* verwendet. Der Fokus von *MadKit* liegt auf der organisationalen Struktur eines agentenorientierten Systems; die Architektur und das „Innenleben" der einzelnen Softwareagenten kann vom Entwickler beliebig gewählt werden. Im Unterschied zu den in den drei vorausgehenden Kapiteln behandelten Tools baut *MadKit* nicht auf dem FIPA-Standard auf, wenngleich es Überlegungen gibt, zukünftig zumindest Teile von *MadKit* FIPA-konform zu gestalten [197]. Diesem Kapitel liegt die *MadKit* Version 3.1b4 zugrunde. *MadKit* kann von der *MadKit* Website [198] heruntergeladen und mit dem Java-basierten, graphischen Installations-Werkzeug *InstallAnywhere* installiert werden. Da die in *madkit.jar* und *communicator.jar* enthaltenen Kernklassen von *MadKit* unter der GNU Lesser General Public License (LGPL) und die restlichen Teile unter der GPL stehen, kann des Werkzeug von Entwicklern fast beliebig verwendet und modifiziert werden. Das *MadKit*-Paket enthält allerdings auch Software von Dritten (zum Beispiel *Jess, Jython* und *Kawa*), für die jeweils eigene Lizenzen existieren.

Einordnung

MadKit 3.1b4 besteht im Wesentlichen aus einer Agentenplattform und einer umfangreichen API. Des Weiteren enthält das Paket mehrere als Agenten realisierte Hilfswerkzeuge und eine Fülle von Beispielanwendungen. Abbildung 13.1 zeigt einen Überblick über die wesentlichen *MadKit* Bestandteile; diese werden nachfolgend vorgestellt.

Bestandteile

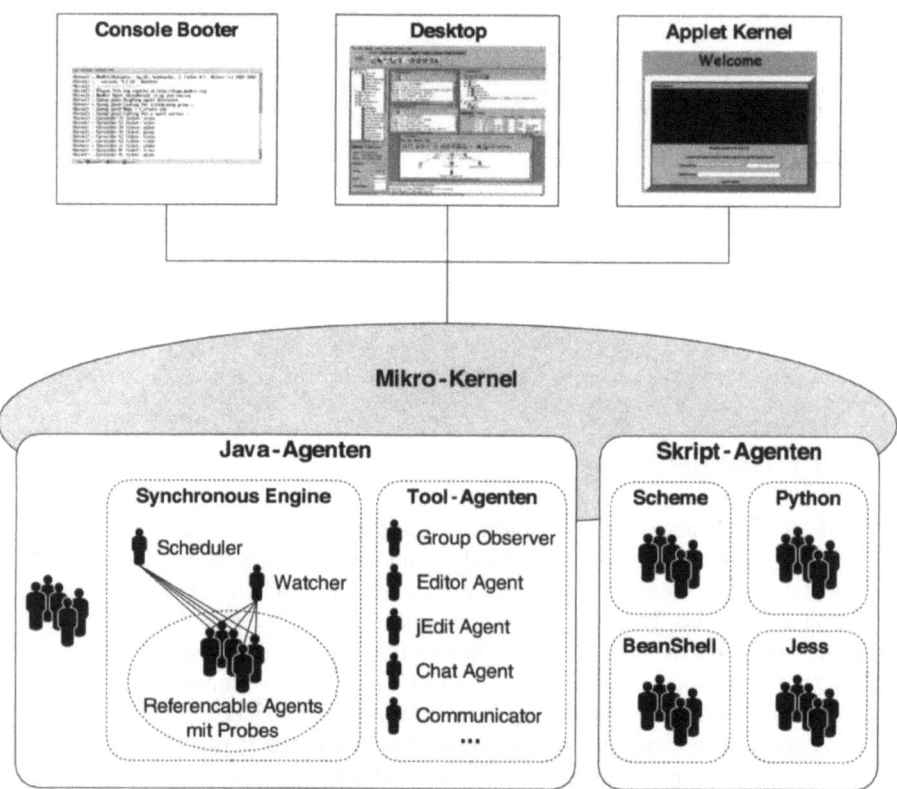

Abb. 13.1. *MadKit* im Überblick

13.1.1 Agentenplattform

Mikro-Kernel:
Grundlagen,
Communities,
Kernel-Hooks

Die Agentenplattform besteht aus einem Mikro-Kernel und einer Reihe von Systemagenten, die für die Ausführung bestimmter Systemdienste zuständig sind. Der Mikro-Kernel ist ein kleines (< 50 Kilobyte) Programm, das – ähnlich wie bei Mikro-Kernel Betriebssystemen – die nötige Infrastruktur für die effiziente Ausführung von Systemdiensten bereitstellt. Der *MadKit* Mikro-Kernel ist auch für die Verwaltung der lokalen Gruppen und Rollen verantwortlich, steuert die Lebenszyklen aller Agenten und dient als Nachrichtenvermittlungsstelle für die Kommunikation der lokalen Agenten untereinander. Auch der Mikro-Kernel selbst ist wiederum ein Softwareagent – der *KernelAgent* –, womit praktisch die gesamte *MadKit* Agentenplattform „agentifiziert" ist.

Zur Realisierung verteilter agentenorientierter Software können mehrere Mikro-Kernels, die bei Bedarf auf verschiedenen Rechnern installiert werden, zu sogenannten *Communities* zusammengeschlossen werden. Ein Mikro-Kernel kann Mitglied in mehreren Communities sein und alle Mikro-Kernels sind immer Mitglied der globalen Community `public`. Eine Gruppe kann durch das Community Konzept auf mehrere Mikro-Kernels verteilt sein; dabei ist allerdings zu beachten, dass jede Gruppe immer nur in einer einzigen Community enthalten sein darf. Durch die Partitionierung eines *MadKit*-Netzwerkes in mehrere Communities ergeben sich Vorteile bezüglich

1. Schnelligkeit,
2. Übersichtichkeit (durch konzeptuelle Gliederung der Ressourcen und Dienste) und
3. Sicherheit (durch Beschränkung der Mitgliedschaft in einer Community auf bestimmte Mikro-Kernels).

Über so genannte *Kernel-Hooks* kann ein Entwickler auf Funktionen des Kernel zugreifen und ihn um eigene Funktionen erweitern. Dabei ist ein *Hook* ist eine spezielle Kernel-Funktion, bei der beliebige Methoden registriert werden können, die dann bei jedem Aufruf der Hook-Funktion ebenfalls aufgerufen werden. Der *MadKit* Kernel stellt zwei Arten von *Hook*-Funktionen zur Verfügung. Zum einen *Monitor-Hooks*, durch die bei Ausführung einer Kernel-Funktion eine Nachricht an alle diejenigen Agenten gesendet wird, die sich für die Überwachung dieser Kernel-Funktion registriert haben. Zum anderen die *Interceptor-Hooks*, die bestimmte Kernel-Operationen abfangen (d.h. ihre Ausführung verhindern) und stattdessen die bei ihnen registrierten Methoden ausführen. Hierdurch können auf einfache Weise System-Funktionen des *MadKit*-Kernels an eigene Bedürfnisse angepasst werden. Aus Sicherheitsgründen dürfen nur solche Agenten ihre Methoden bei den *Hooks* registrieren, die Mitglied der Gruppe *system* sind; außerdem dürfen *Interceptor-Hooks* nur jeweils von einem einzigen Agenten verwendet werden.

Da bei *MadKit* die Benutzerschnittstelle vom Rest der Anwendung entkoppelt ist, gibt es mehrere Möglichkeiten für die Interaktion eines Benutzers mit der Software. Wenn keine graphische Bedienoberfläche benötigt wird, kann man die Agentenplattform sowie einzelne *MadKit* Agenten mithilfe des Console Booters einfach über die Kommandozeile starten. Hierzu wird die Java-Klasse `madkit.platform.console.Booter` aufgerufen, die durch Optionsparameter unter anderem Informationen über zu startende Softwareagenten erhält.

Console Booter

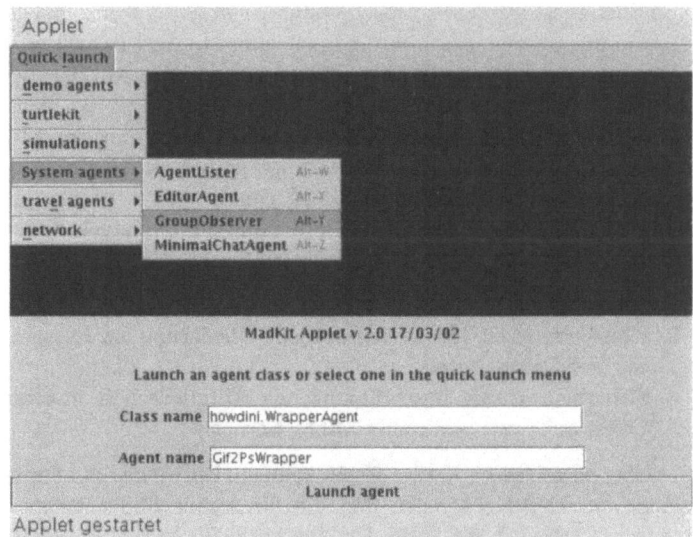

Abb. 13.2. *MadKit:* Applet Kernel

Applet Kernel   Eine andere Möglichkeit ist die Verwendung des Applet Kernel (Abbildung 13.2), eines speziellen Java-Applets, mit dem Softwareagenten beispielsweise von einem Webbrowser aus gestartet werden können. Das Applet enthält zwei Textfelder, in denen der genaue Pfad und Name einer Agentenklasse angegeben werden kann, und ein weiteres Textfeld für den Namen des Agenten, der als Instanz der Klasse gestartet werden soll. Über den Menüpunkt „Quick launch" des Applets kann man zudem einige der Standardagenten von *MadKit* starten.

Desktop   Eine dritte Möglichkeit, die auch die komfortabelste und vielseitigste Benutzerschnittstelle bietet, ist die Verwendung des *MadKit* Desktop (Abbildung 13.3). Über diesen Desktop erhält ein Benutzer zahlreiche Optionen zum Starten, Überwachen, Bearbeiten und Beenden von Agenten. Da bei *MadKit* die Benutzerschnittstelle von der Laufzeitumgebung und den Agenten funktional getrennt ist, kann ein Entwickler auch nach Belieben eigene Benutzerschnittstellen entwerfen und implementieren.

13.1.2 Tool-Agenten

MadKit enthält auch eine Vielzahl von Tools, die allesamt als Agenten realisiert wurden. Viele dieser Tool-Agenten dienen zur Überwachung und Verwaltung von Softwareagenten auf der Agen-

13.1 Beschreibung 235

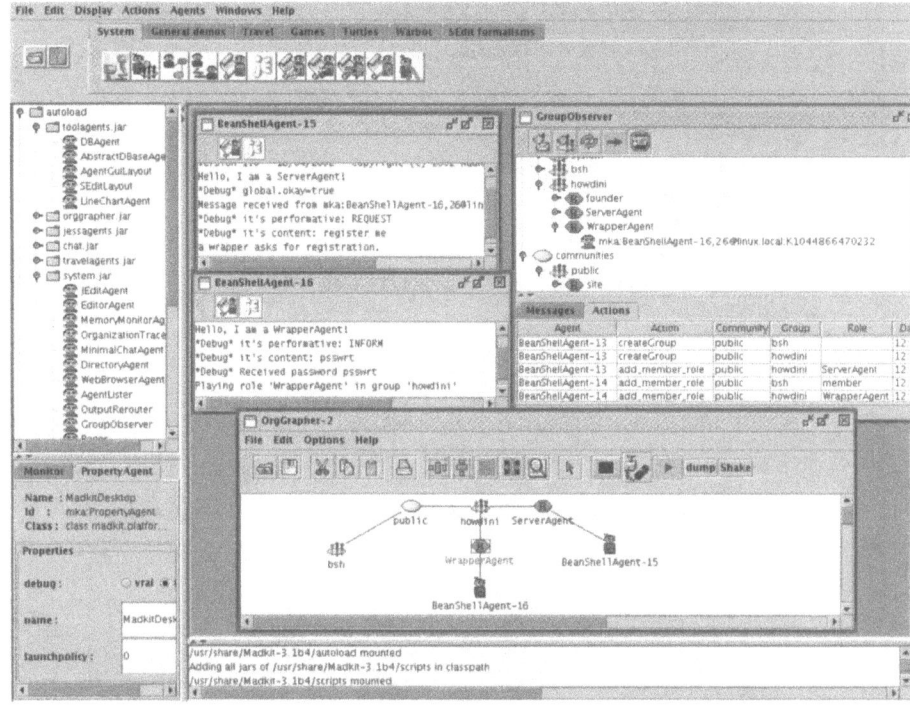

Abb. 13.3. *MadKit:* Desktop

tenplattform, weswegen sie auch zu den Systemagenten gezählt werden können. Einige der wichtigsten Tool-Agenten sind

▶ der Group Observer,

▶ der Editor Agent,

▶ der jEdit Agent,

▶ der Chat Agent und

▶ der Communicator.

Der Verwendungszweck dieser Agenten wird im Folgenden kurz erläutert.

Der Group Observer (Abbildung 13.4) liefert Informationen über den Aufbau einer *MadKit* Organisation, über die darin übertragenen Nachrichten und über die sozialen Aktionen der Agenten. Der Organisationsaufbau wird im oberen Teil der graphischen Oberfläche des Agenten in Form eines Baumdiagramms dargestellt. Dieses Baumdiagramm ist in die vier Hierarchiestufen

Group Observer

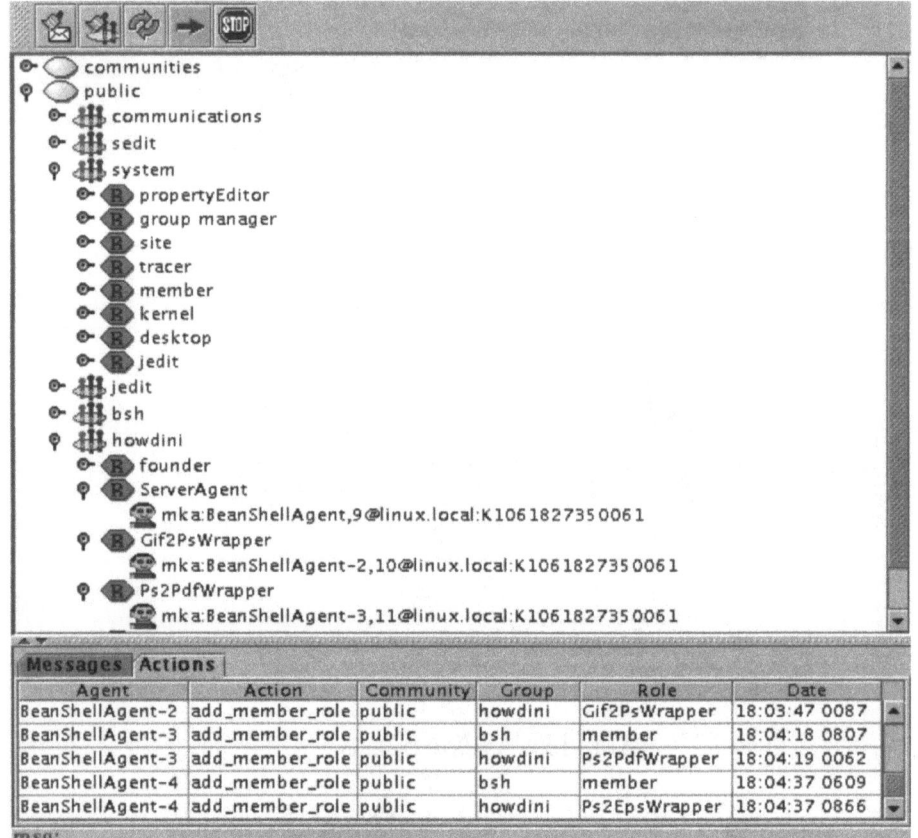

Abb. 13.4. *MadKit:* Group Observer

„Communities", „Gruppen", „Rollen" und „Agenten" unterteilt. Der untere Teil des Group Observers enthält Tabellen, in denen alle Details zu den Aktionen und übertragenen Nachrichten innerhalb der überwachten Organisation aufgelistet werden. Dieselbe tabellarische Auflistung dieser Informationen kann auch durch zwei einzelne Agenten, den Organization Tracer (für die organisationsbezogenen Aktionen) und den Group Message Tracer (für die Nachrichten), angezeigt werden.

Editor Agent   Mit dem Editor Agent (Abbildung 13.5) – auch als NotePad Agent bezeichnet – können Dateien auf dieselbe Weise bearbeitet werden, wie man es auch von anderen einfachen Texteditoren gewohnt ist. Die Besonderheit des Editor Agent ist seine Fähigkeit, Gruppen beitreten, dort Rollen spielen und mit anderen Agen-

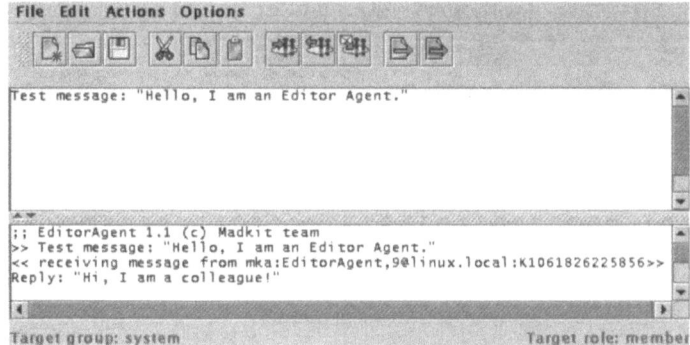

Abb. 13.5. *MadKit:* Editor Agent

ten Nachrichten austauschen zu können. Zu sendende Nachrichten werden hierbei in das obere Textfeld des Agenten geschrieben und auf Knopfdruck in Form einer `StringMessage` an andere Agenten geschickt. Empfangene Nachrichten werden im unteren Textfeld angezeigt. Es existieren auch Varianten des Editor Agent, mit denen der Quellcode von Skript-Agenten in den Sprachen Python, BeanShell Java, Jess und Scheme bearbeitet und direkt ausgeführt werden kann.

jEdit (Abbildung 13.6) ist ein mächtiger und vielseitiger, in Java programmierter Editor. Er ist eigentlich eine eigenständige Software, die jedoch von den *MadKit* Entwicklern als Agent in *MadKit* integriert wurde, um den Benutzern einen vollständigeren Texteditor als den Editor Agent zur Verfügung zu stellen. jEdit wurde durch Plugins so erweitert, dass mit ihm *MadKit* Skript-Agenten bearbeitet und gestartet sowie Ausdrücke in der Sprache Scheme ausgewertet werden können.

jEdit Agent

Der Chat Agent (Abbildung 13.7) ermöglicht *MadKit* Benutzern die Teilnahme an textbasierten Diskussionen ("Chats"). Die Chat Agents müssen hierzu nicht unbedingt mit demselben lokalen Mikro-Kernel verbunden sein, sondern dürfen auch anderen Mikro-Kernels angehören und sogar auf verschiedenen Rechnern eines Rechnernetzes laufen. Die beteiligten Mikro-Kernels müssen lediglich alle derselben Community angehören, damit die darin enthaltenen Chat Agents miteinander kommunizieren können. Für eine Unterteilung der Teilnehmer nach Diskussionsthemen wird innerhalb einer Community für jedes Thema eine eigene Gruppe eröffnet, der dann interessierte Teilnehmer mit ihrem Chat Agent beitreten.

Chat Agent

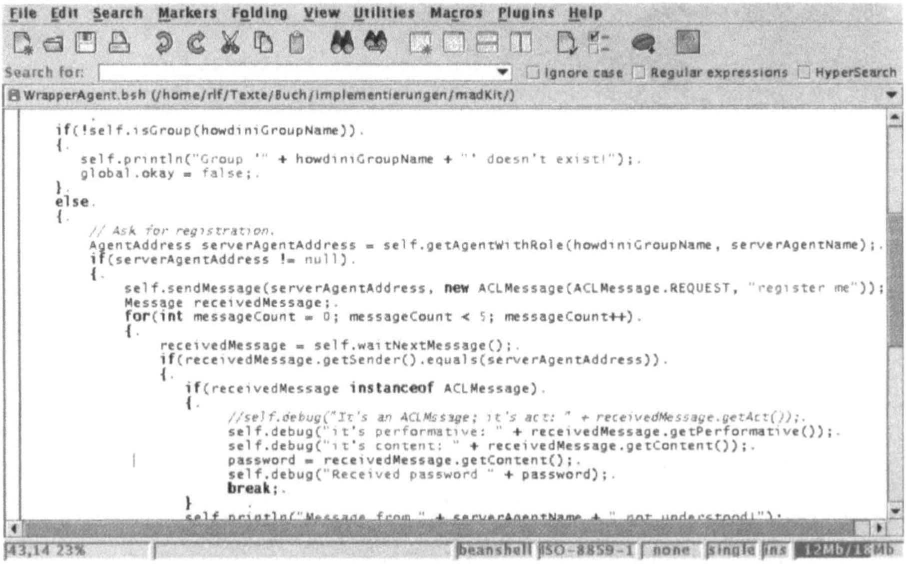

238 13 MadKit

Abb. 13.6. *MadKit:* jEdit Agent

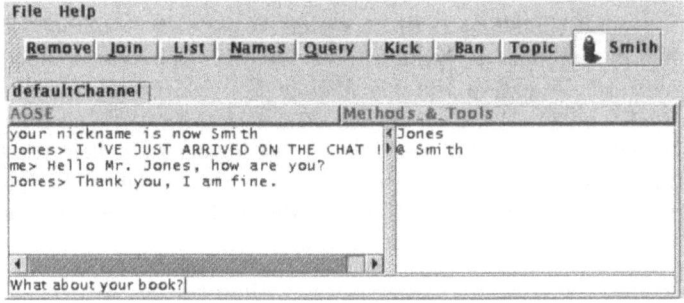

Abb. 13.7. *MadKit:* Chat Agent

Communicator   Damit ein *MadKit* Mikro-Kernel in eine Community mit anderen Mikro-Kernels eingebunden werden kann, muss er zuerst eine feste Verbindung zu diesen herstellen. Zu diesem Zweck kann der Communicator Agent (Abbildung 13.8) verwendet werden, der nach Angabe der Rechneradresse und Portnummer eines anderen Mikro-Kernel eine Verbindung mit diesem einrichtet. Automatisch werden dann auch Verbindungen zu allen anderen Mikro-Kernels hergestellt, die schon mit diesem entfernten Mikro-Kernel verbunden sind, wodurch ein vollständiges Verbindungsnetzwerk

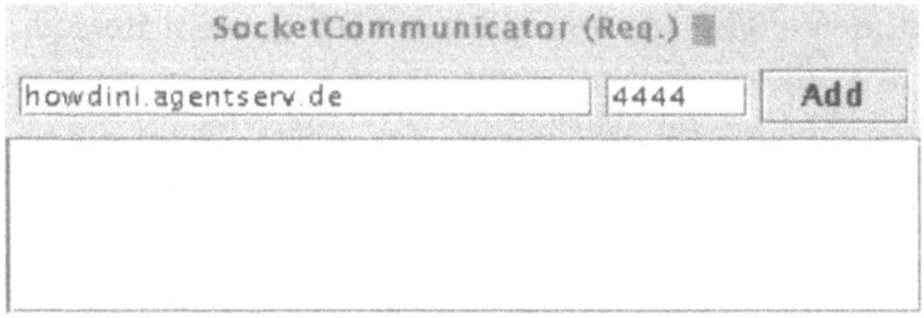

Abb. 13.8. *MadKit:* Communicator

entsteht. Ein solches zeichnet sich zwar durch hohen Durchsatz und große Zuverlässigkeit aus, verbraucht aber auch sehr viele Ressourcen.

13.1.3 Skript-Agenten

Die Fähigkeit der *MadKit* Agentenplattform, neben reinen Java-Agenten auch Skript-Agenten ausführen zu können, ist vor allem während der Entwicklung von Agenten nützlich. Bei Änderungen am Quellcode eines Skript-Agenten muss dieser nicht erst kompiliert werden, wonach vor dem Ausführen der erzeugten Java-Klassen ein Neustart der *MadKit* Agentenplattform erforderlich wäre. Vielmehr kann ein Agenten-Skript direkt aus dem Editor jEdit oder einem der einfacheren *MadKit* Skript-Editoren an einen Interpreter übergeben werden, der das Skript ausführt. Von *MadKit* werden momentan die Skriptsprachen *Scheme, JESS, Python* und *Java* unterstützt. Die Verwendung von Java als Skriptsprache wird durch den BeanShell Interpreter ermöglicht, der Java-Code – mit kleinen Einschränkungen – direkt, das heißt ohne vorherige Kompilierung, ausführen kann. Dadurch können *MadKit* Agenten in Java programmiert und dennoch komfortabel, weil sofort, getestet werden. Nach Abschluss der Entwicklung ist es einfach, den Programmcode in reinen Java-Code umzuwandeln und daraus Klassen zu kompilieren. Dies ist empfehlenswert, da die Ausführung von Skript-Agenten durch einen Interpreter in der Regel langsamer ist als die Ausführung von reinen Java-Agenten durch eine Java Virtual Machine.

13.1.4 Synchronous Engine

Sowohl für einen Skript-Agenten, als auch für einen reinen Java-Agenten wird vom *MadKit* Kernel bei der Ausführung immer ein eigener Java-Thread erzeugt. Dies ist problematisch, falls das Gesamtsystem aus einer sehr großen Anzahl von Softwareagenten besteht, deren Threads insgesamt zu viele System-Ressourcen belegen. Aus diesem Grund stellt *MadKit* eine so genannte Synchronous Engine zur Verfügung, die viele Agenten gleichzeitig ausführen kann, ohne dafür genauso viele Threads starten zu müssen. Zur koordinierten Ausführung von Agenten steht eine Scheduler Klasse madkit.kernel.Scheduler bereit, und für die Überwachung der Agenten kann ein Entwickler Instanzen der Klassen madkit.kernel.Probe und madkit.kernel.Watcher verwenden. Probes ermöglichen die Abfrage der Eigenschaften von Agenten und mit einem Watcher kann eine Menge von Probes verwaltet werden. Damit ein *MadKit* Agent von der Synchronous Engine ausgeführt werden kann, ist es erforderlich, dass er das Interface madkit.kernel.ReferenceableAgent implementiert. Durch die Implementierung dieses Interface signalisiert eine Klasse, dass auch ein anderer Programmteil als der *MadKit* Kernel – in diesem Fall die Synchronous Engine – eine direkte Referenz auf diese Klasse besitzen, und sie dadurch auch manipulieren darf. Dies ist bei allen anderen *MadKit* Agenten aus Sicherheits- und Stabilitätsgründen nicht erlaubt.

13.1.5 Weitere Funktionalitäten und Merkmale

Klassenbibliothek   Die *MadKit* Java-Klassenbibliothek (API) besteht aus fast 400 Klassen. Ein Großteil dieser Klassen gehört zu den Beispiel- und Tool-Agenten, die im *MadKit* Paket enthalten sind. Die anderen Klassen kapseln unter anderem die Funktionalitäten des Mikro-Kernels und die Funktionalitäten für den Nachrichtentransport. Desweiteren enthält die API diverse Basisklassen für die Entwicklung eigener *MadKit* Agenten; diese Klassen besitzen auch Methoden für das Management einer aus Communities, Gruppen, Rollen und Agenten bestehenden Agentenorganisation.

Dokumentation   Im doc-Verzeichnis der Installation und auf der *MadKit* Website sind mehrere Tutorials und Beschreibungen zu *MadKit* enthalten. Vor allem der „MadKit User's Guide" [106] und der „MadKit Development Guide" [107] enthalten wichtige Informationen für die Benutzung dieses Entwicklungswerkzeugs.

13.2 Evaluierungsergebnisse

Die nachfolgenden Tabellen 13.1 bis 13.3 fassen die Ergebnisse der Evaluierung zusammen.

Tabelle 13.1. Evaluierungsergebnisse für *MadKit* (Teil 1 von 3)

Evaluierungskriterien & Ergebnisse		
Anwendungsbreite		⊕ keine Einschränkungen
		⇒ *Gesamtbewertung*: ①
Implementierbarkeit		⊕ direkt ausführbare Skript-Agenten
		⊙ ansonsten erfolgt die Entwicklung nur auf der Quellcode-Ebene
		⇒ *Gesamtbewertung*: ②
Wiederverwendbarkeit		⊖ nur von Java-Klassen und -Packages
		⇒ *Gesamtbewertung*: ③
Modularität	Agent	⊖ Rollen dienen als modulare Bestandteile von Agenten – sind aber nur oberflächlich implementiert
		⊖ Aufteilung von Agentenaufgaben in Module wird nicht explizit unterstützt
	Gesamtsystem	⊕ Systemdienste der Agentenplattform werden modular als Agenten realisiert
		⊕ Agentenorganisationen können modular aus Communities und Gruppen gebildet werden
		⇒ *Gesamtbewertung*: ③
Verständlichkeit	Dokumentation	⊕ überwiegend ausführlich und gut verständlich
		⊕ zahlreiche Beispielagenten
		⊕ mehrere Tutorials
		⊖ Javadocs enthalten teilweise zu wenig Informationen
		⊖ stellenweise noch unvollständig
	Vorkenntnisse und Erfahrungen	⊖ Kenntnisse des *Aalaadin* Organisationsmodells sind empfehlenswert
		⇒ *Gesamtbewertung*: ②-③
Genauigkeit		⊕ konkreter Aufbau einer Agentenorganisation wird durch *Aalaadin* beschrieben
		⊖ keine konkreten Empfehlungen zur Vorgehensweise bei der Entwicklung
		⇒ *Gesamtbewertung*: ③-④
Vollständigkeit		⊖ unterstützt nur Implementierung und Test
		⇒ *Gesamtbewertung*: ③

13 MadKit

Tabelle 13.2. Evaluierungsergebnisse für *MadKit* (Teil 2 von 3)

Evaluierungskriterien & Ergebnisse (Forts.)	
Variabilität	⊕ direkt ausführ- und veränderbare Skript-Agenten ⊙ ansonsten hängt die Variabilität von der Entwicklungsumgebung ab ⇒ *Gesamtbewertung*: ③-④
Komplexitätshandhabung	⊕ Dekomposition von Multiagentensystemen in Communities, Gruppen, Agenten und Rollen ⊖ keine Abstraktionsebenen ⇒ *Gesamtbewertung*: ③-④
Granularität	⊕ Granularitätsstufen: Organisation → Community → Gruppe → Agent → Rolle – diese Abstufungen sind aber nur oberflächlich implementiert ⇒ *Gesamtbewertung*: ③-④
Sicherheit	⊕ Gruppenzutritt kann durch einen Gruppenmanager kontrolliert werden ⇒ *Gesamtbewertung*: ③
Überprüfbarkeit / **Validierbarkeit**	⊕ wird durch Tool-Agenten unterstützt
Verifizierbarkeit	⊕ wird durch Tool-Agenten unterstützt ⇒ *Gesamtbewertung*: ②-③
Laufzeitdynamik	⊕ neue Agenten können zur Laufzeit gestartet und beendet werden ⊕ Agenten können ihre Gruppenzugehörigkeiten zur Laufzeit ändern ⊖ die Möglichkeit der Migration von Agenten wurde aus Sicherheitsgründen deaktiviert und ist auch nicht dokumentiert ⊖ Klonen von Agenten wird nicht explizit unterstützt ⇒ *Gesamtbewertung*: ③
Installation	⊕ direkt ausführbare Installationsdatei ⊕ graphisches Installationsprogramm *InstallAnywhere* ⇒ *Gesamtbewertung*: ①
Zuverlässigkeit	⊕ keine Abstürze oder Datenverluste ⇒ *Gesamtbewertung*: ①
Ergonomie	⊕ intuitive Bedienung aller Tools ⊕ bequemes Testen und Verändern von Agenten durch die Unterstützung direkt ausführbarer Skripte ⇒ *Gesamtbewertung*: ①-②
Expressivität	⇒ *Gesamtbewertung entsprechend den Bewertungen in Tabelle 13.3*: ③-④

Tabelle 13.3. Evaluierungsergebnisse für *MadKit* (Teil 3 von 3)

Agentenspezifische Softwareattribute (Expressivität)		
Individualistische Attribute		
Architektur		⊕ beliebige Agentenarchitektur
Autonomie		⊖ wird vom Werkzeug nicht explizit unterstützt
Flexibilität		⊕ durch Integration der externen JESS Engine kann flexibles Agentenverhalten realisiert werden
Wissensbasis		⊖ in Verbindung mit JESS wird dessen Wissensbasis eingesetzt, ansonsten keine
Mentale Einstellungen		⊖ werden vom Werkzeug nicht explizit unterstützt
Sonstiges/Besonderheiten		keine
Interaktionistische Attribute		
Kommunikation	Kommunikationsprotokolle	⊖ unbekannt
	Kommunikationssprachen	⊕ FIPA 97 ACL ⊕ KQML ⊕ XML
Koordination	Koordinationsmechanismen/-protokolle	⊖ sind nicht im Softwarepaket enthalten
	Koordinationsformalismen/-sprachen	⊕ unter Ausnutzung der *Aalaadin* Konzepte Gruppe, Agent und Rolle lassen sich Koordinationsprotokolle definieren
Interaktionsmuster		⊖ nur 1-zu-1 Interaktionen (peer-to-peer) und Broadcasting
Ontologien		⊖ werden vom Werkzeug nicht explizit unterstützt

14
agentTool

> To the man who only has a hammer in the toolkit, every problem looks like a nail.
>
> A. Maslow

14.1 Beschreibung

Das visuelle Entwicklungswerkzeug *agentTool* [24, 25] wird unter Federführung von Scott DeLoach – ursprünglich am Air Force Institute of Technology der Wright-Patterson Air Force Base (Ohio) und nun an der Kansas State University – entwickelt und ist auf die Methode *MaSE* (Kapitel 7) abgestimmt. Nachfolgend wird die Beta-Version 2.0 beschrieben; diese unterscheidet sich von der als stabil deklarierten Version 1.8.3 im Wesentlichen durch eine benutzerfreundlichere Oberfläche. Die aktuelle Version von *agentTool* liegt auf der Webseite [25] in Form einer selbstextrahierenden EXE-Datei zum kostenlosen Download und zur uneingeschränkten Verwendung bereit. Aufgrund des EXE-Packformats und der Nicht-Unterscheidung von Groß/Kleinschreibung bei Dateinamen ist eine problemlose Installation prinzipiell nur unter Microsoft Windows möglich.

Einordnung

Die Entwicklung eines Multiagenten-Systems mit *agentTool* verläuft analog zu den sieben Schritten von *MaSE*:

sieben Schritte

1. Erstellung einer Zielhierarchie,
2. Kreieren von Use Cases,
3. Verfeinerung von Rollen,
4. Festlegen von Agentenklassen,
5. Konstruktion von Konversationen,
6. Entwurf der Agenten-Interna und
7. Systementwurf.

Hierbei sind die ersten drei Schritte der Analyse- und die anderen vier der Entwurfsphase zugeordnet. Für jeden Schritt gibt es ein eigenes Panel, in dem das bei diesem Schritt zu entwickelnde graphische Modell erstellt werden kann. Ein Überblick über die Panels von *agentTool* gibt die Abbildung 14.1. Im Folgenden werden die Hauptmerkmale der einzelnen Panels vorgestellt.

14.1.1 Panels für die Analyse

Analyseschritt 1: Erstellung einer Zielhierarchie

Zielhierarchie-Panel | Die Zielhierarchie läßt sich bei *agentTool* im Zielhierarchie-Panel („Goal Hierarchy Panel", siehe Abbildung 14.2) erstellen. Hier können zu einem Zielhierarchiegraphen neue Ziele hinzufügt werden, wobei immer – außer beim ersten Ziel – ein bereits bestehendes Ziel aus der Zielhierarchie als Elter-Ziel für das neue Ziel ausgewählt werden muss. Des Weiteren können in diesem Panel unter anderem die Bezeichnungen, die Nummerierungen und die Partitionierung von Zielen bearbeitet werden. Neben diesen Funktionen stehen im Zielhierarchie-Panel auch solche für die übersichtliche Ausrichtung des Zielhierarchiegraphen zur Verfügung. Der Spezifikationsprozess wird visuell unterstützt, indem beispielsweise ein Ziel, zu dem noch keine verantwortliche Rolle angegeben ist, gelb umrahmt wird.

Analyseschritt 2: Einsatz von Use Cases

Anwendungsszenarien-Panel | Die Festlegung – Hinzufügen und Löschen – von Anwendungsszenarien erfolgt mit Hilfe des Anwendungsszenarien-Panel („Use Cases Panel", Abbildung 14.3). Die Beschreibung der Szenarien erfolgt über ein Textfeld. Alle zu einem Projekt gehörenden Anwendungsszenarien werden in Baumdarstellung angezeigt.

Sequenzdiagramm-Panel | Das Sequenzdiagramm-Panel („Seq Diag Panel", Abbildung 14.4) ermöglicht das Einfügen neuer Rollen und neuer Nachrichten in ein Sequenzdiagramm. Über die Kontextmenüs der Rollen und Nachrichten im Sequenzdiagramm können diese gelöscht oder umbenannt werden; weiterhin ist es möglich, den Rollentyp zu ändern.

Analyseschritt 3: Verfeinerung von Rollen

Rollen-Panel | Die Verfeinerung der mittels Anwendungsszenarien und Sequenzdiagrammen identifizierten Rollen kann im Rollen-Panel („Role Diag"; Abbildung 14.5) durchgeführt werden. Das Panel erlaubt das Hinzufügen von Rollen, Aufgaben und Konversationen zum Rollendiagramm. Für alle drei Komponenten existieren auch Kontextmenüs, über die sie bearbeitet werden können. Bei den Aufgaben gibt es – im Gegensatz zu den beiden anderen Komponenten – die Möglichkeit, sie zu kopieren und bei anderen Rollen einzufügen.

14.1 Beschreibung

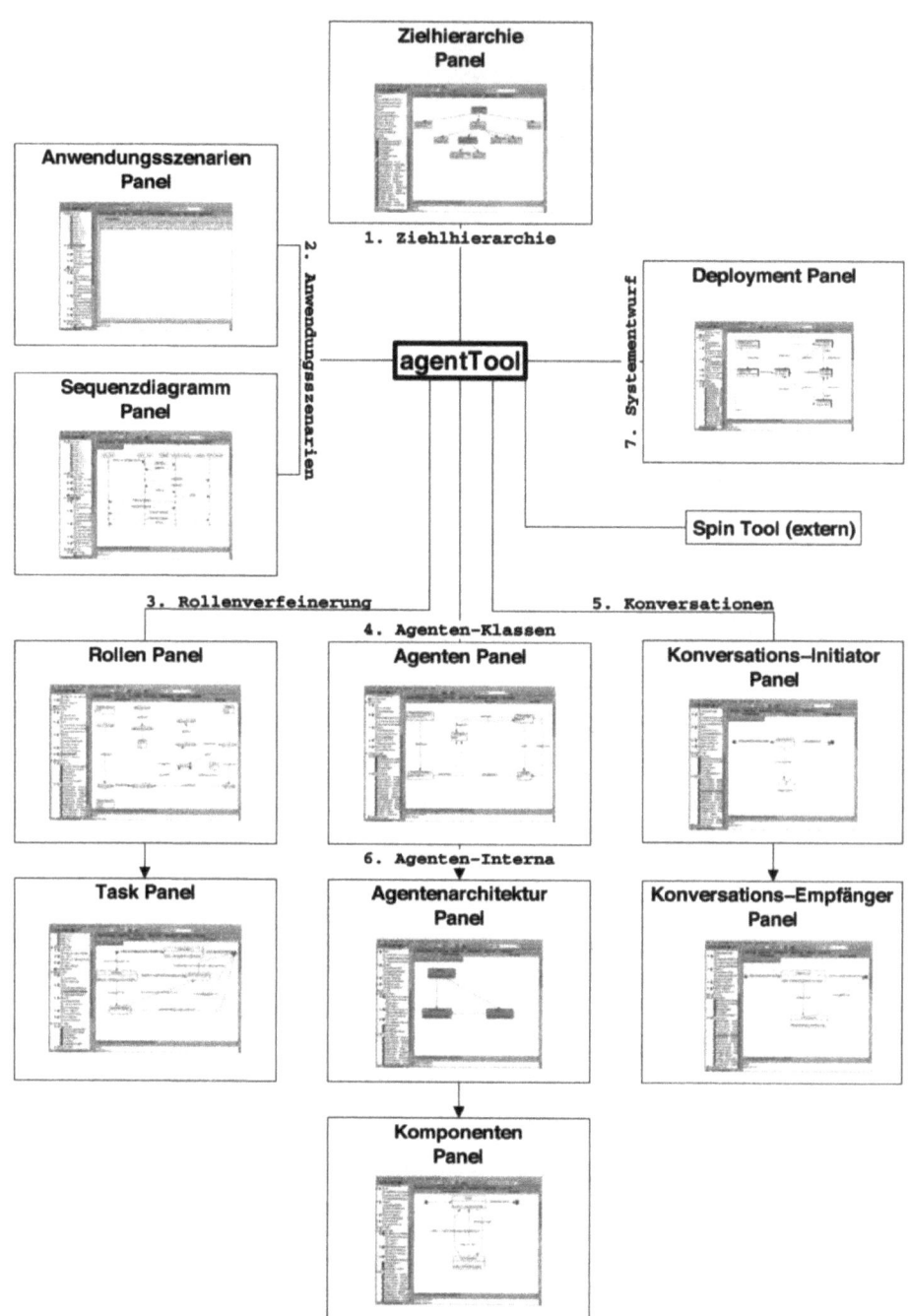

Abb. 14.1. *agentTool:* Überblick über die Panels

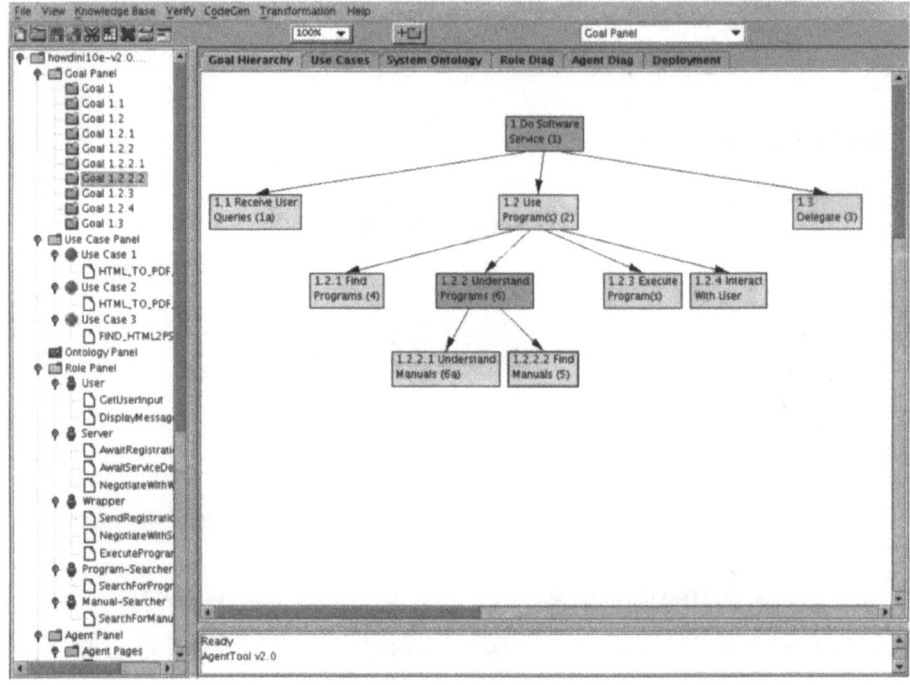

Abb. 14.2. *agentTool:* Zielhierarchie-Panel

Aufgaben-Panel   Das Aufgaben-Panel („Task Panel", Abbildung 14.6) erlaubt das Anlegen und Bearbeiten von Aufgabendiagrammen. Es ist möglich, neue Zustände in ein solches Diagramm einzutragen, Transitionen zwischen den Zuständen zu definieren und Eigenschaften dieser Zustände und Transitionen festzulegen. Jedes Zustandsübergangsdiagramm besitzt einen Startzustand und einen Endzustand. Transitionen werden, wie im *MaSE* Kapitel geschildert, durch einen Ausdruck der Form *trigger [guard] ^ transmission(s)* definiert, der im Diagramm direkt am Transitionspfeil steht. Die Aktionen, die bei Erreichen eines Zustands ausgeführt werden sollen, werden ebenfalls dargestellt.

14.1.2 Panels für den Entwurf

Entwurfsschritt 1: Festlegung von Agentenklassen

Agenten-Panel   Die Zuordnung der Rollen zu den Agentenklassen, von denen sie gespielt werden sollen, findet im Agenten-Panel („Agent Diag Panel", Abbildung 14.7) statt. In diesem Panel können auch neue

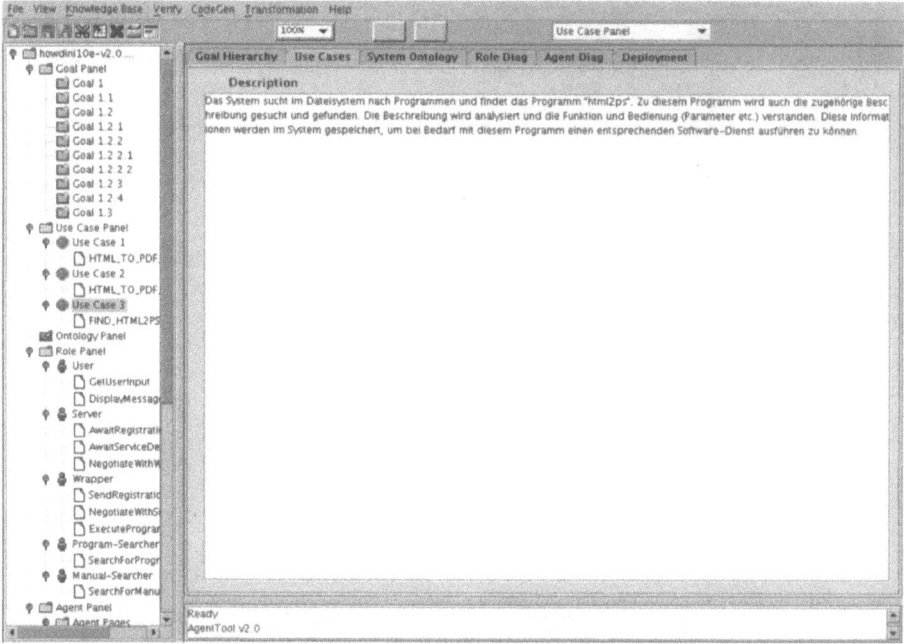

Abb. 14.3. *agentTool:* Anwendungsszenarien-Panel

Agentenklassen und Konversationen zwischen ihnen definiert werden.

Entwurfsschritt 2: Konstruktion von Konversationen

Zur Bearbeitung der Kommunikationsklassendiagramme (wieder in Form von Zustandsübergangsdiagrammen) für Konversationen gibt es zwei Panels: eines für den Initiator („Initiator") der Konversation und eines für den Empfänger („Responder"). Beide Panels sind bis auf die Überschrift identisch mit dem oben beschriebenen Aufgaben-Panel. | Konversationsinitiator- und Konversationsempfänger-Panels

Entwurfsschritt 3: Entwurf der Agenten-Interna

Die innere Architektur der Agentenklassen, die bei den anderen Panels bisher nur als Start- und Endpunkte für Konversationen in Erscheinung getreten sind, wird im Agentenarchitektur-Panel („Agent Page Panel") definiert. Hier können interne Komponenten zu einer Agentenklasse sowie Verbindungen zwischen diesen | Agentenarchitektur-Panel

250   14 *agentTool*

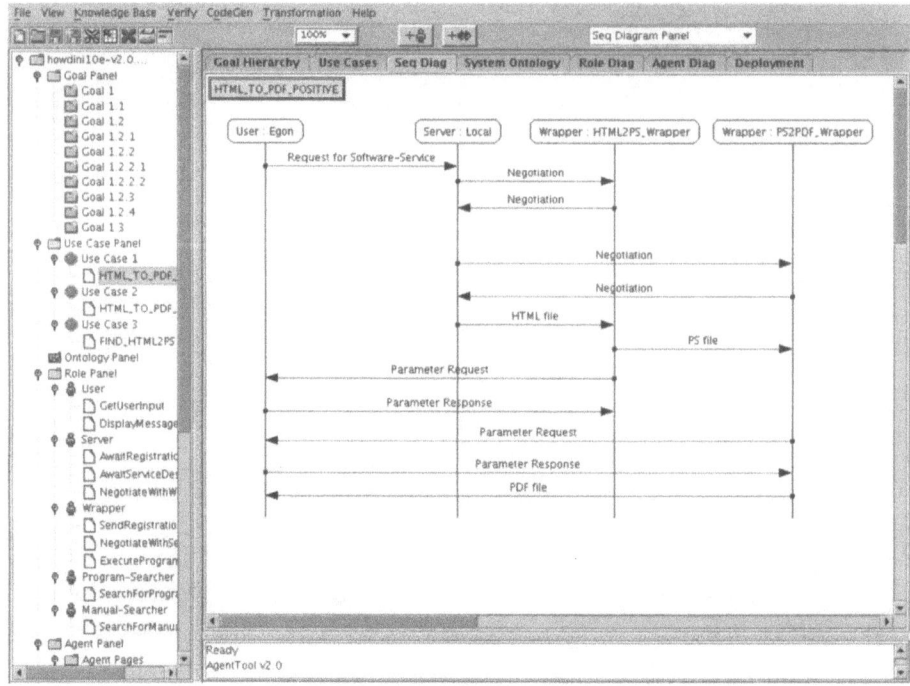

Abb. 14.4. *agentTool:* Sequenzdiagramm-Panel

Komponenten hinzugefügt werden. Die Verbindungen symbolisieren hierbei entweder Sichtbarkeitsbeziehungen oder externe Kommunikationsbeziehungen. Die Methoden, Attribute und weitere Eigenschaften einer Agentenkomponente werden über deren Kontextmenü hinzugefügt, bearbeitet oder gelöscht. (Seit der Version 2.0 von *agentTool* sind dort auch – bisher allerdings undokumentierte – Funktionen zum Erstellen und Bearbeiten einer Ontologie für die Komponente zu finden.)

Komponenten-Panel Die konkrete Funktionsweise einer Komponente wird wie bei Aufgaben und Konversationen durch endliche Automaten definiert. Das Komponenten-Panel („Component Panel") stellt zum Anlegen und Bearbeiten der entsprechenden Zustandsübergangsdiagramme dieselben Mittel bereit, wie das Aufgaben-Panel und die beiden Konversations-Panels.

Entwurfsschritt 4: Systementwurf

Einsatzdiagramm-Panel Das Einsatzdiagramm-Panel („Deployment Panel", siehe Abbildung 14.9) unterstützt den letzten Entwurfsschritt. Über dieses

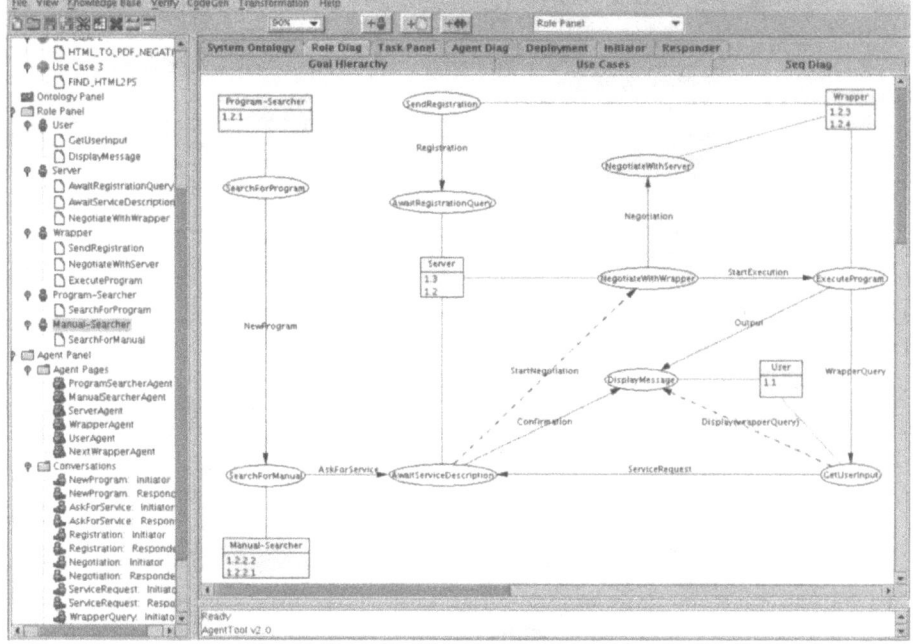

Abb. 14.5. *agentTool:* Rollen-Panel

Panel erfolgt die Definition der Agentenklassen-Instanzen, die im laufenden System vorkommen sollen. Außerdem werden in diesem Panel die Konversationen aus dem Agentenklassendiagramm ausgewählt, die in der gewünschten Konfiguration des Zielsystems benötigt werden. Schließlich ist es über dieses Panel möglich, mehrere, miteinander interagierende agentenorientierte Zielsysteme zu definieren.

14.1.3 Weitere Funktionalitäten und Merkmale

Für die automatische Überprüfung der Konversationen auf mögliche Verklemmungen oder andere Fehler benutzt *agentTool* das externe Tool *Spin*. Diese Software wurde für die Verifizierung verteilter Systeme entwickelt und basiert auf der Sprache PROMELA (PROcess MEta LAnguage). Die bei *agentTool* enthaltene Version von *Spin* ist nur unter Windows ausführbar. Für die Konversationsverifizierung unter anderen Betriebssystemen müssten aus dem öffentlich zugänglichen *Spin* Quellcode erst entsprechend ausführbare Dateien kompiliert und diverse Anpassungen vorgenommen werden. Nach unserer Erfahrung im Umgang mit *agentTool* er-

Konversationsverifizierung mit *Spin*

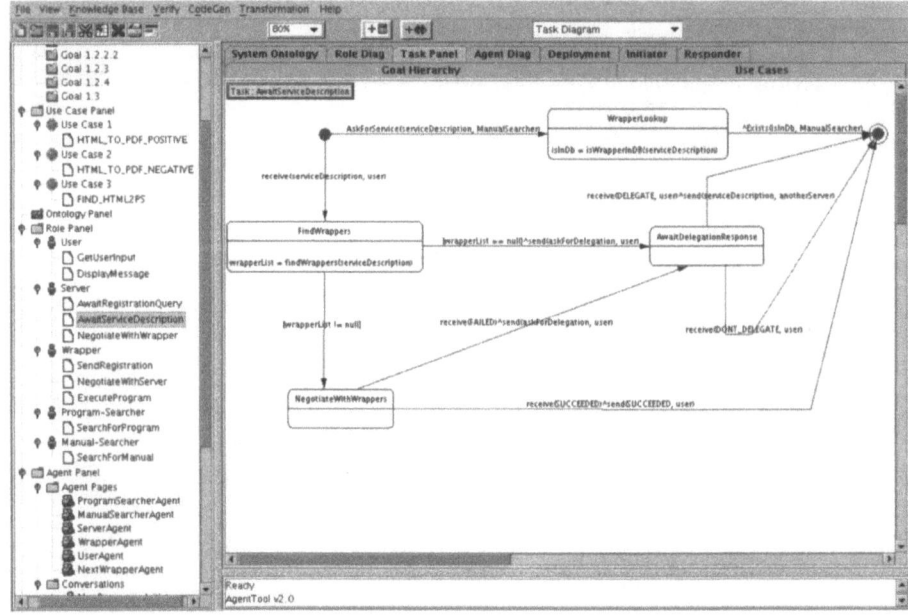

Abb. 14.6. *agentTool:* Aufgaben-Panel

setzt die *Spin*-basierte Überprüfung eine manuelle Überprüfung nicht vollständig.

Automatische Komponentengenerierung
Das *agentTool* Menü „Transformation" enthält unter anderem die Unterpunkte „Add Agent Components" und „Create Agent Components". Über diese Unterpunkte ist es – allerdings nur sehr rudimentär – möglich, aus den Aufgaben der Rollen einer Agentenklasse entsprechende Komponenten für die Agentenklasse zu generieren. (Beispielsweise werden aus dem Zustandsübergangsdiagramm einer Aufgabe weder Attribute noch Methoden übernommen – dies muss weiterhin von Hand erledigt werden.)

Codegenerierung
Über den Menüpunkt „CodeGen" im *agentTool*-Fenster kann ein sehr einfaches Java-Code-Gerüst für das entworfene Zielsystem automatisch generiert werden. (Ausgenutzt wird hierbei das Einsatzdiagramm und weitere, über andere Panels verfügbare Informationen.) Die Codegenerierung funktioniert ohne Anpassung des *agentTool* Quellcodes jedoch nur unter Windows, da intern für Pfadangaben nur der Verzeichnistrenner '\' verwendet wird und damit Betriebssysteme, die mit dem Verzeichnistrenner '/' arbeiten, nicht berücksichtigt wurden.

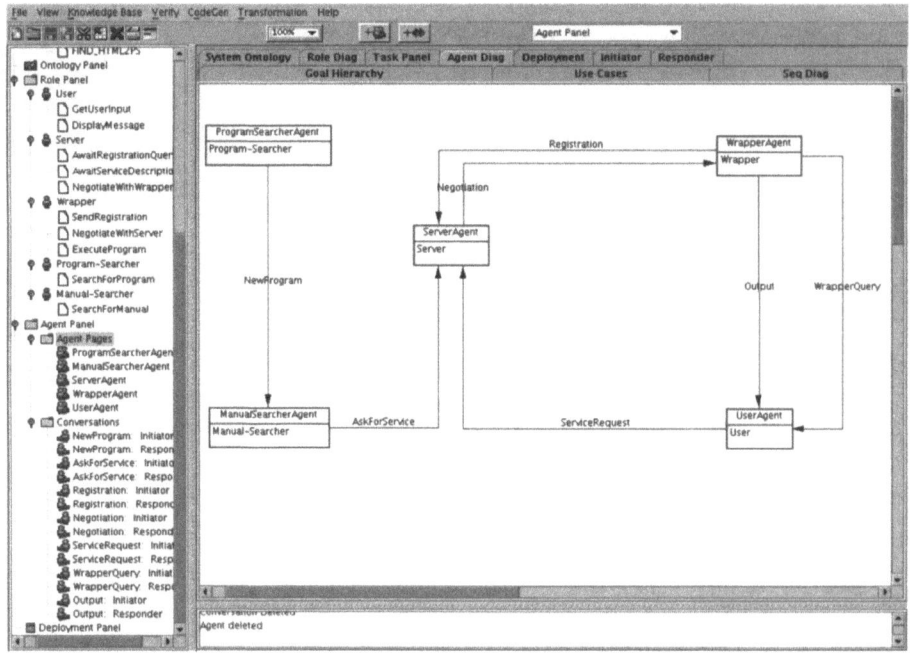

Abb. 14.7. *agentTool:* Agenten-Panel

Bei der Codegenerierung hat man die Wahl zwischen den Klassenbibliotheken *agentMom*, *agentMom - new*, *Carolina* und *AWL*, die als Basis für die generierten Klassen dienen. Da diese Klassen nicht dokumentiert sind, bleiben ihre Unterschiede im Detail unklar. Die Version von *agentMom*, die *agentTool* 2.0 (Beta) beiliegt, besteht aus sieben einfachen Java-Klassen, die das Grundgerüst eines mit *agentTool* erzeugten Systems bilden.

Klassenbibliothek

Im Unterverzeichnis *Documentation* der *agentTool* Installation sind das „agentTool User's Manual" [26] (das sich jedoch noch auf die Version 1.83 bezieht) und das „agentMom User's Manual" [84] zu finden. Die Manuals beschreiben jedoch nicht alle Funktionen von *agentTool* (beispielsweise wird die Funktionalität der Menüs „Knowledge Base" und „Transformation" nicht erläutert).

Dokumentation

Es es kein Tutorial verfügbar, das die Entwicklung eines agentenorientierten Systems mit *agentTool* beschreibt. Allerdings befinden sich in den Unterverzeichnissen *Maml examples* und *Workshop* einige Beispielapplikationen, durch die man einen ersten Eindruck von der Arbeit mit diesem Entwicklungswerkzeug erhalten kann. Zu beachten ist, dass einige dieser Beispielapplikationen

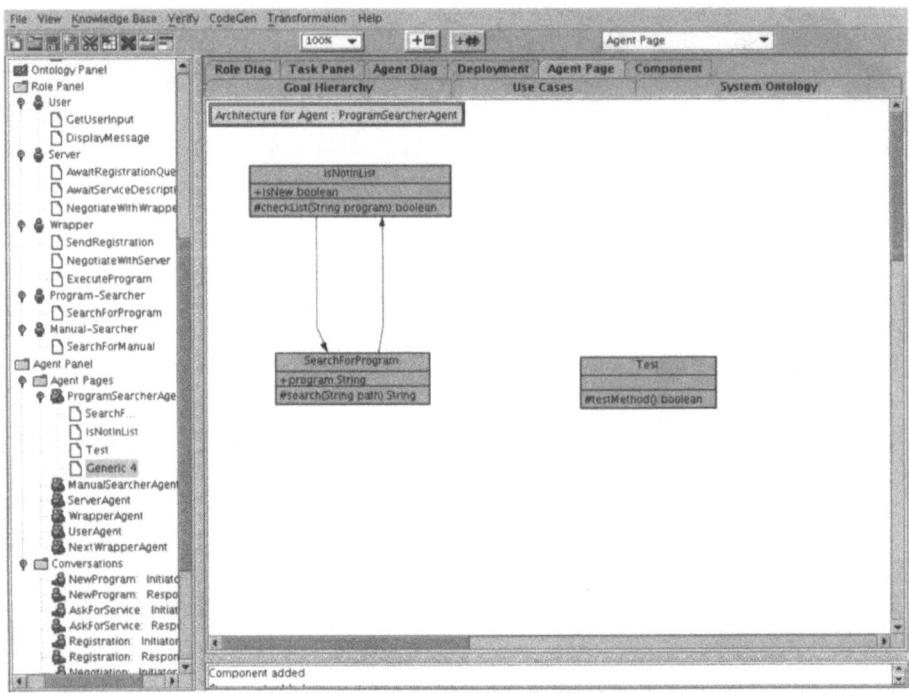

Abb. 14.8. *agentTool:* Agentenarchitektur-Panel

nicht mit der aktuellen Version 2.0 geöffnet werden können, da sie mit älteren Versionen von *agentTool* erstellt wurden.

14.2 Evaluierungsergebnisse

Die nachfolgenden Tabellen 14.1 bis 14.4 fassen die Ergebnisse der Evaluierung zusammen.

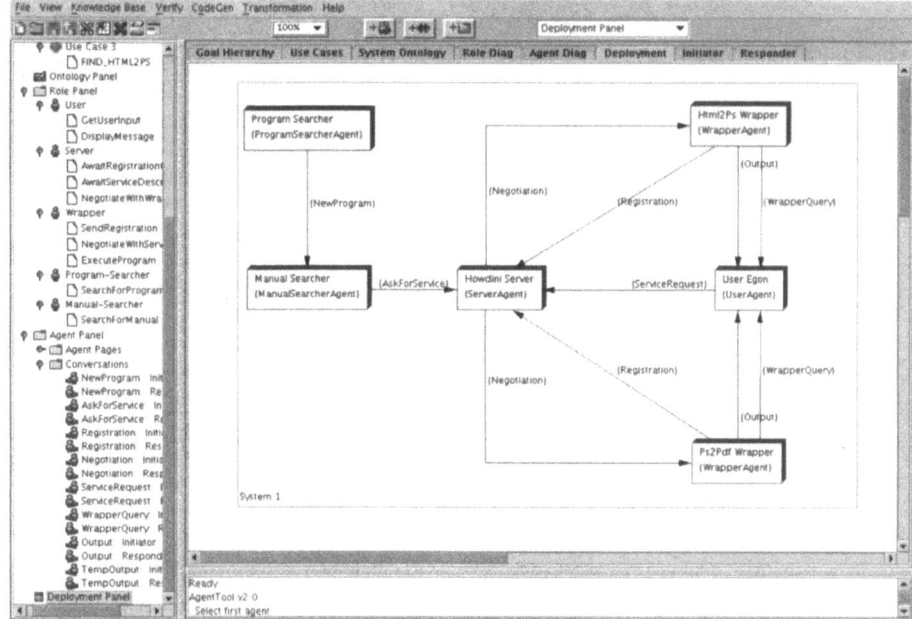

Abb. 14.9. *agentTool:* Einsatzdiagramm-Panel

Tabelle 14.1. Evaluierungsergebnisse für *agentTool* (Teil 1 von 4)

Evaluierungskriterien & Ergebnisse			
Anwendungsbreite		⊕	keine Beschränkung auf bestimmte Agentenarchitekturen oder Anwendungsgebiete
		⊖	kann ohne Einschränkungen nur unter Windows eingesetzt werden
		⇒	*Gesamtbewertung:* ②
Implementierbarkeit		⊕	halbautomatische Generierung von sehr einfachen Java-Klassen
		⇒	*Gesamtbewertung:* ②-③
Wiederverwendbarkeit		⊖	wird nicht unterstützt, beziehungsweise sind die diesbezüglichen Funktionen nicht dokumentiert
		⇒	*Gesamtbewertung:* ⑤
Modularität	Agent	⊕	Rollen dienen als modulare Bestandteile von Agenten und Aufgaben als modulare Bestandteile von Rollen
		⊕	Komponenten dienen als modulare Bestandteile von Agentenarchitekturen
	Gesamtsystem	⊕	Konversationen sind weitgehend modular
		⊕	Multiagentensysteme lassen sich im *Deployment-Panel* aus Teilsystemen zusammensetzen
		⇒	*Gesamtbewertung:* ②-③
Verständlichkeit	Dokumentation	⊕	gut verständlich
		⊖	viele Funktionen der Software sind undokumentiert
		⊖	die Beispiel-Multiagentensysteme sind undokumentiert und teilweise nicht ausführbar
	Vorkenntnisse	⊖	*MaSE* Kenntnisse sind empfehlenswert
	und Erfahrungen	⇒	*Gesamtbewertung:* ③-④
Genauigkeit		⊕	präzise Definition von Konversationen und Aufgaben durch Zustandsübergangsdiagramme
		⊕	präzise Abgrenzung der *MaSE* Entwicklungsschritte voneinander
		⊕	unmissverständliche graphische Darstellung der Modelle
		⊖	die Definitionen der Konversationen und Aufgaben können stark überlappen
		⇒	*Gesamtbewertung:* ①-②

Tabelle 14.2. Evaluierungsergebnisse für *agentTool* (Teil 2 von 4)

Evaluierungskriterien & Ergebnisse (Forts.)			
Vollständigkeit		⊕ besitzt mit *MaSE* eine eigene Entwicklungsmethode ⊕ unterstützt den gesamten Entwicklungszyklus von der Anforderungsanalyse bis zur Implementierung ⊕ unterstützt die systematische Rollenidentifikation durch Anwendungsszenarien und Sequenzdiagramme	
		⇒ *Gesamtbewertung*: ①-②	
Variabilität		⊕ Zuordnung Ziele/Rollen und Rollen/Agenten ist leicht veränderbar	
		⇒ *Gesamtbewertung*: ③	
Komplexitätshandhabung		⊕ Abstraktionsebenen: Anwendungsszenarien → Sequenzdiagramme → Rollendiagramme → Agenten-Klassendiagramme → Deploymentdiagramm; Ziele → Aufgaben und Konversationen ⊕ Dekompositionsmöglichkeiten: Agentenklassen → Architekturkomponenten → Sub-Architekturkomponenten; Agenten → Rollen → Aufgaben und Konversationen; Ziele → Aufgaben ⊕ hierarchische Anordnung von Zielen	
		⇒ *Gesamtbewertung*: ②	
Granularität		⊕ Stufen: Agentenklassen → Architekturkomponenten; Agenten → Rollen → Aufgaben und Konversationen	
		⇒ *Gesamtbewertung*: ②	
Sicherheit		⊖ keine Unterstützung von Sicherheitsvorkehrungen	
		⇒ *Gesamtbewertung*: ⑤	
Überprüfbarkeit	Validierbarkeit	⊕ die Modelle sind leicht verständlich und dadurch gut validierbar ⊕ durch Gegenprüfung mit Anwendungsszenarien läßt sich die Kern-Funktionalität validieren	
	Verifizierbarkeit	⊕ *Spin* Tool ermöglicht eine automatische Verifikation der Konversationen ⊕ die formale Definition von Aufgaben durch endliche Automaten fördert deren Verifizierbarkeit ⊕ Einfachheit der graphischen Modelle begünstigt deren Verifizierbarkeit	
		⇒ *Gesamtbewertung*: ①-②	

Tabelle 14.3. Evaluierungsergebnisse für *agentTool* (Teil 3 von 4)

Evaluierungskriterien & Ergebnisse (Forts.)	
Laufzeitdynamik	⊖ Migration, Klonen und dynamische Erzeugung oder Beendigung von Agenten wird nicht explizit unterstützt
	⊖ dynamisch wechselnde Kommunikationsbeziehungen zwischen Agenten werden nicht untersützt
	⇒ *Gesamtbewertung*: ⑤
Installation	⊖ Installationsdatei ist nur unter Windows entpackbar
	⇒ *Gesamtbewertung*: ④
Zuverlässigkeit	⊖ die Ergebnisse der Konversationsverifikation mit *Spin* sind nicht immer richtig
	⊖ manche Projektdateien lassen sich nach dem Abspeichern nicht mehr laden
	⊖ gelegentlich nicht nachvollziehbares fehlerhaftes Verhalten der Software
	⊖ Pfeilverbindungen werden manchmal nicht korrekt dargestellt
	⊖ die Software ist nur unter Windows voll funktionsfähig
	⇒ *Gesamtbewertung*: ③-④
Ergonomie	⊕ intuitive und einfache Bedienung der Software
	⊕ übersichtliche und klare Darstellung eines Entwicklungsprojekts
	⊖ Funktionen wie *Rückgängigmachen*, *Kopieren* und *Einfügen* sind nicht überall verfügbar, wo sie benötigt werden
	⇒ *Gesamtbewertung*: ③
Expressivität	⇒ *Gesamtbewertung entsprechend den Bewertungen in der Tabelle 14.4*: ④

Tabelle 14.4. Evaluierungsergebnisse für *agentTool* (Teil 4 von 4)

Agentenspezifische Softwareattribute (Expressivität)		
Individualistische Attribute		
Architektur		⊕ beliebig
Autonomie		⊖ wird vom Werkzeug nicht explizit unterstützt
Flexibilität		⊖ wird vom Werkzeug nicht explizit unterstützt
Wissensbasis		⊖ wird vom Werkzeug nicht explizit unterstützt
Mentale Einstellungen		⊖ werden vom Werkzeug nicht explizit unterstützt
Sonstiges/Besonderheiten		keine
Interaktionistische Attribute		
Kommunikation	Kommunikationsprotokolle	⊕ durch die Definition von Konversationen mit endlichen Automaten lassen sich auch komplexe Kommunikationsprotokolle realisieren ⊕ systematische Identifikation von Kommunikationspfaden durch Anwendungsszenarien und Sequenzdiagramme ⊖ keine Unterstützung oder Bereitstellung existierender Kommunikationsprotokolle
	Kommunikationssprachen	⊖ proprietäre, KQML-ähnliche Sprache
Koordination	Koordinationsmechanismen/-protokolle	⊖ sind nicht im Softwarepaket enthalten
	Koordinationsformalismen/-sprachen	⊕ durch die Definition von Konversationen mit endlichen Automaten lassen sich auch komplexe Koordinationsmechanismen und -protokolle realisieren
Interaktionsmuster		⊖ nur 1-zu-1 Interaktionen (peer-to-peer)
Ontologien		⊕ ein Ontologie Editor ist in Arbeit

15
JACK

> *Im Entwurf, da zeigt sich das Talent, in der Ausführung die Kunst.*
> Marie Freifrau von Ebner-Eschenbach

15.1 Beschreibung

Im Unterschied zu den in den vorhergehenden Kapiteln vorgestellten Tools ist *JACK* –oder ausführlich: *JACK Intelligent Agents* – eine kommerzielle Entwicklungsumgebung. Vertrieben wird diese Umgebung, die auf die Entwicklung von BDI Softwareagenten ausgerichtet ist, von AGENT ORIENTED SOFTWARE PTY. LTD. (AOS). Für eine dauerhafte Nutzung muss *JACK* käuflich erworben werden; auf der Website von AOS [3] ist jedoch auch eine voll funktionsfähige Evaluierungsversion erhältlich, die 60 Tage lang lauffähig ist. Aus Aktualitätsgründen wird im vorliegenden Kapitel auf die Betaversion 4.0 Bezug genommen.

JACK baut auf Java auf und erweitert diese um agentenorientierte Elemente. Diese Erweiterung wird durch drei Kernkomponenten möglich:

➤ die *JACK Agent Language*,

➤ der *JACK Agent Compiler* und

➤ der *JACK Agent Kernel*.

Diese Komponenten, deren Beziehungen zueinander aus der Abbildung 15.1 zu ersehen ist, werden nachfolgend in ihren Hauptmerkmalen beschrieben.

15.1.1 Kernkomponenten

JACK Agent Language

Die *JACK Agent Language* ist eine Erweiterung von Java um agentenorientierte Konzepte, ähnlich wie C++ eine Erweiterung von C um objektorientierte Konzepte ist. Diese Erweiterung, die

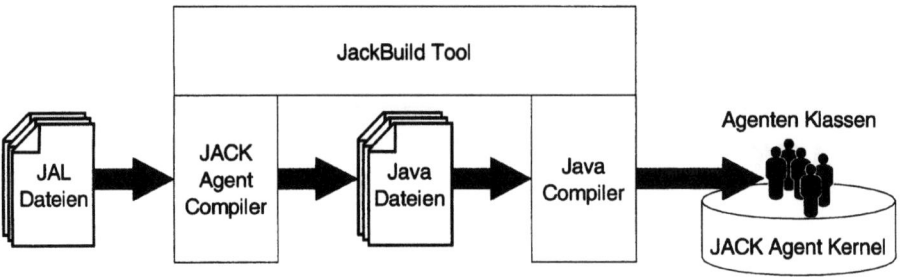

Abb. 15.1. *JACK* im Überblick

über entsprechende Plug-ins realisiert ist, findet auf drei verschiedenen Ebenen statt:

➤ *Klassen, Schnittstellen und Methoden,*

➤ *Syntax* und

➤ *Semantik.*

Wesentliche Aspekte dieser drei Ebenen werden im Folgenden vorgestellt.

Klassen, Schnittstellen und Methoden

Die *JACK Agent Language* verwendet sechs neue Konstrukte, die auf derselben Hierarchieebene stehen wie das Klassenkonstrukt in einer rein objektorientierten Programmiersprache. Auch die Definition und Verwendung der Konstrukte entsprechen weitgehend denen einer Java-Klasse. So wird zum Beispiel die einfache Vererbung (mittels **extends**) und die Verwendung von Interfaces (**implements**) bei den neuen Konstrukten in gleicher Weise unterstützt wie bei Java-Klassen. Die sechs neuen Konstrukte sind:

➤ **agent.** Dieses Konzept verkörpert die planende und handelnde Haupteinheit einer *JACK* Agentensoftware – den Agenten. Das Verhalten des Agenten wird durch seine Fähigkeiten, Pläne, Ziele, sein Wissen und die von ihm wahrgenommenen Ereignisse und Nachrichten bestimmt.

➤ **capability.** Hiermit können **plan**-, **event**-, **beliefset**- und andere **capability**-Definitionen zu einer Einheit zusammgengefasst werden. Dies ermöglicht eine Wieder- und Mehrfachverwendung eines Bündels funktionaler Komponenten durch Agenten.

➤ **beliefset.** Durch ein Beliefset (in früheren *JACK* Versionen *Database* genannt) wird das Wissen eines Agenten repräsentiert. Dem zugrundeliegenden BDI Konzept entsprechend bedeutet Wissen hier nicht „wahres", mit den Tatsachen völlig übereinstimmendes Wissen. Vielmehr sind damit Vermutungen und Annahmen des Agenten über Sachverhalte gemeint, die auch falsch sein können. Die *JACK Agent Language* kennt zwei Arten von Beliefsets: *Closed World Beliefsets*, in denen alle Annahmen entweder für wahr oder für falsch gehalten werden, und *Open World Beliefsets*, in denen der Wahrheitsgehalt einer Annahme auch als „unbekannt" gekennzeichnet sein kann. Zur Erleichterung des Abrufs von Informationen aus einem Beliefset wurde das Konzept der *Logical Members* eingeführt. Logical Members werden – abgesehen vom vorangestellten Schlüsselwort `logical` – wie gewöhnliche Java-Attribute definiert, verhalten sich aber entsprechend den Regeln der logischen Programmierung, wie sie zum Beispiel von der Programmiersprache PROLOG bekannt sind (Genaueres hierzu unter dem Punkt „Semantik"). Zur Wissensspeicherung von Agenten können auch andere Java-Datenstrukturen verwendet werden. Der Vorteil von Beliefsets ist jedoch, dass durch Änderungen eines Beliefset Ereignisse generiert werden können, auf die ein Agent dann reagieren kann. Außerdem sorgen Beliefsets automatisch für die Wahrung der Konsistenz von darin gespeicherten Daten.

➤ `view`. Ein `view` dient dem einheitlichen Zugriff auf verschiedene Datenquellen. Diese Datenquellen können zum Beispiel Beliefsets oder beliebige Java-Datenstrukturen sein.

➤ `event`. Dieses Konstrukt beschreibt Ereignisse und Nachrichten, durch die ein Agent zum Ausführen bestimmter Handlungen veranlasst wird. Die Ereignisse und Nachrichten können sowohl extern durch andere Agenten als auch intern durch eigene Aktionen des Agenten erzeugt werden.

➤ `plan`. Mit einem `plan` wird eine Handlung definiert, die ein Agent ausführen kann. Ein Plan wird immer dann aktiviert, wenn beim Agent ein Ereignis eintrifft, für dessen Behandlung der Plan vorgesehen ist. Sämtliche Fähigkeiten eines Agenten ergeben sich aus den Plänen, die er direkt besitzt oder die in seinen Capabilities enthalten sind. Bei Aktivierung eines Plans werden immer die Aktionen in dem sogenannten *Reasoning Method* `body()` ausgeführt, die den Kern jedes Plans bildet. Die Reasoning Method ähnelt einer Java-Methode, hat jedoch keinen Rückgabewert (auch nicht `void`) und alle Anweisungen in `body()` werden als logische Ausdrücke betrachtet und konjunktiv miteinander verknüpft. Wenn mindestens ein Ausdruck den Wert `false` besitzt, wird die Ausführung des Plans als gescheitert betrachtet und abgebrochen (falls nicht anders festgelegt). Neben `body()` können von einem Entwickler durch die Deklaration **#reasoning method** auch eigene Reasoning Methods definiert werden.

Abgesehen von **view** besitzen alle Konzepte auch noch spezielle Attribute und Methoden, durch die sie erst sinnvoll einsetzbar werden. Genauso wie Java-Klassen immer in gleichnamigen Dateien mit der Endung .class gespeichert werden müssen, erfolgt auch das Abspeichern von Definitionen der sechs agentenorientierten Konzepte in gleichnamigen Dateien mit den Endungen .agent, .cap, .plan, .event, .bel oder .view. Zum Beispiel wird die Definition

```
public beliefset WrapperData extends OpenWorld { ... }
```

in der Datei **WrapperData.bel** abgespeichert. Alternativ kann für alle Konzeptarten auch die Dateiendung .jack verwendet werden.

Syntax   Zur Überbrückung der Unterschiede zwischen rein objektorientierter Programmierung einerseits und Programmierung mittels *JACK Agent Language* andererseits wurde diese Sprache gegenüber Java auch syntaktisch erweitert. Diese Syntaxerweiterung betrifft Ebenen:

▶ *Klassendefinitionen.* Neben dem Schlüsselwort **class** für Klassendefinitionen sind auch die Schlüsselwörter **agent**, **capability**, **beliefset**, **view**, **event** und **plan** bei der Definition entsprechender klassenähnlicher Konstrukte zulässig. Diese Konstrukte müssen, mit Ausnahme von **view**, immer von speziellen Klassen aus der *JACK* API, wie zum Beispiel von **Agent**, **Plan**, **BDIMessageEvent** oder **OpenWorld**, abgeleitet sein.

▶ *Deklarationen.* Durch Deklarationen, die immer mit einem ‚#' beginnen, werden Beziehungen zwischen Konstrukten der oben erwähnten Art festgelegt. Beispielsweise bewirkt die Deklaration **#handles event Registration** in einer **agent**-Definition, dass ein Agent dieses Typs auf Events der Sorte **Registration** reagiert. Eine Deklaration **#uses plan RegisterWrapper** in derselben **agent**-Definition gibt dem Agenten hingegen die Möglichkeit, den Plan **RegisterWrapper** zu verwenden.

▶ *Anweisungen.* In der *JACK Agent Language* gibt es spezielle Anweisungen, denen immer das Zeichen ‚@' vorangestellt ist. Diese sogenannten @-Anweisungen dürfen nur in den Reasoning Methods von Plänen vorkommen und beschreiben Aktionen, die ein Agent bei der Aktivierung eines Plans ausführen soll. Beispiele für @-Anweisungen sind **@send**, **@achieve** und **@wait_for**.

15.1 Beschreibung

Auch wenn die sprachliche Ähnlichkeit zwischen Java und der *JACK Agent Language* relativ groß ist, bestehen dennoch erhebliche Unterschiede hinsichtlich der Ausführung von Programmen in den jeweiligen Sprachen:

Semantik

► *Multithreading:* Hierauf hat ein Entwickler bei *JACK* keinen Einfluss mehr. Das Multithreading wird vom *JACK Agent Kernel* völlig transparent geregelt.

► *Programmablauf:* Der Ablauf eines *JACK* Agenten besteht aus der Ausführung von Plänen und Unter-Plänen, die durch Events aktiviert werden. Bei der Planausführung kann nicht nur auf Java-Attribute und Objekte zugegriffen werden, sondern es sind auch komplexe Abfragen der Wissensbasen in Form von Beliefsets möglich.

► *Logical Members:* Im Gegensatz zu Java-Attributen kann der Wert eines Logical Member unbekannt sein. Sobald ihm jedoch ein Wert zugewiesen wird, kann dieser nicht mehr geändert werden. Der Wert eines Logical Member ist immer das Ergebnis einer Suche nach Daten in einem Beliefset, wobei versucht wird, den Logical Member mit passenden Daten aus dem Beliefset zu unifizieren. Gelingt das nicht, bleibt der Wert des Logical Member ungebunden, also unbekannt.

Mit der Version 4.0 von *JACK* wurde zusätzlich zum BDI Modell das *Teams Modell* in die *JACK Agent Language* integriert. *Teams* erweitert *JACK* um die Konstrukte `team`, `teamplan`, `role` und `teamdata`. Beim Konstrukt `teamplan` wurden zudem die beiden @-Anweisungen `@team_achieve` und `@parallel` hinzugefügt. Durch diese Erweiterungen können Gruppen von *JACK* Agenten Team-basiertes Folgern anwenden und Koordinationsaktivitäten sowie dynamische Team-Formationen durchführen.

Teams Modell

JACK Agent Compiler

Die mit der *JACK Agent Language* (JAL) erstellten Quellcodedateien müssen zunächst in reinen Java-Code umgewandelt werden, bevor daraus von einer Java Virtual Machine ausführbare `class`-Dateien für die Agenten erzeugt werden können. Die Umwandlung in reinen Java-Code führt der *JACK Agent Compiler* durch.

Umwandlung in reinen Java-Code

Der *JACK Agent Compiler* kann über das Kommandozeilentool *JackBuild* gestartet werden. Dieses Tool ruft nach der Kompilierung der JAL-Dateien auch automatisch einen Java Compiler auf, um die vom *JACK Agent Compiler* erzeugten Java-Dateien zu kompilieren. Damit das programmierte agentenorientierte System

JackBuild

ausgeführt werden kann, muss der Entwickler neben den JAL-Dateien auch eine Java-Klasse bereitstellen, die eine **main()** Methode besitzt und Instanzen von den Agentenklassen erzeugt.

JACK Agent Kernel

Infrastruktur für Agenten
Bei der Ausführung von *JACK* Agenten wird zur Realisierung von agentenorientierter Funktionalität (siehe obige Auflistung der semantischen Erweiterungen von Java) die Infrastruktur des *JACK Agent Kernel* genutzt. Die Klassen des *Agent Kernel* kommen überwiegend im Hintergrund zum Einsatz, ohne dass ein Entwickler oder Anwender mit ihnen in Berührung kommt.

15.1.2 Tools

Neben den Kernkomponenten stellt *JACK* auch diverse Tools zur Agentenentwicklung, Kompilierung und Fehlerbehebung bereit. Ein Überlick über diese Tools ist in Abbildung 15.2 zu sehen.

Entwicklung

JACK Development Environment
Zur effizienten Entwicklung von „*JACK* Software" steht die *JACK Development Environment (JDE)* zur Verfügung. *JDE* besitzt eine graphische Bedienoberfläche, über die ein Entwickler auf einfache Weise Agenten, Pläne, Capabilities, Events, Beliefsets und Views anlegen und bearbeiten kann (Abbildung 15.3). Im *Teams*-Modus kommen zu diesen Elementen noch Teams, TeamPlans, TeamData und Roles hinzu. *JDE* macht intensiv Gebrauch von Drag-and-Drop und Kontextmenüs. Alle Bestandteile eines *JACK* Entwicklungsprojekts werden in einer Baumdarstellung graphisch angezeigt (in Abbildung 15.3 ganz links). Zum Bearbeiten des Quellcodes von Agenten und ihren Bestandteilen kann der eingebaute Editor der *JDE* verwendet werden.

JDE Graphical Plan Editor
Die Bearbeitung der zu den Reasoning Methods gehörenden Plänen kann mit dem *JDE Graphical Plan Editor* erfolgen (Abbildung 15.4). Dabei werden die verschiedenen Aktivitäten einer Reasoning Method durch Knoten und deren kausale Abhängigkeiten durch Kanten repräsentiert.

JDE Design Tool
Das *JDE Design Tool* bietet eine graphische Bedienoberfläche zur Gestaltung des Gesamtsystems (Abbildung 15.5). Mit diesem Tool können per Drag-and-Drop Agenten hinzugefügt und mit Plänen, Capabilities, Events, Daten und auch Notizen verknüpft werden.

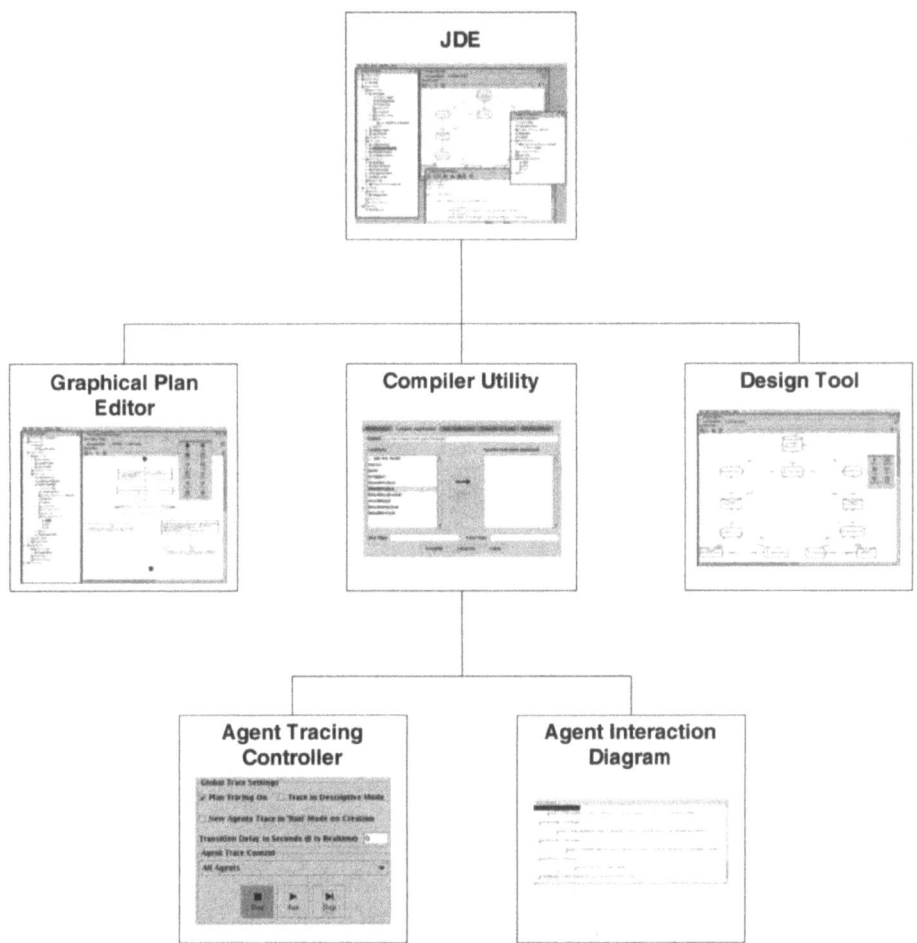

Abb. 15.2. *JACK*: Tools

Kompilierung

Die *Compiler Utility* ist ebenfalls ein Bestandteil des *JDE* und bietet eine graphische Bedienoberfläche für den Aufruf des *JACK* Agent Compilers und das Ausführen und Debuggen des Gesamtsystems (Abbildung 15.6). Die Compiler Utility stellt somit eine komfortabler zu bedienende und mit mehr Funktionen ausgestattete Alternative zum Kommandozeilentool *JackBuild* dar.

Compiler Utility

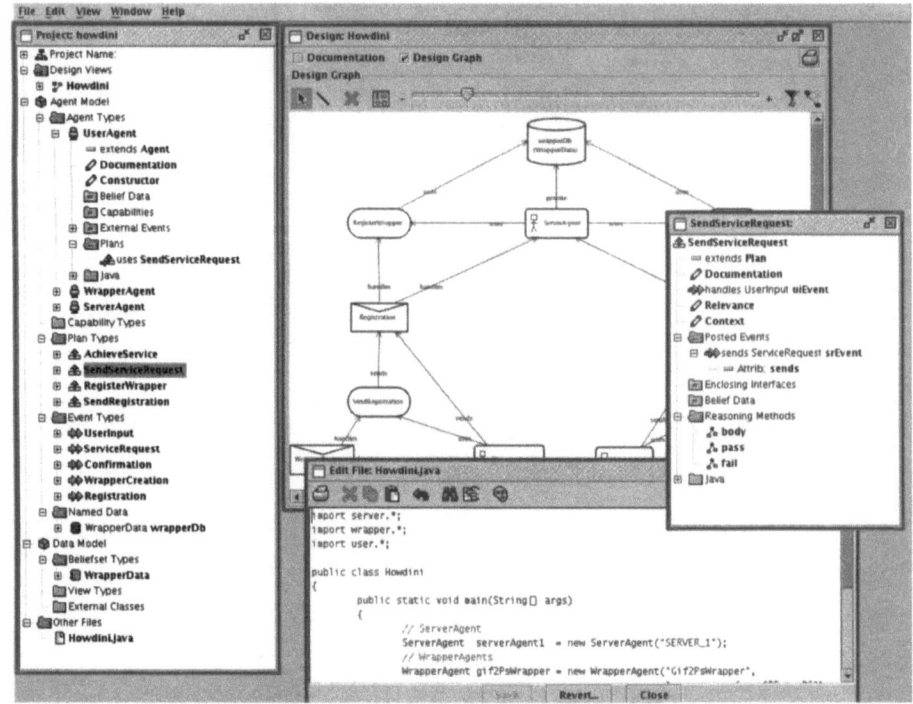

Abb. 15.3. *JACK*: Development Environment

Fehlerbehebung

Agent Tracing Controller
Zum Debugging eines mit *JACK* entwickelten Programms lässt sich über die Compiler Utility eine graphische Darstellung des Ablaufs aller involvierten Pläne aktivieren. Hierbei wird für einen gerade aktiven Plan der entsprechende, mit dem *JDE* Graphical Plan Editor angefertigte Graph angezeigt. Während der Ausführung des Plans werden die momentan aktiven Knoten farblich hervorgehoben. Mit Hilfe des *Agent Tracing Controller* kann die Ausführung des Plans angehalten und fortgesetzt, beendet oder schrittweise durchgeführt werden (Abbildung 15.7).

Agent Interaction Diagram
Für das Verfolgen von Events in einer *JACK* Anwendung steht das *Agent Interaction Diagram* zur Verfügung, welches die zwischen Agenten hin- und hergesendeten Events in Form eines Sequenzdiagramms graphisch darstellt (siehe Abbildung 15.8).

textbasierter Agent Tracer
Eine weitere Möglichkeit, Fehler in einer *JACK* Anwendung zu finden, ist die Angabe des Parameters -DJak.debugging=<MODE> beim Starten der Anwendung über die Komman-

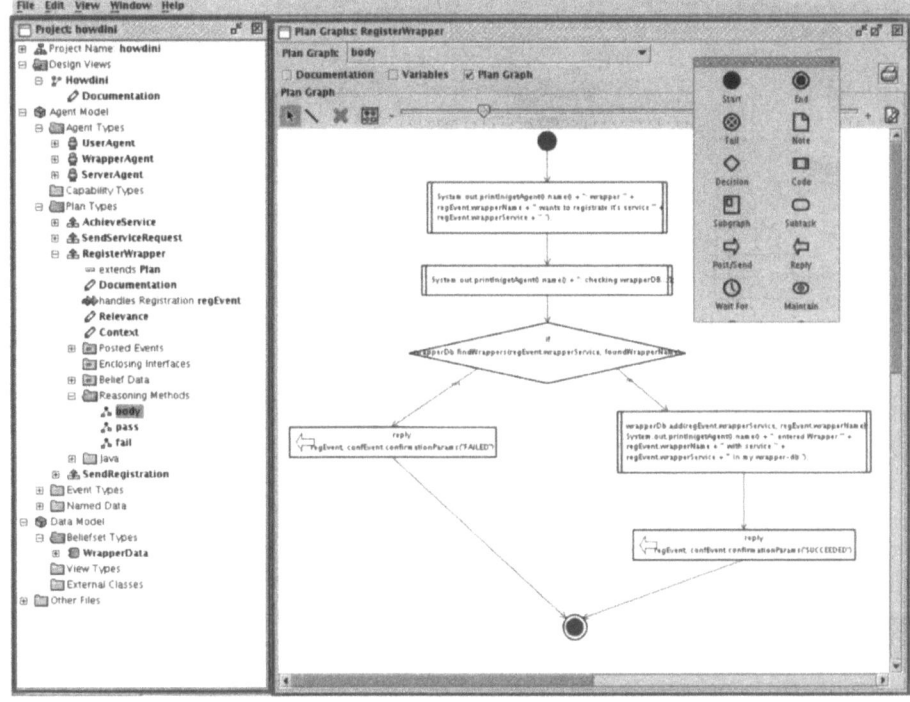

Abb. 15.4. *JACK*: JDE Graphical Plan Editor

dozeile oder im *Java Args* Textfeld der *Compiler Utility*. Hierbei steht <MODE> für einen oder mehrere Modusbezeichner (voneinander getrennt durch Doppelpunkte), darunter **beliefs**, **events**, **messages** und **plans**. Je nach Modus werden die entsprechenden Aktivitäten beim Ablauf der *JACK* Anwendung verfolgt und durch Statusmeldungen auf der Konsole protokolliert.

15.1.3 Weitere Funktionalitäten und Merkmale

Neben den oben beschriebenen Hilfsmitteln, die den Entwicklungsvorgang direkt unterstützen, enthält *JACK* auch ein Hilfsmittel für die Umwandlung von sprach- und maschinenabhängigen *JACK* Objekten in unabhängige *JACK* Objekte. Die Software, mit der diese Umwandlung durchgeführt werden kann, heißt *JACOB* („*JACK Objects*", in früheren *JACK* Versionen *API-B* genannt). Der Vorteil von sprach- und maschinenunabhängigen Objekten liegt zum einen in ihrer Portabilität zwischen verschiedenen Prozessen und/oder Rechnern und zum anderen in der Möglichkeit, sie in einheitlicher Form in Dateien zu speichern. (Laut *JACK*

JACOB

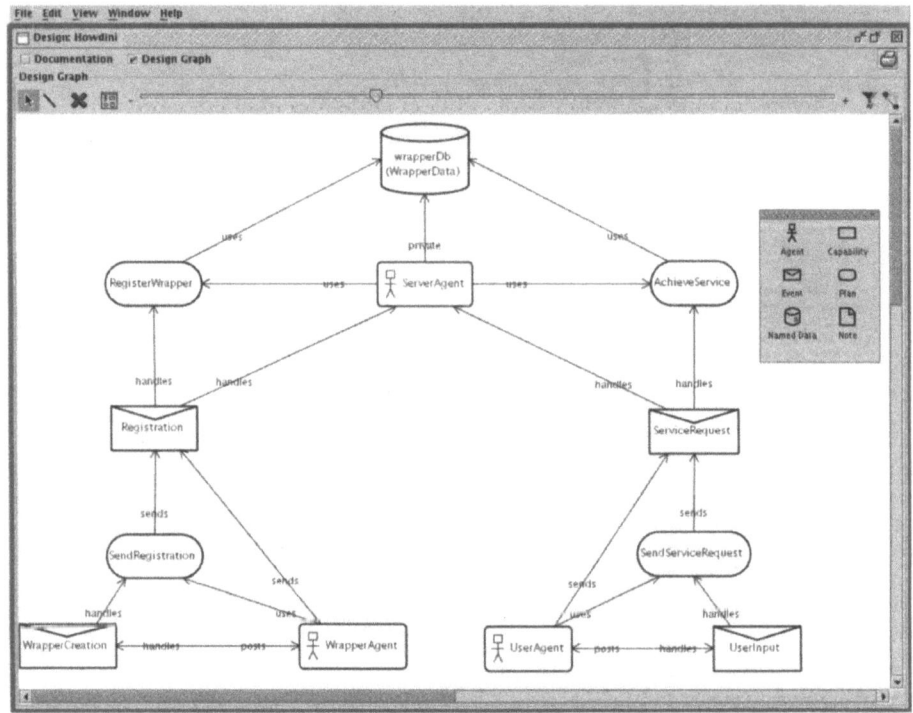

Abb. 15.5. *JACK*: JDE Design Tool

FAQ [5] ist die Übertragung von *JACK* Objekten im *JACOB* Binärformat bis zu zehnmal schneller als mit der Standard Java-Serialisierung.) Des Weiteren ist mit *JACOB* eine einfache Verwendung von verteilten Objekten möglich, ähnlich wie mit *CORBA* oder *COM*. In erster Linie wurde *JACOB* jedoch für zwei Anwendungsgebiete entworfen:

➤ Das Versenden von Objekten zwischen zwei Prozessen, beispielsweise zwischen einem in C++ und einem in Java geschriebenen Programm (momentan werden von *JACOB* nur diese beiden Sprachen unterstützt).

➤ Als Initialisierungstool für Objekte. So können mit *JACOB* zum Beispiel *JACK* Objekte auf einfache Weise durch das Einlesen einer Datei, die entsprechende Daten enthält, initialisiert werden.

JACOB Interface Language Für die sprach- und maschinenunabhängige Objektbeschreibung wird die *JACOB Interface Language* eingesetzt. Objektdefi-

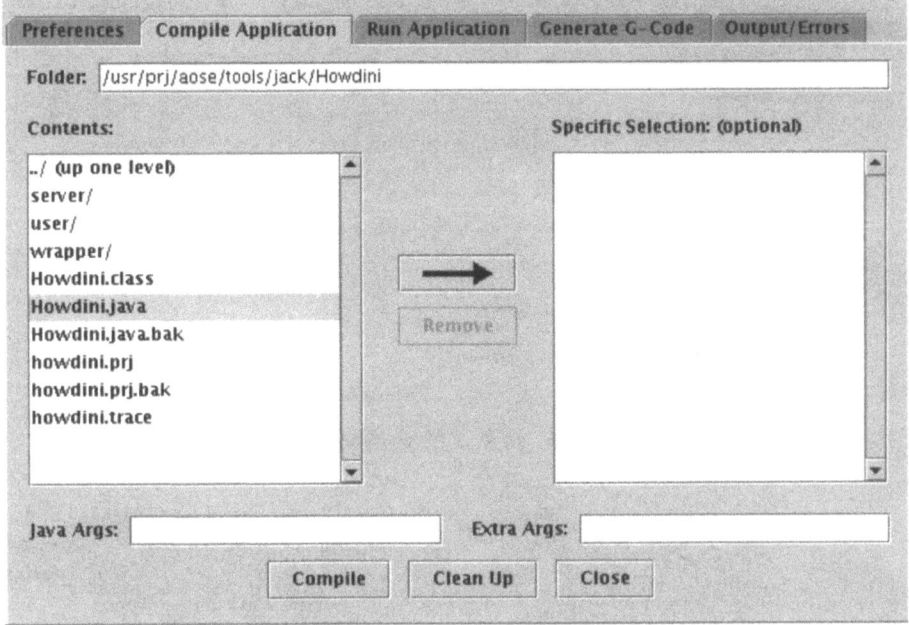

Abb. 15.6. *JACK*: Compiler Utility

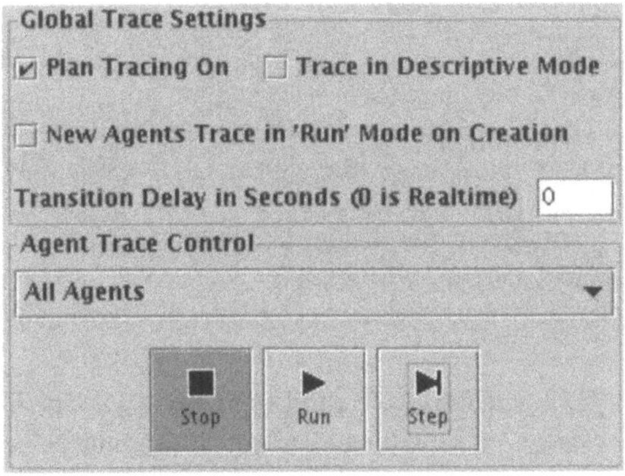

Abb. 15.7. *JACK*: Agent Tracing Controller

nitionen in dieser Sprache werden einem dafür vorgesehenen Compiler übergeben, der Java- beziehungsweise C++-Dateien erzeugt. Zusammen mit der *JACOB* Klassenbibliothek bilden die erzeug-

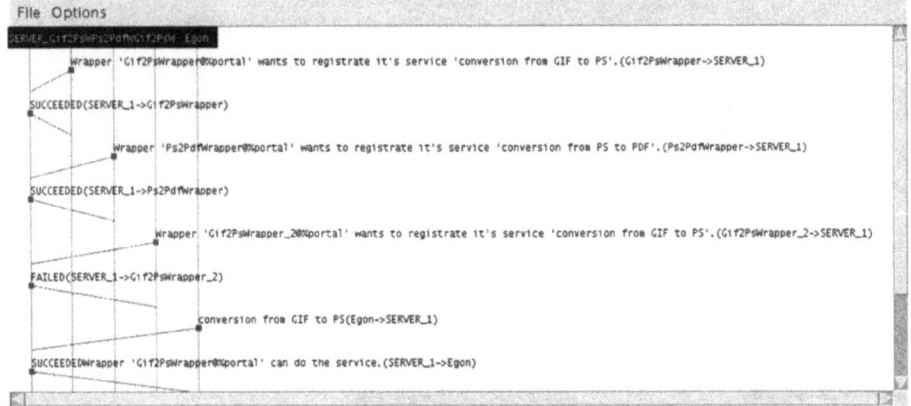

Abb. 15.8. *JACK*: Agent Interaction Diagram

ten Dateien einen *Writer* für das Umwandeln eines Objekts in eine Datei, einen *Reader* für die Rekonstruktion eines Objekts aus einer Datei, und die *Initialisation*, mit deren Hilfe *Writer* und *Reader* in einem Anwendungsprogramm genutzt werden können.

JACOB Object Browser
　　Zur Erleichterung des Umgangs mit Objektdefinitionen in der *JACOB Interface Language* ist der *JACOB Object Browser* gedacht, mit dem die Struktur von *JACK* Objekten graphisch in Baumdarstellung angezeigt und bearbeitet werden kann.

Klassenbibliothek
　　Im Gegensatz zu den anderen in diesem Buch untersuchten Toolkits spielt die Java Klassenbibliothek bei *JACK* für den Entwickler kaum eine Rolle – er kommt mit den meisten der knapp 60 darin enthaltenen Java-Klassen normalerweise nicht direkt in Berührung. Diese Klassen dienen in der Mehrzahl als Basis für **agent**-, **capability**-, **beliefset**-, **view**-, **event**-, und **plan**-Klassen, mit denen der Entwickler hauptsächlich arbeitet. Zu *JACK* gehört eine kleine Bibliothek, die solche „*JACK*-Klassen" (beispielsweise die spezielle **event**-Klasse **BDIMessageEvent**) enthält.

Dokumentation
　　Die Dokumentationen zu *JACK*, die meist in PDF- und HTML-Format verfügbar sind, behandeln folgende Themen:

▶ *JACK Intelligent Agents* [10]

▶ *JACK* API (Javadocs) [4]

▶ JDE Version 3.5 und Unterschiede zur Version 4.0 [8]

▶ JDE Werkzeuge *Design Tool* [7], *Graphical Plan Editor* [13] und *Graphical Plan Tracer* [14]

- Lerneinheiten für die Entwicklung mit *JACK* [9]
- *JACK Teams* [11]
- *JACOB* [12]
- *JACOB* API (Javadocs) [6]

15.2 Evaluierungsergebnisse

Die nachfolgenden Tabellen 15.1 bis 15.4 fassen die Ergebnisse der Evaluierung zusammen.

Tabelle 15.1. Evaluierungsergebnisse für *JACK* (Teil 1 von 4)

Evaluierungskriterien & Ergebnisse		
Anwendungsbreite		⊕ für (zeit)kritische Anwendungen geeignet
		⊖ für BDI-, beziehungsweise *Teams*-Systeme konzipiert
		⇒ *Gesamtbewertung*: ②-③
Implementierbarkeit		⊕ automatische Erzeugung von lauffähigem Code mit *JackBuild* und dem *Compiler Utility*
		⊕ automatische Plangenerierung aus Graphen mit dem *Graphical Plan Editor*
		⇒ *Gesamtbewertung*: ①
Wiederverwendbarkeit		⊕ projektübergreifende Verwendung von Capabilities
		⊕ *JACK* Konstrukte sind wie Java-Klassen wiederverwendbar
		⊕ Importmöglichkeiten von Bestandteilen anderer Projekte in der JDE
		⊖ *JACK* Konstrukte nicht direkt mit anderen Java-Anwendungen kompatibel
		⇒ *Gesamtbewertung*: ②
Modularität	**Agent**	⊕ modulare Verwendung von Plänen, Events, Beliefsets und Views
		⊕ modulare Verwendung von Funktionalitätsbündeln in Form von Capabilities
	Gesamtsystem	⊕ mittels plug-in Modulen kann die Inferenzmaschine von *JACK* an eigene Anforderungen angepasst werden
		⇒ *Gesamtbewertung*: ①-②
Verständlichkeit	**Dokumentation**	⊕ umfangreich und gut verständlich
		⊕ Practicals
		⊕ viele Beispielanwendungen
		⊕ meist im HTML- und PDF-Format vorhanden
	Vorkenntnisse und Erfahrungen	⊕ Dokumentation liefert guten Einstieg in agentenorientierte Softwareentwicklung
		⊖ BDI Kenntnisse sind empfehlenswert
		⇒ *Gesamtbewertung*: ①-②

Tabelle 15.2. Evaluierungsergebnisse für *JACK* (Teil 2 von 4)

Evaluierungskriterien & Ergebnisse (Forts.)	
Genauigkeit	⊕ Funktionen zum Dokumentieren erstellter Projektbestandteile
	⊕ übersichtliche Darstellung der Agenten und ihrer Komponenten in der JDE reduziert die Wahrscheinlichkeit von Missverständnissen
	⊖ es können Inkonsistenzen zwischen Plandefinitionen im Plangraph und in anderen Ansichten des Projekts auftreten
	⇒ *Gesamtbewertung:* ②
Vollständigkeit	⊕ unterstützt die Entwicklungsphasen Entwurf, Implementierung und Test
	⇒ *Gesamtbewertung:* ②
Variabilität	⊕ Änderungen an einer Komponente werden automatisch im gesamten Projekt aktualisiert
	⊕ einfaches Ver- und Entknüpfen von Komponenten
	⊕ keine Einschränkungen bei der Reihenfolge der Entwicklungsschritte
	⊖ Ausnahme von automatischer Projektaktualisierung: *Plan Graph Editor*
	⇒ *Gesamtbewertung:* ②
Komplexitätshandhabung	⊕ Dekomposition von Plänen in Subpläne ist möglich
	⊕ hierarchische Darstellung des Projekts in der Baumdarstellung der JDE
	⊕ verschiedene Sichten auf das Gesamtsystem und Filterfunktion beim *Design Tool*
	⇒ *Gesamtbewertung:* ②
Granularität	⊕ Granularitätsstufen: Agententypen → Capabilities → Pläne → Reasoning Methods
	⊖ Rollen existieren nur in Anwendungen mit *JACK Teams*
	⇒ *Gesamtbewertung:* ③
Sicherheit	⊖ das Werkzeug unterstützt keine externen und internen Sicherheitsvorkehrungen
	⇒ *Gesamtbewertung:* ⑤

Tabelle 15.3. Evaluierungsergebnisse für *JACK* (Teil 3 von 4)

Evaluierungskriterien & Ergebnisse (Forts.)		
Überprüfbarkeit	**Validierbarkeit**	⊕ wird durch die durchgehend graphische Darstellung in der JDE erleichtert
	Verifizierbarkeit	⊕ wird durch den *Graphical Plan Tracer* das *Agent Interaction Diagram* und den Kommandozeilendebugger unterstützt
		⊕ Trennung von Agenten, Plänen etc. in eigenen Dateien erleichtert die Verifizierung
		⇒ *Gesamtbewertung*: ②
Laufzeitdynamik		⊖ Migration, Klonen und dynamische Erzeugung oder Beendigung von Agenten wird nicht explizit unterstützt
		⇒ *Gesamtbewertung*: ④
Installation		⊕ direkt ausführbare Installationsdatei
		⊕ graphisches Installationsprogramm *InstallAnywhere*
		⇒ *Gesamtbewertung*: ①
Zuverlässigkeit		⊕ keine Abstürze oder Datenverluste
		⇒ *Gesamtbewertung*: ①
Ergonomie		⊕ massive Verwendung von Drag-and-Drop und Kontextmenüs in der JDE
		⊕ hauptsächlich visuelle Entwicklungswerkzeuge
		⊖ keine *Rückgängig machen* Funktion in JDE
		⊖ der *JACK* Compiler ist langsam
		⇒ *Gesamtbewertung*: ②
Expressivität		⇒ *Gesamtbewertung entsprechend den Bewertungen in der Tabelle 15.4*: ③

Tabelle 15.4. Evaluierungsergebnisse für *JACK* (Teil 4 von 4)

Agentenspezifische Softwareattribute (Expressivität)			
Individualistische Attribute			
Architektur		⊖	nur BDI und *Teams* Architekturen
Autonomie		⊕	*JACK* Agenten verfolgen Ziele mit autonomer Wahl der dafür erforderlichen Pläne
Flexibilität		⊕	*JACK* Agenten verfolgen Ziele unter Verwendung verschiedener Pläne und reagieren flexibel auf sich während der Planausführung ändernde Umstände
Wissensbasis		⊕	datenbankartige Closed und Open World Beliefsets, auf die unter Zuhilfename von Logical Members zugegriffen werden kann
Mentale Einstellungen		⊕	*JACK* Agenten können mit *Beliefs* (Beliefsets), *Desires* (Ziele) und *Intentions* (momentan verfolgte Pläne) ausgestattet werden
Sonstiges/Besonderheiten			keine
Interaktionistische Attribute			
Kommunikation	Kommunikationsprotokolle	⊕	für die externe Kommunikation wird das auf UDP basierende und dieses um eine dünne Zuverlässigkeitsschicht erweiternde DCI Protokoll verwendet
		⊖	das vom *JACK Kernel* für den internen Nachrichtentransport verwendete Protokoll ist unbekannt
	Kommunikationssprachen	⊖	keine
Koordination	Koordinationsmechanismen/-protokolle	⊕	das *Teams* Modell ermöglicht die Koordination von Agententeams
	Koordinationsformalismen/-sprachen	⊕	Koordinationsprotokolle können durch Plangraphen definiert werden
Interaktionsmuster		⊖	nur 1-zu-1 Interaktionen (peer-to-peer)
Ontologien		⊖	werden vom Werkzeug nicht explizit unterstützt

16
Zusammenfassung der Tools

> *Alle ungeschickten Arbeiter schimpfen auf ihr Werkzeug.*
> Russisches Sprichwort

16.1 Eigenschaften im Überblick

Im Folgenden werden zentrale Eigenschaften der beschriebenen Tools zusammengefassend dargestellt.

FIPA-OS wurde für die Entwicklung FIPA-konformer agentenorientierter Softwaresysteme konzipiert. Ein Entwickler kann zu diesem Zweck auf eine umfangreiche Java Klassenbibliothek zurückgreifen, die unter anderem auch die Implementierungen zahlreicher gängiger Protokolle für Agent-Agent-Kommunikation enthält. Die unter Verwendung der Klassenbibliothek entwickelte Software kann auf einer Agentenplattform, deren Kern der Agent Loader bildet, ausgeführt werden. Für das Testen und Überwachen der Software können diverse Tools verwendet werden, die größtenteils selbst als Agenten implementiert sind. Für die Ausführung auf Geräten mit begrenzten Systemressourcen existiert zudem eine reduzierte Version von *FIPA-OS* namens *Micro FIPA-OS*.

FIPA-OS

JADE ist ebenfalls eine Entwicklungsumgebung für das Erstellen FIPA-konformer Agentensoftware. *JADE* stellt eine Agentenplattform – hier Remote Monitoring Agent genannt – zur Verfügung, auf der diese Software ausgeführt werden kann. Auf dieser Plattform kommen auch diverse Tool-Agenten zum Einsatz, die für das Testen, Debuggen und Überwachen des Systems dienen. Neben der Agentenplattform und den Tool-Agenten gehört zu *JADE* zudem eine große Java Klassenbibliothek, in der ebenfalls die Implementierungen gängiger Kommunikationsprotokolle zu finden sind. Mit dem *JADE* Security Plug-in können Softwaresysteme um Sicherheitsmaßnahmen wie Authentifizierung und Zugriffsrechte erweitert werden. Mit der hautpsächlich auf Kleinstcomputer zugeschnittenen Leightwigth Extensible Agent Plat-

JADE

form *LEAP* existiert auch für diese Zielsysteme eine Laufzeitumgebung für *JADE* Agenten.

Zeus-Toolkit Mit dem *Zeus*-Toolkit können die einzelnen Entwicklungsschritte der Realisierungs- und Testphase entsprechend der *Zeus*-Methode unmittelbar umgesetzt werden. Dieses Toolkit besitzt eine Anzahl visueller Entwicklungswerkzeuge, zu denen auch ein Java Code Generator gehört, sowie verschiedene Visualisierungswerkzeuge, die für das Testen und Überwachen der entwickelten agentenorientierten Software nützlich sind. Durch die sehr umfangreiche Java Klassenbibliothek des *Zeus*-Toolkit kann der vom Code Generator erzeugte Java Code leicht erweitert oder auch vollständig manuell erzeugt werden. Auch diese Klassenbibliothek enthält die Implementierungen vieler gängiger Kommunikationsprotokolle.

MadKit *MadKit* basiert auf dem *Aalaadin* Organisationsmodell und enthält eine Agentenplattform, die aus einem kleinen Mikro-Kernel besteht. Dessen Funktionalität wird durch mehrere Systemagenten erweitert. Dem Entwickler stehen des Weiteren viele Tool-Agenten zur Verfügung. Mit einer zusätzlichen *Synchronous Engine* lassen sich Systeme bestehend aus einer großen Anzahl von Softwareagenten, beispielsweise in Simulationsanwendungen, realisieren. *MadKit* Agenten lassen sich nicht nur in Java entwickeln, sondern auch in den Skriptsprachen Scheme, JESS, Python und BeanShell Java. Dies hat den Vorteil der unmittelbaren Ausführbarkeit ohne vorausgehende Übersetzung des Code. Auch *MadKit* bietet eine umfangreiche Java Klassenbibliothek.

agentTool Die Entwicklung mit *agentTool* ist visuell orientiert und verläuft analog zu den sieben Entwicklungsschritten der *MaSE* Methode. Dadurch werden alle Phasen der Entwicklung von agentenorientierter Software, bis hin zur automatischen Erzeugung von Java-Codegerüsten für Agenten, abgedeckt. Obwohl in Java implementiert, ist *agentTool* nur unter Windows vollständig einsetzbar. Mit dem externen *Spin*-Tool unterstützt *agentTool* auch die automatische Verifizierung von Konversationen zwischen Agenten. Im Gegensatz zu den anderen Tools gehört zu *agentTool* keine nennenswerte Java Klassenbibliothek.

JACK *JACK* ist ein kommerzielles Tool, welches speziell auf die Entwicklung von BDI- und *Teams*-Architekturen ausgerichtet ist. Die Entwicklung erfolgt hauptsächlich unter Verwendung der visuellen Entwicklungstools von *JACK*, zu denen auch ein Code Generator gehört. Sie kann jedoch auch durch direkte Codierung in der *JACK Agent Language* – einer Erweiterung von Java um agentenorientierte Konzepte – geschehen, für die ein spezieller Compiler existiert. Weiterhin schließt *JACK* auch einen Agent Kernel ein, auf dem Agenten ausgeführt werden können. *JACK* enthält keine Java Klassenbibliothek, auf die Entwickler zugreifen könnten.

16.2 Bewertungen im Überblick

Die Tabelle 16.1 gibt für die besprochenen Tools einen zusammenfassenden Überblick über die jeweiligen Gesamtbewertungen zu den einzelnen Evaluierungskriterien. Aufgrund dieser Ergebnisse lassen sich für die Tools folgende grundsätzlichen Feststellungen treffen:

<small>grundsätzliche Feststellungen ...</small>

▶ Jedes der betrachteten Tools weist hinsichtlich der einzelnen Evaluierungskriterien zum Teil erhebliche Bewertungsunterschiede auf (siehe z.B. für *FIPA-OS* die Bewertungen zu den beiden Kriterien „Anwendungsbreite" und „Sicherheit").

▶ Hinsichtlich der einzelnen Evaluierungskriterien unterscheiden sich die Tools zum Teil erheblich in ihren Gesamtbewertungen (vgl. z.B. *FIPA-OS* und *JADE* bezüglich „Sicherheit").

Diese Feststellungen entsprechen denen, die bereits für die Methoden getroffen wurden (vgl. Kapitel 9 auf Seite 182). Analog zur zusammenfassenden Methodenbewertung läßt sich deshalb auch hinsichtlich der Tools zweierlei folgern. Erstens, zur Beantwortung der Frage, welches Tool eingesetzt werden soll, ist sorgfältig abzuwägen, wie die Evaluierungskriterien bei einer gegebenen Anwendung zu gewichten sind. Beispielsweise erhält man bei Gleichgewichtung aller Kriterien – eine Annahme, die häufig *nicht* erfüllt ist – durch einfache Mittelwertbildung über die einzelnen kriterienspezifischen Gesamtbewertungen folgende Durchschnittsbewertungen: *FIPA-OS* 2.67, *JADE* 2.50, *Zeus* 2.44, *MadKit* 2.58, *agentTool* 3.02 und *JACK* 2.21 (Werte gerundet, Zwischenbewertungen – z.B. „②-③" – fließen in diese Berechnung wieder mit ihren entsprechenden mittleren Wert – 2.5 – ein). Damit wäre bei Kriterien-Gleichgewichtung rein rechnerisch *Jack* das Tool der Wahl. Bei Ungleichgewichtung kann durchaus ein anderes Tool besser geeignet sein. Wird beispielsweise besonderer Wert gelegt auf Expressivität (gewichtet mit einem Faktor ≥ 4), dann wäre bei gleichzeitiger Gleichgewichtung aller anderen Kriterien (also jeweils gewichtet mit dem Faktor 1) das *Zeus*-Toolkit die beste Wahl.

Zweitens, die betrachteten Tools lassen, ebenso wie die Methoden, Raum für Verbesserungen. Die Tabelle 16.2 zeigt, über die

16 Zusammenfassung der Tools

Tabelle 16.1. Bewertungen aller Tools im Überblick

	FIPA-OS	JADE	Zeus-Tool	MadKit	agentTool	JACK
Anwendungsbreite	①	①	②-③	①	②	②-③
Implementierbarkeit	-	-	①	②	②-③	①
Wiederverwendbarkeit	③	③	③-④	③	⑤	②
Modularität	②	①-②	②-③	③	②-③	①-②
Verständlichkeit	②	②	②	②-③	③-④	①-②
Genauigkeit	④	④	②	③-④	①-②	②
Vollständigkeit	③	③	②-③	③	①-②	②
Variabilität	-	-	②-③	③-④	③	②
Komplexitätshandhabung	④	③-④	②-③	③-④	②	②
Granularität	④	④	②	③-④	②	③
Sicherheit	④	②	⑤	③	⑤	⑤
Überprüfbarkeit	②-③	②-③	②	②-③	①-②	②
Laufzeitdynamik	②-③	①	③-④	③	⑤	④
Installation	①	③	②	①	④	①
Zuverlässigkeit	②	②	②-③	①	③-④	①
Ergononomie	②-③	②-③	②	①-②	③	②
Expressivität	②-③	②-③	①-②	③-④	④	③

betrachteten Tools gemittelt, die durchschnittlichen Gesamtbewertungen zu den einzelnen Evaluierungskriterien. Demnach besteht tendenziell bei den betrachteten Tools ein deutlicher Verbesserungsbedarf hinsichtlich der Kriterien „Sicherheit", „Genauigkeit", „Wiederverwendbarkeit", „Laufzeitdynamik" und „Granularität" (jeweils > 3).

Tool- und Methodenbewertung

Zwei abschließende Hinweise auf bemerkenswerte Unterschiede in den Evaluierungsergebnissen für die Tools und Methoden. Zum einen ist aus den Evaluierungsergebnissen ersichtlich, dass die Tools tendenziell eine bessere Bewertung hinsichtlich des wichtigen Kriteriums „Expressivität" erzielen, wenngleich sich die von ihnen erzielte gemittelte Gesamtbewertung für dieses Kriterium (2.83) nur im Bewertungsmittelfeld befindet (vgl. Tabelle 16.2 und Tabelle 9.3 auf Seite 185). Zum anderen ist aus den Ergebnissen ersichtlich, dass sich die Tools und Methoden tendentiell in ihren Vor- und Nachteilen zum Teil sehr deutlich unterscheiden. Beispielsweise erzielen die Methoden hinsichtlich Genauigkeit und Wiederverwendbarkeit im Mittel überdurchschnittliche (< 2.5) Bewertungen, wohingegen die Tools im Mittel hinsichtlich dieser beiden Kriterien nur bedingt überzeugen.

Tabelle 16.2. Durchschnittliche Gesamtbewertungen (über die betrachteten Tools gemittelt).

Bewertungskriterien	∅
Sicherheit	4.00
Genauigkeit	3.40
Wiederverwendbarkeit	3.25
Laufzeitdynamik	3.17
Granularität	3.08
Komplexitätshandhabung	2.91
Expressivität	2.83
Variabilität	2.75
Überprüfbarkeit	2.60
Vollständigkeit	2.50
Verständlichkeit Ergonomie	2.25
Modularität	2.17
Installation Zuverlässigkeit	2.00
Anwendungsbreite	1.67
Implementierbarkeit	1.63

A

Der FIPA Standard

The nicest thing about standards is that there are so many of them to choose from.

K. Olsen

Die FIPA („Foundation for Intelligent Physical Agents") ist eine nichtkommerzielle Organisation, die 1996 mit dem Ziel gegründet wurde, industrierelevante Standards für heterogene und iteragierende Agentensysteme festzulegen. Zu ihren internationalen Mitgliedern gehören Vertreter aus Industrie und Wirtschaft sowie Vertreter aus dem universitären Umfeld. Beispielsweise sind industrieseitig British/France/Italian Telecom, Fujitsu, IBM, Mitsubishi Electric, Motorola, Boing, Toshiba und Siemens involviert (Stand April 2004). Im Folgenden werden einige zentrale Aspekte der FIPA-Standardisierungsbemühungen herausgestellt.

Generell besitzt jeder Standardisierungsvorschlag genau einen der folgenden Stati: „vorläufig/preliminary" (initiale Konzeption), „experimentell/experimental" (stabil über einen längeren Zeitraum), „angenommen/standard" (in ausreichend vielen Implementierungen bewährt und für breite Verwendung uneingeschränkt geeignet), „mißbilligt/deprecated" (möglicherweise unnötig z.B. aufgrund technologischer Entwicklungen) und „veraltet/obsolete" (unnötig). Das Durchlaufen verschiedener Stati – typischerweise von „vorläufig" über „experimentell" zu „standardisiert" – wird als FIPA Spezifikationszyklus bezeichnet.

<small>Spezifikationszyklus</small>

Die Standardisierungsbemühungen der FIPA betreffen grundsätzlich alle Aspekte, die für die industrielle und kommerzielle Akzeptanz von agentenorientierten Systemen von Bedeutung sind. Im April 2004 lagen drei vorläufige, 14 experimentelle und 25 angenommene Standardisierungsvorschläge vor; die von diesen Vorschlägen betroffenen Aspekte sind in Abbildung A.1 zusammengefasst.

<small>Spezifikationen im Überblick</small>

Die zentrale Grundlage für FIPA-Konformität bildet das FIPA Agent Management Reference Model – oder kurz das Agenten-

<small>Agentenplattform</small>

Management of Agents
➢ *basic specification*: agent management

Communication among Agents
➢ *basic specifications*: message structure, ontology services
➢ *Interaction Protocols* (Request, Query, English Auction, Dutch Auction, Brokering, Recruiting, Iterated Contract Net, usw.)
➢ *Communicative Acts* (Communicative Act Library)
➢ *Content Languages* (SL, CLL, KIF, RDF)

Transport of Agent Messages
➢ *basic specifications*: message transport service, messaging interoperability service
➢ *ACL Representations* (Bit Efficient, String, XML)
➢ *Envelope Representations for Transport via MTP* (Bit Efficient, XML)
➢ *Transport Protocols* (IIOP, WAP, HTTP)

Abstract Architecture
➢ *basic specifications*: Architecture, Domains, Policies

Example Applications
➢ *basic specifications*: Nomadic applications, Personal travel assistance, Audio-visual entertainment, Network management, etc.

Abb. A.1. FIPA Standardisierungsbemühungen: Behandelte Aspekte im Überblick (Stand Juli 2003)

plattform-Referenzmodell – dar (siehe Abbildung A.2). Die Komponenten dieses Referenzmodells lassen sich wie folgt charakterisieren:

➤ *Agent Management System* (AMS). Verwaltung der Agenten. Jeder Agent, der neu auf die Plattform kommt, muss sich beim AMS registrieren und erhält von ihm einen Plattform-übergreifend eindeutigen *Agent Identifier* (AI) zugeteilt. Das AMS überwacht den Lebenszyklus aller Agenten auf der Plattform und ist auch für die Migration von Agenten auf andere Plattformen zuständig, sofern die Plattform die Mobilität von Agenten unterstützt. Je Plattform ist genau ein AMS erforderlich und erlaubt.

A Der FIPA Standard 287

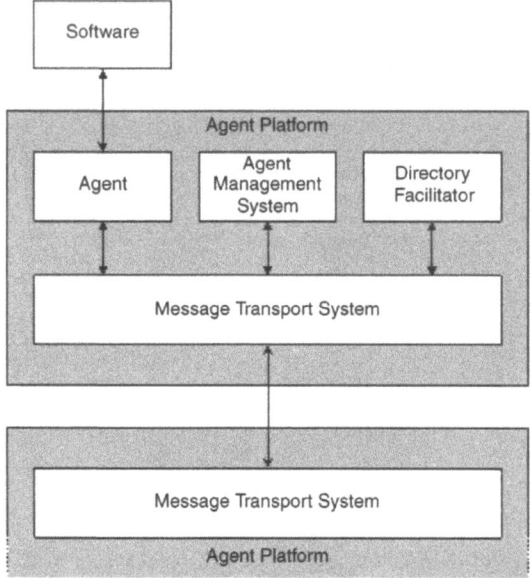

Abb. A.2. FIPA Standard: Plattform-Referenzmodell [110]

▶ *Message Transport System* (MTS). Transport von ACL Nachrichten. Zum Zweck des Nachrichtentransportes wird ein *Agent Communication Channel* (ACC) als Transportmedium für den Nachrichtenaustausch zwischen Agenten aufbaut. Die Nachrichten selbst werden mittels eines *Message Transport Protocol* übertragen, das für die plattforminterne Kommunikation frei gewählt werden kann. Für die Kommunikation zwischen Agenten auf verschiedenen Plattformen muss dagegen eines der Protokolle, die in den FIPA Standardisierungen hierfür vorgesehen sind, verwendet werden (u.a. HTTP und IIOP).

▶ *Directory Facilitator* (DF). Verwaltung von Services, vorstellbar als ein "Gelbe-Seiten-Service". Agenten können die Services, die sie anbieten, beim DF registrieren lassen; weiterhin können Agenten beim DF anfragen, ob ein gewünschter Service von anderen Agenten angeboten wird. DF ist eine optionale Komponente; auf einer Plattform dürfen mehrere DFs gleichzeitig existieren.

Das Management von Agenten basiert auf einer zustandsorientierten Agentensicht. Wie die Abbildung A.3 zeigt, kann sich ein Agent in fünf verschiedenen Zuständen befinden, wobei die Ver-

Lebenszyklus eines Agenten

288 A Der FIPA Standard

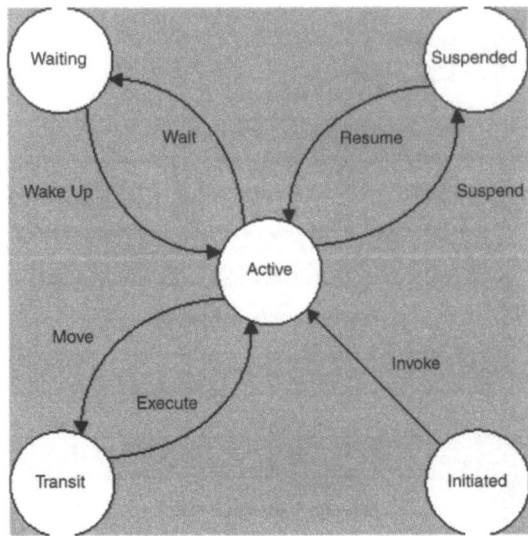

Abb. A.3. FIPA Standard: Lebenszyklus eines Agenten [110]

antwortlichkeiten des Agent Management System zustandsensitiv sind und sich folgendermaßen zusammenfassen lassen:

▶ „active": das MTS stellt Nachrichten ganz gewöhnlich bereit.

▶ „initiated/waiting/suspended": das MTS (i) buffert Nachrichten, bis der Agent wieder aktiv ist, oder (ii) forwarded Nachrichten (sofern ein Forward für den betreffenden Agenten eingerichtet).

▶ „transit" (betrifft nur mobile Agenten): das MTS buffert eingehende Nachrichten oder forwarded sie.

▶ „unknown": das MTS buffert oder verwirft eingehende Nachrichten, je nach Transportpolitik des MTS und nach Anforderungen der zuzustellenden Nachricht.

Weitere Informationen Die obigen Anmerkungen sollen lediglich eine erste Vorstellung von den FIPA-Standardisierungsbemühungen geben. Details zu allen FIPA Spezifikationen und weitere FIPA-relevante Publikationen finden sich auf der FIPA Webseite [113].

Literatur

1. AAP. URL: http://sourceforge.net/projects/networkagent/ [Stand 2004-07-07].
2. Acklin. URL: http://www.acklin.nl/index.php [Stand 2004-07-01].
3. Agent Oriented Software Pty. Ltd. URL: http://www.agent-software.com [Stand 2004-05-01].
4. Agent Oriented Software Pty. Ltd. *JACK API Specification*. Release 3.5.
5. Agent Oriented Software Pty. Ltd. *JACK Frequently Asked Questions*.
6. Agent Oriented Software Pty. Ltd. *JACOB API Specification*. Release 3.5.
7. Agent Oriented Software Pty. Ltd. *JACK Development Environment (JDE) Design Tool User Guide*, Oktober 2002. Release 4.0 beta.
8. Agent Oriented Software Pty. Ltd. *JACK Development Environment (JDE) User Guide*, März 2002. Release 3.5.
9. Agent Oriented Software Pty. Ltd. *JACK Intelligent Agents Practicals*, März 2002. Release 3.5.
10. Agent Oriented Software Pty. Ltd. *JACK Intelligent Agents User Guide*, März 2002. Release 3.5.
11. Agent Oriented Software Pty. Ltd. *JACK Teams User Guide*, Oktober 2002. Release 4.0 beta.
12. Agent Oriented Software Pty. Ltd. *JACOB User Guide*, Oktober 2002. Release 3.6.
13. Agent Oriented Software Pty. Ltd. *JDE Graphical Plan Editor User Guide*, November 2002. Release 4.0.
14. Agent Oriented Software Pty. Ltd. *Plan Tracing Tool Technical Brief*, Oktober 2002. Release 3.6.
15. Agent UML. URL: http://www.auml.org/ [Stand 2004-07-01].
16. AGENTBUILDER. URL: http://www.agentbuilder.com/ [Stand 2004-07-01].
17. Agentcities Initiative - Homepage. URL: http://www.agentcities.org/ [Stand 2004-06-17].

18. Agentcities Initiative - Network.
    URL: http://www.agentcities.net/ [Stand 2004-06-17].
19. AgentFactory. URL: http://mozart.csai.unipa.it/af/index.htm [Stand 2004-04-26].
20. Agentis International, Inc.
    URL: http://www.agentissoftware.com/about/index.jsp [Stand 2004-06-14].
21. AGENTLINK III - software links.
    URL: http://www.agentlink.org/resources/agent-software.php [Stand 2004-06-13].
22. Agents Portal. URL: http://aose.ift.ulaval.ca/ [Stand 2004-06-12].
23. agentscape. URL: http://www.agentscape.de/ [Stand 2004-07-01].
24. agentTool. URL: http://en.afit.af.mil/ai [Stand 2004-07-07].
25. agentTool.
    URL: http://www.cis.ksu.edu/~sdeloach/ai/projects/agentTool/agentool.htm [Stand 2004-07-07].
26. agentTool. *agentTool 1.8.3 User's Manual*. Graduate School of Engineering and Management, Air Force Institute of Technology, Wright-Patterson Air Force Base, Ohio, Juni 2001.
27. M. Aksit and L. Bergmans. Obstacles in object-oriented software development. In *Proceedings of the Conference on Object-Oriented Programming Systems, Languages, and Applications (OOPSLA'92)*, pages 341–358. ACM Press, 1992.
28. M. Amberg. *Prozeßorientierte betriebliche Informationssysteme*. Springer-Verlag, Berlin, 1999.
29. E. Andersen. *Conceptual modelling of objects: A role modelling approach*. PhD thesis, Department of Informatics, University of Oslo, Norway, 1997.
30. E. André and T. Rist, editors. Schwerpunktheft zu intelligente Informationsagenten. *Künstliche Intelligenz*. Vol. 3/98, 1998.
31. ANSI-KIF. URL: http://logic.stanford.edu/kif/dpans.html [Stand 2004-06-18].
32. O. Arazy and C.C. Woo. Analysis and design of agent-oriented information systems. Working Paper 99-MIS-004, Faculty of Commerce and Business Administration, University of British Columbia, Canada, 2000.
33. M.A. Ardis, J.A. Chaves, L.J. Jagadeesan, P. Mataga, C. Puchol, M.G. Staskauskas, and J. von Olnhausen. A framework for evaluating specification methods for reactive systems. *IEEE Transactions on Software Engineering*, 22(6):378–389, 1996.
34. Y. Aridor and D.B. Lange. Agent design patterns: Elements of agent application design. In *Proceedings of the Second International Conference on Autonomous Agents (Agents'98)*, pages 108–115, 1998.
35. H. Balzert. *Lehrbuch der Software-Technik*, volume 2: Software-Management, Software-Qualitätssicherung, Unternehmensmodellierung. Spektrum Akademischer Verlag, 1998.

36. M. Barbuceanu and M.S. Fox. Capturing and modeling coordination knowledge for multiagent systems. *International Journal of Cooperative Information Systems*, 5(2-3):275–314, 1996.
37. M. Barbuceanu, T. Gray, and S. Mankovski. The role of obligations in multiagent coordination. *Journal of Applied Artificial Intelligence*, 13(2/3):11–38, 1999.
38. V.R. Basili. *The Experience Factory and its relationship to other quality approaches.* Academic Press, Inc., 1995.
39. V.R. Basili, G. Caldiera, and H.D. Rombach. Experience Factory. In J. Marciniak, editor, *Encyclopedia of Software Engineering*, volume 1, pages 469–476. John Wiley & Sons, 1994.
40. V.R. Basili and A.J. Turner. Iterative enhancement: a practical technique for software development. *IEEE Transactions on Software Engineering*, SE-1(4):390–396, 1975.
41. B. Bauer and J.P. Müller. Using UML in the context of agent-oriented software engineering. In P. Giorgini, J.P. Müller, and J. Odell, editors, *Agent-oriented software engineering. Proceedings of the Fourth International Workshop (AOSE-2003)*, Lecture Notes in Artificial Intelligence, Vol. 2935, pages 1–24. Springer-Verlag, 2003.
42. B. Bauer, J.P. Müller, and J. Odell. Agent UML: A formalism for specifying multiagent software systems. In P. Ciancarini and M.J. Wooldridge, editors, *Agent-oriented software engineering. Proceedings of the First International Workshop (AOSE-2000)*, Lecture Notes in Artificial Intelligence, Vol. 1957, pages 91–103. Springer-Verlag, 2001.
43. Bee-Gent. URL: http://www2.toshiba.co.jp/beegent/index.htm [Stand 2004-07-07].
44. F. Bellifemine, G. Caire, T. Trucco, and G. Rimassa. *JADE Administrator's Guide (Version 2.6)*. TILAB S.p.A./University of Parma, Juli 2002.
45. F. Bellifemine, G. Caire, T. Trucco, and G. Rimassa. *JADE Programmer's Guide (Version 2.6)*. TILAB S.p.A./University of Parma, Juli 2002.
46. M. Benerecetti, F. Giunchiglia, and L. Serafini. A model checking algorithm for multi-agent systems. In J.P. Müller, M.P. Singh, and A. Rao, editors, *Intelligent Agents V. Proceedings of the Fifth International Workshop on Agent Theories, Architectures, and Languages (ATAL-98)*, Lecture Notes in Artificial Intelligence Vol. 1555, pages 163–176. Springer-Verlag, 1999.
47. F. Bergenti. Formalizing the reusability of software agents. In *Proceedings of the Fourth International Workshop on Engineering Societies in the Agents' World (ESAW-03)*, Lecture Notes in Computer Science, Vol. 3071, pages 246–257. Springer-Verlag, 2004.
48. F. Bergenti, M.-P. Gleizes, and F. Zambonelli, editors. *Methodologies and software engineering for agent systems.* Kluwer Academic Press, Boston et al., 2004.
49. C. Bernon, M.-P. Gleizes, S. Peyruqueou, and G. Picard. ADELFE: A methodology for adaptive multi-agent systems engineering.

In *Proceedings of the Third International Workshop on Engineering Societies in the Agents' World (ESAW-02)*, Lecture Notes in Computer Science, Vol. 2577, pages 156–169. Springer-Verlag, 2002.
50. BNN Technologies. URL: http://www.bbn.com/abs/caa.html [Stand 2004-07-01].
51. G. Booch. *Object-Oriented Analysis and Design with Applications* (2nd edition). Addison Wesley, Reading, MA, 1994.
52. W. Bosma and E. Andre. Exploiting emotions to disambiguate dialogue acts. In *Proceedings of the 2004 International Conference on Intelligent User Interfaces*, pages 85–92, 2004.
53. J.M. Bradshaw, editor. *Handbook of agent technology*. AAAI Press/The MIT Press, 2002.
54. W. Brauer, M. Nickles, M. Rovatsos, G. Weiß, and K.F. Lorentzen. Expectation-oriented analysis and design. In M.J. Wooldridge, G. Weiß, and P. Ciancarini, editors, *Agent-oriented software engineering. Proceedings of the Second International Workshop (AOSE-2001)*, Lecture Notes in Artificial Intelligence, Vol. 2222, pages 226–244. Springer-Verlag, 2002.
55. F.M.T. Brazier, B.M. Dunin-Keplicz, N.R. Jennings, and J. Treur. DESIRE: Modelling multi-agent systems in a compositional framework. *International Journal of Cooperative Information Systems*, 6(1):67–94, 1997.
56. W. Brenner, R. Zarneko, and H. Wittig. *Intelligente Softwareagenten. Grundlagen und Anwendungen*. Springer-Verlag, Berlin u.a., 1998.
57. P. Bresciani, A. Perini, P. Giorgini, F. Giunchiglia, and J. Mylopoulos. Tropos: An agent-oriented software development methodology. *Autonomous Agents and Multi-Agent Systems*, 8(3):203–236, 2004.
58. British Telecommunications plc, BT exact TECHNOLOGIES. Zeus.
URL: http://more.btexact.com/projects/agents/zeus [Stand 2004-05-01].
59. F.P. Brooks. No silver bullet. In *Proceedings of the IFIP Tenth World Computer Conference*, pages 1069–1076, 1986.
60. M. Broy and J. Siedersleben. Objektorientierte programmierung und softwareentwicklung – eine kritische einschätzung. *Informatik-Spektrum*, 25(1):3–11, 2002.
61. B. Bruegge and A.H. Dutoit. *Object-oriented software engineering. Conquering complex and changing systems*. Prentice Hall, Upper Saddle River, NJ, 2000.
62. Bundesamt für Sicherheit in der Informationstechnik. Kommunikations- und Informationstechnik 2010: Trends in Technologie und Markt, 2000. http://www.bsi.de/literat/studien/trendfor/index.htm [Stand 2004-07-04].
63. B. Burmeister. Models and methodology for agent-oriented analysis and design. In K. Fischer, editor, *Working Notes of the KI96 Workshop on Agent-oriented Programming and Distributed Systems*. DFKI Dokument D-96-06, 1996.

64. F. Buschmann, R. Meunier, H. Rohnert, P. Sommerlad, and M. Stal. *Pattern-oriented software architecture. A system of patterns.* Wiley, New York, 1996.
65. G. Caire. *JADE Tutorial Application-Defined Content Languages and Ontologies (Version 2.6).* TILAB S.p.A., Juni 2002.
66. A. Camurri and A. Coglio. An architecture for emotional agents. *IEEE MultiMedia,* 5(4):24–33, 1998.
67. P. Ciancarini and M. Wooldridge, editors. *Agent-oriented software engineering. Proceedings of the First International Workshop (AOSE-2000).* Lecture Notes in Computer Science, Vol. 1957. Springer-Verlag, 2001.
68. D. Cockburn and N.R. Jennings. ARCHON: A distributed artificial intelligence system for industrial applications. In G.M.P. O'Hare and N.R. Jennings, editors, *Foundations of Distributed Artificial Intelligence,* pages 319–344. Wiley, New York et al., 1996.
69. J. Collis and D. Ndumu. ZEUS methodology documentation, Part I: The Role Modelling Guide. Release 1.02. Applied Research and Technology, BT Labs, 2000.
70. J. Collis and D. Ndumu. *ZEUS Methodology Documentation, Part IV: The Runtime Guide.* British Telecommunications plc., September 2000. Release 1.02.
71. J. Collis, D. Ndumu, and C. van Bursik. *The Zeus Technical Manual.* British Telecommunications plc., July 2000. Release 1.04.
72. J. Collis, D. Ndumu, and C. van Bursik. *ZEUS Methodology Documentation, Part III: The Application Realisation Guide.* British Telecommunications plc., July 2000. Release 1.04.
73. Jaron Collis. *ZEUS Methodology Documentation, Part II: Case Study 1 - Fruit Market.* British Telecommunications plc., September 2000. Release 1.02.
74. Jaron Collis. *ZEUS Methodology Documentation, Part II: Case Study 2 - PC Manufacture.* British Telecommunications plc., September 2000. Release 1.02.
75. Jaron Collis and Simon Thompson. *ZEUS Methodology Documentation, Part II: Case Study 3 - Maze Navigator.* British Telecommunications plc., September 2000. Release 1.02.
76. Comtec. URL: http://ias.comtec.co.jp/ap/ [Stand 2004-07-07].
77. CORBA. URL: www.corba.org [Stand 2004-06-18].
78. M. Cossentino, L. Sabatucci, and A. Chella. Pattern reuse in the PASSI methodology. In *Proceedings of the Fourth International Workshop on Engineering Societies in the Agents' World (ESAW-03),* Lecture Notes in Computer Science, Vol. 3071, pages 294–310. Springer-Verlag, 2004.
79. COUGAAR. URL: http://www.cougaar.org/ [Stand 2004-07-10].
80. CSELT. Jade.
URL: http://sharon.cselt.it/projects/jade [Stand 2004-05-01].
81. R.L. Daft. *Organization theory and design.* South-Western College Publishing, Cincinnati, Ohio, 7. edition, 2001.
82. DARPA coABS Agility Project.
URL: http://www.objs.com/agility/ [Stand 2004-07-08].

83. G. De Giacomo, Y. Lespérance, and H. Levesque. ConGolog: A concurrent programming language based on the situation calculus. *Artificial Intelligence*, 121:109–169, 2000.
84. S.A. DeLoach. *agentMom User's Manual*. Graduate School of Engineering and Management, Air Force Institute of Technology, Wright-Patterson Air Force Base, Ohio, July 2000.
85. S.A. DeLoach. Specifying agent behavior as concurrent tasks: Defining the behavior of social agents. Technical Report AFIT/EN-TR-00-03, Graduate School of Engineering and Management, Air Force Institute of Technology, Wright-Patterson Air Force Base, Ohio, 2000.
86. S.A. DeLoach, M.F. Wood, and C.H. Sparkman. Multiagent systems engineering. *International Journal of Software Engineering and Knowledge Engineering*, 11(3):231–258, 2001.
87. T. DeMarco. *Structured analysis and system specification*. Yourdon Press, Englewood Cliffs, 1978.
88. D. Deugo, F. Oppacher, J. Kuester, and I.V. Otte. Patterns as a means for intelligent software engineering. In *Proceedings of the International Conference on Artificial Intelligence (IC-AI'99)*, volume II, pages 605–611, 1999.
89. D. Deugo, M. Weiss, and E. Kendall. Reusable patterns for agent coordination. In A. Omicini, F. Zambonelli, M. Klusch, and R. Tolksdorf, editors, *Coordination of Internet Agents: Models, Technologies and Applications*, pages 347–368. Springer-Verlag, Berlin et al., 2000.
90. DFG Schwerpunktprogramm 1083.
URL: http://scott.wirtschaft.tu-ilmenau.de:8080/htdocs_wi2/ SPP-Agenten [Stand 2004-05-01].
91. F. Dignum. Autonomous agents with norms. *Artificial Intelligence and Law*, 7:69–79, 1999.
92. V. Dignum, H. Weigand, and L. Xu. Agent societies: Toward frameworks-based design. In M.J. Wooldridge, G. Weiß, and P. Ciancarini, editors, *Agent-oriented software engineering. Proceedings of the Second International Workshop (AOSE-2001)*, Lecture Notes in Artificial Intelligence, Vol. 2222, pages 33–49. Springer-Verlag, 2002.
93. O. Dikenelli and R.C. Erdur. Adaptability patterns of multi-agent organizations. In *Proceedings of the Fourth International Workshop on Engineering Societies in the Agents' World (ESAW-03)*, Lecture Notes in Computer Science, Vol. 3071, pages 217–227. Springer-Verlag, 2004.
94. M. d'Inverno, M. Fisher, A. Lomuscio, M. Luck, M. de Rijke, M. Ryan, and M. Wooldridge. Formalisms for multi-agent systems. *The Knowledge Engineering Review*, 12(3):315–321, 1997.
95. M. d'Inverno and M. Luck, editors. *Understanding agent systems*. Springer-Verlag, 2001.
96. M. d'Inverno, M. Luck, M. Georgeff, D. Kinny, and M. Wooldridge. The dMARS architecture: A specification of the distributed multi-agent reasoning system. *Autonomous Agents and Multi-Agent Systems*, 9(1/2):5–54, 2004.

97. T.T. Do, M. Kolp, and S. Faulkner. Agent-oriented design patterns: the SKwyRL perspective. In *Proceedings of the 6th International Conference on Enterprise Information Systems (ICEIS-2004)*, 2004.
98. T.T. Do, M. Kolp, and A. Pirotte. Social patterns for designing multi-agent systems. In *Proceedings of the 15th International Conference on Software Engineering and Knowledge Engineering (SEKE-2003)*, 2003.
99. ebXML. URL: www.ebxml.org [Stand 2004-06-18].
100. emorphia. URL: http://www.emorphia.com/research/ overview.htm [Stand 2004-07-01].
101. R. Engelmore and T. Morgan, editors. *Blackboard systems*. Addison-Wesley, Reading, MA, 1988.
102. M. Erdmann and R. Studer. Use-cases and scenarios for developing knowledge-based systems. In *Proceedings of the 15th IFIP World Computer Congress (WCC'98), Conference on Information Technologies and Knowledge Systems*, pages 259–272, 1998.
103. EURESCOM/MESSAGE. EURESCOM (European Institute for the Research and Strategic Studies in Telecommunications) Project on a Methodology for Engineering Systems of Software Agents (MESSAGE), http://www.eurescom.de/~public-webspace/p900-series/p907/ [stand 2004-06-26], 2000.
104. T. Eymann. *Digitale Geschäftsagenten*. Xpert.press/Springer, Berlin, 2003.
105. J. Ferber and O. Gutknecht. AALAADIN: A meta-model for the analysis and design of organizations in multi-agent systems. Technical Report R.R.LIRMM 97189, Laboratoire d'Informatique, de Robotique et de Microélectronique de Montpellier, Université Montpellier II, 1997.
106. J. Ferber and O. Gutknecht. *MadKit User's Guide*. Laboratoire d'Informatique, de Robotique et de Microélectronique de Montpellier, Université Montpellier II, 2002. v3.1.
107. J. Ferber, O. Gutknecht, and F. Michel. *MadKit Development Guide*. Laboratoire d'Informatique, de Robotique et de Microélectronique de Montpellier, Université Montpellier II, 2002. v3.1.
108. A. Ferscha and F. Mattern, editors. *Proceedings of the Second International Conference on Pervasive Computing*, volume 3001 of *Lecture Notes in Computer Science*. Springer-Verlag, Berlin, 2004.
109. T. Finin, Y. Labrou, and J. Mayfield. KQML as an agent communication language. In J.M. Bradshaw, editor, *Software Agents*, pages 291–316. AAAI Press/The MIT Press, 1997.
110. FIPA. Agent management specification xc00023h. URL: http://www.fipa.org/specs/fipa00023/ [Stand 2004-05-01].
111. FIPA. Fipa agent software integration specification xc00079b. URL: http://www.fipa.org/specs/fipa00079 [Stand 2004-05-01].
112. FIPA-ACL. URL: http://www.fipa.org/repository/aclspecs.html [Stand 2004-06-12].

113. FIPA: Foundation for Intelligent Physical Agents.
URL: http://www.fipa.org [Stand 2004-05-01].
114. FIPA-KIF. URL: http://www.fipa.org/specs/fipa00010/ [Stand 2004-06-18].
115. FIPA-konforme Plattformen.
URL: http://www.fipa.org/resources/livesystems.html [Stand 2004-07-09].
116. FIPA-Meta-Modell. URL: http://www.pa.icar.cnr.it/%7ecossentino/FIPAmeth/metamodel.htm [Stand 2004-06-28].
117. G. Fischer, D. Redmiles, L. Williams, G. Puhr, A. Aoki, and K. Nakakoji. Beyond object-oriented technology: where current object-oriented approaches fall short. *Human-Computer Interaction*, 10(1):79–119, 1995.
118. M. Fisher. Representing and executing agent-based systems. In M.J. Wooldridge and N.R. Jennings, editors, *Intelligent Agents*, Lecture Notes in Artificial in Artificial Intelligence, Vol. 890, pages 307–323. Springer-Verlag, Berlin et al., 1995.
119. M. Fisher and M. Wooldridge. On the formal specification and verification of multi-agent systems. *International Journal of Cooperative Information Systems*, 6(1):37–65, 1997.
120. I. Foster and C. Kesselman, editors. *The Grid 2: Blueprint for a New Computing Infrastructure*. Morgan Kaufmann, San Francisco, CA, 2003.
121. G. Fox. Introduction to web computing. *Computing in Science and Engineering*, 3(2):52–53, 2001.
122. S. Franklin and A. Graesser. Is it an agent, or just a program?: A taxonomy for autonomous agents. In J.P. Müller, M.J. Wooldridge, and N.R. Jennings, editors, *Intelligent Agents III*, Lecture Notes in Artificial in Artificial Intelligence, Vol. 1193, pages 21–36. Springer-Verlag, Berlin et al., 1997.
123. E. Frese. *Grundlagen der Organisation. Konzept – Prinzipien – Strukturen*. Gabler, Wiesbaden, 8. edition, 2000.
124. E. Gamma, R. Helm, R. Johnson, and J. Vlissides, editors. *Design patterns*. Addison-Wesley, Reading, MA, 1995.
125. L. Gasser. An overview of distributed artificial intelligence. In N. Avouris and L. Gasser, editors, *Distributed Artificial Intelligence – Theory and Practice*. Kluwer Academic Publ., Dordrecht u.a., 1992.
126. M.R. Genesereth and S.P. Ketchpel. Software agents. *Communications of the ACM*, 37(7):48–53 and 147 (continued), 1994.
127. M.-P. Gervais. ODAC: An agent-oriented methodology based on ODP. *Autonomous Agents and Multi-Agent Systems*, 7(3):199–228, 2003.
128. P. Giorgini, J.P. Müller, and J. Odell, editors. *Agent-oriented software engineering IV. Proceedings of the Third International Workshop (AOSE-2003)*, volume 2935 (State-of-the-Art Survey) of *Lecture Notes in Computer Science*. Springer-Verlag, 2004.
129. F. Giunchiglia, J. Odell, and G. Weiß, editors. *Agent-oriented software engineering III. Proceedings of the Second International*

Workshop (AOSE-2002), volume 2585 (State-of-the-Art Survey) of *Lecture Notes in Computer Science*. Springer-Verlag, 2003.
130. N. Glaser. *Conceptual modelling of multi-agent systems: The CoMoMAS engineering environment*, volume 4 of *Multiagent Systems, Artificial Societies, and Simulated Organizations (MASA)*. Kluwer Academic Publishers, 2002.
131. A. Gómez-Pérez, M. Fernández-López, and O. Corcho. *Ontological engineering*. Springer-Verlag, Berlin u.a., 2004.
132. G. Gottlob, M. Schrefl, and B. Röck. Extending object-oriented systems with roles. *ACM Transactions on Information Systems*, 14(3), 1996.
133. S. Grand and D. Cliff. Creatures: entertainment software agents with artificial life. *Autonomous Agents and Multi-Agent Systems*, 1:39–58, 1998.
134. R. Gustavsson. Agent oriented software engineering: A motivation for and an introduction to a novel approach to modeling and development of open distributed systems. Technical Report 5/94, Department of Computer Science and Business Administration, University of Karlskrona/Ronneby, 1994.
135. O. Gutknecht and J. Ferber. A model for social structures in multi-agent systems. Technical Report R.R.LIRMM 98040, Laboratoire d'Informatique, de Robotique et de Microélectronique de Montpellier, Université Montpellier II, 1998.
136. M. He, N.R. Jennings, and H. Leung. On agent-mediated electronic commerce. *IEEE Transactions on Knowledge and Data Engineering*, 15(4):985–1003, 2003.
137. A. Heinzl and F. Rothlauf, editors. Schwerpunktheft zu Anwendungen von Softwareagenten. *Künstliche Intelligenz*. Vol. 2/04, 2004.
138. Hewlett-Packard. Adaptive enterprise initiative, http://h71028.www7.hp.com/enterprise/cache/6842-0-0-0-121.aspx [stand 2004-05-24].
139. H.F. Hofmann, editor. *Requirements Engineering. A situated discovery process*. Deutscher Universitäts-Verlag, Wiesbaden, 2000.
140. E. Horn, M. Kupries, and T. Reinke. Object-oriented software architecture types for the substantiation, development, and facrication of agent application systems. In *Proceedings of the Eleventh International Conference on Software Engineering and its Applications*, 1998.
141. E. Horn and T. Reinke. Musterarchitekturen und entwicklungsmethoden für multiagentensysteme. *KI*, 4:48–54, Oktober 2000.
142. M.N. Huhns and M.P. Singh. Agents and multiagent systems: Themes, approaches, and challenges. In M.N. Huhns and M.P. Singh, editors, *Readings in Agents*, pages 1–23. Morgan Kaufmann, San Francisco, CA, 1998.
143. M.N. Huhns and M.P. Singh, editors. *Readings in Agents*. Morgan Kaufmann, San Francisco, CA, 1998.
144. A.T.F. Hutt, editor. *Object analysis and design. Comparison of methods*. John Wiley & Sons, Inc, New York et al., 1994.

145. A.T.F. Hutt, editor. *Object analysis and design. Description of methods.* John Wiley & Sons, Inc, New York et al., 1994.
146. IBM Research. Autonomic computing: IBM's perspective on the state of information technology. report, available at http://www.research.ibm.com/autonomic/, 2003.
147. C. Iglesias, M. Garijo, J.C. Gonzales, and J.R. Velasco. Analysis and design of multi-agent systems using MAS-CommonKADS. In M.P. Singh, A. Rao, and M.J. Wooldridge, editors, *Intelligent Agents IV. Proceedings of the Fourth International Workshop on Agent Theories, Architectures, and Languages (ATAL-97)*, Lecture Notes in Artificial Intelligence Vol. 1365, pages 313–326. Springer-Verlag, 1998.
148. IKV++. URL: http://www.grasshopper.de/index.html [Stand 2004-06-12].
149. IMPACT. URL: http://www.cs.umd.edu/projects/impact/ [Stand 2004-07-01].
150. International Book Series on Multiagent Systems, Artificial Societies and Simulated Organizations (MASA). URL: http://www.wkap.nl/prod/s/MASA [Stand 2004-07-01].
151. International Journal on Autonomous Agents and Multi-Agent Systems. URL: http://www.kluweronline.com/issn/1387-2532 [Stand 2004-07-01].
152. JAFMAS. URL: http://www.ececs.uc.edu/ abaker/JAFMAS/ [Stand 2004-06-04].
153. N.R. Jennings. On agent-based software engineering. *Artificial Intelligence*, 117(2):277–296, 2000.
154. N.R. Jennings and J.R. Campos. Towards a social level characterisation of socially responsible agents. *IEE Proceedings of Software Engineering*, pages 11–25, 1997.
155. N.R. Jennings, T.J. Norman, and P. Faratin. ADEPT: An agent-based approach to business process management. *ACM SIGMOD Record*, 27(4):32–39, 1998.
156. N.R. Jennings, K. Sycara, and M.J. Wooldridge. A roadmap of agent research and development. *Autonomous Agents and Multi-Agent Systems*, 1:7–38, 1998.
157. N.R. Jennings and M. Wooldridge. Agent-oriented software engineering. In J. Bradshaw, editor, *Handbook of Agent Technology*. AAAI/MIT Press, 2002.
158. N.R. Jennings and M.J. Wooldridge, editors. *Agent Technology. Foundations, Applications, and Markets.* Springer-Verlag, Berlin et al., 1998.
159. Jini. URL: www.jini.org [Stand 2004-06-18].
160. T. Juan, A. Pearce, and L. Sterling. ROADMAP: Extending the gaia methodology for complex open systems. In *Proceedings of the Second International Conference on Autonomous Agents and Multiagent Systems (AAMAS 2002)*, 2002.
161. JXTA. URL: www.jxta.org [Stand 2004-06-18].
162. E.A. Kendall. Agent roles and role models: New abstractions for multiagent system analysis and design. In *International Workshop*

on *Intelligent Agents in Information and Process Management*, 1998.
163. E.A. Kendall and M.T. Malkoun. The layered agent patterns. In *Pattern Languages of Programs (PLoP'96)*, 1996.
164. E.A. Kendall, U. Palanivelan, and S. Kalikivayi. Capturing and structuring goals: Analysis patterns. In *Proceedings of the Third European Pattern Languages of Programming and Computing*, 1998.
165. G. Kiczales, J. Lamping, A. Mendhekar, C.V.Lopes C.Maeda, J.-M. Loingtier, and J. Irvin. Aspect-oriented programming. In *Proceedings of the European Conference on Objekt-Oriented Programming*, pages 220–242, 1997.
166. G. Kiczales, J. Lamping, A. Mendhekar, C. Maeda, C. Lopes, J.-M. Loingtier, and J. Irwin. Aspect-oriented programming. In *Proceedings of the European Conference on Object-Oriented Programming (ECOOP'97)*, pages 220–242, 1997.
167. KIF. URL: http://www.cs.umbc.edu/kse/kif/ [Stand 2004-06-18].
168. D. Kinny and M. Georgeff. A design methodology for BDI agent systems. Technical Report 55, Australian Artificial Intelligence Institute, Melbourne, Australia, 1995.
169. D. Kinny, M. Georgeff, and A. Rao. A methodology and modelling technique for systems of BDI agents. In W. van der Velde and J. Perram, editors, *Agents Breaking Away: Proceedings of the Seventh European Workshop on Modelling Autonomous Agents in a Multi-Agent World (MAAMAW-96)*, Lecture Notes in Artificial Intelligence Vol. 1038, pages 56–71. Springer-Verlag, 1996.
170. S. Kirn, editor. Schwerpunktheft zur Agententechnologie. *it – Information Technology*. Erscheint 2005.
171. S. Kirn, C. Heine, R. Herrler, and K.-H. Krempels. Agent.Hospital - agent-based open framework for clinical applications. In *Proceedings of the Twelfth International Workshop on Enabling Technologies: Infrastructure for Collaborative Enterprises*, pages 36–41, 2003.
172. F. Klügel, editor. *Multiagentensimulationen*. Addison Wesley, München, 2000.
173. F. Klügel. Applications of software agents. *Künstliche Intelligenz*, 2/2004:5–10, 2004.
174. M. Klusch, editor. *Intelligent information agents*. Springer-Verlag, Berlin u.a., 1999.
175. M. Klusch. Information agent technology for the Internet: a survey. *Journal on Data and Knowledge Engineering*, 36(3):337–372, 2001.
176. M. Kolp, J. Castro, and J. Mylopoulos. Organizational patterns for early requirements analysis. In *Fifth IEEE International Symposium on Requirements Engineering (RE01)*, 2001.
177. M. Kolp, T. Tung Do, S. Faulkner, and T.T. Hang Hoang. Architectural styles and patterns for multi-agent systems. In L. Jain, editor, *Learning, communication and coordination in multi-agent systems: theory and application*. World Scientific, 2003.

178. M.T. Kone, A. Shimazu, and T. Nakajima. The state of the art in agent communication languages. *Knowledge and Information Systems*, 2:259–284, 2000.
179. D. Kossmann and F. Leymann. Web services. *Informatik Spektrum*, 27(2):117–129, 2004.
180. G. Kotonya and I. Sommerville. Viewpoints for requirements definition. *BCS/IEE Software Engineering Journal*, 7(6):375–387, 1992.
181. G. Kotonya and I. Sommerville, editors. *Requirements engineering. Processes and techniques*. Wiley, Chichester, 1997.
182. KQML. URL: http://www.cs.umbc.edu/kqml/papers/ [Stand 2004-06-18].
183. B.B. Kristensen. Object-oriented modeling with roles. In *Proceedings of the 2nd International Conference on Object-Oriented Information Systems (OOIS'95)*, 1995.
184. R. Kühnel. *Agentenbasierte Softwareentwicklung. Methode und Anwendungen*. Addison-Wesley, München u.a., 2001.
185. V. Lesser, C.L. Ortiz, and M. Tambe, editors. *Distributed sensor networks. A multiagent perspective*, volume 9 of *Multiagent Systems, Artificial Societies, and Simulated Organizations (MASA)*. Kluwer Academic Publishers, 2004.
186. V.R. Lesser. Reflections on the nature of multi-agent coordination and its implications for an agent architecture. *Autonomous Agents and Multi-Agent Systems*, 1:89–111, 1998.
187. V.R. Lesser, K.R. Decker, T. Wagner, N. Carver, A. Garvey, B. Horling, and D. Neiman (et al.). Evolution of the GPGP/TAEMS domain-independent coordination framework. *Autonomous Agents and Multi-Agent Systems*, 9(1/2):87–144, 2004.
188. J. Lind. The MASSIVE development method for multiagent systems. In *Proceedings of the Fifth International Conference on the Practical Application of Intelligent Agents and Multi-Agents (PAAM2000)*, 2000.
189. J. Lind. *Iterative software engineering for multiagent systems: The MASSIVE method*. Lecture Notes in Computer Science, Vol. 1994. Springer-Verlag, Berlin u.a., 2001.
190. J. Lind. Patterns in agent-oriented software engineering. In M.J. Wooldridge, G. Weiß, and P. Ciancarini, editors, *Agent-oriented software engineering. Proceedings of the Third International Workshop (AOSE-2002)*, Lecture Notes in Artificial Intelligence, Vol. 2585, pages 1–15. Springer-Verlag, 2003.
191. LNCS Transactions on Aspect-Oriented Software Development. Springer-Verlag, 2004.
192. F. Lopez y Lopez, M. Luck, and M. d'Inverno. Constraining autonomy through norms. In *Proceedings of the First International Conference on Autonomous Agents and Multiagent Systems (AAMAS 2002)*, 2002.
193. Lost Wax. URL: http://www.lostwax.com/ [Stand 2004-07-01].
194. M. Luck. From definition to deployment: What next for agent-based systems? *Knowledge Engineering Review*, 2:119–124, 1999.

195. M. Luck, R. Ashri, and M. D'Inverno, editors. *Agent-based software development*. Artech House, Inc, Norwood, MA, 2004.
196. M. Luck, P. McBurney, and C. Preist. Agent technology: Enabling next generation computing. A roadmap for agent-based computing. Report, Agentlink, 2003. Version 1.0, ISBN 0854327886, http://www.agentlink.org/roadmap/index.html [Stand 2004-05-01].
197. MADKIT: FIPA compliance.
URL: http://www.madkit.org/about/recruit.php3 [Stand 2004-05-01].
198. MADKIT: Multi-Agent Development Kit.
URL: http://www.madkit.org [Stand 2004-05-01].
199. T. Malone and K. Crowston. The interdisciplinary study of coordination. *ACM Computing Surveys*, 26(1):87–119, 1994.
200. MAS Website - tool links. URL:
http://www.multiagent.com/Software/Tools_for_building_MASs/index.html [Stand 2004-06-13].
201. MAS Websites. URL: http://www.multiagent.com/ [Stand 2004-07-01].
202. F. Mattern, editor. *Total vernetzt – Szenarien einer informatisierten Welt*. Xpert.press/Springer-Verlag, Berlin, 2003.
203. C. McClure. *Software reuse techniques: Adding reuse to the system development process*. Book News, Inc., Portland, OR, 1997.
204. Microsoft. Dynamic system initiative (dsi).
http://www.microsoft.com/windowsserversystem/dsi/default.mspx [stand 2004-06-25].
205. Model-driven software development.
URL: http://www.mdsd.info/ [Stand 2004-06-29].
206. D. Moldt and F. Wienberg. Multi-agent systems based on coloured Petri nets. In *Proceedings of the 18th International Conference on Application and Theory of Petri Nets (ICATPN'97)*, pages 82–101, 1997.
207. M. Montaner, B. Lopez, and P. de la Rosa. A taxonomy of recommender agents. *Artificial Intelligence Review*, 19:285–330, 2003.
208. S. Moss, H. Gaylard, S. Wallis, and B. Edmonds. SDML: A multi-agent language for organizational modelling. CPM Report 97-19, Centre for Policy Modelling, Manchester Metropolitan University, United Kingdom, 1996.
209. Motorola et al. Lightweight extensible agent platform, 2003.
URL: http://leap.crm-paris.com [Stand 2004-05-01].
210. B. Moulin and M. Brassad. A scenario-based design method and an environment for the development of multiagent systems. In D. Luckose and C. Zhang, editors, *Proceedings of the First Australian Workshop on DAI*, Lecture Notes in Artificial Intelligence, pages 216–296. Springer-Verlag, 1996.
211. J. Müller, editor. Schwerpunktheft zur Agenten. *it + ti – Informationstechnik und Technische Informatik*. Heft 4, 1998.
212. J.P. Müller. Control architectures for autonomous and interacting agents: A survey. In L. Cavedon, L. Rao, and W. Wobcke,

editors, *Intelligent Agents Systems: Theoretical and Practical Issues*, Lecture Notes in Artificial in Artificial Intelligence, Vol. 1209. Springer-Verlag, Berlin et al., 1996.

213. J.P. Müller. *The design of intelligent agents. A layered approach*, volume 1177 of *Lecture Notes in Artificial Intelligence*. Springer-Verlag, Berlin u.a., 1996.

214. J.P. Müller. The right agent (architecture) to do the right thing. In J.P. Müller, M.P. Singh, and A.S. Rao, editors, *Intelligent Agents V*, Lecture Notes in Artificial in Artificial Intelligence, Vol. 1555, pages 211–226. Springer-Verlag, Berlin et al., 1999.

215. J.P. Müller and B. Bauer. Agent-oriented software technologies: Flaws and remedies. In F. Giunchiglia, J. Odell, and G. Weiß, editors, *Agent-oriented software engineering III*, Lecture Notes in Artificial Intelligence Vol. 2585, pages 210–228. Springer-Verlag, 2002.

216. J. Mylopoulos, L. Chung, and E.S.K. Yu. From object-oriented to goal-oriented requirements analysis. *Communications of the ACM*, 42(1):31–37, 1999.

217. A. Newell. The knowledge level. *Artificial Intelligence*, 18:87–127, 1982.

218. M. Nickles, M. Rovatsos, and G. Weiß, editors. *Agents and computational autonomy. Potential, risks, and solutions*, volume 2969 (Hot Topics) of *Lecture Notes in Computer Science*, Berlin u.a., 2004. Springer-Verlag.

219. Nortel Networks. *FIPA-OS Developers Guide*, 2001.

220. Nortel Networks. *FIPA-OS V2.1.0 Distribution Notes*, 2001.

221. Nortel Networks Ltd. *http://www.nortelnetworks.com [Stand 2005-05-01]*.

222. H.S. Nwana and D.T. Ndumu. A perspective on software agents research. *The Knowledge Engineering Review*, 14(2):1–18, 1999.

223. P.D. O'Brian and M. Wiegand. Agent-based process management: Applying intelligent agents to workflow. *Knowledge Engineering Review*, 13(2):161–174, 1998.

224. J. Odell. Objects and agents: Is there room for both? *Distributed Computing*, pages 44–45, November 1999.

225. J. Odell. *Objects and agents: How do they differ?*, Working Paper v2.2 (http://www.jamesodell.com), September 1999.

226. S.A. O'Malley and S.A. DeLoach. Determining when to use an agent-oriented software engineering paradigm. In M.J. Wooldridge, G. Weiß, and P. Ciancarini, editors, *Agent-oriented software engineering. Proceedings of the Second International Workshop (AOSE-2001)*, Lecture Notes in Artificial Intelligence, Vol. 2222, pages 188–205. Springer-Verlag, 2002.

227. OMG Agent PSIG. URL: http://agent.omg.org/ [Stand 2004-06-17].

228. OMG MASIF. URL: http://www.fokus.gmd.de/research/cc/ecco/masif/index.html [Stand 2004-06-17].

229. A. Omicini. **SODA**: Societies and infrastructures in the analysis and design of agent-based systems. In P. Ciancarini and M.J.

Wooldridge, editors, *Agent-oriented software engineering. Proceedings of the First International Workshop (AOSE-2000)*, Lecture Notes in Artificial Intelligence, Vol. 1957, pages 185–194. Springer-Verlag, 2001.
230. A. Omicini and F. Zambonelli. Coordination for Internet application development. *Autonomous Agents and Multi-Agent Systems*, 2(3):251–269, 1999.
231. A. Omicini, F. Zambonelli, M. Klusch, and R. Tolksdorf, editors. *Coordination of Internet Agents: Models, Technologies, Applications.* Springer-Verlag, Berlin et al., 2000.
232. Ontolingua. URL: ftp://ftp.ksl.stanford.edu/pub/KSL_Reports/KSL-96-26.ps.gz [Stand 2004-07-09].
233. Open Agent Architecture (TM).
URL: http://www.ai.sri.com/ oaa/ [Stand 2004-02-04].
234. A. Oram. *Peer-to-Peer. Harnessing the power of disruptive technologies.* O'Reilly & Associates, Sebastopol, CA, 2001.
235. O. Pacheco and J. Carmo. A role based model for the normative specification of organized collective agency and agents interaction. *Autonomous Agents and Multi-Agent Systems*, 2002. to appear.
236. L. Padgham and M. Winikoff. *Developing intelligent agent systems: A practical guide.* Wiley, 2004.
237. B. Paech. *Aufgabenorientierte Softwareentwicklung.* Springer-Verlag, 2000.
238. M. Page-Jones. *The practical guide to structured systems design.* Prentice Hall, Englewood Cliffs, 1988.
239. V. Parunak. Industrial and practical applications of DAI. In G. Weiss, editor, *Multiagent Systems*, pages 377–421. The MIT Press, Cambridge et al., 1999.
240. V. Parunak. Agents in overalls: Experiences and issues in the development and deployment of industrial agent-based systems. *International Journal of Cooperative Information Systems*, 9(3):209–227, 2000.
241. V. Parunak. A practitioners' review of industrial agent applications. *Autonomous Agents and Multi-Agent Systems*, 3(4):389–407, 2000.
242. PASSI.
URL: http://mozart.csai.unipa.it/passi/ [Stand 2004-07-01].
243. S. Payr. The virtual university's faculty: an overview of educational agents. *Applied Artificial Intelligence*, 17:1–19, 2003.
244. C. Pelachaud and I. Poggi. Multimodal embodied agents. *Knowledge Engineering Review*, 17(2):181–196, 2003.
245. S. Philipps and J. Lind. Ein system zur definition und ausführung von protokollen für multi-agentensysteme. Technical Report RR-99-01, DFKI, 1999.
246. PROTEGE. http://protege.stanford.edu/index.html [stand 2004-05-01], 2003.
247. M. Purvis, S. Cranefield, M. Nowostawski, R. Ward, D. Carter, and M.A. Oliveira. Agentcities interaction using the Opal platform. In *Proceedings of the Workshop „Agentcities: Research in Large-Scale Open Agents Environments"*, 2002.

248. A.S. Rao. AgentSpeak(L): BDI agents speak out in a logical computable language. In W. van der Velde and J. Perram, editors, *Agents Breaking Away: Proceedings of the Seventh European Workshop on Modelling Autonomous Agents in a Multi-Agent World (MAAMAW-96)*, Lecture Notes in Artificial Intelligence Vol. 1038, pages 42–55. Springer-Verlag, 1996.
249. A.S. Rao and M.P. Georgeff. Modeling rational agents within a BDI architecture. In *Proceedings of the Second International Conference on Principles of Knowledge Representation and Reasoning (KR'91)*, pages 473–484, 1991.
250. A.S. Rao and M.P. Georgeff. BDI agents: From theory to practice. In *Proceedings of the First International Conference on Multi-Agent Systems (ICMAS-95)*, pages 312–319, 1995.
251. T. Reenskaug, P. Wold, and O. Lehne. *Working with objects. The OOram software engineering method.* Manning Publications Co., Greenwich, 1996.
252. G.G. Richard. *Mobile computing. Essentials of moveable data.* McGraw-Hill Professional Publishing, 2004. to appear.
253. P.-M. Ricordel and Y. Demazeau. From analysis to deployment: A multi-agent platform survey. In *Working Notes of the First International Workshop on Engineering Societies in the Agents' World (ESAW-00)*, pages 93–105, 2000.
254. S.J. Rosenschein and L.P. Kaelbling. The synthesis of digital machines with provable epistemic properties. In *Proceedings of the Conference on Theoretical Aspects of Reasoning About Knowledge*, pages 83–98, 1986.
255. RosettaNet. URL: www.rosettanet.org [Stand 2004-06-18].
256. J. Rumbaugh, I. Jacobson, and G. Booch. *The unified language reference manual.* Addison-Wesley, Reading, MA, 1999.
257. S.J. Russell and P. Norvig. *Artificial Intelligence. A Modern Approach.* Prentice Hall, Englewood Cliffs, New Jersey, 1995.
258. J. Sametinger. *Software engineering with reusable components.* Springer-Verlag, Berlin, 1997.
259. G. Schneider and J.P. Winters. *Applying use cases.* Object Technology Series. Addison-Wesley, Boston et al., 2001.
260. D. Schoder, K. Fischbach, and R. Teichmann, editors. *Peer-to-Peer.* Xpert.press/Springer-Verlag, Berlin, 2002.
261. M. Schumacher, F. Chantemargue, and B. Hirsbrunner. The STL++ coordination language: A base for implementing distributed multi-agent applications. In P. Ciancarini and A.. Wolf, editors, *Proceedings of the Third International Conference on Coordination Languages and Models (COORDINATION'99)*, pages 399–414. Springer-Verlag, 1999.
262. A. Serenko and B. Detlor. Agent toolkits: A general overview of the market and an assessment of instructor satisfaction with utilizing toolkits in the classroom. Working Paper 455, School of Business, McMaster University, Hamilton, Ontario, 2002.
263. M. Shaw and D. Garlan. *Software architecture: Perspectives on an emerging discipline.* Prentice Hall, 1996.

264. O. Shehory and A. Sturm. Evaluation of modeling techniques for agent-based systems. In *Proceedings of the Fifth International Conference on Autonomous Agents (Agents 2001)*, pages 624–631, 1998.
265. A. Silva and J. Delgado. The agent pattern: A design pattern for dynamic and distributed applications. In *Proceedings of the European Conference on Pattern Languages of Programming and Computing (EuroPLoP'98)*, 1998.
266. V. Silva and J.P. Carlos. From a conceptual framework for agents and objects to a multi-agent system modeling language. *Autonomous Agents and Multi-Agent Systems*, 9(1/2):145–189, 2004.
267. M.P. Singh. Agent communication languages: Rethinking the principles. *IEEE Computer*, 31(12):55–61, 1998.
268. SOAP. URL: http://www.w3.org/TR/soap/ [Stand 2004-06-18].
269. SOAR Technology, Inc.
URL: http://www.soartech.com/research.soar.php
[Stand 2004-03-11].
270. Sourceforge.net. Fipa-os.
URL: http://sourceforge.net/projects/fipa-os [Stand 2004-06-12].
271. Sourceforge.net. Zeus Agent Toolkit.
URL: http://sourceforge.net/projects/zeusagent [Stand 2004-05-01].
272. Springer Series on Agent Technology.
URL: http://www.springeronline.com/sgw/cda/frontpage/0,10735,5-146-69-1195190-0,00.html [Stand 2004-07-06].
273. T. Stahl, M. Völter, and J. Bettin. *Modellgetriebene Softwareentwicklung. Ein Leitfaden für den praktischen Einsatz von MDSD und MDA*. dPunkt, Heidelberg, 2004.
274. W. Stein. *Objektorientierte Analysemethoden. Vergleich, Bewertung, Auswahl*. Spektrum Akademischer Verlag, Heidelberg et al., 1997.
275. V.S. Subrahmanian, P. Bonatti, J. Dix, T. Eiter, S. Kraus, F. Ozcan, and R. Ross. *Heterogeneous agent systems*. The MIT Press, Cambridge et al., 2000.
276. Sun. N1 initiative, http://www.sun.com/software/solutions/n1/index.html [stand 2004-06-04], 2003.
277. SUO-KIF. URL: http://suo.ieee.org/SUO/KIF/suo-kif.html [Stand 2004-06-25].
278. SWARM. URL: http://wiki.swarm.org/ [Stand 2004-07-07].
279. K. Sycara, M. Paolucci, M. van Velsen, and J. Giampapa. The RETSINA MAS infrastructure. *Journal of Autonomous Agents and Multi-Agent Systems*, 7(1/2):29–48, 2003.
280. C. Szyperski. *Component ware – Beyond object-oriented programming*. Addison-Wesley, 1998.
281. Y. Tahara, A. Ohsuga, and S. Honiden. Agent system development method based on agent patterns. In *Proceedings of the International Conference on Software Engineering*, pages 356–367. ACM, 1999.
282. M. Thielscher. FLUX: A logic programming method for reasoning agents. *Theory and Practice of Logic Programming*, 2004.

283. S.R. Thomas. The PLACA agent programming language. In M.J. Wooldridge and N.R. Jennings, editors, *Intelligent Agents*, Lecture Notes in Artificial in Artificial Intelligence, Vol. 890, pages 355–370. Springer-Verlag, Berlin et al., 1995.
284. UDDI. URL: www.uddi.org [Stand 2004-06-18].
285. UMBC AgentWeb. URL: http://agents.umbc.edu/ [Stand 2004-07-01].
286. R. Steinmetz und K. Wehrle. Peer-to-Peer-Networking & - Computing. *Informatik Spektrum*, 27(1):51–54, 2004.
287. L. van Elst, V. Dignum, and A. Abecker, editors. *Agent-mediated knowledge management*, volume 2926 of *Lecture Notes in Computer Science*. Springer-Verlag, Berlin, 2004.
288. A. van Lamsweerde. Requirements engineering in the year 00: A research perspective. In *Proceedings of the 22nd International Conference on Software Engineering (ICSE'00)*, pages 5–19, 2000.
289. Giosuè Vitaglione. *JADE Tutorial Security Administrator Guide (Version 2.6.1)*. TILAB S.p.A., September 2002.
URL: http://jade.cselt.it/doc/tutorials/SecurityAdminGuide.pdf [Stand 2004-05-01].
290. T. Wagner and O.F. Rana, editors. *Infrastructure for Agents, Multi-Agent Systems, and Scalable Multi-Agent Systems*. Lecture Notes in Artificial Intelligence, Vol. 1887. Springer-Verlag, Berlin, 2001.
291. T. Wagner and O.F. Rana, editors. Special Issue on Infrastructure for Agents, Multi-Agent Systems, and Scalable Multi-Agent Systems, *Autonomous Agents and Multi-Agent Systems*. Vol. 7(1/2), 2003.
292. R. Weihmayer and H. Velthuijsen. Intelligent agents in telecommunications. In N.R. Jennings and M.J. Wooldridge, editors, *Agent technology. Foundations, applications, and markets*, pages 203–218, 1998.
293. G. Weiß, editor. *Multiagent Systems. A Modern Approach to Distributed Artificial Intelligence*. The MIT Press, Cambridge, MA, 1999.
294. G. Weiß. Cognition, sociability, and constraints. In M. Hannebauer, J. Wendler, and E. Pagello, editors, *Balancing reactivity and social deliberation in multi-agent systems*, Lecture Notes in Artificial in Artificial Intelligence, Vol. 2103, chapter 4, pages 217–235. Springer-Verlag, 2001.
295. G. Weiß. Agent orientation in software engineering. *Knowledge Engineering Review*, 16(4):349–373, 2002.
296. G. Weiß, J. Duscher, M. Rovatsos, and M. Nickles. Spezifikation von Softwareautonomie. *Künstliche Intelligenz*, 4/04, 2004.
297. G. Weiß, M. Rovatsos, M. Nickles, and C. Meinl. Capturing agent autonomy in roles and XML. In *Proceedings of the Third International Conference on Autonomous Agents and Multiagent Systems (AAMAS 2003)*, pages 105–112, 2003.
298. J.E. White. Mobile agents. In J.M. Bradshaw, editor, *Software Agents*, pages 437–472. AAAI Press/The MIT Press, 1997.

299. WHITESTEIN.
URL: http://www.whitestein.com/pages/index.html
[Stand 2004-07-01].
300. R. Wieringa. A survey of structured and object-oriented software specification methods and techniques. *ACM Computing Surveys*, 30(4):459–527, 1998.
301. S.G. Woods and M.R. Barbacci. Architectural evaluation of collaborative agent-based systems. Technical Report CMU/SEI-99-TR-025, Software Engineering Institute, Carnegie Mellon University, 1999.
302. M. Wooldridge, G. Weiß, and P. Ciancarini, editors. *Agent-oriented software engineering II. Proceedings of the Second International Workshop (AOSE-2001)*, volume 2222 (State-of-the-Art Survey) of *Lecture Notes in Computer Science*. Springer-Verlag, 2002.
303. M.J. Wooldridge. Intelligent agents. In G. Weiss, editor, *Multiagent Systems*, pages 27–77. The MIT Press, Cambridge et al., 1999.
304. M.J. Wooldridge, editor. *Reasoning About Rational Agents*. The MIT Press, Cambridge, MA, 2000.
305. M.J. Wooldridge, editor. *An introduction to multiagent systems*. John Wiley & Sons Ltd, Baffins Lane, 2002.
306. M.J. Wooldridge. Agents and software engineering. *AI*IA Notizie*, XI(3):31–37, September 1998.
307. M.J. Wooldridge and N.R. Jennings. Intelligent agents: Theory and practice. *The Knowledge Engineering Review*, 10(2):115–152, 1995.
308. M.J. Wooldridge and N.R. Jennings. Pitfalls of agent-oriented development. In *Proceedings of the Second International Conference on Autonomous Agents (Agents'98)*, pages 385–391, 1998.
309. M.J. Wooldridge, N.R. Jennings, and D. Kinny. A m"ethodology for agent-oriented analysis and design. In *Proceedings of the Third International Conference on Autonomous Agents (Agents'99)*, pages 69–76, 1999.
310. M.J. Wooldridge, N.R. Jennings, and D. Kinny. The Gaia methodology for agent-oriented analysis and design. *Autonomous Agents and Multi-Agent Systems*, 3(3):285–312, 2000.
311. WSCL. URL: http://www.w3.org/TR/2002/NOTE-wscl10-20020314/ [Stand 2004-06-18].
312. WSDL. URL: http://www.w3.org/TR/wsdl [Stand 2004-06-18].
313. XML. URL: http://www.w3.org/XML/ [Stand 2004-06-18].
314. E.S.K. Yu. Why agent-oriented requirements engineering? In *Proceedings of 3rd International Workshop on Requirements Engineering: Foundations for Software Quality*, 1997.
315. E.S.K. Yu. Agent orientation as a modelling paradigm. *Wirtschaftsinformatik*, 43(2):123–132, 2001.
316. E.S.K. Yu. Agent-oriented modelling: software versus the world. In M.J. Wooldridge, G. Weiß, and P. Ciancarini, editors, *Agent-oriented software engineering. Proceedings of the Second Interna-*

tional Workshop (AOSE-2001), Lecture Notes in Artificial Intelligence, Vol. 2222, pages 206–225. Springer-Verlag, 2002.
317. E.S.K. Yu and J. Mylopoulos. Why goal-oriented requirements engineering? In *Proceedings of the 4th International Workshop on Requirements Engineering*, pages 15–22, 1998.
318. F. Zambonelli, N.R. Jennings, and M. Wooldridge. Organisational abstractions for the analysis and design of multi-agent systems. In P. Ciancarini and M.J. Wooldridge, editors, *Agent-oriented software engineering. Proceedings of the First International Workshop (AOSE-2000)*, Lecture Notes in Artificial Intelligence, Vol. 1957, pages 235–252. Springer-Verlag, 2001.
319. F. Zambonelli and V. Parunak. Signs of a revolution in computer science and software engineering. In *Proceedings of the Fourth International Workshop on Engineering Societies in the Agents' World (ESAW-02)*, Lecture Notes in Computer Science, Vol. 3071, pages 13–28. Springer-Verlag, 2002.

Index

@-Anweisungen 264
Überprüfbarkeit (Kriterium) 27
#-Deklaration 264
#handles 264
#reasoning method 264
#uses 264

Aalaadin 15, 169, 231
AAP 16
Abstrahierung 9, 26
Abstraktionsebene 8, 42
Abstraktionsgrad 9
Acklin 20
ACL Darstellung 286
Adaptive Enterprise Initiative (HP) 12
Adaptivität 6
ADELFE 15
Agent 4
- adaptiver ∼, 7
- Definition, 4
- intelligenter ∼, 7
- Komponente und ∼, 11
- mobiler ∼, 7
- Objekt und ∼, 11, 28
- rationaler ∼, 7
- reaktiver ∼, 7
- schwache Charakterisierung, 4
- virtueller ∼, 7
agent 262
Agent Component Library 225
Agent Editor 216
Agent Generator 213
Agent Identifier (FIPA) 286
Agent Interaction Diagram 268
Agent Loader 189
Agent Management Reference Model (FIPA) 285
Agent Management System (FIPA) 286
AGENT ORIENTED SOFTWARE PTY. LTD. 261
Agent Oriented Software Pty. Ltd. 20
Agent Shell 195
Agent Tracing Controller 268
Agent Viewer 224
AGENTBUILDER 16, 20
Agentcities 21
Agenten-Panel 248
Agentenarchitektur 28, 88, 142, 143
Agentenarchitektur-Panel 249
Agentenarchitekturdiagramm 143
Agentenattribut 28
- Attributklasse, 28
- individualistisches ∼, 28
- interaktionistisches ∼, 29
Agentengesellschaft 87
Agentenklasse 141
Agentenklassendiagramm 141
Agentenkonzept 170
Agentenmodell 46, 67
agentenorientierte Rollenmodellierung 105
agentenorientierte Software 7

agentenorientierte Softwareentwicklung   V
Agentenperspektive   113
Agentenplattform   16, 201
Agentenplattform-Referenzmodell (FIPA)   286
Agententechnologie   15
Agententyp   46
Agentis   20
agentMom   253
agentscape   20
AgentSpeak(L)   18
agentTool   16, 137, 245–254
AgentUML   17
Aktivität   44
Analyse   43
Anforderung
– funktionale ∼, 84
– nicht-funktionale ∼, 84
Anforderungsorientierung   81
Anweisung   264
Anwendungsbreite   10
Anwendungsbreite (Kriterium)   25
Anwendungsfallmodell   49
Anwendungsstudien
– Zweck der ∼, 36
Anwendungsszenarien-Panel   246
AOAD   15
API-B (*JACOB*)   269
Applet Kernel   234
architektonische Eigenschaft   88
architektonisches Entwurfsmuster   88
Architektur   19, 28
Architekturkomponente   142
Architekturorientierung   8, 13
Architektursicht   88
ARCHON   20
Aspektorientierung   8
Assistenzagent   7
Attribut   *siehe* Agentenattribut
Audio-visual Entertainment   286
Aufgabe
– persistente ∼, 141
– transiente ∼, 141

Aufgabenbaum   84
Aufgabendiagramm   140
Aufgabenhierarchie   92
Aufgabenorientierung   8, 13
Aufgabenperspektive   113
Aufgabensicht   84
Aufgabenzustand   223
AUML   17
automatische Komponentengenerierung   252
automatisierte Programmausführung   34
automatisierte Programmsuche   34
Autonomic Computing   10
Autonomic Computing Initiative (IBM)   12
Autonomie   5, 11, 12, 14, 28
AWL   253

BDI   19
BDI Architektur   47
BeanShell   237, 239
Bee-gent   16
Beispielanwendungen (FIPA)   286
Bekanntschaftsmodell   47
Bekanntschaftstyp   216
belief-desire-intention   19, 47
`beliefset`   262
Benutzerschnittstelle   89
Benutzerziel   138
Beziehungsmodell   47, 72
Blackboard   87
BNN Technologies   20
`body()`   263

C   261
C++   261
`capability`   262
Carolina   253
change tracking   137
Chat Agent   237
Choice Constraint Language   196
Closed World Beliefset   263
Code Generator   217
Codegenerierung   252
Community   231, 233

CoMoMAS 16
Compiler Utility 267
Comtec 16
ConcurrentMetateM 18
Configuration Wizard 191
ConGolog 18
Console Booters 233
Container 201
content language 207
Control Tool 224
Conversation Manager 195
Conversation Manager Listener 196
COOL 18
CORBA 18
COUGAAR 20
CRNS 16
Cross-cut-Aspekt 82

DAML+OIL 19
DAML-OIL 21
DARPA coABS 21
Database Factory 196
Debugging durch Bekräftigung 113
Deklaration 264
Dekomposition 9, 26
Designpattern 19
DESIRE 19
DF Cross Registration GUI 191
DF GUI 203
DF GUI Agent 191
DFG SPP 1083 21
Dienst 46
dMars 20
Dokumentation 26
Dummy Agent 203
Dynamic Systems Initiative (Microsoft) 12
dynamische Team-Formation 265

E-Business 10
E-Commerce 10, 20
ebXML 18
Editor Agent 236
Eingebettetheit 6
Einsatzdiagramm-Panel 250
emorphia 20

endliche Automaten 250
Entertainment 21
Entwicklerperspektive 84
Entwicklungsprinzip 81
Entwicklungstool 16
Ereignis 263
Erfahrungswerkstatt 90
Ergonomie (Kriterium) 28
Evaluierungskriterien 24
event 263
exception handling 89
EXPAND 15
Experience Factory 90
Expressivität (Kriterium) 28

Faktenwissen 29
Fehler
 – funktionaler ~, 113
 – Koordinations~, 113
 – struktureller ~, 113
Fehlerbehebung 268
Fehlertyp 113
Fertigungslogistik 10
Fertigungssteuerung und -logistik 21
FIPA 17
FIPA AgentUML 17, 19
FIPA Spezifikationszyklus 285
FIPA Standard 285
FIPA-ACL 17, 18
FIPA-KIF 17
FIPA-Konformität 17
FIPA-OS 196
FIPA-OS Toolkit 16, 189
FIPAAuctionEnglish 195
FIPAContractNet 195
Flexibilität 4, 29
FLUX 18
Forward Engineering 90
Framework 20

Gaia 15, 41
Genauigkeit (Kriterium) 26
Geschäftsprozessmanagement 20
Gesellschaftsperspektive 113
Gesellschaftssicht 87
Gesellschaftsstruktur 87
Gesundheitswesen 21

GPGP/TAEMS 20
GPL 231
Granularität (Kriterium) 27
GRASSHOPPER 16
Grid Computing 10
Group Message Tracer 236
Group Observer 235
Gruppenkonzept 170
Gruppenmanager 171, 242
Gruppenmerkmal 170
Gruppenrepräsentant 173
Gruppenstruktur 172
Gruppierung von Rollen 86
Gutartigkeit 6

Herausforderung 14
Hierarchie 20
Hierarchiebildung 26
hierarchische Struktur 112
Howdini 33, 36
Howdini-(Ziel-)System 36
Howdini-Szenario 36

IKV++ Technologies AG 20
IMPACT 16, 20
Implementierbarkeit (Kriterium) 25
Implementierung
– Verhältnis zu Modellierung, 81
Informationsagent 7
Informationsfilterung und -auswahl 21
Informationsfluss 30
Inhaltssprache 207
Initialisation (*JACOB*) 272
InstallAnywhere 231, 242
Installation (Kriterium) 27
Intelligenz 7
Intention (eines Agenten) 29
Interaktionsattribut 43
Interaktionsform 4
Interaktionsmodell 43, 52
Interaktionsmuster 30
Interaktionsprotokoll 286
Interaktionsrolle 87
Interaktionssicht 86
Interaktionsstrategie 217
Interaktionstabelle 108
Interaktivität 4

Interceptor-Hook 233
Interface 262
Interface-Agent 7
Internet Inter-ORB Protocol 191
INTERRAP 19
Introspector Agent 203
IO Test Agent 192
iterativ
– iterative Verfeinerung, 45, 48
– iteratives Vorgehen, 81
iterative Verfeinerung 90
Iterative View Engineering 89
iterative Vorgehensweise 137

JACK 16, 261, 273
JACK Agent Compiler 265
JACK Agent Kernel 266
JACK Agent Language 18, 261
JACK Development Environment 266
JACK Objects 269
JackBuild 265
JACOB 269
JACOB Interface Language 270
JACOB Object Browser 272
JADE 16, 201
JADE-S 207
JAFMAS 16
Java Virtual Machine 239
Java-Klassenbibliothek 195
Java-Thread 239
JDE *siehe* JACK Development Environment
JDE Design Tool 266
JDE Graphical Plan Editor 266
jEdit 237
JESS 199, 239
Jess 237
Jini 18
JXTA 18

Kapselung
– ~ der Aktivierungskontrolle, 11
– ~ der Zustandskontrolle, 11
– ~ von Daten, 11
Kernel-Hook 233
KernelAgent 232

KGR 15, 47
KIF 17
Klassenbibliothek 240, 253
Klassendefinition 264
knowbble 82
Knowledge Engineering 15, 29
Knowledge Management 90
Kollaborationsdiagramm 108
Kollaborationstabelle 108
Kommunikation 29
Kommunikation zwischen Agenten 286
Kommunikationsarchitektur 87
Kommunikationsklassendiagramm 142
Kommunikationsprimitive 29
Kommunikationsprotokoll 29, 43
Kommunikationssprache 18, 29
Kommunikationsstruktur 47
kommunikativer Akt (FIPA) 286
Komplexitätshandhabung 9
Komplexitätshandhabung (Kriterium) 26
Komponenten-Panel 250
Komponentenorientierung 8
Konsistenz 263
Kontrollfluss 30
Konversation 141
Konversationsempfänger-Panel 249
Konversationsinitiator-Panel 249
Konversationsverifizierung 251
Koordination 30
Koordinations-Framework 20
Koordinationsaktivität 265
Koordinationsfehler 113
Koordinationsmechanismus 30
Koordinationsprotokoll 30
Koordinationssprache 18, 30
KQML 17, 18

Laufzeitdynamik (Kriterium) 27
LEAP 16, 208
Lebendigkeit 44
Lernfähigkeit 6

LGPL 231
logical 263
Logical Member 263, 265
LOOM 19
emphLORA 19
Lost Wax 20

Macro-Ebene 19
MadKit 16, 169, 231, 240
MadKit Desktop 234
Makro-Ebene 42
Makroprozess 90
Management von Agenten 286
Markt 20
MAS-CommonKADS 16
MASB 15
Maschinenebene 9
MaSE 15, 137, 245
MASIF 17
MASSIVE 15, 81
Mehrfachverwendung 262
Mensch-Maschine-Interaktion 21
mental attitude 5
mentale Einstellung 29
mentale Haltung 5
MESSAGE 16
message passing 87
message sequence chart 139
Message Transport Service 191
Message Transport System (FIPA) 287
Micro-Ebene 19
MicroFIPA-OS 16, 196
Mikro-Ebene 42
Mikro-Kernel 232
Mikroprozess 90
Mobile Computing 10
Modelle der Informationsverarbeitung 10
Modellierung
– Verhältnis zu Implementierung, 81
Modellorientierung 8, 81
Modularität (Kriterium) 25
Monitor-Hook 233
Multithreading 265

N1 Initiative (Sun) 12

314 Index

Network Management 286
Netzwerk 20
NORTEL NETWORKS LTD 189
NotePad Agent 236

OAA^{TM} 20
Object Management Group 17
Objekt
– Agent und ∼, 28
objektorientierte Rollenmodelle 105
Objektorientierung 7, 12, 15
ODAC 15
Offenheit 10
OMG 17
Ontolingua 17
Ontolingua 19
Ontologie 18, 30, 111, 207, 215, 250
Ontologiesprache 18
Ontology Editor 215
OPAL 16
Open World Beliefset 263
Organisation 8, 30, 169
organisationale Modellierung 169
organisationale Struktur 87
Organisationaler Entwurf 42
organisationaler Kontext
– Beschreibung, 84
– Charakterisierung, 84
Organisationsdesign 8
Organisationsstruktur 30, 172
Organization Tracer 236
OWL 19
Oz 87

Parser Factory 196
PASSI 15
Pattern 20
Patternorientierung 8
PDA *siehe* Personal Digital Assistant
Peer-to-Peer Computing 10
Peer-to-Peer System 12
Performanz Engineering 89
Persönliche digitale Assistenten 21
Persistenz 6

Personal Digital Assistant 196
Personal Travel Assistance 286
Pervasive Computing 10
Petrinetz 19
PLACA 18
plan 263
Plattform 16
point of interaction test 109
Präferenz (eines Agenten) 29
Probe 240
Problemebene 9
Problemontologie 111
Produktmodell 82
Programmablauf 265
Programmiersprache 18
PROMELA 251
Prometheus 15
Protokoll 29, 30, 44
Protokollebene 86, 87
Protoz 87
Prozessmodell 89
Prozessorientierung 8, 13
Python 237, 239

Qualitätsverbesserung 90

rational effect 207
Rationalität 6
Reader (*JACOB*) 272
Reasoning Method 263
Recht 44
Remote Management Agent 203
Remote Method Invocation 191
Remote Monitoring Agent 203
Reports Tool 223
Repräsentanten-Graph 172
Requirements Engineering
– agentenorientiertes ∼, 15
Requirements Engineering 15
– zielorientiertes ∼, 15
RETSINA 16, 20
Reverse Engineering 90
RNS 19
ROADMAP 49
role 265
Rolle 42, 51, 85, 105
– funktionale ∼, 85
Rollen-Panel 246

Index   315

Rollenattribut   44
Rollenattribute   171
Rollenbeschreibung   108
Rollendiagramm   108, 139, 140
Rollenfestlegung
– Kriterien, 105
Rollenhierarchie   50
Rollenkombination   110
Rollenkonzept   171
Rollenmodell   44, 107, 140
Rollenmodelldiagramm   108
Rollenmodelldomäne   107
Rollenschema   44
Rollensicht   85
RosettaNet   18
Round Trip Engineering   90

Scheduler   240
Scheme   237, 239
SDML   18
SEARCHER   51
Semantik   265
sequentielles Vorgehen   81
Sequenzdiagramm   139
Sequenzdiagramm-Panel   246
SERVER   51
Service   46
Servicemodell   46, 67
Sicherheit   44
Sicherheit (Kriterium)   27
Sicht   81, 82
– externe $\sim$, 48
– interne $\sim$, 49
Sichtenorientierung   81
Sichtensystem   83
Sichtweise   81
Silver Bullet   13
Simulation   10, 21
Situiertheit   6
Skript-Agenten   239
Sniffer Agent   203
SOAP   18
SOAR   20
Society Viewer   222
Socket Proxy Agent   203
SODA   15
Softwarekomplexität   9
Softwareprinzip   11

Softwaresystem als Organisation   8
soziale Struktur   87
SPEM   17
Spezifikation   19
sphere of responsibility test   109
Spin   251
Sprache
– Kommunikations$\sim$, 29
– Koordinations$\sim$, 30
Sprachgebrauch   6
Sprechakttheorie   17
SSL   198
Standardisierung   13, 17
Statistics Tool   223
statistische Perspektive   114
STL++   18
Struktur   87
Strukturierung   9
Strukturmodell   172
Strukturorientierung   7
SUO-KIF   17
SWARM   16
Swing DF GUI Interface Agent   191
Synchronous Engine   240
Syntax   264
Systemarchitektur   88
Systembetrachtungsweise   7
Systemperspektive   81, 85
Systemsicht   81, 89
Systemziel   138

Task Editor   217
Task Generator   193
Task Manager   195
Task Manager Listener   195
Task Manager Monitor   190, 193
team   265
Team-basiertes Folgern   265
teamdata   265
teamplan   265
Teams Modell   265
Technologieorientierung   81
Telekommunikation   10, 21
Test auf Interaktionspunkte   86, 109
Test auf Verantwortlichkeitsbereiche   86, 109

Thread Pool Monitor 190, 193
Tool 16
Tool-Agenten 234
Transaktionsagent 7
Transport von Agenten-Nachrichten (FIPA 286
Transportebene 86, 87
Transportprotokoll 286
Tropos 15
TuCSoN 20

Ubiquitous Computing 10
UDDI 18
Umgebungsmodell 85
Umgebungssicht 84
UML 17, 19, 87
Umweltmodell 50
Use Case 84, 139, 246
– negativer ~, 139
– positiver ~, 139
USER 52

Validierbarkeit 27
Variabilität (Kriterium) 26
Verantwortlichkeit 44, 105
Vererbung 262
Verifikation 19
Verifizierbarkeit 27
Verkaufsagent 7
Verpflichtung (eines Agenten) 29
Verständlichkeit (Kriterium) 26
Verteilte Sensor-Netzwerke 21
Verteiltheit 10
Verträglichkeit 12
view 263
Visualiser 222
Vollständigkeit (Kriterium) 26

Wahrnehmung 85
Watcher 240
Web Computing 10
Web Service 12
Weltmodell 85

WHITESTEIN 20
Wiederverwendbarkeit (Kriterium) 25
Wiederverwendung 9, 26, 90, 262
Wissen 29
– Engineering von ~, 29
– sicheres ~, 29
– unsicheres ~, 29
Wissensbasis 29
Wissensmanagement 10, 21
Wissensmodell 50
Wrapper 51
WRAPPER 51
Wrapper-Agent 7
Writer (*JACOB*) 272
WSCL 18
WSDL 18
Wunsch (eines Agenten) 29

XML 17, 21

Z 19
Zeus Agent Architecture 226
Zeus Shell 225
Zeus-Methode 105
Zeus-Toolkit 16, 111, 213
Ziel (eines Agenten) 29
Zielanordnung 138
Zielhierarchie 138, 144, 246
Zielhierarchie-Graph 138
Zielhierarchie-Panel 246
Zielidentifikation 138
Zielstrukturierung 138
Zieltyp 138
Zielzerlegung 138
Zustand
– affektiver ~, 5
– emotionaler ~, 5
– informationsbezogener ~, 5
– konativer ~, 5
– mentaler ~, 5
Zuverlässigkeit (Kriterium) 27
Zweckebene 86

MIX
Papier aus verantwortungsvollen Quellen
Paper from responsible sources
FSC® C105338

If you have any concerns about our products,
you can contact us on
ProductSafety@springernature.com

In case Publisher is established outside the EU,
the EU authorized representative is:
**Springer Nature Customer Service Center GmbH
Europaplatz 3, 69115 Heidelberg, Germany**

Printed by Libri Plureos GmbH
in Hamburg, Germany